国际学生课堂教学案例集

梁毅军 凌璧君 主编

上海三联书店

总　序
中华优秀文化走出去与讲好中国特色故事

孙宜学

2021年5月31日,习近平总书记在主持中共中央政治局就加强我国国际传播能力建设进行第三十次集体学习时强调,讲好中国故事,传播好中国声音,展示真实、立体、全面的中国,是加强我国国际传播能力建设的重要任务。①

中华优秀文化走出去需要国际传播能力支撑,同时也能推动国际传播能力提升,而国际传播能力建设则是推动中华优秀文化走出去的重要途径和手段,也就是说,中华优秀文化走出去与国际传播相辅相成、互为因果。

十八大以来,随着中国综合国力不断提升,中国的国际话语权和影响力显著提升,国际传播影响力、中华文化感召力、中国形象亲和力、中国话语说服力、国际舆论引导力不断提高,中国故事逐渐成为海外刚需。但相对于海外日益增长的"中国需求",以及消解一些国家出于意识形态偏见对中国的负面认知的迫切需要,我们向世界讲好中国故事的能力仍然偏弱,在内容和方法的精准方面仍存在着很大的差距。

传无定法,真诚为先。要向世界讲好中国故事,我们必须要明确讲什么样的中国故事,怎么才能讲好。既要有顶层设计之谋,更要有精准落地之策。我们要始终秉承中华优秀文化传统,真诚直面文化冲突。我们要基于中华优秀传统文化和习近平新时代中国特色社会主义思想,有选择、有针对性、有步骤、有目标地将中国故事讲出去,讲进去,以真诚的中国心温暖世界人心。

---

① 《加强和改进国际传播工作　展示真实立体全面的中国》,《人民日报》2021年6月2日。

一、讲好"和而不同"的中华传统　助力世界文化和谐共生

中华文明是以华夏文化为中心、不同民族文化和谐相处、进而追求天下归心的文明综合体。"和而不同"是中华文化的传统;"万国咸宁"是中国古人追求的世界大同理想。中华文化虽然有很多表现形态,但本质都是"以和为贵"。这一中华文化传统已融入了炎黄子孙的血液,成为中国人的标志和象征。

（一）认识文化的差异性

2014年5月15日,习近平总书记在北京出席中国国际友好大会暨中国人民对外友好协会成立60周年纪念活动并发表重要讲话,他指出,"中华民族的血液中没有侵略他人、称霸世界的基因,中国人民不接受'国强必霸'的逻辑,愿意同世界各国人民和睦相处、和谐发展,共谋和平、共护和平、共享和平。"[①]中华民族历来追求和平,并致力于为世界创造和平。

国有边界,文明无界。任何民族的文化都属于全人类,是人类共同的精神财富。在中华民族开启向第二个百年奋斗目标进军的新征程之际,世界百年未有之大变局也在加速演变,新冠疫情对人类社会带来的难以预测的影响也前所未有,世界不同文化之间交流、交融、交锋较以往更加频繁,甚至更加激烈。而中国未来越发展,就必然越要面向世界,也必然要面对越来越激烈复杂的文化冲突。当前,"中国威胁论"不断变换面孔出现,且越来越具有欺骗性,某些国家对中国的崛起充满恐惧,甚至上升到国家安全战略层面加以预防。在这样的背景下,更需要中国智慧协同世界一切追求和平进步的力量,打破人为的地理阻隔、心灵栅栏,实现不同文明的无障碍交流,完成人类共同的美好追求,建成一个世界各民族同心同德的幸福大家庭,推动中国与世界各国合力构建和谐的文化生态,消

---

① 《习近平在中国国际友好大会暨中国人民对外友好协会成立60周年纪念活动上的讲话》,《人民日报》2014年5月16日。

解各国不同民族文化之间的矛盾,为中国形象的世界性建构营造良性内外环境,最终推动实现国与国之间一律平等,都有尊严、也使他国他人有尊严地生活。

文化因差异而多彩,不同民族文化共同构成了世界文化万花园。中国故事作为一株根深叶茂的民族花,与世界其他民族的故事一起相映成辉,共同装扮了世界的春夏秋冬。正如习近平总书记 2021 年 1 月 25 日在世界经济论坛"达沃斯议程"对话会上的特别致辞中所讲,"世界上没有两片完全相同的树叶,也没有完全相同的历史文化和社会制度。各国历史文化和社会制度各有千秋,没有高低优劣之分。""各国历史文化和社会制度差异自古就存在,是人类文明的内在属性。没有多样性,就没有人类文明。多样性是客观现实,将长期存在。"① 向世界讲好中国故事,首先必须充分认识文化的差异性,并基于差异性对世界上不同民族文化进行细致调研分析,进而确立差异化的讲述手段和方式,做到有的放矢。要主动去"探幽寻微",以求"曲径通幽",细致入心,在差异化中寻找中国故事与所在国故事的共同点,以同求同,然后以同传异,最后以异容同。只有这样,才能充分尊重外国受众的欣赏习惯和审美情趣,用他们听得懂的语言和方式,讲述中国故事,实现中国故事的本土化。在条件允许的情况下,中国还应担起责任,主导建立各国故事交流的平台,推动各国故事之间互鉴互学,推动不同"国别故事"之间实现"跨本土"融合,形成相关理论,提炼成熟经验。这样不但能使中国故事的传播效果最大化、泛在化,也能更直接促进不同国家之间的文化交流、经济交流、政治交流。

(二)处理好世界文化与中华优秀文化的关系

中外文化交流的历史经验告诉我们,处理好世界文化与中华优秀文化的关系是能否讲好中国故事的前提。客观世界是交换的世界,有物质文明的交换也有精神文明的交换。我们要讲的中国故事里要包含我们有而别人没有且需要的东西。也就是说,我们首先要推动具有中国智慧、中

---

① 《习近平出席世界经济论坛"达沃斯议程"对话会并发表特别致辞》,《人民日报》2021 年 1 月 26 日。

国特色、中国气派的中国故事走出去，这样的故事是世界渴望认知的，是对人类共同发展有益的，是能丰富世界生活和文化的。在这个过程中，我们还要尊重其他民族文化，秉承文化平等态度，以我们的文化自信推动其他民族发掘并坚持本民族的文化自信。

任何有传播价值的文化符号，在重视传播手段的同时，都更应找到自身的文化逻辑、情感逻辑与传播对象之间的合理对应逻辑，让接受对象能感同身受，潜移默化接受并喜爱传播者要传播的文化精神，即所谓"不识庐山真面目，只缘身在此山中"。只有入乡随俗，客观深入研究融合不同文化的异同，外来文化才能在异质文化中生存并去异质化而成为所在国文化的内在组成成分。这是所有历经沧桑、命运跌宕起伏却依然保持旺盛生命力的文化符号的共同特征。因此，要向世界讲好中国故事，必须在坚持文化相通性的前提下，在尊重其他文化的基础上加强相互了解，加深相互认识，基于文化多元共生理念传播本民族文化。

在西方意识形态偏见视域内，中华文化是异质文化。为了迟滞中国的崛起，西方一些国家正采取多种手段，宣扬西方所谓的民主自由、普世价值，通过文化全球化推行文化霸权主义。为了消解西方文明自带的这种偏见和傲慢，我们还要有针对性地向世界讲清楚中华文化的世界同质性。我们要让世界知道，在追求美好幸福生活方面，在喜怒哀乐方面，在捍卫民族尊严和个人尊严方面，中华民族和世界上任何民族、中国人和世界上任何个人都没有区别。

二、讲好自强不息的中国故事　普适人类生存发展规律

中国的发展历史，尤其是中国共产党的百年奋斗史，本身就是一部苦难与奋斗的历史，是一部不畏艰难险阻、能够战胜一切困难的历史，本身已经形成中华民族的伟大精神传统，本身就是中国好故事的底本和阐发源。我们向国外民众讲述中国人自强不息的故事，就是在讲述真实的历史中国故事、当代中国故事和未来中国故事。

（一）讲述中国共产党的故事

2021年6月21日，习近平总书记在给北京大学留学生的回信中指出，"读懂今天的中国，必须读懂中国共产党。"要让世界全面、立体、客观认识中国，就必须正确了解中国共产党与新时代中国繁荣昌盛的关系。近现代以来，中国从封闭走向开放、从积贫积弱走向富强的历史，就是中国共产党不忘初心、砥砺前行，带领中国人民实现从民族自觉—自新—自强—自信—自尊的跨越式发展的历史，尤其是改革开放四十年、十八大以来中华民族伟大复兴运动和十九大以来习近平新时代中国特色社会主义思想对中国发展的核心引领作用，足以令人客观认识到中国共产党是"为中国人民谋幸福的政党，也是为促进人类进步事业而奋斗的政党。"①

中国抗击新型冠状病毒感染疫情故事是中国苦难和危机故事的最新表现形态。以中国共产党为典型代表的中国人民，在抗"疫"战争中所体现出的"只为苍生不为身"的牺牲精神，就是世界上一切追求正义和和平的国家、民族共同需要的宝贵财富，也是人类命运共同体建设的基础。我们应及时向世界直接讲，反复讲，联系国外同类故事讲，讲全，讲透，讲通这个故事，从而及时消除国际反华势力正在钩织的"疫情偏见"，以正视听。目前，这是全中国人民、全世界人民都渴望听到的声音，可以增强世界对中国的信心，对人类的信心。

世界上一切事物的发展都是在矛盾中的发展，都是在危中求机。因此，任何民族的苦难故事都具有世界普适性价值，讲好中国苦难和危机故事，会让世界更客观认识中国、理解中国、携手中国。

（二）讲述中国百姓的生活故事

中国故事就是中国人的生活故事，是由一个个中国生活细节积累而成的群体故事。江海源于细流，泰山积于细壤。普通人的生活琐事、家长里短、喜怒哀乐等等，都具有世界性，都是不同国家、不同民族的人们愿意了解、愿意听的好故事。因此，讲好中国生活中的细节故事、点滴故事、柴米油盐酱醋茶小故事，实际上就是讲好中国大故事。当前，只有向世界客

---

① 《习近平给北京大学的留学生们回信》，《人民日报》2021年6月23日。

观展示日常化、生活化的当代中国,才能帮助海外听众形成完整的中国观,才能推动世界与时俱进认知和研究历史中国、未来中国,并助力中国向世界表达中国。

"美美与共"是中国自古以来的日常生活和文化传统,也是向世界讲中国故事的本质目的。郑和下西洋故事,中国抗"疫"故事、"一带一路"故事、绿水青山故事、人类命运共同体故事、大象迁徙故事等等,都是这种源于日常生活的中国最真实的生存观和世界观的日常表现形态,是日用而不觉的中华文化传统和现实的真实面貌。

中国生活故事就是一个个中国人的梦想故事。中国梦是每一个中国人的梦。我们向世界所讲的中国人民对幸福美好生活的向往与不懈追求的一个个小故事,共同组成了中国人民追求中华民族伟大复兴的大故事。任何一种文化都融汇在这种文化所养育的人的血液中,文化养人,人载文化。正是因此,博大精深的中华优秀文化,就是中国人的日常生活,就在中国人的一举一动之中。从这个角度看,向世界讲中国故事的起点,仍在国内,那就是中国故事的一个个载体,即每一个中国人。我们既需要从娃娃抓起,培养中国人在国际视野下讲好自己的故事的意识和能力,也要通过有效的方式,让外国人习惯于讲中国人的故事,进而发现生活细节中的中国,有血有肉的中国。

(三) 外国人讲述的中国故事

外国人讲中国故事将成为中国故事走进世界的重要途径。中国梦想故事要成为世界梦想故事系列中的重要篇章,需要越来越多的外国人主动加入讲中国故事的行列。但要保证他们讲好中国故事,主动推动世界塑造真实的中国形象,首先需要我们帮助他们掌握中华文化的精髓和向世界讲中国故事的方法,引导他们客观、准确地认识和热爱中国。

在华留学生是将来向世界讲中国故事的重要力量。他们既有海外成长经历,又有中国生活体验,还有国际人际关系和跨文化交流经验;既是中国故事的承载者,也是中国故事的传播者。实践证明,在国际传播中"讲故事"被认为是最有效的手段之一,而来华留学生可以成长为"中国故事"最好的讲述者。目前,在华留学生教育还基本上属于相对封闭的"象牙塔"教育,我们要通过生动活泼的组织形式,吸引他们主动走进最真实的中国生活语境和社会环境,像盐一样融入中国当代生活的海洋,与中国老百姓一起生活,贴近中国的心脏感受中国的心跳,感悟中国国情,思考中国胸怀,从而获得真实的中国生活体验,并能以所在国乐于接受和理解的方式向世界讲中国故事,实现中国故事落地无音,润物无声。

事实证明,借洋眼洋嘴向世界讲中国故事是一条创新有效的途径,这样可以使得中国丰富的文化和当代巨大的发展成就同步为世界所感知,所认知,所理解。留学生们将像一颗颗星星,在世界各地共同闪烁着中国之光。他们是中国故事走出去的一道道门、一座座桥,将与中国人民一道,共同向世界描绘一个真实的中国,发展的中国,负责任的中国,世界的中国。

三、讲好休戚与共的人类故事　共推人类命运共同体

每一种文化既是其他文化发展的外力,也是内力,既是借力者,也是助力者,从而构成一个生命同一体。全球化时代,也是文化一体化时代。任何民族文化都是世界文化的一部分,世界文化既是民族文化的入口,也是出口,是果,也是因。世界一体化态势下,任何民族文化的传承、创新和交流都不再囿于一个或数个国家或地区,而是全球文化自成一个生态循环,实现一体化运动和发展。中华优秀文化有胸怀也有能力弃坦途就荒径,辟不毛为沃野,真正发挥民心互通功能,让中华优秀文化在融入世界的过程中成为世界文化生态体系中一个"熟视无睹"的常态存在,使中国的发展切实畅通地施惠于世界的美好未来。

（一）讲好人类命运共同体与中华优秀传统文化的关系

人类命运共同体是中华文化为世界发展贡献的中国智慧,是中国故事的核心。人类命运共同体理念植根于中华优秀传统文化,因此也只有中国才能提出人类命运共同体理念。国有国界,人心无界。人类命运共

同体是推动世界上不同民族文化共同服务于人类的命运共同体,为此全世界就要形成共识:人类命运休戚与共,彼此不可分离。我们要能够担起重任,负起责任,要敢于牺牲,借力中国发展把人类对美好世界的向往共同努力变成现实。

"千人同心,则得千人力;万人异心,则无一人之用。"①习近平总书记审时度势,中国人民以天下为己任,总揽世界大局,顺应世界发展大势,提出共建人类命运共同体,就是要让万人同心同力,使天堑变通途,推动世界不同文明心心相通。2019年9月27日,国务院新闻办发布的《新时代的中国与世界》白皮书指出:"推动构建人类命运共同体,不是倡导每个国家必须遵循统一的价值标准,不是推进一种或少数文明的单方主张,也不是谋求在全球范围内建设统一的行为体,更不是一种制度替代另一种制度、一种文明替代另一种文明,而是主张不同社会制度、不同意识形态、不同历史文明、不同发展水平的国家,在国际活动中目标一致、利益共生、权利共享、责任共担,从而促进人类社会整体发展。"②人类命运共同体观主张不同国家在掌握独立命运基础上为共同命运奋斗,在独立发展的前提下实现共同发展,在自尊基础上实现相互尊重。历史与事实证明,任何国家都不可能孤立发展,只有彼此尊重,命运与共,协同发展,国家的命运才会融入人类共同的命运,才会真正形成命运相连相依的共同体。

(二) 讲好人类命运共同体与世界未来的关系

中华民族历经列强欺凌,备受屈辱,更加懂得民族尊严的可贵,和平的珍贵,这也是中国提出构建人类命运共同体并一定会为之竭心尽力的历史基础和未来承诺。中国人民希望中国的历史悲剧再也不要在其他民族身上重演,同时也将中国人对中国梦的美好期盼变成全人类的共同期盼,推动各个国家、地区"各美其美"的同时相互支持,共同为同一个和谐美满的幸福未来而奋斗。人类命运共同体是新时代中国推动"天下太平"的誓言,也是历经五千年仍生机勃勃的中华文明自古就有的使命担当和

---

① 刘安:《淮南子》,长沙:岳麓书社,2015年,第153页。
② 《新时代的中国与世界》,"新华网",2019年9月27日。

责任的自然延续,也必能为当前暂时处于多极化发展的世界带来团结和谐的新局面。

未来的世界仍将一如既往在风险与动荡中发展,世界多元文化仍将伴随着碰撞和摩擦持续交流,中国故事走出去所面对的阻力和障碍也必将长期存在且复杂多变,其中既有文化的因素,经济的因素,也有政治的因素。目前,我们对世界"中国热"的判断与世界对"中国热"的直接感知并不一致,还有较大的落差。要向世界讲好中国故事,首先要找到这些落差,并推动消除这些落差,包括因我们长期疏于向世界主动表达而形成的误解,在此基础上不断加大加深中国故事在世界的融入广度和深度,加快世界从历史中国到当代中国的了解和理解进程。在这个过程中,我们既要坚持以我为主,更要秉承世界文化一律平等的原则,异中求同,同中存异,科学分析,综合平衡,扎根大地、脚踏实地推动,做到内外兼工、粗中有细、细中有异,精准对接海外接受群体,形成给即所需,所愿能给的中国故事精准落地新局面,从而让中国故事,润泽世界心灵;让中国智慧,惠及世界发展。

——《国际传播》,2022 年第 1 期

前　言

习近平总书记在党的二十大报告中对"增强中华文明传播力影响力"做出重要部署,进一步强调"坚守中华文化立场,提炼展示中华文明的精神标识和文化精髓,加快构建中国话语和中国叙事体系,讲好中国故事、传播好中国声音,展现可信、可爱、可敬的中国形象"。加强国际传播能力建设,促进对外文化交流和多层次文明对话,是不断增强中华文明传播力影响力、提升国家文化软实力的重要途径,也是推进文化自信自强、加快建设社会主义文化强国的必然要求。

站在新时代的舞台,国际中文教育扮演着愈来愈重要的角色。能否培养出讲好中国故事,传播好中国声音的知华、友华的国际铁杆朋友,提升中国的对外话语权,构建立体的中国叙事体系是国际中文教育所肩负的光荣使命。

习近平总书记指出:"教师承载着传播知识、传播思想、传播真理,塑造灵魂、塑造生命、塑造新人的时代重任。"作为国际中文教育一线教师,一方面应树立"生本主义"教学理念,将意识形态教育与学生个人发展相结合,做到教书和育人相统一、言传和身教相统一,解决好学生成长性问题;另一方面,应增强自身的中华文化自信力,提升给国际学生讲好中国故事的能力,将中国优秀的文化传统、现当代社会发展成果、社会主义核心价值观等思政元素,以润物细无声的方式融入课程设计、日常教学过程中,通过言传身教、耳濡目染的方式增强国际学生对中国文化、中国道路的认同,深化国际学生知华、友华、爱华的情感,进而提升国际学生对外讲好中国故事的能力。

新时代新征程,同济人不忘初心使命,主动担当作为,用好各方面资源和力量加强对国际学生的国情教育与思想引领,探索、实践、引导国际学生讲中国故事的新模式,并总结出国际中文教育中"立德树人"的新范式,即"一个初心、两份使命、三大主题、四种途径、五育结合"。基于此范式,让国际学生在课堂中学习中文,在生活中感知中国,在实践中了解中国,在竞赛中探索中国,以文字、文章和视频为媒,以"我口"讲"我眼"所见之中国,以"我手"写"我心"所感之中国,向亲友讲述我的"中国故事",向世界传播真实、全面、立体的中国形象。

梁毅军

2022 年 12 月 9 日

目　录

总序 ··· 1
前言 ··· 1

第一章　文化类课程教学案例

胸怀黎民　无私无畏 ····································· 3
　　——以苏轼思想和生平的教学设计为例
道法自然　天人合一 ····································· 9
　　——以"'老庄'和道家思想"的教学设计为例
纵观华夏　兼收并蓄 ···································· 15
　　——以经管专业公共汉语课的拓展学习为例
百合传情　军民一家 ···································· 24
　　——以《百合花》的教学设计为例
爱国忧民　坚守理想 ···································· 37
　　——以《中国传统节日文化》的教学设计为例
依依惜别　浓情深意 ···································· 45
　　——以《送元二使安西》的教学设计为例
寓教生活　民俗育人 ···································· 55
　　——以"端午节俗"的教学设计为例
大公无私　润物无声 ···································· 64
　　——以"成语与中国文化"课程设计为例
踔厉奋进　铸就辉煌 ···································· 71
　　——以《"中国制造"的故事》的教学设计为例

胸怀天下　筑梦今朝 ………………………………………………… 78
　　——以《沁园春·雪》的教学设计为例

精益求精　回味无穷 ………………………………………………… 92
　　——以"中国饮食文化"的教学设计为例

尊重自然　顺时应气 ………………………………………………… 102
　　——以《非物质文化遗产：二十四节气》的教学设计为例

美人之美　以诗言情 ………………………………………………… 109
　　——以《清平调》的教学设计为例

文化融合　彰显时代 ………………………………………………… 118
　　——以《北京故宫》文化教学设计为例

命运共存　青年担当 ………………………………………………… 128
　　——以《高级口语》开学第一课的教学设计为例

理解中国　文明互鉴 ………………………………………………… 137
　　——以《新闻视听说》"中国高铁"主题单元教学为例

有滋有味　和谐共生 ………………………………………………… 148
　　——以《食在中国》的教学设计为例

四时充美　抱素怀朴 ………………………………………………… 158
　　——以《古代风俗百图》的教学设计为例

学以致用　德以养人 ………………………………………………… 169
　　——以"仁义礼智信、温良恭俭让"的成语教学为例

溯本清源　薪火相传 ………………………………………………… 182
　　——以汉字字源的教学设计为例

文化传承　立德树人 ………………………………………………… 190
　　——以《HSK 标准教程 4》中的俗语教学为例

山川异域　风月同天 ………………………………………………… 197
　　——以《诵古诗　学汉语》的唐诗教学设计为例

诗词共赏　文化传情 ………………………………………………… 204
　　——以"乡愁类古诗词赏析引发的文化共情"教学设计为例

汉字之美　文化之道 ………………………………………………… 217
　　——以《肢体发肤篇》的教学设计为例

万福之园　厚德载福 ·· 224
　　——以《北京的四合院》文化拓展教学设计为例
探索非遗　稽古振今 ·· 234
　　——以"海派绒线编结"的教学设计为例

第二章　语言类课程教学案例

知之不难　好之不易 ·· 247
　　——以《汉语词汇概述》的教学设计为例
贯通古今　融汇中外 ·· 253
　　——以《汉语词汇构成》的教学设计为例
各美其美　美美与共 ·· 260
　　——以《我在中国学大方》的教学设计为例
科学献血　助人利己 ·· 268
　　——以《西医汉语读写教程》第一课的教学设计为例
踏实尽责　育德育人 ·· 277
　　——以《最好的教育》的教学设计为例
心怀感恩　实现价值 ·· 285
　　——以《人生中最重要的三件事》的教学设计为例
使者有责　师者如是 ·· 293
　　——以《完璧归赵》的教学设计为例
相知是情　相识是缘 ·· 305
　　——以《中哈友谊源远流长》的教学设计为例
双喜临门　和而不同 ·· 313
　　——以《墙上贴着红双喜字》的教学设计为例
寓情于课　润物无声 ·· 329
　　——以《把"福"字倒着贴在门上》的教学设计为例
敬畏生命　和谐共生 ·· 341
　　——以《动物是我们的朋友》的教学设计为例

坚韧不拔　傲雪凌寒 ……………………………………………… 350
——以《我们把松竹梅叫做"岁寒三友"》的教学设计为例

色味俱全　满口清香 ……………………………………………… 357
——以《西红柿炒鸡蛋》的教学设计为例

寓教于情　内化于心 ……………………………………………… 363
——以《我想起来了》的教学设计为例

知交难觅　以诚相待 ……………………………………………… 375
——以《真正的朋友》的教学设计为例

千里之行　始于足下 ……………………………………………… 383
——以"复合趋向补语——出来"的教学设计为例

药食同源　中和为美 ……………………………………………… 390
——以《中国的食疗太有意思了》的教学设计为例

黄河文化　博大精深 ……………………………………………… 397
——以《我听过钢琴协奏曲〈黄河〉》的教学设计为例

探究不止　学习不境 ……………………………………………… 407
——以《我的家》主题式案例教学设计为例

后记 ………………………………………………………………… 413

第一章

文化类课程教学案例

胸怀黎民　无私无畏
——以苏轼思想和生平的教学设计为例

张占山

一、案例简介

(一) 课程和案例的基本情况介绍

1. 课程介绍

真正学好一国的语言，必须了解该国的政治经济文化概况。教育部教外〔2018〕50号文件《来华留学生高等教育质量规范（试行）》中明确指出，来华留学生的专业培养方案应当包含"中国概况类课程的必修要求""高等学校应当安排充足、适用的汉语课程和中国概况类课程，满足来华留学生修课需求"。同济大学近二十年前即为留学生开设这一课程，向其全面系统介绍中国各方面基本情况，尤其重视介绍中华优秀传统文化及在当代社会中的积极意义，在对留学生的基本国情教育、中华文化推介熏陶方面走在了同行前列。目前，面向全校本科留学生开设这一课程，课程性质为公共基础必修课，汉语言专业本科留学生也开设这一课程，课程性质为专业基础必修课。

2. 案例介绍

本案例从《中国概况（第2版）》（宁继鸣主编，北京语言大学出版社2018年）教材第十一章中国的传统思想、第十二章中国的文学相关内容的讲授中生发而出。在讲授第十一章中国的传统思想时，以苏轼的人生轨迹所体现出的思想为例，说明中国传统的知识分子思想都是儒、释、道三家的融合体，而三者中居于主导地位的是儒家思想，儒家的积极入世、家国情怀、造福于民的思想信念一直是广大知识分子思想的核心，深刻影响着他们的行为处事。结合回顾第二章中国的行政区划中浙江杭州的苏堤、海南儋州的东坡村、东坡井、东坡田、东坡路、东坡桥等,说明苏轼为官一直在干实事,在为民造福,而这都是儒家思想的具体体现。在讲授第十二章中国的文学介绍——苏轼的文学成就时,略微展开介绍其生平,介绍其在北宋党争漩涡中,首先为国家百姓着想,而把自己的个人前途置于国家和黎民百姓的利益之下的高尚操守,这使他在仕途中屡受挫折,一生浮沉,但他始终能够坚守自己的政治操守,以旷达的胸怀看待自身仕途的挫折,即使遇到生命危险也不改初衷,最终赢得了上至帝王下至百姓的一致赞誉。用苏轼的人生经历引导留学生在将来的职场生涯中有所坚守,有所为,更有所不为,正确看待自身在职场中的发展,对职场上暂时的挫折以旷达之心应对。

(二) 设计意义

该思政案例,通过将北宋伟大文学家苏轼的人生经历引入课程相关章节,指出其以儒家思想为核心,以道家、佛家思想为辅的驱动下的行为表现在当今社会积极的社会意义。其备受打击,历经挫折仍然初衷不改、一直坚守地为国家而发声、为黎民百姓而发声,不惧当朝权贵正是儒家积极入世、兼济天下思想的深刻体现。而其在挫折面前所表现出的旷达、洒脱、将烦恼视同为无则主要是道家、佛家思想的体现。苏轼的坚守最终为他赢来了极高的声誉,在其去世后皇帝下旨追赠为太师,谥号文忠,并封其后代为高官。引导留学生将来毕业后在职场中能够正确处理个人升迁和职业操守之间的关系,能够有所取有所不取,有所为有所不为,坚守正确的人类价值观需要共同维护的东西,看淡自身升迁,对个人的升迁能够采取一种旷达、淡然处之的态度,形成正确的挫折观,这在竞争日益激烈的当代社会尤其具有现实意义。

二、思路与目标

(一) 设计思路

在学习第二章中国的行政区划,讲解浙江的名胜古迹时,指出苏堤是大文豪苏东坡主政杭州时所修建,苏东坡被贬海南,在儋州也做了很多好事,当地有东坡村、东坡井、东坡田、东坡路、东坡桥等,都是为了纪念他。在学习第十一章中国的传统思想,讲中国传统文化思想是儒、释、道共同影响下的统一体时,介绍苏东坡的生平事迹,尤其是他在党争中的立场取舍,以及后来的宦海浮沉,他对待仕途失意的态度,让留学生感受其中所折射出来的苏东坡的精神世界中儒家的主导力量,以及道家清静无为、佛家烦恼观等对其行为的影响。在学习第十二章中国的文学时,继续通过文学作品的解读,让留学生了解感受其积极入世、为民代言、为国操心的博大而坚定的胸怀,感受其面对挫折的"也无风雨也无晴"的乐观旷达,以其逝世后的殊荣及后人的敬仰,引导留学生以苏东坡为榜样,在职场上坚持符合民族利益的、不为个人升迁而妥协的正确操守,以旷达淡然的心态看待职场上可能出现的挫折。

(二) 设计目标

1. 知识目标

(1) 第二章中国行政区划的教学,教师可以让留学生了解到杭州苏堤、东坡肉、儋州东坡村等与苏东坡有关的事物。

(2) 第十一章中国传统思想的教学,教师以苏东坡为例,通过对其生平事迹的介绍,对其精神世界的剖析,让学生具体感受到儒、释、道三家思想是如何影响中国士大夫阶层的精神世界、指导他们的行为,这三家思想中起主导作用的是积极入世、为民为国的儒家思想,了解苏东坡在儒家思想影响下为国家、民族发声、坚守,在残酷党争中将个人得置失之度外的高尚人格,以及后来终赢来肯定和褒扬的结局。

(3) 第十二章中国文学的教学,通过推介苏东坡的优秀作品,让学生了解感受其与杜甫一脉相承的为民代言、为国操心的儒家积极入世的精神境界,以及其逆境中"也无风雨也无晴"的旷达、洒脱的心态,这种心态是源于道家清静无为、佛家烦恼观影响下所形成的。

2. 育人目标

(1) 教学通过传授以上知识,使学生了解了苏东坡站在国家、民族立场、坚持操守、超越个人仕进荣辱的伟大形象,从而能够在以后的职场中引以为榜样,为国家、民族的事业,为全人类命运共同体积极工作,培养形成正确的人生观、价值观。

(2)使留学生正确看待职场上可能出现的一时失意,以乐观豁达的心态坦然面对,相信自己只要坚持正确的、积极的全人类共同的理念,总有云开雾散之时。

三、具体实施

(一)在第二章中国的行政区划第二节省与自治区,讲到苏堤时,先提出一个问题:

"同学们,大家都知道苏堤是西湖十景之一,那大家知道这个堤为什么叫苏堤吗?"会有同学猜测,是一个姓苏的人主持修建的。

然后教师肯定学生的回答,告诉大家,这个人就是北宋大文豪苏东坡,苏东坡很有才华,在诗、词、书法、绘画等方面都有很高的造诣,他一生做官去过很多地方,每到一处都造福当地百姓。他不但兴办水利,还兴建孤儿院,甚至在监狱里为囚犯配备医师。在海南儋州有东坡村、东坡井、东坡田、东坡路、东坡桥等地名,就是当地人为感谢和铭记苏东坡的功绩而建的。江浙沪一带有一道著名的中国菜"东坡肉",也是苏东坡发明的。

这些对苏东坡事迹的大致介绍为留学生勾勒出了苏东坡的大致形象,为后文分析其坚守儒家"积极入世"的精神及淡然面对失意挫折、无视烦恼的道家、佛家思想提前做了铺垫。

(二)讲解第十一章中国的传统思想,首先总体介绍中国传统思想的主要内涵,接下来分别介绍儒家、道家、佛家思想的内涵。在这一章的最后,再次重申中华民族传统思想的特点:"儒家、道家、佛家是中国传统思想体系的构成要素""中国传统思想文化是中华民族各种文化精神的统一体",儒家、道家、佛家和其他思想流派百家争鸣,共同影响着中国人的精神世界和民族心理。曾经在杭州修建苏堤的苏轼就是这样的例子,从他为官的行为处事上,我们能够清晰地看到儒家思想的印记,从他对待挫折的洒脱、无畏、超脱困境的态度上我们可以看到道家、佛家思想的影响。他主政一方、修水利、建医院、团结军民抗洪灾、申请减免本地赋税、舍粥舍药赈济灾民、兴办学堂……这些都是儒家修身、治国、平天下抱负的体现。这些都是浅层次的，一个封建官员，在顺境中能够做到这些不是难事。苏轼所生活的时代正是北宋党争最为激烈的时代，因为党争，最终消耗了国家实力，被少数民族所打败，偏安南方一隅。苏轼在激烈的党争漩涡中，始终站位国家、黎民百姓的利益，为国家的利益发声，为百姓的生活代言，而不顾当权的好恶，他一生的颠沛流离，正根源于此。当主张变法的王安石新党一派在位主政时，他看不惯新党的一些做法，给新党提意见，导致被贬；新党甚至搞出了"乌台诗案"，污蔑苏轼衔怨怀怒、讽刺朝廷，对皇帝不忠，差一点就丢掉性命，在大家的共同营救下，甚至新党的对头也认为他冤枉，施以援手，最后死罪得免。按说吃了这么大的亏，该吸取教训了，可是苏轼并没有改变自己为国为民发声的操守。当新党下台，旧党上台以后，大肆废除新党的一切措施，并对新党大肆打击，苏轼也看不惯，又提意见，认为不利于国家的发展，也不利于百姓的生活，因此又不见容于旧党。在苏轼心中，国家、百姓的利益高于自身仕途的升迁，所以他才不惜触怒权贵。在困难之时，甚至有生命危险之时仍然坚守儒家为国、为民的精神，这才是真正难能可贵的。遭遇"乌台诗案"这一大难，有人问他后不后悔当初的做法，表面上他说后悔了，但对莫逆之交，他的答案是"倘遇饭中有蝇，仍须吐出"，苏轼将损害国家黎民利益的行为称作"饭中之蝇"，其鲜明的态度，显然易见。与国家、百姓相比，自身的进退荣辱无关紧要，"一蓑烟雨任平生"透露出来的是他为国家民族宁愿忍受政治风雨的豪迈情怀。千百年来，知识分子这种情怀一直流传下来："先天下之忧而忧，后天下之乐而乐"（范仲淹）、"天下兴亡，匹夫有责"（顾炎武）、"我以我血荐轩辕"（鲁迅）……。对苏轼来说，他真正做到了，为了国家、民族而百折不挠。

咱们留学生也应该学习古人的这种可贵的精神，将来工作后，坚持那些正确的，有利于国家、民族、全人类发展的、维护合作、共赢的开放、分工的世界格局，维护全人类共同价值观，反对欺凌、霸权。

（三）学习第十二章中国的文学一章时，向留学生推介《和子由渑池怀旧》《定风波》等诗词，使留学生感受苏轼旷达的胸怀，引导他们跟苏轼一样，工作后不要担心一时的失意与挫折，只要我们坚守了正确的东西就总有云开见日的那一天。苏轼去世后，北宋灭亡，偏安一隅的南宋皇帝给予他高度评价，称其"王佐之才可大用，恨不同时"，追赠苏东坡为太师，并给予其后代很高的政治待遇，可惜的是北宋，有如此人才却不重用，最终为外族所灭。

四、创新之处

本案例创新之处在于，以苏东坡的生平事迹，让学生感受在中国文人精神世界中占据主导地位的儒家思想，如何影响中国人的行为处事。从他多次遭遇挫折打击仍然坚守为国为民的信念中，受到熏陶，在以后的职场中能够以国家、民族及人类共同的价值作为出发点，为构建人类命运共同体贡献力量。

从苏东坡淡然面对自己仕途的挫折中，受到熏陶，只要坚持正确的、有价值的东西，其他个人暂时的挫折不必太在乎，从而形成较强的应对挫折的能力，不能因为挫折而一蹶不振。在竞争激烈的当代社会，这一点尤其具有积极意义。

五、教学反思

本教学案例，以苏东坡在国家、黎民利益上的坚守与个人仕途失意上的旷达洒脱为依托，深入挖掘其中隐含的育人要素，将教材内容前后贯通，以具体形象的实例，给学生提供了思政育人的榜样。

道法自然　天人合一
——以"'老庄'和道家思想"的教学设计为例

娄晓凯

一、案例简介

（一）课程和案例的基本情况介绍

1. 课程介绍

《中国文化》是针对国际学生开设的通识基础必修课，通过系统讲解中国文化的主要内容、基本特征、整体风貌与人文精神，引导学生掌握中国传统哲学、古代思想、文化遗产、文学艺术、节日礼俗等诸多层面的内容，深入了解全球化语境下中国传统思想文化的民族特色和独特魅力，进而完善知识体系，提升文化素养，提高语言技能与跨文化交际能力，为中华文化的跨文化传播作出贡献。

2. 案例介绍

老子是道家思想和道家学派的创始人，他以独特的视角探究了宇宙的形成、万物的本源、国家的治理等一系列重大哲学和政治问题，提出"道""自然""无为"等著名哲学概念；庄子继承和发展了老子的哲学思想，使道家真正成为一个学派，他自己也成为了道家的重要代表，与老子并称为"老庄"。本案例选取了老子思想的核心内容"道生万物""道法自然""无为而无不为""有无相生，难易相成"，以及庄子思想中的天道观与体道观、相对主义、顺应自然、逍遥游等，同时运用图片、短视频、动态图像等现代科技手段，结合历史史实和历史故事，探讨并分析道家思想的发展进程、历史价值和现代意义。

(二) 设计意义

道家思想是中国文化和中国古代哲学思想中不可或缺的一部分,儒道互补也是中国传统文化的思想主干和特质所在。道家思想遵循自然规律,倡导天人合一,崇尚人与自然、人与社会和谐相处,同时追求个性解放、自由平等、超然物外、恬淡达观,在中国社会的各个领域都产生了深远影响。通过该课程的学习,可以让国际学生了解道家思想的发展进程和与时俱进之处,增强国际学生对不同文化的理解与包容,反思并提高自身的思想道德修养。

二、思路与目标

(一) 设计思路

中国古代哲学思想是中国文化重要的组成部分,老子、庄子与道家思想文化博大精深,源远流长,道家思想与儒家思想形成了两种既相互对立又互相融合的世界观,成为对中华民族影响最大的两种哲学思想。国际学生非常有必要对道家思想的核心内容进行学习,比如"道生万物""道法自然""无为而无不为"、天道观与体道观、相对主义、顺应自然、逍遥游,以及道教、儒家思想与道家思想的区别等,理解不同的文化特性,实现跨文化交际与文明互鉴。

(二) 设计目标

1. 知识目标

(1) 道家思想的代表:介绍老子、庄子及其所处的时代背景;

(2) 老子的思想:"道生万物""道法自然""无为而无不为""有无相生,难易相成";

(3) 庄子的思想:天道观与体道观、相对主义、顺应自然、逍遥游;

(4) 道教:中国土生土长的宗教;

(5) 儒道互补:儒家思想与道家思想的区别。

2. 育人目标

(1) 通过课程学习,让国际学生了解中国古代哲学思想特别是道家思想的发展进程,探讨和分析道家思想的现代意义和当代启示,增强国际学生对不同文化的理解与包容,从而实现培养"知华、友华"的国际人才。

（2）道家思想文化博大精深,源远流长,同时与时俱进,意义深远。老子曰:"人法地,地法天,天法道,道法自然。"道家思想尊重自然规律,倡导天人合一,促进人与自然的和谐相处,积极营造社会的和谐发展,课程学习有助于提升学生的国际视野与全局观念,实现文明互鉴,培养美美与共的人类命运共同体理念。

（3）道家思想尊重个性和精神自由,倡导顺应自然、超然物外、恬淡达观,有助于引导学生超越世俗的要求或一时一事的成败得失,保持积极向上的心态,树立正确的人生观和价值观,反思并提高自身的思想道德修养。

三、具体实施

本案例首先介绍道家思想的代表人物老子、庄子及其所处的时代背景,让学生对道家思想、道家学派有一个全面的认识和了解,在此基础上,分别讲解老子思想的核心内容"道生万物""道法自然""无为而无不为""有无相生,难易相成"等,以及庄子的天道观与体道观、相对主义、顺应自然、逍遥游等哲学思想,运用图片、短视频、动态图像,结合历史史实和历史故事,探讨并分析道家思想的发展进程、历史价值和现代意义。

具体实施过程是:

1. 道家思想的代表:老子、庄子及其所处的时代背景

（1）老子,姓李名耳,字聃,后人尊称其为老子,春秋时期的思想家,道家思想的创始人。老子在当时是一个颇有声望的智者,学识比同时代的人高深,据说孔子还曾向他请教过"礼"的问题。老子曾做过周王室管理藏书的官员,后来周王室日益衰落,他就辞官开始了隐居生活。但在管理藏书期间,老子阅读了大量周王室保存的古代文献典籍,了解了不少天文、历法等自然科学知识,对宇宙、人生、政治都进行了认真的思考,并将主要思想写入《老子》一书。《老子》又称《道德经》,原文上篇《德经》、下篇

《道经》,不分章,后改为《道经》37章在前,第38章之后为《德经》,共分为81章,合称《道德经》。

（2）庄子（约公元前369—约公元前286年），名周,字子休,战国中期宋国蒙（今河南商丘人,一说安徽省蒙城县）人。曾经做过漆园吏这样的小官,也曾为了自由而拒绝楚威王许予的相位。庄子也是道家学派的代表人物,在哲学思想上继承和发展了老子的思想观点,使道家真正成为一个学派,他自己也成为了道家的重要代表人物,后世将他与老子并称为"老庄",称他们的哲学为"老庄哲学"。《庄子》一书被认为是庄子本人和庄派后学所著,集中反映了他的哲学思想。现存33篇,内篇7,外篇15,杂篇11,其中最有可能是庄子本人著作的是内7篇。

2. 老子的思想:"道生万物""道法自然""无为而无不为""有无相生,难易相成"

（1）道生万物:"道"是老子思想的核心,他把"道"作为宇宙的最高本体。他认为"道"超越了自然界和人类社会,超越了鬼神和天地,是宇宙万物、自然界和人类社会的总根源。"道"表示宇宙的原始状态,在天地形成之前已经存在,即"有物混成,先天地生";"道"还表示世界的本源,天地万物都从"道"产生出来。即"道生一,一生二,二生三,三生万物"（《道德经·第四十二章》）,这也是老子的宇宙生成论,他认为一切由道生出。

（2）道法自然:出自老子《道德经》第二十五章"人法地,地法天,天法道,道法自然"。老子认为宇宙万物都是自然而然地演进和发展变化的,"道"虽然成就了万物,但"道"并不是有意要成就万物,也不是为了达到什么目的,完全是依照自然本性,遵循自然的规律,自然而然、自然无为的。

（3）无为而无不为:出自老子《道德经》第三十七章,老子认为人要遵循自然之理,顺应自然的运行,不做任何违反自然规律、有损道德规范、违反社会法则、有害众生的事,但也必须去做遵循自然逻辑该做的事。

（4）有无相生,难易相成:"故有无相生,难易相成,长短相形,高下相倾,音声相和,前后相随"（《道德经·第二章》）,老子认为世间万物都具有对立的两方面,这种矛盾对立不是一成不变的,事物发展到一定程度,必然会物极必反、向相反的方面转化。老子把这种转化看作是无条件的、绝对的。

3. 庄子的思想：天道观与体道观、相对主义、顺应自然、逍遥游

（1）天道观与体道观：庄子继承了老子，认为"道"是客观真实的存在，"道"是宇宙万物的本源。但他在认识方面比老子更超然，他认为人应该体认自然之道，顺应自然法则，用以消除物我之间的对立，达到人与自然的契合。如果一个人的精神能够达到最高的"道"的境界，超脱一切因素对精神的干扰，就能获得绝对自由，实现真正的"逍遥游"。体道的方法和途径是"坐忘"和"心斋"。

（2）相对主义：庄子认为在现实世界和社会生活中，所存在的一切事物都是相对的，没有绝对的东西，因此事物之间没有大小、美丑、善恶、是非的区别，万物齐一无有差别，这就是庄子的"齐物论"思想。

（3）顺应自然：庄子认为要找到自然的规律，并加以利用。还要保持自己本真的状态，不要人为地破坏它。而要维持本真，就要做到不追名逐利，不为外物所拖累，要超脱生死。庄子认识到自然衰老的过程是不可避免的，但其思想中也有悲观消极成分。

（4）逍遥游：庄子哲学的最高目的，就是要追求一个人精神上的逍遥，即"绝对自由"。《庄子》第一篇即是《逍遥游》。所谓逍遥游，就是超越了一切条件限制的一种"神游"，即精神完全的自由自在。庄子的逍遥是人类的精神所能实现的最高境界，他认为人要想实现逍遥，就必须摆脱物的限制，要能做到超然物外，要实现无所待，这样我们就可以无功无名无己，最终走向神人、圣人和至人才能达到的逍遥境界。

4. 道教：中国土生土长的宗教

道教是中国土生土长的宗教，对中国历史文化产生过长久而重大的影响。道教是以"道"为最高信仰而得名，把老子尊为教主，奉为神明，并以《道德经》《南华经》作为主要经典。道教大致产生于东汉中叶，最初有两个支派：五斗米道和太平道。7世纪后，道教发展到鼎盛时期。12世纪以后，道教逐渐分为全真派和正一派。老子关于宇宙根本问题的看法，为后世道教所继承，并由道教进行了更为深入的阐发。道教的神仙信仰和道教崇尚自然无为的思想，道教所追求的逍遥自由精神，都极大地激发了中国文人的浪漫情感，道教的养生术对中国古代医学的发展也作出了重大贡献。

5. 儒道互补:儒家思想与道家思想的区别

儒家与道家是中国古代哲学最重要的两家,在后世成为中国哲学的主流思想。儒家主张积极入世,强调在个人修养的基础上积极承担对家庭、国家、社会的责任,勇于实践,敢于担当。道家主张"出世",更多地关注人的内心世界,追求个人的自由,强调顺应自然。中国古代的读书人,往往用儒家思想激励自己,修身、齐家、治国、平天下,努力上进,实现人生理想。当人生遇到挫折和失意时,道家恬淡达观、顺应自然、超然物外、安时处顺的思想,又能够给他们心灵的安慰和精神的寄托。儒家思想和道家思想形成了两种不同的世界观,他们既互相对立,又互相融合,成为对中华民族影响最大的两种哲学思想。

四、创新之处

本案例的创新之处在于:系统梳理道家思想的代表人物、核心理念及其兴衰起伏的发展进程,阐明其对中国社会和中华民族的诸多影响,同时理论联系实际,将道家思想与现实生活结合起来,探讨道家思想的现代价值与当代启示。比如道家思想在处理人与自然、人与社会的关系方面具有独到的见解,道家思想崇尚遵循自然规律、人与自然和谐相处,道家思想尊重个性和自由,倡导恬淡达观、顺应自然、超然物外等,这些内容的学习有助于提升学生的国际视野与全局观念,树立正确的人生观和价值观,更好地进行跨文化沟通和交际。

五、教学反思

中国古代思想文化学派纷呈、多姿多彩,道家思想中的一些概念和哲学范畴内涵丰富,对于国际学生来说并不容易理解,教师在备课或讲授这一专题的过程中,要有意识地考虑到教学对象的汉语水平和知识背景,将道家思想文化的讲解置放在跨文化与跨语言的语境中,进行中外思想文化的比较研究,不仅要阐明道家思想文化的核心理念和重要观点,同时也要探讨和分析其与其他思想流派的冲突与互补。

纵观华夏　兼收并蓄

——以经管专业公共汉语课的拓展学习为例

姚伟嘉

一、案例简介

（一）课程和案例的基本情况介绍

1. 课程介绍

本课程是为中文达到中级水平的经管专业学生开设的公共汉语课。学生大部分已通过 HSK 4 级，并都有在华学习、生活的经历，能就较复杂的日常生活、学习、工作等话题进行基本完整、连贯、有效的社会交际，对中国已有一定的了解。

根据学生专业背景与汉语水平，本课选用吴中伟主编的《速通汉语》高级 1 册（北京语言大学出版社，2020）作为教材。该教材以任务为载体，兼顾结构、功能、文化，话题贴近来华学习者生活，具有新时代特点，适合延展学习。

课程学习目标：

（1）提高学生汉语听、说、读、写、译的能力；

（2）提升学生在生活、学习、工作中的汉语交际得体度；

（3）引导学生更为真实、全面、立体地了解中国，并具备基本的"讲好中国故事"能力。

由于大部分学生不在上海，课程采取线上授课，虽然给师生互动、生生互动带来一定困难，但也促使教师对教学内容进行整合，丰富教学形式，利用多元教学资源，设计、实践"三段式"（课前＋课堂＋课后）教学模式，从而提升线上教学效率，刺激线下学习动能。

2. 案例介绍

本案例并非某节课的一部分,而是以帮助学生掌握中国省级行政区简称为目的,嵌入第四单元"美食和毒药"教学的拓展教学活动。通过翻转学习了解"八大菜系"相关知识,利用互动游戏、知识讲练、话题讨论三类课堂活动,帮助学生掌握中国34个省级行政区的简称,理解"直辖市""自治区""特别行政区"的意义,学习"江浙沪包邮区""京津冀协同发展区""粤港澳大湾区""港珠澳大桥"等与学生专业相关的经济热词。引导学生感知中国的幅员辽阔,发现中华文明的多元一体性,并进一步认识到各民族、各地区人民虽习俗各不相同,却能团结一致、共同奋斗,全面推进中华民族伟大复兴。

(二) 设计意义

"课程思政"应坚持显性教育与隐性教育结合,尤其针对国际学生的课程思政,必须润物无声。修读这门课的经管专业学生虽已对中国有一定的了解,但由于无法来华学习,很难真实、全面、立体地了解中国。有的学生甚至受到海外媒体不实报道的影响,对中国存在错误的认知。

本设计基于建构主义教学理念,以产出为导向,为综合提升学生听、说、读、写、译能力而设计,服务于知识、交际、育人三大目标。

二、思路与目标

(一) 设计思路

《汉书》云:"民以食为天。"饮食行为,是文化的重要载体,蕴含着极为丰富的文化内涵,是最能带动"民心相通"的文化切入点,也是最容易发现差异的文化表征。中华美食,名冠天下,很多学生对"八大菜系"有所耳闻,也有不少曾品尝过其中一二。因此,我们选择"八大菜系"的介绍视频作为"课前翻转任务",以填空的方式检验学生是否看懂了视频,并要求其提交填空语段的朗读录音。在这一项任务中,就操练了学生听、说、读、写四项技能。

"课堂同步活动"设计了温故知新的四个互动游戏、两部分知识讲练以及一项话题讨论。这些活动并不是在一节课内完成的,而是在整个单元学习中,于适当的时候开展的。

"课后进阶任务"包括三项:(1)翻译在课堂上学习过的习近平总书记在全国民族团结进步表彰大会上的重要发言选段;(2)根据课堂学习及小组讨论,以"一方水土养一方人"为题写一篇百字作文;(3)欣赏各民族人民演唱的《我爱你中国》MV。这三项任务在巩固课堂所学,检验学生写、译输出能力的同时,还增加了美感教育。

(二)设计目标

1. 知识目标

(1)识记中国 34 个省级行政区,知晓其简称,并理解"直辖市""自治区""特别行政区"的意义;

(2)掌握"八大菜系"名称、所在地及基本特点;

(3)认知"江浙沪包邮区""京津冀协同发展区""粤港澳大湾区""港珠澳大桥"等新词。

2. 交际目标

(1)能简单介绍中国的"八大菜系";

(2)能介绍自己国家的饮食偏好与习惯;

(3)能在中国经济相关的研讨中正确使用"京津冀协同发展区""粤港澳大湾区"等词。

3. 育人目标

(1)了解中国幅员辽阔,各地风俗有别;

(2)了解中国高度重视民族工作,保障少数民族使用、发展自己的语言文字;

(3)了解中华民族追求团结统一,为民族伟大复兴而共同奋斗。

三、具体实施

(一)课前翻转任务

1. 观看视频《中国八大菜系》

(https://www.bilibili.com/video/BV1CY4y1G7zM/?spm_id_from=333.788.recommend_more_video.1&vd_source=62346d564e1b44fc691c543eca3aa010)

根据视频内容完成填空,并提交朗读录音:

中国的"八大菜系"是指鲁菜、川菜、粤菜、苏菜、闽菜、浙菜、徽菜和湘菜。其中"鲁菜"的"鲁"是指_____,鲁菜的特点是_____。"川菜"的"川"是指_____,川菜的特点是_____。"粤菜"的"粤"是指_____,粤菜的特点是_____。"苏菜"的"苏"是指_____,苏菜的特点是_____。"闽菜"的"闽"是指_____,闽菜的特点是_____。"浙菜"的"浙"是指_____,浙菜的特点是_____。"徽菜"的"徽"是指_____,徽菜的特点是_____。"湘菜"的"湘"是指_____,湘菜的特点是_____。

其中,_____、_____、_____、_____在清朝初年已经形成,并称"四大菜系"。而_____、_____、_____、_____是到清朝末年才分化出来。

2. 学习资料《中国34个省级行政区简称及行政中心总表》

(二)课堂同步活动

1. 互动游戏类

(1)在中国地图上逐一指出"八大菜系"(鲁菜、川菜、粤菜、苏菜、闽菜、浙菜、徽菜、湘菜)所在省份位置。该活动用于检查学生翻转学习的效果,教师在游戏过程中根据学生水平,进行适当说明,帮助他们直观感知中国不同地区的饮食偏好。由此开始课文《一方水土养一方人》的学习。

中华人民共和国

审图号：GS(2019)1818号　　　　　　　　　　　　　　　　自然资源部 监制

（2）在《中国34个省级行政区简称及行政中心总表》中找出"○○市"（北京市、天津市、上海市、重庆市），并在地图中找到它们的位置。引导学生发现直辖市的命名规律，并为其讲解直辖市的定义及重要意义。

（3）看车牌猜属地。第一纵列，为四个直辖市，用以复现刚学习的知识。第二纵列，因行政区简称与全称有相同汉字，回答难度较低，增强学生学习成就感。第三纵列的简称和行政区全称没有明显关联，但其中

"粤""湘""鲁""闽"已在"八大菜系"名称中出现，其实仍是对学生已掌握知识的复现。

（4）在《中国 34 个省级行政区简称及行政中心总表》中找出名字特别长的行政区（内蒙古自治区、广西壮族自治区、西藏自治区、宁夏回族自治区、新疆维吾尔自治区、香港特别行政区、澳门特别行政区），并在地图中找出它们的位置。引导学生发现其中有"自治区"和"特别行政区"两类，讲解"自治区"与"特别行政区"的定义及重要意义。通过连线游戏，帮助学生发现五大自治区是哪些少数民族的聚居地，结合身着民族服装的少数民族同胞照片展示不同民族的风采。

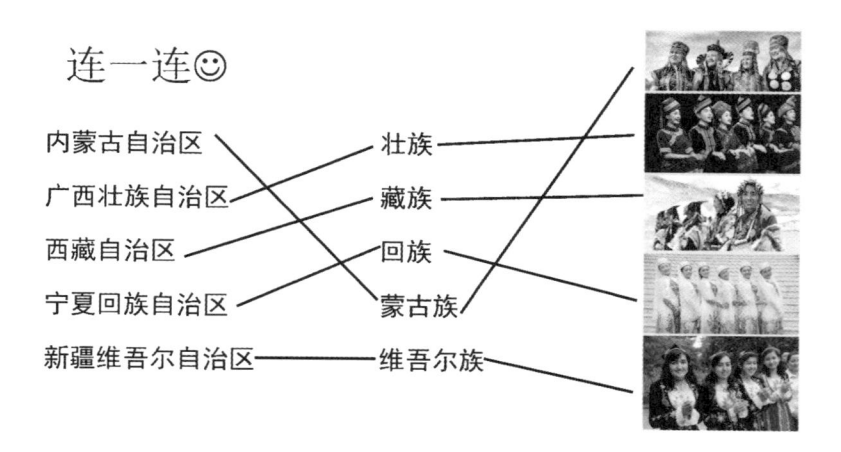

2. 知识讲练类

（1）引导学生发现人民币上有多种文字（汉字、汉语拼音、蒙文、藏文、维吾尔文、壮文、盲文）。在完成知识介绍后，要求学生回答四种少数民族文字对应哪四个少数民族，让学生感受到党和国家高度重视我国少数民族，切实保障少数民族使用和发展自己的语言文字。在此基础上，共同朗读、学习习近平总书记在全国民族团结进步表彰大会上的重要发言选段："一部中国史，就是一部各民族交融汇聚成多元一体中华民族的历史，就是各民族共同缔造、发展、巩固统一的伟大祖国的历史。各民族之所以团结融合，多元之所以聚为一体，源自各民族文化上的兼收并蓄、经济上的相互依存、情感上的相互亲近，源自中华民族追求团结统一的内生动力。正因为如此，中华文明才具有无与伦比的包容性和吸纳力，才可久可大、根深叶茂。"

（2）拓展学习下列新词：江浙沪包邮区、京津冀协同发展区、粤港澳大湾区、港珠澳大桥。经管专业的学生对这类"经济热词"特别感兴趣，在掌握了省级行政区简称之后，学生能快速理解这些新词的内涵，并从专业角度展开思考，有学生指出：中国地区经济的快速发展，和这样的区域协同发展有关。经过这样的学习，他们对这些词的记忆更为深刻，对他们开展相关研究与学术讨论大有帮助。

3. 话题讨论类

在完成课文《一方水土养一方人》的学习之后，播放视频《粽子届的南北大战！为什么北方人爱吃甜粽,南方人爱吃咸粽?》,引出讨论话题:"你们国家不同地区的饮食习惯一样吗?产生差异的原因是什么?"利用腾讯会议的分组功能进行讨论,每组指定一名主持人引导发言,一名发言人对本组讨论进行总结。教师随机进入不同小组旁听,发现所有学生都能积极进行分享,发言人均能言之有物。

(三)课后进阶任务

(1)将这段文字翻译成英文:

一部中国史,就是一部各民族交融汇聚成多元一体中华民族的历史,就是各民族共同缔造、发展、巩固统一的伟大祖国的历史。各民族之所以团结融合,多元之所以聚为一体,源自各民族文化上的兼收并蓄、经济上的相互依存、情感上的相互亲近,源自中华民族追求团结统一的内生动力。正因为如此,中华文明才具有无与伦比的包容性和吸纳力,才可久可大、根深叶茂。

(2)结合课堂学习和小组讨论的内容,以"一方水土养一方人"写一篇100字左右的作文。

(3)通过微信群组,请学生欣赏"学习强国"的精彩视频《我爱你中国》MV。在该视频中能看到各民族同胞身着传统服饰,在他们的故乡、用他们的方式歌颂祖国。

四、创新之处

(一)因材施教,优化教材

《速通汉语》是面向来华短期进修教学项目的普及型汉语教材。在面向经管专业学生进行授课时,必然需要因材施教,对教材内容进行补充、拓展。本案例从学生感兴趣的"八大菜系"作为切入点,补充了我国34个省级行政区的相关知识。对于经管专业的学生而言,这些知识是非常重要且实用的。

(二) 资源多元,延展充分

在本案例中,教师精心选择图片、视频,构建真实语境,通过启发式教学,引导学生认识到掌握拓展知识的重要性,激发学习动能,使其能在课前、课后仍认真完成相关任务,对课堂教学进行充分延展。

(三) 润物无声,思政走心

本案例中的思政内容是自然融入语言学习的,隐性、显性相结合,在提升学生感知中国能力的同时,也加强了他们讲好中国故事、传播中国声音的能力。

五、教学反思

由于本案例是单元嵌入式拓展学习内容,因此整个设计的实践较为灵活。如互动游戏(3),其实是在课堂时间的"边角料"——即将下课前的5分钟内完成的。为了充分延展,我设计了多样的同步活动,好似一名厨师切备好了菜,待火候合适时下锅料理。学生对这样的课堂活动较为满意,每次"温故知新"都颇有成就感。课前翻转任务和课后进阶任务,尽管具有一定难度,但因其实用性、趣味性、知识性,深受学生喜爱。有学生表示,教材对他来说比较容易,但公共汉语课最吸引他的是老师安排的拓展学习。

此外,经过精心设计的提问对国际中文教育的思政教学十分关键。如在引导学生发现人民币上的多种文字并进行讲解之后,我发问:"你们国家的纸币上有几种文字?"这看似随意的一问,让他们突然意识到自己国家的纸币并没有印上少数民族的文字,这就更凸显出中国政府对少数民族语言文字的尊重。由此可见,及时引导学生对比、思考,是国际中文教育课堂思政教学中具有"巧劲儿"的好方法。

百合传情　军民一家
——以《百合花》的教学设计为例

王　琼

一、案例简介

（一）课程和案例的基本情况介绍

1. 课程介绍

《中国现当代文学》是汉语言（国际教育方向）的一门面向留学生的专业选修课。通过教学，学生应基本掌握中国现当代文学的基本历史，了解重要作家的主要作品，并能运用所学知识，培养出一定的文学欣赏和分析能力，提升对中国文化及中华民族精神的理解和认同。《百合花》[①]是《中国现当代文学》这门课选讲的一篇小说。教学对象是汉语言（国际教育方向）的高级阶段留学生。中国现当代文学课教学课堂会涉及文学背景和文学知识的讲解，这不仅要求学习者掌握相当多的汉语词汇量和一定的中国现代汉语语法基础，学习者还应对中国文化和中国现当代文学有一定的了解和兴趣。所以，本课程选择以高级阶段的汉语学习者为教学对象。

2. 案例介绍

《百合花》是茹志鹃的成名作，最初发表在《延河》1958年第三期，被茅盾誉为当时最使他满意和感动[②]的一篇小说，《百合花》是一篇将政治主题和人性审美意蕴巧妙结合的佳作，标志着茹志鹃艺术风格开始形成。作者以清新俊逸的风格来表现革命战争、军民关系这类庄严的主

[①] 茹志鹃：《百合花》，选自王琼、汤驿编：《中国现当代文学作品赏析》，同济大学出版社，2019年，第129—138页。

[②] 茅盾：《谈最近的短篇小说》，《人民文学》1958年第6期。

题。小说描写了在解放战争的背景下,一个发生在前沿包扎所里的小故事,通过对小通讯员和新媳妇两个有着百合花一样纯洁高尚美好心灵的平凡人物的精心描绘,热情地讴歌了子弟兵对人民的忠诚和人民对子弟兵的热爱,揭示了军民团结,生死与共的深刻主题,表现了深厚无私的军民之情、战友之情,传达了高尚的人情美、人性美和战争年代崇高纯洁的人际关系。

(二) 设计意义

《百合花》被誉为"战争小说的纯美绝唱"。它告诉人们,即使在硝烟弥漫的战争年代,人们对生活的热爱,对美的热爱都没有泯灭。和平是人类文明发展进步的基石,战争是摧毁人类文明的绊脚石!世界和平具有普世价值,可以得到留学生的情感共鸣,进一步思考个体生命和人类的命运共同体,同时也可以帮助留学生深入了解中国的民族精神和红色文化。

二、思路与目标

(一) 设计思路

1. 个性教育和集体教育相结合。《百合花》作者运用典型化的方法,塑造了通讯员和新媳妇这样两个平凡而又感人的典型人物形象,通过人物形象分析,让留学生学习革命战士和人民群众的集体主义精神。引导学生在对个体命运、人类命运观照的同时,思索人的存在意义和生命意义,欣赏小说的人性美和人情美。

2. 语言教学和文化(文学)教学相结合。留学生通过学习《百合花》,可以积累字词,学会理清小说线索,鉴赏小说情节,分析小说人物形象,掌握刻画人物形象的表现手法,进而能够明白小说主题和含义。

3. 审美教育与红色教育相结合。留学生通过学习《百合花》的政治主题和人性审美意蕴,可以深入理解中国的红色文化和民族精神。

(二) 设计目标

1. 知识目标

(1) 认识茹志鹃先生

茹志鹃(1925—1998),浙江杭州人,当代著名女作家,王安忆的母亲。她的创作以短篇小说见长,笔调清新俊逸,情节单纯明快,细节丰富传神。善于从较小的角度去反映时代本质。代表作有《高高的白杨树》《百合花》《静静的产院》等短篇集。

(2) 关键词讲解

总攻　庄稼　冷炮　伪装　田界　张惶　关公　讷讷　半晌　毛竹　审讯　忸怩　动身　喘息　自告奋勇　踌躇　觉悟　开通　封建　执拗　尴尬　讪讪　掂量　熬夜　皎洁　孅孅　寒战　鹿砦　耽搁　匾　负罪　手榴弹　虔诚　棺材　包扎　憨厚　嘟囔　憎恶　磕磕绊绊　尴尬　瞟一眼　氛围　羞涩　间歇　发髻　虔诚　暴露　撂下　着恼

(3) 关于小说的知识

小说是一种叙事性的文学体裁,特点是以刻画典型人物为中心,通过完整的故事情节和人物活动环境的描写,来反映复杂的社会生活。小说三要素为人物形象、故事情节、典型环境。故事情节可分为开端、发展、高潮、结局。

(4) 历史背景

《百合花》是茹志鹃前期的代表作。茹志鹃在《我写〈百合花〉的经过》一文中说:"我写《百合花》的时候,正是'反右派'斗争处于紧锣密鼓之际,社会上如此,我家庭也如此。啸平(茹志鹃爱人)处于岌岌可危之时,我无法救他,只有每天晚上,待孩子睡后,不无悲凉地思念起战时的生活,和那时的同志关系。""战争使人不能有长谈的机会,但战争却能使人深交。有时仅几十分钟,几分钟,甚至只来得及瞥一眼,便一闪而过,然而人与人之间,就在这一刹那里,便能够肝胆相照,生死与共。"[1]所以,《百合花》是作者在忧虑之时,缅怀追念得来的产物。

---

[1] 茹志鹃:《我写〈百合花〉的经过》,《青春》1980年11月号。

2. 文化目标

（1）通过对《百合花》思想内容、象征意义和艺术特色的分析与鉴赏，留学生能够领会作品所抒发的军民鱼水情和人性之美，能够针对文学作品制定相关的阅读策略，能够有效处理文本材料，能够以准确的语言方式对小说故事进行复述，提高口语和书面语的交流表达能力，掌握一定的欣赏和分析小说的技巧。

（2）留学生能了解《百合花》写作的历史背景和文学史意义，了解中国社会，提升对中国红色文化及中华民族精神的理解和认同，达到"知华友华"的教学目标。

（3）理解茹志鹃的女性书写。茹志鹃的女性意识体现为关注女性的角色转换。她以一个新中国的新女性的观点来观察、研究、分析中国女性，通过女性的角色转换展现女性的社会价值，从而确立女性的自我价值。另一方面，茹志鹃的战争题材小说更显示出她的女性意识，她写战争不写硝烟弥漫的战场和炮火连天的战斗，更多的是关注人情、人性与生命价值；女性的善良、温柔、纯情也使她的作品充满了人道主义的思想。

三、具体实施

（一）课前导入

放一段歌唱家李谷一1981年为电影《百合花》演唱的插曲，让留学生根据百合花的花语猜一猜小说题目为什么取名《百合花》。

（二）完成知识目标的学习

1. 认识茹志鹃先生
2. 讲解关键词
3. 学习关于小说的知识
4. 了解历史背景

（三）完成文化目标的学习

以问题为导向逐节阅读小说，进入小说思想内容、象征意义和艺术特色的分析与鉴赏。

1. 总结故事情节

读课文，划出不认识的字词；找出全文线索，分层次概括文章大意。

全文以时间为序，以"我"的所见所闻为线索展开情节。1946年中秋之夜，在部队发起总攻之前，小通讯员送文工团的女战士"我"到前沿包扎所，一起向一个刚过门三天的新媳妇借被子，最后新媳妇执意将新被献给为救人而牺牲的小战士。关于这篇小说的主题，当年茅盾先生曾将之概括为"反映了解放军的崇高品质和人民爱护解放军的真诚"。[①]陈思和先生则认为它是"表现战争中令人难忘的，而且只有战争中才有的崇高纯洁的人际关系与通过这种关系体现出来的人性美和人情美"。

这篇课文可以分为几个层次？各小组讨论并总结每个部分大意。

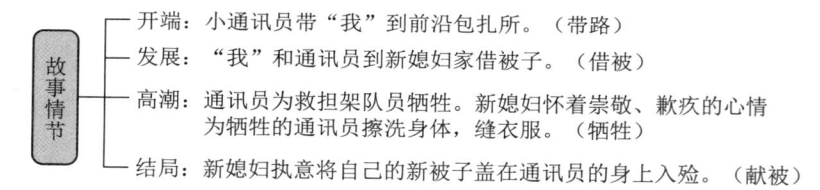

故事情节
- 开端：小通讯员带"我"到前沿包扎所。（带路）
- 发展："我"和通讯员到新媳妇家借被子。（借被）
- 高潮：通讯员为救担架队员牺牲。新媳妇怀着崇敬、歉疚的心情为牺牲的通讯员擦洗身体，缝衣服。（牺牲）
- 结局：新媳妇执意将自己的新被子盖在通讯员的身上入殓。（献被）

2. 人物形象分析

（1）小通讯员形象分析

细读以下段落：

①"现在从背后看过去，只看到他是高挑挑的个子，块头不大，但从他那副厚实实的肩膀看来，是个挺棒的小伙。他穿了一身洗淡了的黄军装，绑腿直打到膝盖上。"

这是对小通讯员的外貌描写，从这里可以看出小通讯员是一个年轻、质朴、充满活力的人。

②"肩上的步枪筒里，稀疏地插了几根树枝，这要说是伪装，倒不如算作装饰点缀。看见他背上枪筒里不知什么时候又多了一枝野菊花，跟

[①] 茅盾：《谈最近的短篇小说》，《人民文学》1958年第6期。

那些树枝一起,在他耳边抖抖地颤动着。"

这是对小通讯员的细节描写,从这里可以看出小通讯员是一个热爱自然,热爱生活的人。

③ "他见我挨他坐下,立即张惶起来,好像身边埋下了一颗定时炸弹,局促不安,掉过脸去不好,不掉过去又不行,想站起来又不好意思。"

这是细节描写。突出小通讯员憨厚、腼腆的性格。

④ "手榴弹就在我们人缝里冒着烟乱转,这时这位同志叫我们快趴下,他自己就一下扑在那个东西上了。"

这是侧面描写。补叙小通讯员受伤的情景,表现了他不怕牺牲、舍己救人的勇敢精神。

⑤ 总结:小通讯员是一个有着质朴、憨厚的外表,腼腆、善解人意的性格,勇敢善良、热爱生活的品质,百合花一样美好心灵的小战士。他涉世不深,天真纯洁,充满朝气,对生活和自然充满热爱。比如他的枪筒里插着几根树枝和一枝野菊花。他憨厚朴实,拘谨腼腆不善言辞。如文中我面对小通讯员坐着,他张惶局促"脸涨得像个关公"。他善解人意,勇于改错,认识到自己借被子的方法不对便及时改正。他关心战友,在危机关头能挺身而出,舍己救人,为了保护队员英勇捐躯。

(2) "新媳妇"之"新"分析

① 突出"新"字,更易于体现女性之美,进而以之衬托年轻通讯员的高大形象;

② 能够突出那条白百合花被子的新与珍贵,更能表现她对革命的支持与对烈士的关爱,从而凸显其心灵之美;

③ 表现人性美,能为借被子、给伤员擦拭污泥血迹等情节提供心理依据,使之更真实可信、生动感人;

④ 更易于表现借被子之难与帮忙之羞涩,从而反衬出军民之间感情的圣洁美好,突出小说的主旨;

⑤ 总结:"新媳妇"是一个极普通的农村妇女,开始作者让我们着眼的是新媳妇的娴静、美丽、忸怩、羞涩、善良、淳朴。随着故事情节的发展,我们越来越深刻地了解了她的内心,她对解放军的热爱崇敬,无私的品质。

人物性格随着故事情节的展开而越来越鲜明。小说主要写了她在两件事情上态度的前后对比。第一件事：开头出于舍不得而不愿借被子给伤员盖，后来却主动用它来给烈士收殓遗体。第二件事：在包扎所护理伤员时，开始又羞又怕，放不开手，后来却庄严、虔诚地给重伤员解衣拭身子。

（3）"我"在小说中起到的作用

作品主要写的是小通讯员和新媳妇之间的圣洁感情，但是，"我"却是小通讯员和新媳妇之间不可缺少的穿针引线的人物，是故事的叙述人和情节发展的重要推动者。因此，"我"不仅是作品采用"第一人称"方式的承担者，而且也是作品中的一个艺术形象。

首先，从小说的结构线索来看，小说始终围绕着"我"和小通讯员之间的交往展开叙事："我"与小通讯员去包扎所的路上、"我"与小通讯员一起借被子、"我"与小通讯员在包扎所最后一次相见（之后小通讯员牺牲）。围绕这个线索，作者巧妙地把"我"对小通讯员的感情变化融织进去：从开始生气、发生兴趣到亲热起来，接着从心底爱上这个傻乎乎的小同乡，然后是月夜的思念、牵挂，到最后得知小通讯员牺牲"我"内心无限的悲痛。这样，"我"的情感始终流贯起伏在整个小说故事情节之中，"我"的形象也逐渐丰满起来。一个热情大方、活泼美丽、情窦初开、略显"泼辣"的少女形象跃然纸上。正是由于"我"的角色地位的凸显，才有了这场"没有爱情的爱情牧歌"，作者正是以此建构了小说最基本的框架。小说的艺术构思，剪裁组织，起承转合，呼应陪衬，更显精巧严密，匠心独运。

其次，作品不仅通过"我"带有女性特征的细微观察，使小通讯员和新媳妇的形象跃然纸上，而且，通过富于浪漫气质的想象，使作品充满抒情的色彩。比如，"我"想象的小通讯员在家乡天目山拖毛竹时的情景："我朝他宽宽的两肩望了一下，立即在我眼前出现了一片绿雾似的竹海，海中间，一条窄窄的石级山道，盘旋而上。一个肩膀宽宽的小伙，肩上垫了一块老蓝布，扛了几根青竹，竹梢长长的拖在他后面，刮打得石级哗哗作响。"文字不多，却充满诗情画意。

（4）总结分析人物形象的方法

① 分析人物所做的事；

② 分析对人物的正面描写；
③ 分析侧面描写的语句；
④ 分析细节描写。

3. "百合花"的象征意义分析

"百合花"，色泽淡雅，香气清幽，纯洁美丽，本文的题目"百合花"是以借代的手法指小说主人公新媳妇的嫁妆（新被子）上的图案，预示新婚夫妻百年好合。百合花在小说中具有丰富的象征意义：小通讯员有百合花一样美好的心灵，也是新媳妇朴实美丽与纯洁无瑕的优美品格的象征，更是革命战争时期军民之间、战士之间，高尚、纯洁感情的象征，象征着人性美和人情美。

百合花新被子推动了故事情节的发展，新媳妇不借给小通讯员百合花被子——"我"成功地借来百合花被子——新媳妇亲自将百合花被子铺在门板上——小通讯员牺牲后新媳妇将百合花被子给他陪葬，使文章结构清晰完整。作为行文的线索，新被子串联了全文，又象征着军民鱼水情。结尾处再次点题，新媳妇把自己的唯一的嫁妆百合花被子给小通讯员陪葬了，使得人物形象更加丰满，也巧妙地揭示了小说的主题。

4. 艺术特色分析

茅盾说："《百合花》可以说是在结构上最细致、严密，同时也是最富有节奏感的。它的人物描写也有特点，是由淡而浓，好比一个人迎面而来，愈近愈看得清，最后，不但让我们看清了他的外形，也看到了他的内心。"①

（1）选材上善于从小处着眼，以小见大，通过细节表现主题。小通讯员在能射出杀人子弹的枪筒里插着象征自然与和平的树枝与菊花，让我们在无言中感受战争与和平的剧烈冲突。

（2）通过细腻而有层次的心理活动来刻画人物，"富于抒情诗的风味"。如小说通过"我"的一系列心理变化，刻画了小通讯员的形象。

5. 找出文中环境描写的句子，并分析其作用

对雨后景色的描写，烘托出"我"愉快的心情，表现出我的革命乐观主义精神，对幸福生活的向往，对战争的厌恶，与后文战地的紧张形成对比。

---

① 茅盾：《谈最近的短篇小说》，《人民文学》1958年第6期。

"天边涌起一轮满月"的描写充满了诗情画意,它为人物活动提供了背景,对战斗的激烈残酷起到了反衬作用,同时对人物的思想情感起到了正衬作用。

6. 独特的女性视角分析

(1) 女性观察细致,以其视角叙述故事,可更多地展现细节,增强情节的生动性,让人如临其境;

(2) 女性感觉敏锐,可更好地刻画人物形象。如小通讯员的牢骚、新媳妇的羞涩,更生动地表现出人物特点;

(3) 以女性视角描写战争,绕开激烈的战斗场面,从侧面突出战争的残酷,更能引发读者的想象;

(4) 可引导读者从女性的角度理解战争、理解人物,从而产生独特的感受,更好地把握内容和主题。

7. 课文中几次写到小通讯员衣服上的破洞,说说有什么作用?

(1) 第一次是在"我"和小通讯员从新媳妇家借了被子出门时,衣服刮到了门钩,小通讯员坚决不肯让新媳妇缝,这一细节,写出小通讯员的朴实、腼腆、执拗,新媳妇的友善、热情、关切。

(2) 第二次是当通讯员回部队时,"他已走远了,但还见他肩上撕挂下来的布片在风里一飘一飘的"。这一细节写出了通讯员天真质朴的心理和回部队时乐观的情绪。

(3) 第三次是在通讯员临牺牲前,"他安详地合着眼,军装的肩头上露着那个大洞,一片布还挂在那里"。写出新媳妇和"我"为此而万分痛惜的心情。

(4) 第四次是在作品的倒数第四段,新媳妇细密地缝破洞,体现了新媳妇把通讯员当作亲人,对他无比爱护。

(四) 文化与实践

1. 文化交际:中国的红色

红色是中华民族最喜爱的颜色,"中国红"有着庄严与尊贵、吉祥与喜庆、幸福圆满等丰富的文化寓意。无论是故宫的雕梁画栋、红墙廊柱,还是十里红妆的红盖头,歌舞升平的红绸舞,抑或日常生活中的红灯笼、红包、红木和红烛,中国红无处不在。近代以来的中国,也承载了太多的"红色文化"记忆,它是权威、勇气和革命的代表,也象征着火红的中国梦,最具代表性的当属中国的"五星红旗"。

【情境与对话】留学生和老师在一起布置教室,迎接新年的到来。

大卫:我要把红色的中国结挂在教室里,它代表了团结、幸福和平安。

丽莎:我正在剪纸呢!这是我剪的大熊猫和福字,你们看怎么样?

玛丽:真好看,快把它贴在窗户上吧!这里还有红灯笼,我知道每逢过年过节,中国的很多家庭都会悬挂红灯笼,一盏盏红灯笼喜气洋洋,象征着阖家团圆、红红火火的生活。

老师:同学们,老师写了一副春联。你们来念念,春联上写了什么?

学生们:"一帆风顺吉星到,万事如意福临门",真是写得太好啦!

李思:还有横批"新年快乐"!

2. 文化地标

延安革命纪念馆:位于陕西省延安市宝塔区西北延河东岸,始建于1950年7月,是中华人民共和国成立后最早建立的革命纪念馆之一。馆内展出大量珍贵的革命文物,再现了毛泽东、刘少奇、周恩来、朱德等人当年在延安的光辉业绩,是进行爱国主义、革命传统和延安精神教育的重要基地。

3. 练一练

(1) 文化知识填空

① 当代著名女作家_____的成名作《百合花》,最初发表在《   》1958年第三期。

② "执拗""山坳""黑黝黝"三个词语中,加点字的拼音分别是(   )、(   )、(   )。

③ "中国红"有着_____、_____、_____等丰富的文化寓意。在日常生活中,中国红无处不在,比如_____、_____、_____。

(2) 请将合适的"量词"填写在横线上

① 一_____清鲜湿润的香味　② 一_____洗淡了的黄军装

③ 几_____树枝　　　　④ 一_____石头
⑤ 一_____定时炸弹　　⑥ 一_____老蓝布
⑦ 他一_____背枪,一肩挂了一_____秤;左手挎了一_____鸡蛋,右手提了一_____大锅,呼哧呼哧地走来。
⑧ 天黑了,天边涌起一_____满月。

(3) 解释下列句中加点词语的意思

① 他飞红了脸,更加忸怩起来,两只手不停地数摸着腰皮带上的扣眼。

② 他踌躇了一下,便和我一起去了。

③ 我觉得这里老百姓觉悟高,又很开通,怎么会没有借到呢?

(4) 简答

① "我"眼中的小通讯员、新媳妇各是怎样的人?

② "百合花"的象征意义是什么?

(5) 课后实践

① 2018年是中国改革开放40周年,理解"红色文化"的意义,寻找我们身边的红色文化。

② 红色主题的文化活动:

Ⅰ 学习中国剪纸:学剪"红双喜"和"立体的春"。

Ⅱ 自制新年压岁包:参照你所见过的"压岁包(红包)",创作自己的红包。

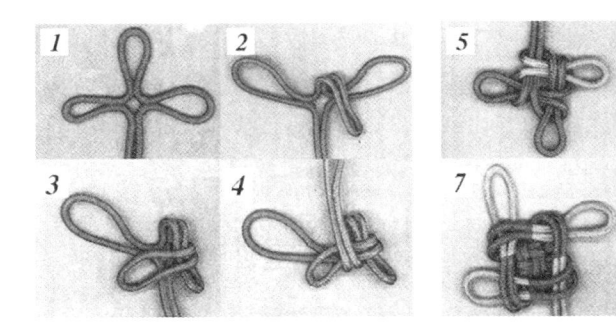

Ⅲ 学编中国结

Ⅳ 学写春联

（6）表达与写作

① 用自己的语言复述《百合花》的故事内容，录成音频或视频发给老师。

② 介绍一篇你自己国家的描写战争的文学作品，并和《百合花》做一个简单的对比调查。

③ 写一写中国人生活中的红色文化。

四、创新之处

(一) 课程思政创新

留学生对《百合花》的时代语境较为陌生，但通过对人情人性的热烈讴歌来抒发尊重生命的人道主义关怀，留学生易于接受，因此总体教学目标可以实现。留学生通过作品精读和一系列的深入思考和文化实践，可以做到感同身受，被作者的抒情笔调所感染，理解和认同中国的民族精神和红色文化。

(二) 教学方法创新

1. 留学生通过观看视频等多媒体教学手段，和自己国家的比较，通过精读法和赏析法，以及一系列的深入的文化练习和文化实践，可以被作者的人道主义情怀所感染，真正沉浸到中国的文化和历史之中。其中，教师充分利用了各种音频、视频、电子设备，现代信息技术和多媒体作为现代教学方法，"听、说、读、写"四项语言技能同步贯穿在文学课的课堂教学过程之中，可以使抽象的文学变得具体化，帮助学生感知文学作品，更容易帮助学生理解和加深记忆。

2. 以"启发式"教学方法为主。始终贯彻"学生主体，教师引导"的教育理念，最大限度地调动了学生的自主学习性和自觉性，使学生获得问题解决能力、研究发现能力和知识整合能力等。即在文学课的学习过程中，一方面教师要运用自己的文学知识和学习技巧帮助学生克服在文学作品学习过程中可能会出现的问题，比如，文化释义、作品背景和难词讲解；另一方面还要给学生足够的时间和空间让他们进行自主学习和研究。

3. 讲授法、演示法、背诵法、体验法、讨论法、研究法等教学方法组合使用。采取讲授法向学生介绍作品的时代背景和作家的人生经历；采取演示法，以视频或者图片的方式向学生展示中国的历史；采取讨论法，引导学生总结作品的思想内涵、艺术特色和象征意义；采取研究法，让学生对自己国家的描写战争的小说和中国的描写战争的小说做一个简单的对比调查；最后，还可以通过体验法，帮助学生亲自感受中国的红色文化，并在文化尝试后，完成相关报告。

五、教学反思

（一）教学内容

本案例努力把语言技能的训练，文学、历史知识点的展示融会贯通于教学的方方面面，把中国文学的魅力尽可能地展现给留学生，培养留学生对小说的感知力，激发留学生的文学创造力。留学生通过本案例能够了解《百合花》这篇小说的思想内容、艺术特色及象征意义，同时对作品背后的作家以及文学史知识有一定的把握，学会一些分析小说及典型人物的方法。

（二）教学手段

讲解小说写作背景时可结合影视片段、文化微课、PPT上的图片等，有条件的话可以带领学生参观（或云参观）延安革命纪念馆等，让留学生置身于历史现场，体会作者写作时较为"真实"的可触可感的历史语境。

（三）教学技巧

课堂授课方式应结合PPT课件或其他多媒体手段，以问答式引导和学生讨论为主，力求让留学生的感情和小说所抒发的感情"同频共振"，同时，在感动之后对小说的思想内容、艺术特色及象征意义有更深入的探索思考及文化表达训练，达到"知华—友华—爱华"的目标。

爱国忧民　坚守理想

——以《中国传统节日文化》的教学设计为例

李　挺

一、案例简介

（一）课程和案例的基本情况介绍

1. 课程介绍

"中国历史与文化"是面向同济大学全校各个专业的留学生开设的公共通识课程，属于选修课程。这些留学生来自同济大学的不同年级，从本科一年级到博士三年级；也来自不同专业，从文科、理工科到医学；同时也来自世界各国。课程旨在通过对中国历史与文化的呈现，让学生理解中国文化、了解中国人的行为方式和思维方式，提升学生的文化认同感和融入感，从而提升学习热情。

2. 案例介绍

案例节选自《中国传统节日文化》，其中蕴含的文化育人元素为：热爱祖国、忧国忧民、坚守理想的高尚品德，关爱生命、驱瘟保健的中国古代智慧。

教学过程分为三个层面：第一，让学生了解中国现存的具有全民性的传统节日——端午节，了解这个节日的由来，尽可能地体验节日的习俗。第二，带领学生解读端午节深层次的文化内涵。第三，让学生从自身的文化角度来观察端午节体现出的中华民族的传统文化内涵，进行讨论思考，最终能获得一定程度的理解，从而提升其文化认同感和融入感。

（二）设计意义

随着中国高等教育水平的提高，来华留学生日趋增多。对于来华留学生来说，了解中国的传统节日有助于了解中国的传统文化，也有助于他们了解中国的生活和习俗，也是应对文化冲突的方法之一。同时体验中国传统节日，感受风土人情，还能丰富他们的留学经历。

但很多教师都只停留于理论知识的讲解，太枯燥了，学生们无法感受到节日的氛围，教学效果不理想，所以体验和感受很重要。

教师在讲解过程中不要自我炫耀，也不要曲意迎合，既要介绍自己，也可以听听别人的感受。既要介绍中国的当代节日文化，树立当代中国人的形象，还要引导留学生理解中华民族的精神内涵。

二、思路与目标

（一）设计思路

在"中国历史与文化"课中，精心挖掘和选择"课程思政"所需要的教学材料，选取契合的话题，融入对当代中国正能量、先进性的表现。如在讲到某一具体文化现象时，可展开必要的文化讨论与探索，以此彰显当代中国的核心价值观，并引导留学生了解并逐渐理解中国的优秀文化内涵。

中国传统节日文化是中华民族传统文化传承至今的宝贵文化精神遗产，既具有历史传承性又具有时代创新性。我们需要抓住这几点来设计教学：首先，可以让学生在现实生活中体验了解相关的节日文化习俗；其次，引导学生自主探寻这些文化习俗背后较深的历史文化渊源；再次，组织学生讨论对比不同文化间的异同，表达文化间可能存在的误解和疑惑；最后，从更深层次解释中华民族的文化精神内核的传承与创新，展现中国的优秀文化内涵。使学生尽可能在切身的体验中去感受，并自主探求深层文化内涵。

（二）设计目标

具体案例选自全英文《中国历史与文化》(Chinese History and Culture)课程中的《传统节日文化》(Chinese Traditional Festivals)章节，以下具体介绍本案例的设计目标。

1. 知识目标
(1) 了解端午节的具体日期以及相关的中国历法。
(2) 了解端午节的主要习俗及其由来：屈原的故事。
(3) 了解端午节的其他习俗及其精神内涵。

2. 能力目标
(1) 培养学生在现实生活中观察体验感受节日文化习俗的能力。
(2) 培养学生通过书籍或者网络查阅搜集相关文化资料的能力。
(3) 培养学生对文化现象进行思考提问讨论的能力。
(4) 培养学生理解节日文化习俗背后的中华民族独特的深层文化精神内涵的能力。

3. 育人目标
教书育人，是教师的天职。"培育什么样的人"是需要每一个教师不断思考的问题，我们在对外传播中华文明的同时，也同样需要考虑这一问题。王国维先生曾经说过，"然有知识而无道德，则无以得一生之福祉，而保社会之安宁，未得为完全之人物也"。蔡元培先生也认为"美育者，与智育相辅而行，以图德育之完成者也"。可见德育乃教之根本。教师是"人类灵魂的工程师"，要不断引导学生达到真善美的境界，无问国界。

使国际学生通过本课程的学习，尽可能地理解中华民族独特的深层文化精神内涵，从而从内心对当代中国的特色社会主义道路、理论、制度和文化表示认同，充满自信。并希望他们在不久的将来能把这种文化自信传递到国外，在海外进一步完善中国的国际形象，让越来越多的人了解中国，喜欢中国。

三、具体实施

(一) 课前预习

让学生课前完成两项任务：
(1) 在现实生活中寻找或者通过咨询中国朋友，了解中国人端午节的各种习俗。

（2）通过阅读书籍或者查找网络资料，了解端午节的主要习俗：一项活动——赛龙舟，一个历史故事——《端午节的由来——纪念屈原》，一道美食——粽子。

(二) 导入新课

用一小段赛龙舟的视频引入，让同学们说说他们在做什么？庆祝什么节日？答案是他们在赛龙舟，庆祝端午节。

(三) 展开新课

1. 一项活动：赛龙舟

让大家观看赛龙舟的视频，请大家感受赛龙舟的精神和节日的欢乐氛围。

请大家说一说赛龙舟的精神：队员们坐在龙舟上随着急促的鼓点，齐心协力，整齐快速划桨，着重点出现代的"赛龙舟"精神：中华民族的同舟共济、坚韧不拔、拼搏奋进精神。

端午节赛龙舟这项习俗有什么来历呢？这跟一个历史故事有关。

2. 一个历史故事：《端午节的由来——纪念屈原》

给出图片，请一个学生来给大家讲讲端午节的由来（因为预习任务中有此项）——纪念屈原。

对学生的讲述进行点评，完善故事的细节：

屈原是战国时期楚国的大臣，也是中国最早的诗人之一。面对强大

的秦国的巨大压力,他主张富国强兵,来对抗秦国。然而他的主张遭到了贵族们的反对,后来他被楚怀王废黜并流放。流亡期间,他仍然非常关心自己的国家和人民,他创作了许多诗歌,一直流传到今天。后来秦军攻克了楚国首都,屈原听说此事以后,非常悲伤,他写完最后一首诗后,绑着一块大石头跳进了汨罗江。那天就是中国农历的五月初五。他死后,楚国人民聚集在河边,向他致敬。渔民们开着船在河上来回寻找他的尸体。为了避免鱼虾攻击他的尸体,人们把粽子和鸡蛋扔到水中喂它们。一位老医生还将一壶雄黄酒倒入水中,希望能让水里所有的生物喝醉,从而不会伤害到屈原的尸体。

需要着重分析点出故事主人公屈原热爱祖国,忧国忧民、坚守理想的高尚品德。

将精神品德与现今的主要习俗相结合:这些高尚的精神品德世代流传,赛龙舟、吃粽子、喝雄黄酒这些习俗最初表达了对屈原的纪念,对热爱祖国,忧国忧民、坚守理想的高尚品德的崇尚。后来人们将热爱祖国,忧国忧民、坚守理想的高尚品德融合在赛龙舟、吃粽子、喝雄黄酒的习俗之中,流传至今。

3. 一道美食:粽子

让学生品尝教师事先准备好的粽子,并介绍传统节日美食——粽子,主要材料是糯米和红枣、蜜豆、蛋黄、咸肉等馅料,用箬叶包裹而成,形状多样,主要有尖角状、四角状等。它除了鲜香味美,同时具有清热解毒,健脾补肾的功效,在农历五月,临近盛夏之际食用,有益于身体健康。让学生在品味美食的同时体验节日习俗,了解中华养生文化。粽子由来久远,最初是用来祭祀祖先神灵的贡品,作为中国历史文化积淀最深厚的传统食品之一,传播甚远。

4. 其他的习俗:挂艾蒿　佩香囊

除了赛龙舟、吃粽子、喝雄黄酒这些习俗,请学生介绍一下他们查到的关于端午节的其他习俗(悬挂艾蒿菖蒲、佩戴香囊等)。

给同学展示图片和实物,让学生切身感受艾蒿菖蒲独特的香气和类似宝剑的形态;香囊的五彩鲜艳,精致的手工和浓郁的芳香。

提出问题引导学生思考:为什么艾蒿菖蒲和香囊都有这么浓郁的香气呢?这与端午节有什么关系?

引导学生理解这些习俗的文化内涵:自先秦时起,人们就认为五月是毒月,五日是恶日。端午来临之时正值仲夏,气温较高,各种蚊虫出没活跃,容易传播疾病。有民谚道:"端午节,天气热,五毒醒,不安宁。"为了防止蛇虫出没家中,古人会挂菖蒲、插艾草,并用这些药草沐浴,其中所产生的奇特芳香,可提神通窍,也能驱虫和净化空气。此外,佩戴香囊,也是古人自创的"健康小妙招"。人们在香囊内装入气味浓重的桂枝、花椒、辛夷、丁香等中草药,有一定的祛病健身之效。这体现了中国古人的防疫智慧。

(四)讨论理解

引导鼓励学生谈论对于端午节的感受与理解。对于学生的不同观点持理解的态度,理性客观地看待我们历史文化中因时代久远而存在的某些局限性,着重引导学生理解主要的积极的一面,求同存异。

四、创新之处

在全国高校思想政治工作会议上,习总书记强调:"要用好课堂教学这个主渠道,思想政治理论课要坚持在改进中加强,提升思想政治教育亲和力和针对性,满足学生成长发展需求和期待,其他各门课都要守好一段渠、种好责任田,使各类课程与思想政治理论课同向同行,形成协同效应。"然而大部分课程思政教学改革,基本都是以中国学生为教学对象,教学方案的设计和实施也大都针对中国学生而制定。

本课程的教学对象是来自各种文化背景的国际学生,具有相当的特殊性。我们的教学对象对于中国历史与文化都知之甚少,甚至可能存在一些误解。因此在本课程中挖掘展示我们中华民族优秀的深层文化基因和育人点,提炼出思政主题,巧妙地融入中国文化和价值观,新风尚和新面貌,既让国际学生在亲身体验中清晰客观地了解认识中国的风俗习惯,又运用各种技术手段点燃国际学生的学习兴趣,让学生乐于讨论探索文化现象背后的深层文化内涵,提升自己思想认识的新高度,这正是本课程的创新之处。

五、教学反思

(一)教学效果

为了保证教学效果,给学生布置了课前预习作业,有的学生可以完成得很好,就会收到很理想的课堂学习效果;而有些同学由于某种原因没有做,就会影响到课堂的学习效果。对于预习部分的督促工作还可以细化。

课堂讨论部分,还有一部分同学们不够积极,参与度不高,可以再做一些调查,想办法激发他们的积极性。

(二) 教学形式

传统节日文化的教授最好是有切身的体验,但囿于课堂教学和学生人数众多的局限,很多体验活动很难进行,以后可以在体验活动上创造条件进行,以便达到更好的教学效果。

依依惜别　浓情深意
——以《送元二使安西》的教学设计为例

陈　晨

一、案例简介

（一）课程和案例的基本情况介绍

1. 课程介绍

该课程面向留学生中高级班开设，属于选修课之一。中国古典诗词是中华文化的重要组成部分，也是中国故事的经典载体。此案例以诗词教学言情、立志与树人，引导国际学生以跨文化的思维理解中国古典诗词中的审美意境与情感表达，同时认同内化中国优秀的传统文化，促进不同文化之间的交融相通，使学生形成正确的人生价值观念。

2. 案例介绍

案例选取唐代诗人王维的著名诗作《送元二使安西》，其中蕴含了丰富的育人元素，从诗歌中的"离别"主题出发，引申到朋友之间诚挚深厚的情感表达与中华民族重情重义的文化构成，引导国际学生发现正向情感价值观念的普世意义，形成正确的离别态度与友谊观念。在教学过程中，从诗歌主题、重点字词、文化介绍、情景再现、课后阅读和延伸思考等方面，围绕诗歌与日常生活中的离别场景以及友情这一人类情感中的重要构成，让学生理解中国人的情谊观念与行为方式，引导国际学生观察自己生活中的离别场景，思考对待友情的认知态度，使学生树立正确人生价值观的同时，增强学生对中国的认同感，从而实现培养更多知华友华人才的育人目标。

(二) 立德树人方面的价值

《送元二使安西》，又称"渭城曲""阳关三叠"等，这是唐代诗人王维送好友元二去往西北边疆安西都护府任职时所作之诗，作品中充满了诗人对友人的留恋、关切和祝福。一切景语皆情语，渭城清晨的细雨乍停，空气中散发着淡淡的泥土气息，客舍经过朝雨的冲洗更显整洁，大道旁愈发青翠的柳枝随风摆动，似是在诉说着离情，又似乎要牵住远行人的衣角。诗人频举酒杯劝好友再进一杯浓酒，看似平淡的劝酒之下隐藏着诗人与好友深挚热烈的情义。此案例教学不仅可让学生感受中华古典诗词之美，了解相关的历史文化知识，提升国际学生对中华民族的认知与感悟，朋友间殷切深厚的情谊也是人类情感中共通的部分，这可为世界各国传播来自中国文化中正向的情感价值观念，在加深国际学生对中国艺术与情感世界认识的同时，为其提供正确的人生价值导向。

二、思路与目标

(一) 设计思路

推动中华文化更好地走向世界，就必须讲好中国故事，让世界了解中华民族的品格与核心价值观念，让国际学生走进中国人的审美与情感世界。经典的课堂教学不仅要培养国际学生的汉语能力，也要引导他们理解中国文化与主流社会观念，培养其跨文化的意识、态度和能力。中国古典诗词是承载中国故事的经典形式，在古诗中归纳出人类共通的情感，潜移默化地融入立德教育，从而使学生自然地在认知上认同、情感上接受、行为上改变，使教学课堂在促进各国人民民心相通的方面发挥积极作用。

(二) 设计目标

1. 知识与文化目标

（1）掌握本诗中生词"使、浥、更、尽"的意义和用法，了解"朝、舍"等多音字的用法，理解诗文大意。

（2）理解"安西""渭城""阳关"等地名的所指及相关历史地理文化知识。

（3）了解中国文化中"折柳送别"的传统及相关谐音文化。

2. 情感与育人目标

（1）结合古典诗词的韵律和配乐，组织国际学生配乐朗诵，让他们体验古典诗歌的音乐美，培养他们对中华文化经典的诵读兴趣。

（2）借助词语理解，想象诗歌所描绘的话别情景，体会朋友间依依惜别的深厚友情，让国际学生进一步了解中国人重感情的传统美德。

（3）借助音乐、图片及视频资料，构建虚拟送别场景，让学生模拟表演，亲身感受中国古典诗歌的文化意蕴和内涵，加深国际学生对中国古代社会生活的认识，促进他们对中国人思维方式和情感世界的理解，从而实现使国际学生"知华友华"的教学效果与育人目标。

三、具体实施

（一）导入新课

通过中国画展示、师生问答召唤起学生对友情的感知以及对离别场景的回忆。这一环节主要运用多媒体导入，让学生对将要学习的送别主题有一定认识。

请学生观看画中中国古代人为朋友送别时的景象，引导学生理解这一情景所表达的内容。

大家回忆一下自己的人生中是不是有很多好朋友，如果你们要暂时分别，你会是一种怎样的心情？你会如何表达自己对好友的依依不舍之情？今天我们要学习的就是一首经典的送别诗《送元二使安西》。

（二）背景介绍

通过诗歌吟唱的方式让学生体会到诗歌的音乐美感，感悟到诗歌所表达的感情。通过不同文化中诗与乐之间的转化对比，引发学生的思考与探究。

1. 播放乐曲《阳关三叠》

在学习这首古诗之前,请学生先来欣赏根据这首诗所谱的琴曲《阳关三叠》。

2. 介绍诗歌的背景知识、作者及诗中出现的人物

大家喜欢这首古风盎然、又充满了离别感伤的乐曲吗?你们国家也会用唱的方式表达诗的内容吗?

诗中出现了两个人物,他们是谁?

我们首先来了解一下这两个人物和他们之间的关系。

王维:字摩诘,号摩诘居士,唐朝著名的诗人、画家。王维诗多咏山水田园,他与孟浩然合称"王孟"。因其精通佛禅,其诗往往充满禅意与禅理,故他又有"诗佛"之称。王维亦极擅长山水画,被后世推为南宗山水画之祖。北宋苏轼评价其为:"味摩诘之诗,诗中有画;观摩诘之画,画中有诗。"

元二:原名元常,兄弟排行第二,作者王维的好友。

王维此诗正是他的好友元二奉命出使安西都护府,王维在渭城为之饯行时而作。整首诗道出了诗人在离别时对朋友或亲人浓郁的不舍之情,因而被广为流传,它在唐代被谱成乐曲演唱,成为经典的送行歌曲"阳关曲"。

(三)整体感知

让学生找出这七言绝句的韵脚,并对学生进行诵读指导。教师有感情领读,要求学生跟读。要求读准字音,读准节奏,特别强调韵脚。这一环节的设计意图是让学生通过诵读古诗,获得初步的情感体验,感受诗歌的优美。

这首诗歌是一二四句押韵,韵脚是"尘、新、人","新"的古音与"尘、人"同韵,找出韵脚既可以帮助诵读和记忆,又可以体会诗歌的韵律美和音乐美。在学生了解有关音韵的知识后,带领学生根据韵律,有节奏有感情地朗读诗歌。

（四）字词剖析　理顺文意

这一教学环节主要为学生扫清理解障碍,同时提升学生的词汇量。检测学生是否真正理解生词在诗歌中的含义,同时锻炼学生的表达能力。

1. 教师讲解本诗歌中的生词

字义：

"使"（固定意义之一）；"安西"（古代地名）；"渭城"（古代地名）；"浥"（生僻字）；"更"（副词）；"尽"（动词）；"阳关"（古代地名）。

字音："浥"（形声字）；"朝"（多音字）；"舍"（多音字）。

字词讲解方法：

（1）展示一张唐代的疆域图,让学生找出"安西""渭城""阳关"三个地理位置,教师再介绍相关的历史及文化内容。

（2）通过提问,让学生以组词的方式总结归纳"朝、舍"两个多音字的用法。

（3）"浥""使"二字,通过汉字字形的分析帮助学生学习和记忆。"浥"虽为生僻字,但是从字形结构来看,属于从水邑声的形声字。左形右声,意思跟水有关,发音与"邑"相同。诗中的意思为:润湿。

"使"也是从人吏声的会意兼形声字。从人表示与人的动作有关,发音跟古代的"吏"声相似。只是文字的读音经过古今演变,今音与古音存在差异与不同。"使"在诗中的意思为:出使。

（"使"字的字形源流演变）

（4）"更"为副词；"尽"为动词。前者为再,后者在此处是饮完的意思。在诗中是通过劝酒来表达友人之间的依依不舍之情。其中,"尽"繁体写作"盡",本为会意字。甲骨文字形表示手持刷子洗刷器皿。盛东西的器皿只有空了才能洗刷。利用繁体字和古文字形体帮助学生理解字义。

（"尽"字的字形源流演变）

2. 引导学生理顺全诗大意

首先,请在题目中找出友人的目的地。(安西)

其次,请在第一二句中找出送别的时间、地点和环境。

再次,请在第三四句中总结出诗歌的主题。(以酒饯别、劝酒辞)

最后,请学生试着说出诗歌的完整意思。

(五)诵读训练

在学生理解诗歌意义的基础上,教师对学生进行第二次诵读训练。通过领读、齐读、自由读、分组读、快慢赛读、轻重赛读等形式多样的训练方法,让学生在不知不觉中获得背诵本诗文的能力。这一环节试图培养国际学生诵读中华文化经典的习惯与兴趣,增加学习的满足感与成就感。

(六)合作探究

这一教学环节可使学生更深入理解本诗歌所表达的意蕴和内涵。

1. 介绍中国古代折柳送别的传统

"柳"是中国诗歌中经常出现的意象,中国古代若有亲人好友远行,送行者常折柳枝相送。"柳"谐音"留",以柳枝表达挽留之意;柳树顽强,何处皆可生长,希望远行人也能平安健康;《诗经·小雅·采薇》中即有"昔我往矣,杨柳依依。今我来思,雨雪霏霏"之语。

2. 谐音文化举例

其实中国古诗中有很多类似的谐音现象。如刘禹锡《竹枝词二首·其一》"东边日出西边雨,道是无晴却有晴"。"晴"与"情"谐音,这里的晴不仅指天气之晴,也是情感之情,"无晴""有晴"是"无情""有情"的隐语,此处以天气来表现男女主人公之间含蓄的情感。又如《西洲曲》"低头弄莲子,莲子清如水"中"莲子"寓"怜子",明写女子采莲,暗写希望彼此之间互相怜惜。

数字谐音:886、520、5201314。

现在网络上还流行很多数字谐音的现象,比如886是"bye-bye了、拜拜了"的谐音;520是"我爱你"的谐音,5月20日成了所谓的是5月20日和5月21日,互赠"1314"的红包,寓意着一生一世等等。

3. 让学生谈谈对这首诗歌的感受

引导学生理解诗歌所表达的送行人的依依惜别之情以及朋友之间看似平淡实则浓烈的深情厚谊。

在多遍练习朗诵后,大家从诗歌中感受到了什么?

从何处可以感受到作者的惜别与感伤之情?(下着雨的天气;青青的柳枝;劝酒;西出阳关无故人等。)

诗人并未直接表达他的伤感,但是我们却依然能够感受得到作者的心情,从下着雨的天气中,从随风飘摇的柳枝中,这也是中国古代诗歌的一个很大的特点,常常通过景色和事物的描写来表达自己的感受,即所谓的"一切景语皆情语"。

(七) 情景再现

组织学生通过表演再现王维与好友离别时的情景,让学生身临其境地感受理解诗歌所传达的情感内容。大家可以想象诗人是如何为即将远行的好友设宴,宴席上如何频频举杯,说了哪些离别之言,启程时如何依依不舍,登程后如何瞩目遥望。

场景:王维与即将远行的好友立于渭城的一家客舍前,清晨的微雨润湿了地面,道路两旁栽满柳树,青青的柳枝随风飘摇。

王维(充满留恋地):元二兄,此行一别,我们不知何日才能再见了。

元二(作回忆状):是啊,以往我们一起写诗作画的日子是何等快意啊。

王维(叮嘱状):安西的气候风俗皆不同于渭城,你到那边要多保重啊。

元二:可为大唐守边境,我心中并无不甘,甚至生出无限豪情,到那边还可饮最烈的酒,看大漠风光,你可不要太羡慕我啊,哈哈哈。

王维(笑):哈哈,我最是欣赏元二兄的豁达。来,饮尽这杯酒,千言万语都在此中了。

元二(举杯):好酒!对啦摩诘兄,你平素最喜钻研佛理,你可知我要去往之地也是佛教文化的重镇啊。

王维:本就不舍你走,你此话一出,更想随你而去啦。一定记得,到那边要常寄书信啊。

元二:一定。

王维(举杯):来,我再敬兄一盏,等过了阳关,就再无故乡的好友知音了。

元二(仰头饮酒):摩诘兄就送到此处吧,再饮就更添无限伤感啦。

王维(重重地握手叮嘱):元二兄,一路保重。

场景:王维与元二挥手告别,王维望着好友远去的背影渐渐模糊了双眼……

(八)布置作业

教师对整堂课内容进行回顾与总结,之后布置作业。通过写回信的方式可使学生更好地理解朋友之间的深厚友情,感悟古诗的内容,拓展学生的思维。这类开放式的作业能激发学生古诗的学习兴趣,并培养学生的自主学习能力。

据说元二到安西一年后给王维写了一封回信,但因年代久远,字迹已模糊不清,在你的想象中,这封信应该是什么内容呢?

找一首你喜欢的中国古代送别诗,下次课上与大家一起分享,为大家诵读,并说明你喜欢它的原因。

四、创新之处

想以诗词的教学言情、立志与树人就要将优秀的中国传统文化融入留学生的汉语课堂之中,中国古典诗词是汉语学习与文化传播的绝佳载体与媒介,本案例通过多样化的教学手段为学生营造沉浸式的场景,比如借助送别主题相关中国画的展示,《阳关三叠》乐曲的播放等创设具有价值的教学情境,又如组织学生表演复原当时的送别情景,让学生沉浸在离别的氛围中,可更好地去揣摩诗歌中人物的语言、心理和情感等。如此学生才可在语言习得之外,将中国文化的相关知识与价值内化于心,教学在完成语言与文化目标的同时,也同时构建起了立德树人的教育线索。

本案例所选取的古诗具有较强的主题性,这也是学生在生活中经常遇到的情景,古诗的精神内核就较易实现现代转化,如通过介绍相关历史或现实中的事例或文化;为学生创造不同的情境表达机会;利用启发式教学方法引发学生独立思考,进行知识架构的延展等。教师在帮助留学生强化运用语言技能之外,也可更好地引导学生理解相关的中华传统文化,让学生对人类普世价值观有更深刻的体悟,在彰显中华文化魅力的同时,唤起学生文化传播的责任。

五、教学反思

本案例选取了中国一首广为流传的送别诗,诗歌语言明朗自然,却情景交融,韵味悠远,表达了深挚而强烈的惜别之情,具有极高的审美与艺术价值。对于汉语水平处于中高级阶段的国际学生来说,本诗歌的难易程度及题材都是比较合适的。它承载了典型的中国故事,也更易达到"立德树人"的教育目标,因为送别是生活中常见的场景,所以学生对这一主题产生了浓厚的兴趣,在各个环节的参与度较高,这在引起他们情感共鸣的同时,也增强了学生对中国文化的理解与认同。

虽然选课学生具有汉语中高级水平,但作为国际学生,他们对诗词中相关的语言知识还缺乏了解,所以语言点的传授是非常有必要的。然而,本案例更多意义上属于文化类课程,所以教师不能简单地把教授语言点、厘清诗歌大意、背诵全诗作为最终教学目标,而应平衡好语言习得与文化探索之间的关系。教师应在课堂中进行启发式教学,通过一个个问题的引导,对诗歌以内或以外的内容进行讲解与扩充,向国际学生介绍中国独特的文化,激发他们的爱华友华之心。如向学生介绍中国古代折柳赠别的风俗与以酒饯行的传统,其中蕴含了怎样的文化与情感寄托;又如诗歌与音乐之间的关联与转化等等。

此外,让对汉语有一定了解的学生更深入地体会到诗歌所传达的意境,感悟到诗歌之美,体会到送行人浓郁真挚的惜别之情,落实诗歌教学的情感目标有一定的难度。因此在课堂教学时,教师会精心创设情境,配合积极的语言引导,让学生在形式多样的诵读练习中自然而然地去感受,特别是最后通过学生的参与情景再现,配合《阳关曲》的播放,重现了诗人送别时的情景,升华本堂课教学的情感目标。与之同时,这也形成以学生为中心的课堂氛围,使学生习得的效率与深度明显高于传统课堂。

寓教生活　民俗育人
——以"端午节俗"的教学设计为例

黄亚欣

一、案例简介

（一）课程和案例的基本情况介绍

1. 课程介绍

《中国民俗学》课程是面向同济大学国际文化交流学院汉硕生（中外学生）开设的一门专业选修课，每次课 3 课时。课程旨在通过对民俗的表层范式、深层结构、本质特征、社会功能、发生规律等进行系统缕析，从而使学生对中国民俗形成具体而深入的认识，感知中华民族优秀传统文化，更好地发挥中国故事讲述者的作用；同时，在部分模块中尝试探寻民俗学与教育学的契合点，展现课程的现代德育价值，达到民俗育人的目的。

2. 案例介绍

本文以《中国民俗学》课程第八章第二节中的"岁时节令民俗"为例，在该章节中选取"端午节俗"作为案例教学内容，将课程思政的部分内容融入民俗学专业课程，通过知识展示、田野调查、沉浸式体验与问题研讨相结合的方式开展教学活动，使学生走进中国人日常生活，通过参与式观察，深入挖掘端午节俗背后所蕴含的中国民众知识智慧和精神文化内涵，启发学生在现实生活中理解与感悟中国文化。①

农历五月初五，俗称"端午"。从文献记载来看，"端午"二字最早见于晋人周处《风土记》："仲夏端午，烹鹜角黍。"端午节是我国重要的传统节日之一，也是我国国家级非物质文化遗产代表性项目。我国端午节有哪

---

① 本课程选用的教材为陈勤建：《中国民俗学》，上海：华东师范大学出版社，2007 年。

些传统民俗？这些民俗为什么是这样的而不是那样的？它们背后究竟包含着怎样的意义与规则？诸如此类的问题均是本教学案例将要探讨的话题。

(二) 设计意义

民俗文化，是社会中普遍存在，而又比较潜隐不露的一种社会文化规范。[①]

民众的衣食住行，婚丧嫁娶、岁时节令等都浸润其中。将民俗教育纳入学校教育，与高校现代课程思政相结合，是新时期课程思政建设的新思路，也是民俗生活现实与高校教育现状两者自身发展的需要。

本案例对端午节俗进行教学、研讨，具有助力高校课程思政建设和促进同济大学国际中文教育学科发展的双重价值：一方面对中国学生理解我国传统民俗、培养民族精神具有重要意义；另一方面，由于端午节是多民族共享的节日且包含跨国习俗，对促进跨文化研究也具有重要作用。

二、思路与目标

(一) 设计思路

民俗是一种生活相，让民俗课程走近民众日常生活，让学生在现实生活中理解民俗是民俗课程的要义，也是中外学生亲身感知中国的好机会。本教学案例设计思路如下：

1. 拓宽德育渠道，充分发挥民俗德育的功能。本案例将学校教育与社会教育相结合，让学生走进社区，感悟社区民众生活文化中的意义和旨趣，拓展、优化德育渠道，让民俗教育在德育中发挥更大的力量。

2. 丰富民俗德育形式，增强民俗德育的有效性。民俗文化蕴含着丰富的教育资源，不仅要善于汲取，更要善于运用恰当的教育方式，才能充分发挥民俗德育的影响，增强其有效性。本案例将安排学生自主调查搜集端午节期间的种种民俗事象，在调查过程中发现问题，培养学生的创新

---

① 钟敬文：《民俗文化的性质与功能》，《哲学动态》1995 年第 1 期，第 24 页。

思维,加深对民俗文化的理解。

3. 营造民俗文化环境,使学生在实际环境中形成熏陶。本案例通过安排相关的体验活动(如香囊制作体验),激发学生对民俗文化的兴趣,增强对民俗文化的感受,实现民俗积累。

(二) 设计目标

1. 知识目标

通过端午节俗案例教学,使学生认识到:

(1) 中国的岁时节令民俗往往是满足民众的某些需求应运而生的,在民众日常生活中有着重要影响。

(2) 岁时节令民俗是中国人在特定生存环境中对宇宙生命与人体生命节律交织的心灵感悟,是人们在不同领域中形成的群体性的、代代相传的思考原型和行为方式,蕴藏着中国民众独特的生态观念、生命生存观念,对社会行为起到一定的规范作用。

(3) 岁时节令民俗处于不断流动和演变之中,例如由季节型向节日型转化,由单纯型向复合型、综合型发展,由祈求性向娱乐性发展。

2. 育人目标

通过端午节俗案例教学,从教学过程拓展到育人过程,从第一课堂拓展到第二、第三课堂,努力实现全员、全过程、全链条、多维度育人:

(1) 鼓励学生继承和发扬传统节俗背后所蕴藏的中国民众的知识智慧、生存观念和民族精神,培养学生形成民族认同感,实现文化育人。

(2) 依托相关文化站、文体中心、群艺馆等作为教学实践基地,带领学生走入第二课堂,进行社会实践,让学生在田野调查实践中通过访谈法、比较法等方法自主习得有关端午节俗的知识,达到实践育人的目的。

(3) 启发学生在田野调查中发现问题,形成问题意识,引导学生对相关问题进行思考,并根据学生不同的思考方向引导学生进行深入研究,实现科研育人,并鼓励中外学生围绕其中某一个问题进行跨文化比较研究。

综上所述,本案例在传授岁时节令民俗知识的基础上引导学生进行深度思考,培养学生的创新能力,让学生得到成长获得感;以学生成长为中心,通过"做中学"的教学模式,培养学生具备通专基础、学术素养、创新思维、实践能力、全球视野、社会责任等综合特质,使学生成为担当民族复兴大任、引领未来的社会栋梁与专业精英。与此同时,我院汉硕生由中国学生和国际学生共同组成,中外学生在课内外共同研讨,这使得本课程自然而然地具备了国际交流合作的特质,进一步实现了"课堂教学＋实践教学＋国际交流合作"的目标。

三、具体实施

本案例选取上海市浦东新区三林古镇为田野调查点,与浦东新区三林镇文化服务中心对接,将实地调查、体验与课堂教学、研讨相结合,分两次课进行,第一、二个模块为一次课,第三个模块为一次课,并安排相应的课后作业(课内外学时约 2∶1)。具体教学安排如下表所示:

教学模块		课时数	主要内容
模块一:主题导入、田野调查实践 (地点:上海市浦东新区三林古镇)		2	引导学生深入实地,分小组考察端午节期间三林古镇民众的饮食习俗、风物、仪式活动等。课后整理成书面调查报告。
模块二:香囊制作体验 (地点:上海市浦东新区三林古镇大可堂)		1	选取端午节俗之一——制作香囊,让学生置身于节俗氛围之中,了解香囊制作原理,体验制作过程。
模块三:课堂研讨	分组汇报	2	学生以小组为单位,以 PPT 和短视频形式分组汇报考察中所获取的民俗资料。
	总结与讨论	1	讨论、分析端午节各类民俗事象形成的原因以及背后所蕴含的深层次文化内涵。

实施方案如下:

(一)导入端午节主题,通过历史文献、传说、古诗词、文人竹枝词等资料的展示,使学生对中国端午节俗形成初步感知。(15 分钟)

师生在上海市浦东新区三林古镇大可堂集合,地点:上海市浦东新区灵岩南路 1400 弄 11 号。(本次教学活动租用大可堂二楼会议室)

教师通过 PPT 分享历史文献、传说、古诗词、文人竹枝词等资料中有关端午节的相关记述,使学生了解端午节由来的几种观点(纪念屈原说、纪念伍子胥或曹娥说、辟邪说等),初步了解端午节俗。

(二)在实地考察中领会端午节俗(75 分钟)

学生分小组(3—5 人为一组,每组均由中、外学生共同组成)在三林塘古镇开展民俗调查,如吃粽子、饮雄黄酒、龙舟竞渡、悬挂艾草菖蒲、雄黄画额、系五彩绳、佩戴香囊等。学生可尝试通过与当地民众交流、访谈,了解这些民俗事象的成因。

(三)香囊制作体验(45 分钟)

调查结束后,师生回到大可堂会议室。由三林镇文化服务中心安排专门的老师带领学生体验香囊制作技艺,制作过程中讲解香囊制作所需的材料、配方以及各种配方的功效等。

(四)撰写田野调查报告,制作 PPT 和短视频(120 分钟)

课后,每组自定时间,分工合作,对调查中所获取的资料进行汇总,形成书面的小组田野调查报告(于下次课之前提交,作为平时作业的考核依据),并制作 PPT 和短视频用于后续的课堂研讨。

(五)学生汇报调查成果,试讲述端午节俗的发展演变过程,并分享田野调查与香囊制作过程中的心得体会。(90 分钟)

分组汇报调查成果(以 PPT 和短视频形式),并根据调查中的访谈、交流以及课后查阅资料,试讲述本组所调查的种种民俗事象的形成、发展过程。汇报完毕后,学生自由发言,分享调查与体验中的心得体会。

(六)教师总结、点评,引导学生挖掘端午节俗背后所蕴含的深层次文化内涵。(45 分钟)

教师对学生的田野调查报告和现场汇报情况进行总结和点评,试在学生调查发现的基础上引导他们挖掘端午节俗背后所蕴含的深层次文化内涵。

端午前后,正值蛇虫侵入住宅的季节,买几把菖蒲、艾叶挂在家中门窗上,到端午当天置于火盆点燃,可确保一个夏天家中不生蚊虫;孩子胸前挂香囊,可防蚊虫近身;大人蘸取雄黄抹在孩子额头、面颊,可驱疫排毒。由此可见,端午节的种种习俗中包含着全民健身、防疫祛病、避瘟祛毒等实际用途和祈求健康平安的心意愿景。这不仅展现了我国民众群体的知识智慧,也是民众深层次精神内涵的体现,多重意蕴的汇融,使端午节成为中华民族的四大传统节日之一。

第一,体现了我国民众追求人与自然和谐相处的生态观。

岁时节令,本是中国先民在特定的生存环境中,对宇宙生命(天体运行、万物生长)与人体生命节律交织的心灵感悟,端午节就是其中一个典范。端午节的形成与我国独特的气候环境有关。我国受亚热带季风气候的影响,有着明显的季节分野,我国先民在生产生活的实践中已深切感受到这一点。《诗经》等古代文献资料中有我国春俗活动的大量记载和描述:届时,人们纷纷外出,祓禊,歌舞,踏青,祭祀,宴饮。与春俗类同,端午节俗也是我国先民对大自然物候变化的真情实感的流露,这是一种感悟生存而由衷激发的自然信念,内含着民众对天、地、人三者关系的看法以及人与自然和谐相处的生态观。

第二,体现了我国民众在与自然环境长期共存中自我保护、自我调适的意识,包含着正确处理人与自然关系的道德规约。

农历的五月初五,在节气上处于芒种之后,夏至之前。而夏至在传统中国尤其是汉代以后民众的观念里,是阴气上升、阴气与阳气开始争斗的时节。民众受阴阳五行观念的影响和支配,在无力与自然相抗的情势下,为自保身心康健安全,产生了许多躲避禁忌的做法,这是当时人的普遍心态,很多地区出现了"躲午"的习俗。如今我们看到的有关端午的种种意象,在古代都被赋予了更多辟瘟、消灾、保健身体的意义,这是先民在生产生活中逐渐累积的生活经验,更体现了他们对生命的珍视和自我保护。

饮菖蒲酒、雄黄酒,以雄黄抹额等即反映了民众的自我保护意识。端午前后正是菖蒲生长繁茂时,人们除了将菖蒲制成蒲剑、蒲人、蒲鞋外,还用其根叶入酒泡制,俗称蒲酒。《本草纲目》中记载"菖蒲酒,治三十六风,一十二痹,通血脉,治骨痿,久服耳目聪明"。可见蒲酒可用以强健体魄、避岁时风邪。将雄黄这一矿物研成粉末,入酒溶解,可制成雄黄酒。可饮用雄黄酒,或将少量雄黄涂抹在大人的手、脚处,小孩的面额上以避秽,这已成为一种民间习俗。此外,还可以将雄黄酒喷洒在房间墙壁及帐幔之上,以驱逐蚊虫侵扰。

悬挂艾叶和菖蒲也符合自然科学道理。民间古来有端午门前悬艾叶、菖蒲的习俗。艾叶有理气、利尿、解热、通经、祛痰、止血等功效;艾叶含有胺油酸、侧柏醇等成分,对多种致病菌有抑制作用,并能增强人体免疫力;菖蒲气味辛温,主风寒湿痹,有开心窍、补五脏的功效。人们把艾叶和菖蒲悬挂在门窗前,有清洁空气、除湿避秽的作用。在先民未曾有此理性科学的药理认识之前,艾叶和菖蒲理所当然地就被理解成避邪除秽、保全身心的物品。这反映了我国先民在长期与自然共存中对健康平安的渴望和追求。

全国各地各民族还有很多饶有趣味的习俗,如食五毒饼、缚五彩线、配五彩香囊、赶端午药市等。所有这些习俗都从某种程度上反映了我国民众巧妙利用自然来适应生存环境,保护自身健康,提高生活质量的智慧。

辟邪一类的说法,虽无科学依据,却反映了远古先民面对自然界中不可避免的不利变化,不惧怕、不畏缩的精神,反映了民众顺应自然、利用自然,团结一致、迎难而上、共渡难关,安然进入新的生活境界的精神。

第三,先贤传说的融入,丰富了端午节的精神文化内涵。

屈原传说、伍子胥传说、曹娥传说,虽然都不能作为端午节起源的佐证,但是这些历史人物及其精神价值的附着在相当长的一段时间内已融入端午节俗中,对于丰富端午节俗及其文化内涵起着莫大的作用。原本仅以防疫、保健为目的的端午节,因纪念屈原、伍子胥、曹娥等历史先贤人物,开始从单纯的人与自然节律的关系转向人与人、人与社会的关系,这其中渐渐渗透进人们的道德判断,并渐渐赋予了端午节更加丰满的精神文化内涵。

赛龙舟也类同。传说战国时期楚人因不舍屈原沉江死去,于是划船追赶拯救,他们争先恐后,追到洞庭湖时仍不见屈原踪迹,于是借划龙舟驱散江中之鱼,以免鱼吃掉屈原的尸体。当今,各地民众仍有自发或政府倡导的赛龙舟活动,这对于丰富人民群众的文体活动有着积极作用。众人划桨、齐心协力,一方面可以强健体魄,锻炼团队意识,培养文化认同感,另一方面可以在对屈原等历史人物的怀念中获得精神上的升华。

四、创新之处

1. 在民俗学与教育学的双重视野下,探究新时代民俗教育实践的路径。利用岁时节令,让学生感受民俗中的乐趣,寓教于民俗生活之中,寓教于实践活动之中,既为现代德育提供了新资源,丰富了课程思政的教学内容,又为民俗教育的宏观原理奠定了基础。

2. 将课堂教学与民众日常生活相结合,使学生在参与式观察和切身体验之中领悟中国传统民俗的意蕴,既有助于培养学生讲好中国人日常生活故事,也为现代德育提供了新形式和新视角。

3. 为培养学生具备民族精神、传承中华优秀传统文化提供了新思路。民俗的凝聚力构成了我国民族精神的重要内涵,民俗德育不仅对人有着规范作用,对培育和熔铸人的民族精神也有着不可替代的作用,是提高学生整体素质和增强民族凝聚力的有力举措。

五、教学反思

德育过程不再仅仅是抽象化、概念化的,而要与受教育者的生活背景建立广泛的联系。[①]民俗德育兼具自然性和体验性,长期性和稳定性,规范性和导向性,如将民俗文化中的优秀传统与社会发展的需要以及学生的学习、生活背景相结合,也许可以在现代德育中大放异彩。

一个国家的现代化是依附在民族固有精神文化的基础上的,不同的现代化总是有相对应的本民族的思想文化基础。各国通过各自的民族文化基础,吸取凝聚和团结本国民众的力量,从而能够焕发出社会成员建设

---

① 柯玲:《民俗教育原理》,北京:光明日报出版社,2015年,第92页。

现代化的积极性。端午节肇始至今,不断流转变迁的节俗内容和精神内涵,丰富了全国各族人民的生活,并且在节日文化中逐渐酝酿积淀了深厚的民族情感,这无疑将成为中华民族的宝贵财富。端午节俗中所蕴含的中国民众知识智慧和民族精神,是"中国式现代化"建设中的重要的精神力量,让端午节俗等中国传统岁时节令民俗代代相承是新时代高校思政课程建设的应有之义。将民俗教育引入高校思政课程,利用春节、清明节、端午节、中秋节等岁时节令,寓教于民俗生活之中,不仅有助于构建传承民族传统文化的长效机制,也对新时期德育工作有着积极推进作用。

大公无私　润物无声
——以"成语与中国文化"课程设计为例

许国萍　王景丹　张　媛

一、案例简介

（一）课程和案例基本情况介绍

1. 课程介绍

"成语与中国文化"为复旦大学本科汉语言专业（对外）选修课，32学时。选课学生汉语水平HSK5级以上，年级不限。基于成语的"结构—功能—文化"一体性特点，课程性质定位为语言文化课，采取线上线下混合式授课。单周学生在课程网站上自主学习核心知识，双周为线下课堂面对面和线上腾讯会议同步教学。

2. 案例介绍

本案例为课程第七单元7.1—7.5节（教材第13课）的线下课。课前，学生已在线上观看视频，自主学习了成语典故"大公无私"的短文、文化主题对话、文化知识短文和17个成语讲解（大公无私、以身作则、顾全大局、远见卓识、全力以赴、通力合作、再接再厉、海纳百川、知人善任、难能可贵、至高无上、惊心动魄、面面俱到、为所欲为、喜怒无常、小心翼翼、文韬武略），完成了章节测验，并自主阅读了新媒体（微信公众号"文润"）读物《一位特别的90后》，对袁隆平有了初步了解。

案例将成语与成语中内涵的文化知识学习、中国文化主流价值观的跨文化理解融为一体。案例以袁隆平的人生故事为载体，在多模态教学资源和交互体验式活动中促成学生对成语和中国文化知识学以致用，内化成语和主题人物传递的主流价值观。教师首先通过文化视频分享热身,其次通过听写、看图说成语、复述成语典故等活动对线上学习的知识进行检查与巩固。再次,练习以袁隆平为主题的语篇完形填空,一方面为了解袁隆平提供更全面的素材,另一方面使学生在素材中关注到意义匹配的成语的使用。之后,观看袁隆平的采访视频。最后,基于新媒体读物、完形填空语篇和采访视频关于袁隆平的素材内容,借助思维导图整合,小组开展对袁隆平受人尊敬的原因以及中外科学家共性的讨论并形成报告。

(二) 设计意义

本案例在设计中着重将立德树人教育有机内隐于语言文化学习中。案例选择具有家国天下情怀、为中国和世界粮食安全作出卓越贡献的农业科学家袁隆平为载体,将"大公无私、顾全大局、通力合作、以身作则、全力以赴"等成语所蕴含的中国社会主流价值观、道德观念与榜样人物的追求和经历自然融合,易理解、易接受。同时,在跨文化比较讨论中,学生主动发现这些正向价值观的普适意义,从而深化对中国文化主流价值观的理解,将之自觉融入自身的多元文化建构中,成为自我成长的内在动力。

二、思路与目标

(一) 设计思路

立德树人是教育的根本任务。这需要教师充分了解本专业的人才培养目标、学科性质,了解学生的学习需求、心理特点,在课程的教学目标、教学内容和教学活动设计中,润物无声地融入立德教育,从而使学生自然地在认知上认同、情感上接受、行为上改变。就汉语言专业(对外)的本科留学生培养来说,除了汉语能力,还要熟悉和理解中国国情和文化、中国社会主流价值观和公共道德观念,要具备平等开放、包容尊重的跨文化交际意识、态度和能力。

基于对本科留学生培养目标和语言文化一体性教学的理解,本案例的设计思路为在语言文化的"输入—整合—输出"过程中,实现立德树人教育的"内隐—沉浸—内化"。

案例中，教师遵循二语习得规律，通过多模态教学资源，提供充足可懂的语言材料、易理解的背景知识和具体的情境信息。语言和文化内容高度匹配融合，学生在袁隆平想国家和人民所需，在国家的不同发展阶段求学、立志、科研以及性格、爱好、家庭等真实、立体、鲜活的人物故事中领会成语中内涵的文化观念。教学活动设计注重认知难度循序上升，引导和支撑学生在交互体验式教学活动中多样化产出。学生在产出中不仅高频输出成语，而且在人物精神品质挖掘和跨文化比较的意义建构中，深化和内化对中国文化中正向价值观的认识。

(二) 设计目标

本案例的知识目标、能力目标和素养目标为：

1. 准确记忆、理解本单元 17 个成语的词形、释义、句法功能、语用特征。

2. 流利陈述成语典故。

3. 能够利用语境推断语义并使用相应的成语完成语篇表达。

4. 分析、归纳课内多模态素材，理解中国主流正向价值观在个人道德品质、社会公共道德、家国情怀等大德上的具体体现，表达中有观点、有事例，并正确使用成语（如本课的"大公无私、顾全大局、以身作则、全力以赴、通力合作"以及之前学习的"持之以恒、锲而不舍、坚持不懈、精益求精"等）。

5. 根据问题自主查找资料，开展跨文化比较，说明和评价时提供支撑事例，表达中正确运用成语。

三、具体实施

案例贯彻课程以学生为中心的教学理念和一致性建构原则。基于知识、能力和素养的融合性目标，将语言文化学习的交互性和一体性落实到教学的每个阶段，将润物无声地立德树人融入学习资源和活动设计中。

在具体教学中,教师针对线上自主知识学习的主要教学策略多维度搭建自主学习支架,提升自主学习质量,为课堂教学打好知识基础。首先是教学资源支架,文本控制词频、句长,多模态、高频输入成语,涵盖所有典型用法,从语言到内容皆易懂、易理解。其次,情境化呈现和支撑。通过短文和视频、原创新媒体读物、小剧场表演等,支持学生在完整的情境意义中融合语言和文化学习。再次,每个任务点配套章节测验,测验通过方可继续学习,教师及时发现难点并在线答疑。

本案例为课堂交互式学习阶段。主要策略是循序渐进地加深认知难度,大体分为同伴学习热身、检测巩固、语篇应用、综合应用四个阶段,落实学以致用。尤其是应用练习资源设计充分考虑融合语言、文化、立德树人目标。具体实施过程为:

(一)同伴分享。观看同学自制的文化体验短视频,并就成语使用和内容理解开展生生问答,通过同伴学习来热身、复习兼拓展。

(二)看图猜成语。第一遍抢答、协商,第二遍齐答,全面激活成语形、音、义,巩固所学成语。

(三)复述成语典故。学生边听成语典故短文边记录文中使用的成语,在复述中尽量使用。

(四)语篇完形填空(问卷星)。课前自主阅读的新媒体读物初步介绍袁隆平"误入"农学、立志、为世界粮食安全做贡献以及个人爱好等,完形填空语篇则进一步介绍袁隆平锲而不舍地科研攻坚、教书育人的事例,语篇中配合事例使用了 10 个成语,6 个设为填空,引导学生在语篇理解的同时聚焦事例中成语的应用。教师根据问卷星结果对根据上下文进行意义推测、成语理解的难点等进行解答。

(五)观看采访视频。教师课前从袁隆平的采访中剪辑出 3 分钟视频并配上字幕,从第一人称视角按照时间顺序,分为建国前、新中国建立初期和改革开放后三个历史阶段,讲述袁隆平将自身使命融入国家人民的需求、世界粮食安全的担当中,终生投身杂交水稻研究的过程,以及学生眼中的袁隆平等。

(六)小组讨论。教师介绍利用思维导图"成语概括—事实信息支持"整合素材的方法并给出示例。小组首先分析、归纳袁隆平的素材（新媒体读物、完形填空语篇、采访视频），讨论袁隆平备受尊敬的原因，然后与课前查找的其他国家伟大科学家进行跨文化比较，得出他们的共性。讨论题课前已在课程网站上发布，学生已经有所思考，小组讨论主要是观点的进一步交流和整合。

（七）口头报告。报告中要求得体、正确地运用本课成语，以更准确概括的形式理解中国文化中推崇的大公无私、顾全大局、以身作则等价值观及其文化共通性。教师板书每组分析的角度、使用的成语。

（八）教师总结发言，归纳提到的所有分析角度和使用的成语。

（九）布置作业。包括小组作业和个人作业。小组作业为整理课堂的主题讨论，形成书面记录上传课程网站讨论区，供互相查看、评价。个人完成情境写作作业。

课后除了作业，还要求线上观看课程网站上本单元的真人实境小剧场表演，在情境体验中综合提升语言表达、丰富中国文化和国情知识、提高跨文化理解和交际能力。

课程的学业评价与教学目标一致，关注学生的学习过程和自主学习能力提升，对线上、线下、小组、个人学习任务都设有相应的评价机制，形成性评估和总结性评估各占50%。线上任务学习和检测由超星平台、课堂练习由问卷星自动计算成绩。复述、小组口头报告和记录、情境写作由教师根据评分量规打分。教师在作文批改中给予个别反馈，班级共性问题则在下一次课堂教学中集体反馈。

四、创新之处

案例特色与创新有以下四点：

（一）支架式教学设计。成语对留学生来说是难记、难懂、难用的相对低频语块，课程从易读性文本、多模态资源、情境化活动、多样化产出等多维度、全过程搭建支架，促进学生成语与文化的有效习得。

（二）语言文化教学与立德树人的教育有机融合。成语与文化一体性教学和多维度支架,使学生在认知上看得懂、情感上听得进、表达上说得出。从文化教学的内隐到文化价值观的内化,达成润物无声的立德树人效果。

(三)以产出为导向。线上线下基于有意义的阅读、讨论、写作、表演、体验、实践等活动,为留学生提供多方位的成语应用、文化接触途径,习得效率、习得深度显著高于传统课堂教学,学生在多样化产出中获得较强的成就感。

(四)基于一致性建构原则的课程设计。教学目标分层级、可衡量,教学活动认知难度递进,引导学生主动投入学习过程,不仅学会当下的内容,而且学会如何学习语言文化。

五、教学反思

案例实施顺利,教学效果良好:

(一)本课程为语言文化一体性教学模式,通过具有可信性和感染力的真实人物事例的阅读、观看、讨论与报告,润物无声地实现了语言、文化、立德树人目标。从案例实施过程来看,结合历史背景知识和影像资源,学生十分理解并钦佩农业科学家袁隆平的人生选择,对他的人生故事听得进、说得出。小组讨论参与度高,发言积极。各组分析的袁隆平受人尊敬的原因有同有异、角度和观点十分丰富,学生能够超出本课范围,利用以前学习的成语,甚至课外学习的成语进行事例概括。而在对伟大科学家的共性比较上,结论则高度趋同,说明这些价值观具有普适意义。

(二)教学活动设计以布鲁姆教育目标分类为指导,难度循序渐进。难度大的综合应用练习,由于课前发放阅读资料和思考题,学生有所准备,因而小组活动节奏紧凑,课堂效率比较高。

(三)成语习得良好。由于教学资源提供充足、可理解、多模态的输入,为线上自主学习和课堂交互合作学习提供了足够的支架。从问卷星完形填空练习结果来看,正确率高。小组报告中,各组的成语使用率、正确率都相当高,且能借助思维导图,将成语与事例结合,发言条理清晰。

通过案例教学,也发现可以继续改进之处:

(一)选课学生文化背景、语言水平差异较大,而且来自不同年级和专业方向,互相不够熟悉。而为了腾讯会议的流畅,教师没有"强制"所有学生上课打开摄像头,这使得学生之间的距离感更甚。为了更好地互动,今后应当要求所有学生打开摄像头,使教学临场感更强。

(二)针对线上线下同步教学互动难的问题,适当使用软件开展组内互评、组间互评,进一步提高生生互动频率和课堂参与度。

踔厉奋进　铸就辉煌
——以《"中国制造"的故事》的教学设计为例

曾　艳

一、案例简介

（一）课程和案例的基本情况介绍

1. 课程介绍

《学术汉语》（经管类）是一门面向经济管理类本科留学生的公共基础课，课程共计120个课时，学生主要为上海大学经济学院和管理学院的一年级本科留学生。本课程属于专门领域的汉语课程，以传授汉语语言知识和经贸专业知识为基本任务，旨在帮助留学生提升专业汉语能力，更好地融入专业学习。同时，本课程涉及一定量的中国社会经济发展历程和现状的内容，这些都是可以将思政元素有机融入课程教学的切入点。

2. 案例介绍

本案例选自教材《经贸汉语（上）》（戴东红主编，西安电子科技大学出版社，2018年7月第一版）第四课《"中国制造"的故事》。课文包括两篇课文，分别为《"中国制造"影响世界》《转型升级应对"大考"》。第一篇课文从具体例子出发，说明了中国制造的飞速发展以及对全世界的深刻影响。第二篇课文论述了中国制造在21世纪初面临的严峻挑战：主要依靠劳动力成本和原材料成本优势、缺乏技术和品牌等深层次竞争资源，使得中国制造在席卷全球的金融危机中受到严重打击。由于文章写于2008年，无法涉及金融危机十几年后中国制造发生的巨大变化，我们认为这样会使留学生对中国制造产生负面、刻板、与实际不符的印象。因此，我们对课文进行调整重组：为突出对比，将课文的时间线延伸至新中国成立时,另外增加了中国制造发展现状的内容,并设计了课前课后调查任务、课后延伸阅读等自主学习任务帮助学生加深理解。

(二)设计意义

通过对课文内容进行调整重组,我们为学生梳理出了一条全面完整的中国制造发展之路。在改革开放初期,受到现实条件的制约,中国制造以劳动密集型产品为主,技术含量低、利润微薄。曾有一段时间,中国产品的质量在国际上的声誉并不太好。在课堂中我们没有回避这些内容,而是强调那是我们在现实条件下的无奈之举,但是我们的目标远远不止于此,我们永远也不会停止探索。我们希望通过这些内容的介绍,和这些年中国制造不断进行技术创新和转型升级取得的成绩进行对比,再辅之以学生对不同年龄层人士对中国制造印象的调查,让学生感受到中国的发展之路从来都不是一帆风顺的,中国取得的每一个进步都是在中国共产党的卓越领导下,全中国人民顽强奋斗、努力拼搏的结果。这样的设计能引导学生以客观、公正的立场看待中国制造的不同发展阶段,使他们对中国人民追逐梦想、实现梦想的艰辛道路感同身受,真正地打动人心,做到了对留学生进行润物细无声的中国国情教育和思政教育。

二、思路与目标

(一)设计思路

课程根据中国制造业的发展情况,将新中国成立一直到现在划分为三个阶段:中国制造的昨天、今天和明天。通过列举事实和数据对比,引发同学们思考:中国从工业零基础发展为全球第一制造业大国,背后的根本原因是什么?在讨论中,引导同学们得出根本原因是在中国共产党的领导下,中国坚持改革开放,坚定不移地走中国特色社会主义道路。

接着以东莞的发展为例,分析中国制造的昨天和今天:改革开放之初,中国实行的"三来一补"对外贸易形式的优点和弊端;在2008年金融危机中,这种经济结构上的弊端使东莞制造业遭遇了严重打击。东莞将危机转化为机遇,积极进行产业转型升级,推动制造业迈向高端化。

最后引导学生了解中国制造的明天:加快建设制造强国,《中国制造2025》为中国制造的发展指明了方向。

(二)设计目标

1. 知识目标

使学生了解中国制造的发展历程,了解改革开放给中国社会带来的深刻变化。

2. 交际目标

学生能就中国制造、改革开放的话题进行讨论,发表自己的看法,能完成口头报告、问卷调查等各项交际任务。

3. 育人目标

从改革开放至今,中国经济社会、中国制造取得的每一个进步、每一次探索,都是非常好的向留学生进行中国国情教育的实例。本案例按照三全育人的指导思想,使留学生通过中国制造的发展道路,加深对我国制度、国情、文化、科技的全方位认识,了解中国特色社会主义事业的发展成果,感受中国共产党的执政能力和中国人民勤奋努力、不断进取的斗志和精神,提升中国形象对外国学生的感召力,激发学生对中国的热爱和认可。

三、具体实施

(一)课前问卷调查总结

调查一下在你的国家,人们熟悉的中国制造的种类和品牌有哪些。我们来总结一下大家的调查:在韩国,人们使用最多的是中国制造的日用品、电子产品和服装;小米、联想和华为知名度较高。在泰国,中国制造的日用品、电子产品和家用电器很受欢迎,大众熟知的品牌有华为、小米和联想。在马来西亚,中国制造的服装、电子产品和厨具广为人知。

从调查我们可以看出,在很多国家,中国制造已经深入到当地人的日常生活中,一些中国品牌已经具备了世界影响力。这基本上反映了中国制造的现状。大家完成得非常好。

(二) 引入新中国成立时中国制造的具体情况

我们来看这张图片,这是七十多年前新中国成立时,中国制造的情况。那时中国连一根小小的火柴和钉子都不能造,一切东西都靠进口,很多东西以"洋"来命名:火柴称为"洋火",煤油称为"洋油",铁钉称为"洋钉"。因为当时中国的国民经济处于崩溃边缘,工业基础非常薄弱,几乎什么都造不出来。

(三) 现在的中国制造是什么样的情况?

我们通过数据来了解一下。中国是目前全世界唯一拥有联合国产业分类中所列全部工业门类的国家,拥有 41 个工业大类、207 个工业中类和 666 个工业小类,能够生产从服装鞋袜到航空航天、从原料矿产到工业母机的一切工业产品。

2010 年中国制造业增加值超过美国,成为第一制造业大国。制造业产出超过 20%,连续五年位居世界第一。在 500 多种主要工业产品中,中国有 220 多种的产量位居世界第一。中国成为世界工厂,中国制造改变了全世界,请看视频。(视频 1:世界工厂:中国制造改变世界)

(四) 引入思考题

短短七十年,中国制造发生了翻天覆地的变化。同学们的心中一定有这样的疑惑:为什么中国能从无到有,从工业零基础发展为全球第一制造业大国?你们觉得这背后有些什么原因?

(五) 总结同学们的发言,引入根本原因

中国用几十年时间走完了发达国家几百年走过的工业化历程,原因有很多,根本原因是在中国共产党的领导下,中国坚持改革开放,坚定不移地走中国特色社会主义道路,使得中国的制造业得到了长足的发展。

(六）介绍东莞制造业的发展过程

刚才的视频中谈到了广东省东莞市，这个城市可以被称为中国制造的代名词。1978年，全国第一家"三来一补"企业——太平手袋厂在东莞成立，这在中国改革开放进程中具有里程碑式的意义。当时中国资金、技术、人才缺乏，还不具备合作合资的条件，而来料加工、来件装配、来样加工和补偿贸易作为一种引进外资方式和对外贸易形式，低成本、风险少、收效快。

经过近20年的高速发展，东莞逐渐确立了"世界工厂"的地位。它的IT产业、家具、制鞋、服装、玩具产业都在世界上占有较大份额。全球平均每5个人就有1人身穿东莞产的毛衣，每10副眼镜就有一副是在东莞生产的，48％的耐克鞋产自东莞，平均每6台智能手机就有1台来自东莞，全球70％的鼠标、键盘、电容器产自东莞。

然而，严重依赖出口的中国经济有着结构上的弊端。国际市场出现的任何波动，都会对中国经济带来巨大影响。2008年世界范围内的金融危机爆发，国际市场需求下降，订单大幅减少，造成东莞大量工厂关闭、工人失业。从图片中我们可以看到，往日熙熙攘攘的厂房已经人去楼空，大门紧闭。面对严峻的国际经济环境，东莞怎么办？中国制造出路在何方？请看视频。（视频2：拥有自主品牌掌握核心技术）

改革开放之初东莞选择"三来一补"是符合当时当地现代化建设实际的。但是东莞非常清楚，这种简单的加工组装为主的外贸形式，技术含量低，利润微薄，长期以这种方式发展的话，中国终将成为全球产业链的最低端。早在2000年，东莞已经意识到了自身经济结构的不合理，并积极进行产业调整。一面积极推动产业发展从劳动密集型向技术密集型和资本密集型转变，从规模型向质量型转变。进入新发展时期，东莞坚持将科技创新融入到发展中去，主动转变发展思路，大力创新发展模式。

《东莞市重点新兴产业发展规划（2018—2025年）》中明确指出，东莞将重点发展新一代信息技术、高端装备制造、新材料、新能源、生命科学和生物技术五大重点产业，将东莞建成为有全球影响力的先进制造中心和创新型城市。（视频3：从世界工厂到先进制造业之都）

东莞的发展是中国制造的缩影，它的变化代表了中国制造从改革开放以来，不断适应新情况、探索发展方向的过程。正如习近平总书记在庆祝中国共产党成立100周年大会上所说"中国将坚定不移高举改革开放旗帜,勇于全面深化改革,进一步解放思想、解放和发展社会生产力、解放和增强社会活力,不断把改革开放推向前进"。

(七) 介绍中国制造的明天

与世界先进水平相比,中国还只是制造大国,而不是制造强国。从大到强,中国制造的发展之路应该如何走呢?习近平总书记指出"要坚定不移把制造业和实体经济做强做优做大"。党的二十大报告也指出"我国制造业规模稳居世界第一""加快建设制造强国"。

2015年5月,中国颁布了《中国制造2025》,这是实施制造强国战略第一个十年的行动纲领,推动中国到2025年基本实现工业化,迈入制造强国行列。(视频4:中国制造2025)

建设制造强国是一个宏伟而艰巨的任务,它为中国制造指明了未来的发展方向。今天的课以东莞为例,我们了解了中国制造的昨天、今天和明天。从新中国刚成立时什么东西都造不出来到世界工厂,再到勇敢应对挑战,积极进行产业结构调整,改变发展模式,再到《中国制造2025》,中国的发展,没有可供参考的样本,每一步都是中国共产党带领全中国人民,与时俱进,分析国际国内经济形势后做出的决策。这其中,体现的是中国共产党卓越的领导力和执行力。了解了中国制造的发展历程,你有什么看法?请大家积极思考,说出你心中的想法。

(八) 课后作业

调查你们国家的年轻人和父母一辈人对中国制造的印象,看看有什么不同之处,是否能反映出中国制造的不同发展阶段。

(九) 课后延伸学习

2020年12月,中国举行了全国首届职业技能大赛。习近平总书记发去贺信,激励更多劳动者特别是青年一代走技能成才、技能报国之路,谈谈你是如何理解贺信中"技术工人队伍是支撑中国制造、中国创造的重要力量"这句话的。下节课我们会进行讨论,请大家做好准备。

四、创新之处

本课程的创新之处在于不是单纯地讲授知识,而是将一系列的学生自主调查任务贯穿于课程之中,让学生在做中学。学生先从课前调查入手,对中国制造在自己国家的情况有直观真实的了解。在课堂上了解了中国制造的发展历程之后,再去调查年轻人和老年人两代人对中国制造的不同印象,通过自己探究去发现问题,加深他们对课文内容的理解。同时把习近平总书记为中国首届职业技能大赛发去的贺信中的一句话作为延伸阅读,让学生们结合课程内容,领悟其中的含义。

五、教学反思

中国制造是一个内涵丰富的话题,涉及面广,时间线长,可讲的内容很多,如何突出重点是一个根本问题。本案例以课本中的主要内容为基础,增加了课本中由于时间原因没有出现的部分,尽量完整地勾画出中国制造从新中国成立到现在的发展轨迹。但感觉内容的取舍上略有不足,特别是关于东莞在 2008 年后积极进行产业调整的成果涉及得不太多,应该借助一些最新的视频文件,更好地呈现这部分的内容。

学生对教学设计的反馈还是比较积极的,觉得全面深入地了解了中国制造,而且对中国共产党、中国人民充满了敬佩,"佩服中国,佩服中国团队合作,佩服中国人的勤奋,中国的生产已经遍布全世界,中国所做的一切没有一个国家能够重复""我国人民对中国制造的印象越来越好"。所以整体的教学设计、教学模块的安排较好地实现了预期的育人目标。

在教学方法上,重视发挥学生的主动性,让他们自己去寻找答案,带着答案去印证老师讲授的知识。"老师让我们调查中国制造在我们国家的情况,我了解了中国制造对不同国家的影响""老师还布置了很有挑战性的任务,比如小组口头报告提高了我们的表达沟通能力,话题讨论提高了我们从不同角度思考问题的能力",从这些反馈可以看出,学生对教学方法还是比较认可的。

胸怀天下　筑梦今朝
——以《沁园春·雪》的教学设计为例

周　梅

一、案例简介

（一）课程和案例的基本情况介绍

1. 课程介绍

本课程面向国际学生，在理论上向学生介绍诗歌的语言特点和朗诵技巧，引导学生把握朗诵的创作状态、朗诵的基本过程、创作规律与特点；在实践上带领学生根据课堂训练的要求对各类经典诗歌作品分形式进行赏析和演绎（包括：格律诗、古体诗、词、现代自由体诗歌、散文诗），完成相应的训练内容，并在诗歌内容和创作背景中探寻历史与中国社会发展的关系，了解诗歌蕴含的丰富内容，培养学生知华友华的感情。

2. 案例介绍

本课教学内容是词的朗诵与欣赏，选取《沁园春·雪》作为课堂赏析作品，分为两个层次：第一层进行朗诵训练，讲授词的格律特征和朗诵技巧，带领学生感悟诗歌的音律之美；第二层进行词句赏析，带领学生感悟诗歌的隽永情怀，并在诗人经历和诗作内容两方面挖掘思政元素和育人要素，在文学欣赏的过程中融入国情和党史知识，讲好中国故事。

（二）设计意义

1. 有助于学生掌握中国诗歌的基础知识，认识并了解古体诗、格律诗、词、现代自由体诗歌及散文诗的文体特点和朗诵特点。

2. 有助于学生感悟中国经典诗歌的韵律之美，掌握汉语诗歌的韵律特征、声韵调使用规范和诗歌朗诵技巧,提高语言表达水平和朗诵表演水平。

3. 有助于学生理解中国经典诗歌的历史背景,从作品中获取关于中国社会和中国文化知识,了解中国传统文化中体现的家国情怀和美好品质,感悟古今中外共通的心灵体验,形成良好的思想品格和人格修养,培养知华友华的情感。

二、思路与目标

(一) 设计思路

1. 教学步骤上,遵循深入浅出的原则:先介绍词的体裁特征和朗诵特征,熟读作品,进行朗诵训练,感悟诗歌的节奏感和韵律美,再带领学生赏析诗词,体悟诗歌内涵,课后请学生带着自己对作品的理解完成朗诵作业,完成输入—理解—创造性输出的朗诵与欣赏相结合的训练过程。

2. 教学内容上,选取中国革命领袖毛泽东的经典作品《沁园春·雪》进行赏析与探究。《沁园春·雪》形式规范工整,内容磅礴大气,与中国革命紧密相连,是诗史合一的典范。通过鉴赏这篇作品,学生既能准确把握词的基本特征、词牌的基本知识和词的朗诵特点,又能从诗人经历和作品创作背景了解中国革命的发展历程和伟人的豪迈情怀,是课程思政元素有机融入的有效切入点。

(二) 设计目标

1. 知识目标

了解诗人生平及创作背景,熟悉词的文学形式,能用正确的声韵调有感情地朗诵词作,诵出声律之美;学习赏析作品的方法,并从中了解中国社会历史变革,丰富人生感悟。

2. 交际目标

通过朗读和鉴赏中国经典诗词,和身边的中国朋友沟通交流,探讨中国文化和社会发展史。

3. 过程和方法目标

通过品读赏析词作字句,感悟思想感情与艺术特色,培养学生对经典诗歌的阅读和欣赏能力、分析能力和思辨能力。

4. 育人目标

(1) 感知中华经典诗词的节奏感和韵律美,提高审美和人文素养,陶冶情操,滋养心灵。

(2) 加强对中华优秀传统文化的理解,增强文化认同感,形成良好的思想品格和人格修养。

(3) 理解诗人的伟大情怀与人格魅力,树立积极进取的人生观和价值观。

(4) 了解中国革命的发展历程和中国共产党人的坚定与自信,和当代中国社会进行联系比较,感知真实、立体的中国社会。

三、具体实施

教学对象:国际学生汉语言本科二年级

授课时长:90分钟

教学重点:掌握词的文学特征和朗诵技巧,品味词作优美精炼的语言和豪迈雄壮的气魄,了解中国革命发展历程和中国共产党人的坚定与自信。

教学难点:在作品赏析过程设置探究性问题,引导学生对伟人的经历、伟人的人格魅力和诗歌反映的革命历史进程产生认同感,把思政元素融入课程,培养学生知华友华的情感。

学情分析:教学对象是有一定汉语基础的国际学生,他们除了学习语言文化知识外,也有进一步了解中国社会发展进程、中国执政党的革命道路的愿望,我们通过介绍诗人经历和创作背景,在赏析作品的过程中将课程思政育人要素有机融入,让学生从诗歌作品中读懂中国,达到润物细无声的效果。

(一)课前预习(超星学习通平台)(6—8分钟)

1. 观看名家朗诵视频《沁园春·雪》,进行跟读练习。

2. 任务点:观看过程中找出不认识的字词,标注拼音,完成重点词语和拼音的搭配练习。

(二)组织教学(1分钟)

1. 点名,简单问候,活跃课堂气氛,做好上课准备。

2. 复习格律诗和词的基本知识。

(三)开展新课

1. 导入(5分钟)

以旧带新:复习第五讲格律诗代表作品《七律·长征》,由长征的艰难历程和伟大胜利引出本课学习内容——《沁园春·雪》。通过介绍作品的写作背景,对长征之后中国革命走向做好衔接介绍,使课程的思政点更具连贯性。

毛泽东(1893—1976),湖南湘潭人,字润之,无产阶级革命家、军事家、思想家、诗人、书法家。1936年2月,毛主席率领红军长征部队胜利到达陕北清涧县袁家沟,在一场大雪之后登上白雪皑皑的塬上,欣赏北国风光,写下了这首词。

2. 发表背景介绍(5分钟)

毛主席是中华人民共和国的缔造者和伟大领袖,拥有卓越的军事才能和指挥才能,他的诗词同样具有很高的文学造诣。

《沁园春·雪》被誉为中国词坛咏雪抒怀的千古绝唱,代表了毛泽东诗词的豪放风格,充分地展示了毛泽东博大的胸襟和盖世的才华。作品发表于1945年11月国共重庆谈判期间,一发表就轰动全国。

国民党御用文人陈布雷这样评论:"这首咏雪词填得非常之得体,气韵高华,词采明丽,同时寄托遥深。现在好多人都在为这首词着迷,不管在朝在野,是敌是友,他们都在唱和着。"

能引起全民创作唱和热潮,还让对手忍不住大加赞赏,自叹不如,这首词到底拥有怎样的魅力,让我们一起走进《沁园春·雪》,用心感悟。

启发探究:

教师提出问题:作品写于 1936 年,却发表于 1945 年,时隔 9 年,为什么选在 1945 年发表呢?跟作品的内容有什么关联?这个问题是贯穿课程的线索,让学生带着问题探究,学习目标更明确。

3. 知识回顾+解题(5 分钟)

提问:说明《沁园春·雪》的词牌名和标题,并分析词牌的格式特征。(复习 1:词的基本知识)

总结:

(1)词牌是词的格式的名称,规定了词的总句数、每句字数和押韵规则。

(2)词可以没有题目,如果有,就写在词牌后面。如《沁园春·雪》,"沁园春"是词牌名,"雪"是题目。这个词牌规定 114 个字,分上下两阕,上阕 13 句,下阕 12 句,句号处必须押韵。

提问:根据作品找出韵脚,说明押韵的特征。

总结:这首词的韵脚是:飘、滔、高、娆、娇、腰、骚、雕、朝。全篇押 ao 韵,一韵到底,读来和谐顺畅,富有音乐美,吟诵顺口,易于记忆。

提问:在诗歌朗诵的过程中,韵脚通常应该怎么处理?(复习 2:诗歌朗诵技巧)

总结+提示:对于诗歌的韵脚,一般要予以强调,突出节奏感和规整感。强调韵脚的方法有两种方法,加重和延长。也请同学们在下面的朗诵环节注意韵脚的朗诵要点。

4. 初读赏音律(30 分钟)

(1)疏通文字,确定基调。(复习 3:作品的基调)(5 分钟)

讲述:基调是一部作品总的感情色彩和分量。朗诵诗歌的时候,我们对于情感的酝酿与抒发,音色的选择和控制,节奏的把握与控制,都和作品的基调有关。

小组活动:分组疏通文字,共读作品,确定作品基调。

任务点:在超星学习通平台完成课堂练习,确定作品基调。

题型:单向选择题(A. 豪放雄壮　B. 欢快活泼　C. 悲愤深沉　D. 细腻沉郁)。

启发探究:进行学习通答题统计,了解学生对作品基调的把握情况,进而请学生自主探究"豪放雄壮"的整体基调如何处理。

(2) 听名家示范朗诵,分析朗诵要点。(15分钟)

小组活动:小组成员共同观看学习通平台名家朗诵视频,通过学习通抽取一组代表,结合已有朗诵知识(第四讲　诗歌朗诵技巧),从发音模式、重音、停顿、节奏等方面进行朗诵分析。

> 北国//风光,千里/冰封(fēng),万里/雪飘(piāo)。望//长城/内外,惟余/莽莽(mǎng mǎng);大河/上下,顿(dùn)失滔滔(tāo tāo)。山舞/银蛇,原驰/蜡象,欲与天公//试比高。须//晴日,看//红装/素裹(guǒ),分(fèn)外/妖娆(yāo ráo)。(以上阙为例,标注重音和停顿)

※发音模式:采取腹式发音,调动深层次气息,声音更加雄浑豪迈。

※重音:结合上下文,确定语句重音,切忌重音过多。

※停顿:根据作品特点、表达内容与语境要求来决定停顿的地方和停顿的时间。(根据朗诵技巧章节已有知识确定朗诵方法——"拖停法":停顿节拍相对拖长,停顿小节与前一个字由高到低缓缓收敛,造成一种空谷回音之气。)

※节奏特征:舒缓型。多连少停,声音清亮,声音较高,气长音清,语气舒缓开阔。

(3) 自评互评,以评促学。(10分钟)

活动:通过学习通选人系统,随机选人进行朗诵展示,生生打分加评论。

注意:个人理解不同,朗诵效果也不同,鼓励个性发挥。

5. 细读品情怀(37分钟)

(1) 整体把握(5分钟)

讲述:"一切景语皆情语。""景语"是对景物的描写,"情语"是对情感的抒发。

提问：从写景和抒情议论两个方面概括上下阕的主要内容。

总结：

※上阕描写北方壮丽雪景。（写景）

※下阕评论历代帝王，表达豪情壮志。（议论＋抒情）

（2）乐读上阕，赏北国雪景（16分钟）

提问：上阕描写了哪些景物？

活动：请同学们尝试在纸上画出词中的景物。

图片展示：上阕描写了北国的冰雪、长城、大河、群山、高原和红日。

分层领读：

第一层：北国风光，千里冰封，万里雪飘。（总写北方雪景，冰雪纵横万里，气势豪迈。）

第二层：望长城内外，惟余莽莽；大河上下，顿失滔滔。山舞银蛇，原驰蜡象，欲与天公试比高。（用"望"字统领，描绘北方的壮丽雪景。长城黄河是中华民族精神的象征，群山高原是中国北方的代表景观，体现对祖国河山的热爱。）

第三层：须晴日，看红装素裹，分外妖娆。（用"须"字统领，想象雪后天晴的美景。"须"是"等到"的意思，等到天气放晴，红日白雪更加美丽动人，体现对美好未来的向往。）

情感提炼：

启发探究：如果你站在高原，看到这样壮美的雪景，你的心情会是怎样的？

启发探究：当时的中国饱受战乱之苦，看到这样壮美的雪景，你会产生什么想法？

启发探究："欲与天公试比高"，为什么会产生这样的想法？

学生发问/教师发问：真的能看到千万里那么远吗？

答疑解惑：千万里不是真实的场景，诗句用地理位置的高，来表明精神的高，眼界的高。

(3) 研读下阕,品壮志豪情(16分钟)

小组活动:仿照上阕的解读方法,完成自主探究学习,填写学习单上括号中的内容,完成后选一组进行诗词下阕的讲解。

学习单填写预设:

提问:下阕评论了哪些英雄人物?

图片展示:下阕评论了(秦始皇、汉武帝、唐太宗、宋太祖、元太祖成吉思汗)五位有名的帝王。

分层探究学习:

第一层:江山如此多娇,引无数英雄竞折腰。

这是承上启下的句子,("江山如此多娇")承上阕,对"北国风光"做总结,("引无数英雄竞折腰")启下阕,开启对历代帝王的评论。

第二层:惜秦皇汉武,略输文采;唐宗宋祖,稍逊风骚。一代天骄,成吉思汗,只识弯弓射大雕。用("惜")字统领,从无数英雄中选取(五位帝王)进行公正的评论。

第三层:俱往矣,数风流人物,还看今朝。("俱往矣")是对第二层评论的总结,表示"一切都过去了",真正的能建功立业的人物还要数今天的英雄。

学习单注解:

※风流人物:能建功立业的英雄人物,对一个时代有重大影响的人物。

※今朝:今天,当今这个时代。

情感提炼:

启发探究:评价五位帝王为什么要用"惜"字统领,表达了怎样的思想感情?

启发探究:对前人的不足感到惋惜,表明站位更高了,看问题更清楚了,那么后来人应该怎么表现?

学生发问/教师发问:今天的英雄是谁?(作者本人,无产阶级革命者,人民大众)请学生参与学习通问卷调查,参与讨论。

"今朝"解读:今朝的风流人物,是新时代更优秀的人,是广大人民(资料:"末三句,是指无产阶级。"——毛泽东自注),也是带领人民斗争的无产阶级革命者,也包括诗人自己。这是毛主席作为革命者的自信和决心,是他们准备登上历史舞台的伟大宣言。

探究问题呼应:

请学生讨论前面提出的问题,为什么作品选择在重庆谈判期间发表?

开放式讨论:

作品展示了毛主席作为革命者的自信和决心,是他们准备登上历史舞台的伟大宣言,在这个时机发表非常恰当。既是对国民党的有力回击,也让全国人民看到了国家和民族的希望。

(四) 总结提升(5分钟)

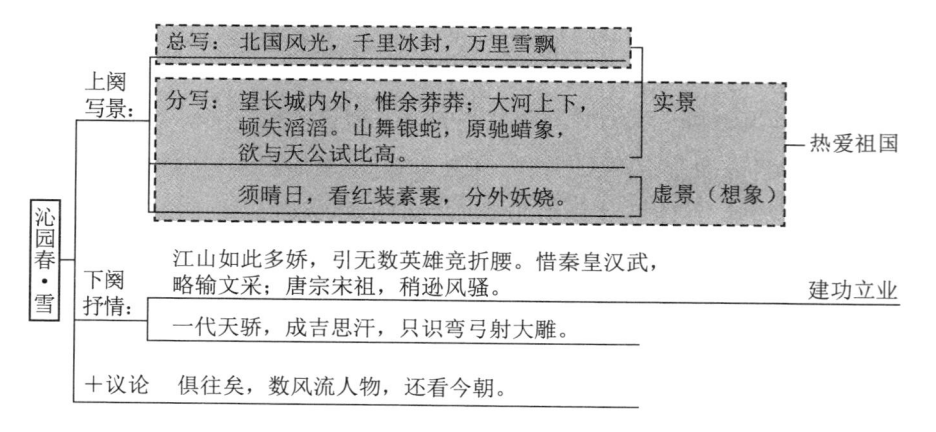

```
              ┌ 总写:北国风光,千里冰封,万里雪飘
         上阕 │
         写景:│ 分写:望长城内外,惟余莽莽;大河上下,   ─ 实景
              │      顿失滔滔。山舞银蛇,原驰蜡象,               ─ 热爱祖国
沁           │      欲与天公试比高。
园           │
春  ─        │ 须晴日,看红装素裹,分外妖娆。          ─ 虚景(想象)
雪           
         下阕   江山如此多娇,引无数英雄竞折腰。惜秦皇汉武,
         抒情:  略输文采;唐宗宋祖,稍逊风骚。                   建功立业
                一代天骄,成吉思汗,只识弯弓射大雕。

         +议论  俱往矣,数风流人物,还看今朝。
```

1. 全文总结

《沁园春·雪》上阕虚实结合,描写了雄伟辽阔的北国雪景,抒发了诗人对祖国壮丽山河的热爱之情,下阕纵论历代英雄人物,表达了诗人建功立业的伟大抱负和坚定信心。

2. 时空联动

课件展示:

(1) 习近平总书记的讲话

"江山就是人民,人民就是江山。"

——习近平2021年2月20日(党史学习教育动员大会)

"中国共产党领导人民打江山、守江山,守的是人民的心。"

——习近平 2022 年 10 月 16 日(中国共产党第二十次全国代表大会)

(2) 建党百年个别时点时间轴

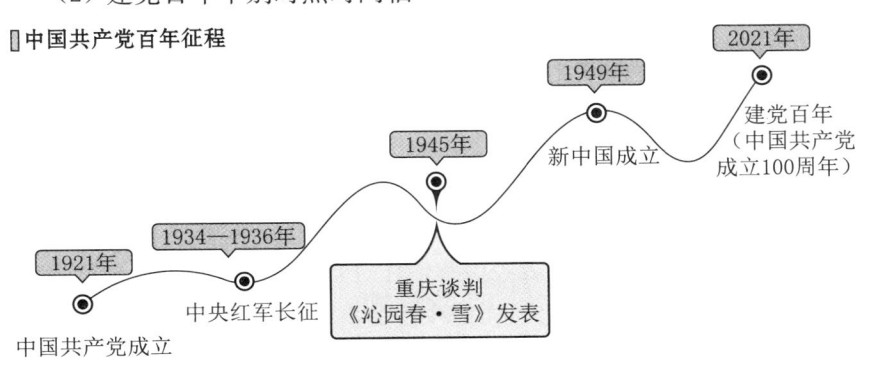

中国共产党百年征程

- 1921年 中国共产党成立
- 1934—1936年 中央红军长征
- 1945年 重庆谈判 《沁园春·雪》发表
- 1949年 新中国成立
- 2021年 建党百年(中国共产党成立100周年)

3. 思政提升

中国共产党建党百年,经历了风风雨雨,从第一代领导人毛泽东,到第五代领导人习近平,始终把人民的利益放在第一位,秉承着"人民是历史的创造者,人民是真正的英雄"的思想,这是中国共产党充满生机与活力,中国社会和谐发展的立国之本。

(五) 作业布置(3 分钟)

1. 朗读练习:熟读作品后,在学习通平台上传朗诵音频,完成师生一对一点评和生生互评。

2. 延伸任务:中国国家领导人习近平总书记在重大讲话中常常引用经典诗词抒发情怀。请查阅资料,了解习总书记在哪些场合引用了《沁园春·雪》这首词或其他的经典诗词(1 首),介绍给家人或朋友,下次上课通过学习通选人系统抽取两位同学分享报告。

四、创新之处

(一) 沉浸式朗诵训练

充分发挥多媒体视频的作用,为学生打造沉浸式诗歌听读练学习模式。课前选取配套的朗诵示范视频,布置跟练任务,体会诗词的节奏和韵律,课中结合朗诵作品进行理解和探讨,体悟诗词的意境和韵味,课后布置朗诵任务,结合自己的理解朗诵作品,教师组织一对一点评或生生互评,完成输入—理解—创造性输出的朗诵训练过程。

(二)将好故事融入课堂教学

在诗歌故事中引导学生探寻历史与中国社会发展的关系,引导学生了解诗歌背后的丰富内容,培养知华友华的感情。教师要用心选取有代表性的诗人和诗作,结合作者经历和创作背景,融入国情和党史教育等思政元素,并和当代社会相联结,讲好中国故事。

(三)探究式拓展

在课堂学习结束后,提出探究式问题,以小组为单位,查阅资料、讨论、汇报,实现学习拓展和提高。

(四)课外延伸活动

开设第二课堂"诗词俱乐部",定期组织学生进行学习和交流活动。通过活动选拔和输送了优秀学生参加经典诵读演讲比赛,取得很好的成绩,以赛促教,既夯实了学习基础,又弘扬了中华优秀传统文化。

五、教学反思

(一)课程思政整体设计思路

从"欣赏"和"朗诵"两个关键点入手,先介绍诗歌体裁特征,接着选取经典诗歌带领学生从内容上进行欣赏,在诗人经历和诗作内容两方面挖掘思政元素和育人要素,在文学欣赏的过程中融入国情和党史知识。通过这样的教学设计,思政和育人元素能在教学环节自然呈现,跟知识学习相辅相成。

反思:要注意思政和育人元素的自然融入,知识讲解和思政融入的时间比例要适当。

（二）教学模块安排

1."诗歌朗诵理论和文化素养"模块：加强学生诗歌朗诵知识的理论修养。

2."经典诗歌朗诵欣赏与文化实践"模块：提高学生的语言表达水平和朗诵水平。

3."经典诗歌朗诵欣赏与文化传承"模块：欣赏经典诗歌朗诵作品，体会中华经典诗词的节奏感和韵律美。

4."经典诗歌内容赏析与价值引领"模块：展示优秀传统文化成果，开阔学生视野，塑造正确的价值观和人生观。

5."理解当代国情"模块：在选篇上适当增加近现当代有代表性的诗人诗作，从诗人经历和诗作内容两方面，挖掘历史线索，在文学欣赏与训练的过程中融入思政和育人元素。

反思：每个模块的素材还需进一步丰富。比如：在理解当代国情模块，从央视主流媒体下载资源，用生动鲜活的素材让学习内容与时俱进。

（三）知识要点

1. 词的朗诵技巧。

2. 经典诗歌欣赏的内容和方法。

反思：知识点的编排要根据对学生学习过程的观察进行调整，增添新的知识点以凸显课程思政的育人要素。

（四）育人要素

1. 加深学生对中华优秀传统文化的理解，增强文化认同感，培养知华友华的感情。

2. 培养学生从诗歌作品探究和了解中国社会发展历程的能力。

反思：

1. 课程思政找准切入点。国际学生的关注点与中国学生不同，教师要善于从诗人诗作发掘国际学生关注的人物或事件,回应和探讨学生关注的问题,成功实现互动式跨文化交际,提升知华友华教育效果。

2. 学生对诗歌的背景有兴趣,喜欢听故事,但不能为了讲故事而讲故事。进行育人和思政教育的故事性讲解要有层次性、分阶段、按照教学内容的需要进行恰当融入。

3. 学生在自己国家的基础教育过程中,已形成一套比较成熟的历史价值观和人生观,且本身对中国历史尤其是党史一无所知,教师要设法将诗歌朗诵与欣赏和党史知识有机融合,引起学生探究的兴趣,避免产生抵触情绪和畏难情绪。

4. 教师要保持良好平和的心态,深入挖掘育人要素,不要流于表面,要根据学生的需求和水平,在育人的过程中不断提升自身水平。

(五)教学方法

1. 朗诵法:通过朗诵,提高学生对汉语声韵调的把握,理解词作大意,引起情感共鸣。

2. 启发法:通过启发,探索分析词作结构和写作手法。

3. 品读法:通过品读,分析词中意象,把握词作情感。

反思:要不断探索适合国际学生的学习方法。

1. 一篇作品,能分析的要素很多,教师对学习内容精挑细选,有所取舍,根据国际学生的知识体系,讲授他们最需要也最能接受的知识。

2. 通过课堂实践,学生进行探究和汇报比逐字逐句分析作品效果更好,在今后的学习中,教师要开动脑筋培养学生探究式学习习惯。

3. 在选篇过程中,既要体现专业高度和价值引领,又要兼顾学生的汉语水平,不过多讲授专业术语,要将理论知识和欣赏作品根据语言难度融入课程,多关注内容的理解和感情的提炼。

(六)教材运用

教材以《诗歌朗诵技巧》为主,该书用例丰富,为学生提供了丰富的学习材料,但理论部分较难,需要教师把知识加以转化。

另外,近年来弘扬语言魅力的电视节目很受欢迎,如"中国诗词大会""朗读者""见字如面"等语言文化类的节目,我们可以从这些节目中选择优秀的内容,作为教材学习的补充。

综上,国际学生的诗歌朗诵课程建设过程中,教师要注重相关的理论学习,不断提升自我,对课程的知识点精耕细作,充分把握知识点的历史维度和温度,使思政和育人元素自然呈现。

精益求精　回味无穷
——以"中国饮食文化"的教学设计为例

杨一飞

一、案例简介

（一）课程与案例的基本情况介绍

1. 课程介绍

《中国文化概论》是上海大学国际教育学院面向汉语言专业二年级本科生（国际学生）开设的一门专业基础课，属于必修课，开设一学期（共10周），每周3课时，计3学分。疫情以来，一直通过腾讯会议与学习通双平台直播授课。

该门课程2021年进行了一次较大的改革。原先是一门概览式课程，开设两学期，课时与学分都是现在的双倍，内容包括中国地理、历史、神话、传统思想、饮食、建筑、艺术、文学等多个方面的文化，课程每周对不同的主题作概述性介绍。课时缩短以后，概览性的介绍便很难实现，再加上学院同时开设了《中国人文地理》《中国神话传说》《中国艺术概况》《中国简史》《中国名人思想》等多门文化类必修/选修课程，相互之间难免有所重复。经再三考虑，我们对《中国文化概论》课程的内容进行了较大的修改，将话题聚焦于其他文化类课程不太涉及的日常文化。通过课程的学习，希望学生能领会看似简单、平淡的日常生活中蕴含的中国式逻辑、中国式思想与中国智慧，也为学生进一步了解其他方面的中国文化打好基础。

2. 案例介绍

《中国文化概论》共设7讲。除第一讲概述外，还有"衣""食""饮"

"住""行""娱"六大主题。课程没有指定教材,授课内容以教师自制课件为主。

饮食是国际学生了解中国的第一扇窗。对于大部分学生来说,"饮食"也许是他们最感兴趣、同时也觉得最为简单的中国文化主题。但正因为"一日三餐",接触得多,国际学生对中国饮食的误解与偏见、在中国饮食中遭遇到的文化休克与文化冲撞也是最多的。因此,本文选取"第三讲 中国饮食文化"作为介绍案例,希望在这一讲的学习中,学生能从"心"出发,感受博大精深的中国饮食文化,加深对其中蕴含的中国式思想与价值观的理解,改变或纠正对中国饮食的一些刻板印象。

(二)设计意义

《中国文化概论》课程旨在梳理、归纳、提炼从古至今中国日常生活中蕴含的文化知识点,帮助学生多角度、全方位地深入了解中国日常生活,解答国际学生对在中国所见所闻的部分做法与习俗的疑问,在带领国际学生感性体味中国日常生活的同时提高他们对中国文化的理性认识,深化国际学生对中外差异的思考,开阔学生的文化视野,增强国际学生对中国文化的认同,最终提高学生的跨文化理解与交际能力。通过本课程的学习,国际学生能对中国文化的整体特征、精神实质有较为深入的理解与准确的把握。

二、思路与目标

(一)设计思路

这一讲,我们将从"中国人吃什么?""中国菜怎么做?""中国人怎么吃?"这三个主要话题入手,带领学生全面、系统、客观地学习中国饮食文化,感受中国饮食文化的独特魅力,引导学生领会饮食文化背后的精神内涵,思考中西饮食的共通性与差异点,并在此基础上深化学生对各国多元饮食文化"各美其美、美美与共"的认识。

(二) 设计目标

1. 知识目标

这一讲力求使学生：①掌握"烹调、浓郁、酱爆""不时不食、色香味俱全"等饮食文化相关语言点的释义、搭配及使用语境,掌握更多的文化类词汇与俗语、成语等固定表达,提高其在相关话题的跨文化交际能力；②系统地学习中国饮食文化的历史与知识,了解饮食文化所反映出的中国人的行为方式、民族心理与文化性格,部分学生能改变以前对中国饮食的一些刻板印象或错误看法。

2. 能力目标

这一讲力求培养学生：①在日常生活习以为常的就餐活动中发现问题、分析问题的能力；②辩证思维能力,不轻易否定与自己国家不同或不能理解的饮食现象；③主动查阅资料,独立思考的能力。课程希望能点燃学生探究中国饮食文化的兴趣,能自发地对生活中就餐时遇到的疑问刨根究底,找出答案。

3. 育人目标

通过这一讲的学习,希望能有更多对中国饮食文化有热情,能感受、理解、认同、欣赏并主动融入中国饮食文化的国际学生；通过《中国文化概论》课程的学习,希望能有更多了解中国文化、了解中国价值观、理解并尊重中国人行为方式与思维逻辑的国际学生,更多愿意在其他国家地区传播中国文化、交流中国文化的知华友华爱华人士。

三、具体实施

(一) 课前

提供一组带"吃"字的短语、一篇阅读材料和一个视频供学生查阅、观看,并设计相应的客观题问卷(主要是判断与选择),考察学生的理解程度。

【短语】吃苦、吃醋、吃豆腐、吃亏、吃土、吃得开……请学生搞懂词意,并提供更多带"吃"字的词语/俗语。

【阅读材料】《中国饮食》,来自《中国文化(第3版)》,韩鉴堂编著,北京语言大学出版社,第 128—132 页。《中国文化》是面向国际学生编写的中国文化类经典教材,知识点全面,语言难度适中。《中国饮食》一章包括"历史悠久的饮食文化""家常菜与菜系""中国菜的特点"三部分内容。

【视频】BBC 纪录片 Exploring China：A Culinary Adventure(发现中国：美食之旅)第 4 集广东篇,视频语言为英语,配有中英文字幕,这样学生能较好地理解视频内容。教师节选了主角二人在广州黄沙海鲜市场选购海产以及学做乌鸡当归汤的内容,时长 12 分钟,其中包括中国人重视食材的"鲜活"、注重食物的阴阳属性与搭配、讲究食疗等知识点。

另外,教师请学生写下自己对中国饮食感到疑惑或不能理解的地方(如有),上课时解答。

(二) 课中

1. 课前任务的讨论

首先,教师通过一系列带"吃"字的词语以及中国人见面打招呼说"吃了吗?"等实例总结:在中国,生活中处处都离不开"吃"。接着,教师请学生陈述自己阅读文章与观看视频后的感受,讨论印象深刻的知识点并进行答疑。最后,教师带着学生再一次梳理中国食文化的历史,从商周时期蒸煮食物的锅具说起,一直到清代的《随园食单》与"满汉全席",其间提供煮肉的鼎、甗,曾侯乙铜冰鉴的图片、汉代《庖厨图》砖画,穿插伊尹从疱正官至宰相等历史小故事,将中国饮食文化的起源与发展娓娓道来,加深学生对古代中国饮食的印象。

2. "中国人吃什么?"

教学重点①：从"地理特点与农业文明"的角度理解中国人的饮食偏好。

农业一直是中华民族赖以生存发展的主要经济形式,是早期华夏居民最基本的生存手段。从考古发现可知,早在距今 7000—5000 年的仰韶文化时期,以黄土高原为中心的黄河中游地区就已广泛种植耐旱的粟谷和蔬菜,并形成了稳定的农业定居点。这与欧洲许多国家因地理位置而形成的"海洋文明""商业文明"有很大不同,也导致了中西方在主副食品选择上的差异。

包含的知识点有:

(1) 中国的饮食系统"粮多肉少";

(2) 中国人的五谷有哪些?"五谷丰登"是中国人最大的愿望;

(3) 南北方的气候差异决定了粮食作物与两地主食的不同;

(4) 菜系的形成与特色:早年间交通不便,因此各地烹饪难以形成统一的风格,又因为各地经济水平参差,物产各具特色,造成了地方风味的不同;

(5) 什么是"家常菜"?中国人一日三餐一般吃什么?

教学重点②:从"天人合一"的角度理解中国人对食材"鲜活"与食物属性的重视。

在中国的饮食文化中,"鲜活"绝不仅仅是字面意思。早在2000多年前,孔子就说过"不时不食",这其中蕴含的是中国古人朴素的思想:人应与自然和谐统一,不可违背自然规律。

包含的知识点有:

(1) 四时调食:饮食应根据季节气候的变化作出相应的调整,这样才能将食物的功能与营养发挥到极致(不同的节日也有不同的节日食物);

(2) 阴阳平衡:重视食物的科学组合与搭配,食疗的概念贯穿在生活的方方面面。

有学生提出疑问"为什么中国餐厅端上来的都是一整条鱼,不对鱼头、鱼刺作任何处理,是因为餐厅懒惰吗?你们不会觉得这原始的模样不雅观吗?有一次鱼刺卡在了我的喉咙里,太危险了!"相信学完这部分内容,她就会明白中国人对海鲜类菜肴第一重视的就是原料的新鲜程度,这甚至超过了对食用安全的考虑。越鲜美,就越要减少处理步骤,所以最好的鱼类做法往往是整条清蒸,而不是复杂的工艺处理。

3. "中国菜怎么做?"

教学重点①:从"尊重自然、生存智慧"的角度理解中国食材的多样性与丰富性。

日常生活中,国际学生对许多中国菜是敬而远之的,如内脏、臭豆腐、鱼头、鸡爪等等,他们不明白中国人为什么吃这些"奇怪的东西"。事实上,中国人口众多,资源却远谈不上富足,再加上古时科技经济都不发达,任何东西只要无毒,就会被中国人拿来果腹,而且中国人还会发挥自己的聪明才干,想出各种方法将普通的食材"一物多用""物尽其用",甚至"废物利用"。如以黄豆为原料,可制作出豆腐、豆浆、豆皮、豆干等多种食材;动物的内脏、头、爪都会被想方设法做成好吃的菜肴;在没有冰箱的年代,吃不完的食物可以用腌制和风干等手段长期保存;还有另一种做法是先让食物变质,然后放在盐水和烈酒中浸泡几个月再吃,用这种方法处理过的食物变得无菌又美味,经典例子是臭豆腐。①这些都足以看出中国人对自然资源的尊重与中国人的烹饪智慧。

教学重点②:从"中庸"的角度理解中国菜的复合味。

中国菜讲究"五味调和",虽然不同地区的人喜欢的口味各不相同,但一般来说,单一的菜肴口味是不可取的,用多种调味品调制一道菜,造成"复合味",是中国菜追求的目标。也就是说,美味的获得,是多种因素的结合,即调和的结果。这正是中国哲学崇尚中庸、主张调和、和而不同的思想在烹调活动中的表现,从这个角度来看,中国饮食文化也带有浓郁的中国哲学色彩。

教学重点③:从"精益求精"的角度理解一道好菜的要求与标准。

在中国,要成就一道好菜,火候、刀工缺一不可,还要做到"色香味俱全",外加盛放在美丽的餐具中,起一个好听、吉利的菜名,每一个环节无不显示着中国烹调菜肴的精品意识。中国人对待食物的态度一直是虔诚、认真、求精求细求美的。正如胡适所说"中国饮食的精髓在于一种传统的坚持,即便是最普通又廉价的鱼虾蔬菜也要有味道或风味"。②

4."中国菜应该怎么吃?"(兼谈西餐传入中国)

教学重点①:从"和"的理念看中国人的"合餐制"。

与西方的"分餐制"不同,中国人不论在家里吃饭,还是在外聚会,都

---

① 详见《中国食谱(第二版)》,杨步伟,九州出版社,2017年,第308—309页。
② 同上,第20页。

是"合餐",这体现出中国文化"和"的思想。在中国人的传统观念里,合餐显得热闹、亲密,分餐则感觉冷淡、生疏。在中国人看来,大家一起吃饭,最重要的是吃出气氛、吃出感情。另外,汉民族的群体意识相对较强,这也在一定程度上决定了中国人的用餐习俗,如用餐时应时时照顾到饭桌上他人的感受与需求,应体现出长幼主客秩序等。

教学重点②:引导学生结合上课内容,多角度比较中西饮食文化。

西餐刚传入中国时,大部分中国人是带有抵制情绪的。西餐中生冷的食材与养生观念不符,一些生吃的食物更让人觉得腥膻;西餐用刀叉进食而不使用筷子这一被中国人视为文明开化的标志性工具;西餐菜系简单,选择不多,菜肴名字十分直白,也让中国人觉得西方人对于吃,态度未免太过随便。这些原因导致鸦片战争之后,即使是最早了解外部世界的那一批中国人,对西方的其他物质文明赞叹有加,对西餐的评价却都不高[①]。如今,经过长时间的文化交流,中国年轻一代普遍能欣赏西餐的"美",大城市随处可见世界各地餐厅与西式面包房,中餐馆中也出现了许多受西餐启发、影响的融合菜肴。

有学生提出疑问,"为什么中国人喜欢吃猪肉、鸡肉,吃牛肉却没有那么多?"根据课上的内容"中国自古就是典型的农业文明国家",那他就应该明白,耕牛是农民最重要的生产材料之一,历代都非常重视养牛和对牛的保护。在缺牛的年代,宰杀耕牛甚至可能被判刑,久而久之就形成了不吃牛肉的习俗(在农耕地区似乎也不生产专门用来肉食的菜牛)。在农民眼里,耕牛终年为人劳作,太可怜了,怎么忍心吃呢?而牛肉却是西方饮食文化中必不可少的食物原料。

(三) 课后

1. 本讲小考

主要以客观题(判断、选择、填空)为主,了解学生对本讲内容的掌握程度。

---

① 详见《西风东渐——衣食住行的近代变迁》,苏生文、赵爽,中华书局,2010年,第99—103页。

2. 讨论题

请学生观看李子柒的视频"土豆的一生",结合今天上课的内容,试着回答:你看懂了哪些?哪些地方看不懂?你从这个视频中,看到了今天上课的哪些知识点?请写出你的观后感。

3. 小组任务

学期之初,教师便请国际学生根据自己感兴趣的主题进行分组,与国际教育学院的汉硕生一起,完成小组任务。由于线上授课的关系,小组任务最终以视频报告的形式上交。

小组任务①:"谈一谈"。国际学生谈一谈对这节课印象最深的内容,也可以就课程内容发问,中国汉硕生作答并在教师授课的基础上选择某个知识点作更为深入的介绍,让国际学生了解更多。讨论过程制成一个3—5分钟的视频。

小组任务②:"找一找"。国际学生在各自国家找到受他国(最好是中国)影响而发展出某种菜/菜系的例子,汉硕生找到除学过的中式西餐以外,其他中国菜或菜系(包括边境地区少数民族饮食)受别的国家(最好是小组里国际学生的国家)影响而形成的例子。

小组任务③:"做一做"。如果有几位外国朋友(来自小组里国际学生的国家)第一次来中国,你们要尽地主之谊,请他们吃饭,会怎么安排?

细节要明确:在哪儿吃?(家里还是餐厅,餐厅的话具体哪里,为什么?);吃什么?(是否自己做?);怎么点菜或备菜、怎样让外国友人在快速、全面地了解中国饮食文化的同时又不会被"吓到"?各个方面考虑得越详细越好。

后2个任务制作PPT并录制成一个5—8分钟的视频。

四、创新之处

在内容的选择上,课程力争做到以小见大,由古及今。一方面,从最简单的日常食物与日常生活入手,挖掘其中蕴含的中国思想与文化,通过学生的亲身体味与比较,帮助学生更客观、全面、深度地理解中国,以开放、尊重的心态看待、接纳甚至融入中国式价值观念;另一方面,课程在系统介绍与各个生活主题相关的历史文化的基础上,落脚在当下,着重讲述当代中国生活方式与当代年轻人的所思所想,立足年轻一代的共性,力求引起学生共鸣。

在教学设计上,每个主题的课程都有"课前""课中""课后"三个环节,流程完整,实行过程性评价。因为课程没有配套教材,课前提供阅读材料与视频,搭配思考题,激发学生的学习兴趣,也让学生对将要开始的课程有一个大致了解;课中的教学内容希望达到"学生跳一跳才能够到"的难度,努力做到信息丰富、深入浅出、以古鉴今、与时俱进,在教师讲解的同时也着重发挥学生的能动性;课后作业兼有客观题小考与主观性问题,既能知道学生对课堂知识点掌握了多少,也能了解学生对所学主题与文化内容的真实想法。通过课前、课中、课后的学习与练习,国际学生从初窥所学主题到逐步加深理解再到与自身经验的融合,一步步有效地完成了知识的系统建构与延展,这样的设计也为教师评价学生提供了多元的角度与依据。

在教学方法上,以问题为导向,注重启发与互动,提倡合作式学习。教师在备课中注意搜集国际学生对中国日常的衣食住行娱感到奇怪、困惑的地方,并以此为抓手安排教学内容。不论是线上还是线下教学,教师都尽可能多地创设情境,设计问题与学生互动,提高学生参与度。学生如果对所学内容有了兴趣,课后发挥主观能动性,主动查阅资料作进一步的探索与了解也就是水到渠成的事了。教师还搭建平台,为学生提供与国际教育学院汉硕士生合作完成小组任务的机会。小组任务从"谈一谈"到"找一找""做一做",难度逐级升高,所要求的知识与能力也更为复杂,学生通过具体的实践活动,在"做"中学,在"做"中了解中国,从而进一步内化所学知识,提升自己的表达能力、思辨能力与创新能力。

五、教学反思

《中国文化概论》每一讲的备课工作都是繁杂艰巨的。以饮食文化为例,除了《中国文化》《中国文化概论》等课程参考书外,教师组还阅读了大量与"吃"有关的书籍,包括以史料重现古人饮食的《中国文化十八讲》《中国古代衣食住行》,反映当代饮食生活的《中国人超会吃》,立足中西饮食文化交流的《中国食谱(第二版)》《西风东渐——衣食住行的近代变迁》等等。我们力图从博大精深的饮食文化中梳理出最精华,最能反映饮食文化本质,也最能解答国际学生疑惑的内容作为授课材料。几经讨论,最终提炼出"中国人吃什么?""中国菜怎么做?""中国人怎么吃?"这条线索将所有内容串联起来,这是我们目前能做到的最佳方案。但国际学生的汉语水平、对中国文化的兴趣与了解都参差不齐,众口难调,有的学生还是反映"内容太多、太难,抓不住头绪",怎样让教学更加生动有趣,更加立体系统,让站在不同起跑线的学生都能在课堂上学有所得,是我们下一步要研究的课题。

尊重自然　顺时应气

——以《非物质文化遗产：二十四节气》的教学设计为例

刘　姝

一、案例简介

（一）课程和案例的基本情况介绍

1. 课程介绍

《中国概况》课程是针对来华留学生进行中国国情和文化教学的核心课程。面向全校本科各专业留学生开设的一门全面介绍中国的文化课程，旨在提升留学生对中国物质文化和精神文化的理解，提高跨文化交际的能力。它不仅为留学生学好汉语、更好地适应在中国的学习与生活提供了多方面的帮助，而且还能带领学生领略中国历史文化精神，理解中国社会及文化发展的特点，感受中国的独特魅力。使学生不仅对中国社会发展和国情有较深的了解，而且对中国人的价值观念、思维方式、生活习俗、交往习惯等有进一步理解，尤其引导学生了解当下中国人的生活文化、物质文化、精神文化等，以增强跨文化交际能力和中国亲和感。同时，对学生深入学习汉语以及培养其对中国文化某些领域的兴趣也会起到辅助作用。

2. 案例介绍

本案例"非物质文化遗产：二十四节气"选自《中国概况》课程中的民俗文化板块。2016年11月30日，中国申报的"二十四节气——中国人通过观察太阳周年运动而形成的时间知识体系及其实践"的非物质文化遗产项目列入联合国教科文组织人类非物质文化遗产代表作名录。这是迄今为止中国申请的最具有历史意义与普遍代表性的人类非物质文化遗产项目。二十四节气可以说是我们中国的"第五大发明"。它的形成与中国人对自然时序的理解有关。二十四节气不仅仅是传统的遗产,也是中国人生活中的一部分,它一直在生活中持续地发挥着服务价值。作为世界级的非物质文化遗产,二十四节气更是全人类共有的财富。

(二)设计意义

二十四节气作为中国人认识世界的时间知识体系,在中国已有数千年的历史。它是中国人的自然哲学观念的生动体现。中国人对事物关系从来没有固定的看法,习惯在运动流转中理解世界,理解时间。最寒冷时期,人们看到阳气发生所带来的温暖的气息,在近似绝望的环境中营造希望的心境。这是节气带给中国人的生活服务价值的特殊体现。因此,通过对二十四节气的学习,让留学生能更好地了解中国的传统文化,理解中国人"天人合一",顺应自然,追求人与自然的平衡与协调的价值观。习近平总书记在二十大报告中提到,大自然是人类赖以生存发展的基本条件。尊重自然、顺应自然、保护自然,是全面建设社会主义现代化国家的内在要求。必须牢固树立和践行绿水青山就是金山银山的理念,站在人与自然和谐共生的高度谋划发展。借此二十四节气的教学机会,让留学生能感受并理解中华文化中顺应自然及人与自然和谐发展的理念,同时,将教学扩展到中国在全球气候治理问题上做出的积极努力及展现出的大国担当。

二、思路与目标

(一)设计思路

在《中国概况》课上,将中国的世界级非物质文化遗产介绍给留学生。通过中华优秀传统文化教学,扩大来华留学生对中国国情的了解、文化的认识,促进对中国价值观的理解,增强中华文明传播力影响力。二十四节气是中国传统天文历法、自然物候与社会生活共同融合而创造的文化时间刻度。二十四节气是气候变化的时间点。二十四节气是按照气候的变化,把一年的时间平均分成二十四个节次。一节气为十五天,六个节气就是一个季节。每一个节气都是人们对自然的感知和对生活的体会认识。它体现出天时、人时与农时的合而为一。以每个节气介绍为起点,让学生在现实生活中观察和体验每个节气的文化习俗,以及文化习俗背后较深的历史文化渊源。

(二)设计目标

1. 知识目标

(1)了解二十四节气是中国传统的天文历法。

(2)了解二十四节气里的时令物候与人体生理、养生紧密相联。中国人的保健养生是要顺应气候变化。

(3)了解二十四节气是自然物候与社会生活共同融合而创造的文化时间刻度,是顺应自然,天人合一的体现。

2. 育人目标

二十大报告中总书记提到,要增强中华文明传播力影响力,坚守中华文化立场,讲好中国故事、传播好中国声音,展现可信、可爱、可敬的中国形象,推动中华文化更好走向世界。按照这一指导思想,通过本课程的学习,使国际学生对中国文化中天、地、人和谐共处的哲学理念有更好的认识,对中国一贯坚持的可持续发展理念有更好的理解,从而培养知华、友华、支持中国发展的国际友人。

三、具体实施

(一)导入新课

1. 播放视频歌曲,引出将要介绍的二十四节气。

请同学们仔细观看视频并提问。

讨论:

(1)在视频中,看到了一年四季中鸟、虫、草木、禾苗在不同节气表现出的什么变化?

（2）听到了歌曲中哪些跟季节有关的词语？

2. 展示二十四节气歌谣并讲解歌谣含义，从而正式引出二十四节气。

二十四节气歌谣

春雨惊春清谷天，夏满芒夏暑相连。
秋处露秋寒霜降，冬雪雪冬小大寒。
每月两节日期定，最多相差一二天。
上半年来六二一，下半年来八二三。
立春蠢动春意生，雨水春雨雨量增。
惊蛰春雨惊蛰物，春分春半昼夜平。
清明断雪种瓜豆，谷雨断雪雨利农。
立夏开始过热天，小满麦粒未长圆。
芒种麦收谷添种，夏至昼长到顶点。
小暑天热还可忍，大暑炎热汗如泉。
立秋植物快成熟，处暑暑天将结束。
白露天气转凉意，秋分日封赤道毒。
寒露水气将凝住，霜降润叶见霜无。
立冬作物已储藏，小雪冬菜要收光。
大雪雪多做麦被，冬至数九夜最长。
小寒降温冰雪地，大寒冷气刺脊梁。

（二）展开新课

1. 二十四节气天文历法与自然、农事知识

展示一张十二个月份与二十四个节气对应的图片，让学生自己去发现每个月份所对应的节气，并请他们提出自己的疑惑。

留学生们已知的是中国的农历。农历是以月亮围绕地球转动的规律制定的，以月球绕行地球一周为一个月，即以朔望月作为确定历月的基础。而二十四节气是根据太阳在黄道上的位置，将全年划分为二十四个段落，以节气的开始一日为节名。二十四节气是中国人通过观察太阳周年运动而形成的时间知识体系。通过比较，学生们对二十四节气的由来

及划分有了更清楚的认识。节气最根本的特性是它的自然性,中国的先民拥有相当丰富的节气物候知识。按照春、夏、秋、冬四季中所分配的节气依次展示鸟、兽、虫、鱼、草木在不同节气出现的生态变化的图片,让学生能直观地看到二十四节气在自然界的变化。二十四节气,它通俗易懂地表明了一年四季的气温、物候和雨量变化的不同,人们根据节气来进行农业生产的耕、种、收。农民从事田间耕作,时时留意自然环境的变化,尤其如草木枯荣、候鸟往返等具有指示意义的物候现象。农业生产实践要遵照自然规律。中国传统的思维模式主张"天人合一",即强调人与自然的关系,追求人与自然的平衡与协调。人类生存与繁衍的基础是自然,人与自然的关系是人们社会生活的核心问题。人类的生存发展及对自然的依赖要在人与自然具有良好的适应性前提下进行,这是人类社会可持续发展的本质所在。进而引入中国中共中央总书记习近平在二十大报告中的"尊重自然、顺应自然、保护自然,是全面建设社会主义现代化国家的内在要求。必须牢固树立和践行绿水青山就是金山银山的理念,站在人与自然和谐共生的高度谋划发展。"

2. 二十四节气与中医养生保健、饮食文化

二十四节气,它不仅仅是跟农事有关系,它也跟我们的保健养生紧密相连。中国人的保健养生讲的是要适应气候变化,"大暑吃羊肉,处暑吃西瓜,小寒吃糯米,……"中国人坚持在各种时节,用特定的食品以达到保健养生的目的。每一个节气都会有适宜的时令美食,展示美食的图片。美食是学生们都感兴趣的话题。通过美食,跟学生们交流各自国家在不同季节享用的美食,借此介绍中国人养生保健的理念,引入中国中医里讲究"养生保健"离不开顺应时序的理念。让学生们能够更好地了解我们中医文化。

3. 二十四节气与节日、民俗活动

在二十四节气中,节气还包含着各种时令节俗与民俗活动。例如:立春之日,会有春神祭祀与迎春仪式;立夏之日,举办送春、迎夏的民俗活动;立秋之日,农事繁忙,从南到北,送暑、迎秋;立冬之日,祭祀神灵,储omic过冬食物。配上大量的图片及视频,介绍各地民间节庆活动。这些活动

都表达了中华民族对美好生活的寄寓。中国大地南北风俗迥异,精彩纷呈。这些活动展现了中国人是如何迎接四季的交替的。在不同的国家会有不同的文化习俗迎接季节的到来。通过与学生的交流,增进彼此之间文化的理解,有助于更好地跨文化交际。在二十四节气中,有的节气还兼具"节气"和"节日"两种身份,比如"清明节"。清明节那一天,中国人会外出扫墓、踏青,及举行大型公祭活动,缅怀我们的祖先。利用节日文化与留学生们交流,也可以让学生对我们传统节日所体现出的中国人顺应天时的智慧有所了解。

四、创新之处

本课程所介绍的内容为非物质文化遗产。非物质文化遗产是中华民族智慧与文明的结晶,也是全人类共同的财富。通过非物质文化遗产为窗口,向外国同学展示我们中华民族优秀的传统文化。二十四节气的内容来源于我们中国人对日常生活的观察和感悟。在教学中,联系生活,借用视频和图片,带领学生感知我们中国人敬畏自然、顺时应气的智慧。这有利于来华留学生对中国国情的了解、文化的认识,促进对中国价值观的理解。本教学内容来源于生活,学生接受程度高,学习兴趣浓厚,课上通过与学生的互动讨论,自然地过渡到所提炼出的思政课题,加深学生们对中华传统文化的理解,并获得他们对中国所坚持的可持续发展理念的认同。在课上,以探索更具文化特色的教学内容,鼓励留学生把中国的文化带回自己的国家,加强双方的文化交流和传播,向世界展示真实、立体、全面的中国。

五、教学反思

本教学案例,以非物质文化遗产为依托,紧贴学生的实际生活,挖掘其背后的文化内涵,深入探讨自然与人的关系,引出所隐含的思政要素。由于课时有限,教学内容无法完全展开,很多内容只能点到为止。课堂教学上设计了大量丰富有趣的话题与学生探讨,也展示了很多图片及视频增加上课的生动性。如能带领学生参加非遗的文化活动,便更能激发学生学习中国传统文化的兴趣。以后可以组织一些文化体验活动,让学生从活动中体验我们的非物质文化遗产。二十四节气只是我们非物质文化遗产的一部分,可以创造更多的条件让学生学习和了解我们的非物质文化遗产。

美人之美　以诗言情

——以《清平调》的教学设计为例

李　季

一、案例简介

（一）课程和案例的基本情况介绍

1. 课程介绍

中国古典诗词有"以诗言志"的传统,中国历代的大文学家、思想家、政治家、军事家都写过不少闪耀思想光辉的诗篇,本课程《中国古典诗词赏析与吟诵》是人文素质课程,具有传播人文精神、开展道德熏陶与思想情感教育的功能,不靠空洞的说教,而是在唐诗宋词经典的感染下,结合诗词教学,培养学生热爱中华文化,同时提高学生的审美趣味和艺术品位。前不久,中共中央政治局集体学习,并就加强我国国际传播能力建设,对外讲好中国故事再做部署。国际中文教育是国际传播的重要组成部分,中华古典诗词是中华文化的宝贵组成部分,也是讲好中国故事的经典形式。中国的古典诗词博大精深、内涵丰富、意境高远,是人类精神文明宝库中极为璀璨的一部分,也是中华文化的精髓所在。世界上各个国家和地区都有诵读自己文学经典的方法,中华民族诗词的诵读方法是吟唱,古典诗词吟唱是实施课程育人的重要内容和途径之一,与其他学科相比,古典诗词吟唱的育人因素,具有优秀历史。那些流传千古、脍炙人口的诗词歌赋,历经岁月淘洗,充盈着精华与瑰宝。在教学中,紧紧抓住中华优秀经典文化"立德树人"的教学目标,以诗词教学言志、以诗词教学言情、以诗词教学立德,指导国际学生树立正确的中华审美观、道德观和哲学观。

2. 案例介绍

目前国际中文教育古典诗词教学的研究取得了一定的成果,但是教学方法与教学理论的有机结合,仍存在更大的提升空间。本案例从施教者的视角,以学生为本,去发掘古典诗词教学特色,结合二语习得的输出理论和跨文化教学法,探索如何设计出符合学生文化需求的教学方法和内容,并进行了后疫情时代的网络教学案例设计,以求达到最佳的教学效果。在教学中,紧紧抓住中华优秀经典文化"立德树人"的教学目标,以诗词教学言志,以诗词教学言情,以诗词教学立德,指导国际学生树立正确的中华审美观。并且提高学生跨文化思维的能力,求同存异,从而树立学生正确的世界观,深刻理解中华文化"以和为贵,和而不同"的哲学思想。

(二)设计意义

2021年国际中文教育交流周的启动仪式上,首次发布了《国际中文教育中国文化和国情教学参考框架》,这是国际中文教育领域第一部文化教学的参考框架,系统地构建文化教学的理论基础和实践框架,将文化知识、文化理解、跨文化意识、文化态度四部分作为教学目标。其中特别指出传统文化部分古典诗词教学的重要性。笔者希望能结合以上框架,以唐朝诗人李白的《清平调》为例,做完整的教学设计和分析,以期达到最佳的教学效果,并探索如何设计出符合国际学生古典诗词学习需求的教学方法和内容。

二、思路与目标

(一)设计思路

用跨文化教学模式,引导学生对比和联系中加两国文化的相似性和共同点。进而理解"求同存异,和而不同"的哲学思想。不仅如此,本案例还以传统的吟唱教学法,古诗新唱,用英语国家的曲调,来吟诵唐朝诗人李白的《清平调》,从而达到教学创新的思路。教学内容也是由浅入深,最后点题,讲出中国文化的审美特点。教学脉络一以贯之,不断提高和加深学生对诗词意境的理解和思考。在练习的环节,让学生们用想象力把每句诗的情景画出来。这样就会非常生动活泼,也符合"活动型课堂任务型教学法"的原则。古典诗词教学的方法基本上呈"三法交替"的特点。为了适应国际学生的需要与当前时代特点,本案例还交替采用了吟唱教学法、翻译教学法、多媒体教学法这三大教学方法。

(二)设计目标

本案例将依据《国际中文教育中国文化和国情教学参考框架》,系统地构建文化教学的理论基础和实践框架,将文化知识、文化理解、跨文化意识、文化态度四部分作为教学目标。通过富有思辨性的教学案例,以跨文化的思维引导学生深入理解中国文化,树立正确的审美观、价值观,引导学生思考。例如,引导学生对比和联系中加两国文化的相似性和共同点。进而理解"求同存异,和而不同"的哲学思想,从而引导学生深刻理解中华文化"天下大同"的文化态度。把中国古代的杨贵妃,与英联邦国家的戴安娜王妃的图片进行对比,引导学生观察两位王妃的细节,如服饰、神情、气质、由浅入深,最后点题,讲出中国文化的审美特点。拓宽学生的跨文化视野和对于古诗词审美意境、诗情画意的向往和理解。进一步认识中华文化的内涵,更加感悟中华文化的哲学思想,从而被中华文化之美深深吸引,坚定学生们学习中华文化的志向与信心,达到润物无声的育人效果。

1. 文化知识

对于《清平调》这首诗的写作背景,诗人介绍以及字词的理解,交替运用翻译教学法,情景教学法,从而达到文化知识的教学目标。

2. 文化理解

把中国古代王妃杨贵妃,与英联邦国家的戴安娜王妃的图片进行对比,引导学生观察两位王妃的细节,如服饰、神情、气质,由浅入深,最后点题,讲出中国文化的审美特点,加深学生对于中华文化的理解。

3. 跨文化意识

用跨文化教学模式,引导学生对比和联系中加两国文化的相似性和共同点。进而理解"求同存异,和而不同"的哲学思想,拓宽学生跨文化视野和对于古诗词的审美意境、诗情画意的向往和理解,并深度启发学生的跨文化意识。

4. 文化态度

通过这首诗词的教学,使学生进一步认识中华文化的内涵,更加感悟中华文化的哲学思想,从而被中华文化之美深深吸引,坚定学生们学习中华文化的志向与信心,达到润物无声的育人效果。

三、具体实施

加拿大语言学家 Swain 通过对加拿大法语沉浸式教学(immersion program)进行的调查提出了可理解输出假设,明确阐述了输出能促进第二语言学习者语言表达的流利度和准确性。语言输入只是语言习得的一个重要因素,并不是获得语言知识的唯一方法。语言输出能够提高学习者的口语和写作能力,迫使学习者对句子的结构进行加工,从而促进学习者语言能力的全面发展。

跨文化语言教学法是第二语言教学中出现的一个新方法。其强调了文化因素在二语教学中的效用。笔者认为在国际中文古典诗词课堂的教学设计中,可以有效地结合语言教育和文化教学。在《清平乐》线上教学中,笔者启发学生发现中国文化中的王妃之美,与英联邦国家的王妃之美,相同之处。并且在吟诵诗词的教学设计上,引用《amazing grace》的曲调,吟唱中国诗词,达到跨文化语言教学的目的。具体实施如下:

(一)组织教学

复习上一课所学内容,并引导学生思考已经学过的唐朝诗人,引出诗人李白,提问学生已经学习过的李白的诗。

(二)开展新课

1. 导入部分

(1)播放视频:陈凯歌导演的《妖猫传》中多次出现的诗句"云想衣裳

花想容,春风拂槛露华浓。"吸引学生注意力,引起学生的学习兴趣,然后老师通过PPT展示《清平调》全诗。

(2)引导学生跨文化的对比思维:欣赏《妖猫传》里的杨贵妃,让学生举例自己认为美丽的王妃。比如,凯特王妃、戴安娜王妃都是现代的美人。图片展示王妃。

(3)引导学生发挥想象力:让学生思考写一首诗来形容自己国家的王妃,并举例英国流行歌手Elton John写给戴安娜王妃的歌里面有一句"you had the grace to hold yourself",用grace"高贵"来形容王妃。请学生分享自己想法。

2. 授课部分

(1)介绍写作背景

清平调共三首,是李白在中国古代的首都长安做官时写的。有一次,唐明皇与杨贵妃在观赏牡丹,让李白作新乐章,李白奉旨作了这三首诗。我们今天学的就是第一首。由老师领大家读整首诗,同学们注意生字(领读时带有感情并注意观察学生的感受)。

(2)讲解生词和诗句

第一句:云想衣裳花想容。衣裳:衣服。

讲解:天空的云想与杨贵妃的衣服比美,花儿想与杨贵妃的容貌比美。这是诗人的想象力。那么自然界中的云和花真的会这么想吗?所以这里诗人采用了拟人的修辞方法(personification),这样的情境会让你感觉怎么样?(美丽,可爱)让我们齐声朗读出这种感觉。想象你的面前也有这样一位美人,你是不是也会这样形容她。

第二句:春风拂槛露华浓。槛:栏杆。露华浓:露珠润泽的花色更浓。

讲解:春风吹拂栏杆,露珠润泽的花色更浓。并用图片展示。

第三句:若非群玉山头见。群玉:山的名字,传说中女王住的地方。

讲解:若不是群玉山头所见的仙子。

第四句:会向瑶台月下逢。瑶台:传说中神仙居住的地方。月下:月光照耀下。

讲解:就是瑶台前,月光照耀下的神女。

(3) 点题及诗歌鉴赏

"云想衣裳花想容"是诗人设想云朵想与杨贵妃的衣服比美,花儿想与杨贵妃的容貌比美,这是在描述杨贵妃的衣饰和容貌之美。而"想"用得很巧妙,这是用拟人、夸张和想象等艺术表现手法侧面写出杨贵妃的靓丽容颜和高贵身份。

3. 练习

(1) 请大家带着想象力,和刚才学习此诗体会的诗情画意,齐声朗读诗歌。

(2) 诗词填空题:

云想(　　)花想(　　),春风(　　)(　　)浓。若非(　　)山头(　　),会向(　　)月下(　　)

(3) 老师请四位同学在笔记本上,一人写一句诗。并把每句诗里的自然景色简单画出来。例如,云,花,露华浓。群玉山,月亮。通过网络课堂展示给大家。

(4) 练习名为"穿越时空":

同学们和老师一起用西方流行的《Amazing Grace》经典英文曲调,来演绎中国古代唐朝的诗。国际学生对于这首歌非常熟悉,可以朗朗上口,增强课堂趣味性,帮助学生更有效地记住这首诗。

4. 布置作业

(1) 回家以后抄写诗歌朗读多遍,默写在诗歌本上。

(2) 用学生喜欢的曲调唱读此诗,并录制音频。

(3) 请学生体会本诗的意境,写一篇小作文来形容心中的美人。

四、创新之处

(一) 内容

本案例的针对性很强。根据教学对象、教学理论及跨文化的思维来设计教学案例。贴近加拿大留学生的真实生活和文化背景。中国是一个充满诗文化的国度,古典诗词的繁荣充分体现了中国文化的丰富性。在国际中文教育中融入古典诗词的教学，使学习者充分了解古典诗词的语言、内容、情感表达方式等，有利于促使他们将汉语语言知识的学习与文化知识的学习融为一体。这节课的教学内容充分体现了这一特点，将这首诗的语言、内容、情感、意境和中国审美融入了教学内容。通过富有思辨性的教学案例，以跨文化的思维引导学生深入理解中国文化，树立正确的审美观、价值观。引导学生思考，拓宽跨文化视野和对于古诗词的审美意境，以及学生对于诗情画意的向往和理解。促使学生进一步认识中华文化的内涵，更加感悟中华文化的哲学思想，从而有效地达到"立德树人"的教学目标。

（二）讲解技巧

古典诗词教学的方法基本上呈"三法交替"的特点。为了适应国际学生的需要与当前时代特点，通常交替采用诵读教学法、翻译教学法、多媒体教学法这三大教学方法。

（三）练习部分

这节课的"诗情画意"练习，让学生深入体会这首诗的意境，从而在笔记本上作画。网络课堂上展现给大家。这些都将有助于深入操练，隐性知识变为显性知识。但是，学生的汉语程度已经很高，建议这节课的操练部分还可以加入一个对于美人描绘的词汇群。例如，让同学们思考都有什么词来形容王妃的美，大家集思广益，老师引导。列出：雍容华贵，温良贤淑，倾国倾城，美若天仙，温文尔雅，仙女下凡，翩如惊鸿，国色天香，母仪天下。这样也做到了"精讲深练"。并且对课后作业的作文布置，奠定了词汇基础。

（四）教学思路

教师在教学过程中教学思路清晰、开阔，用了跨文化教学模式，引导学生对比和联系中加两国文化的相似性和共同点，进而理解"求同存异，和而不同"的哲学思想。例如，把杨贵妃和戴安娜王妃的图片进行对比，引导学生观察两位王妃的细节,如服饰、神情、气质。教学内容也是由浅入深,最后点题,讲出中国文化的审美特点。教学脉络一以贯之,不断提高和加深学生对诗词意境的理解和思考、想象。在练习的环节,让学生们用想象力把每句诗的情景画出来。这样就会非常生动活泼,也符合"活动型课堂任务型教学法"的原则。教学效果非常好,因而建议老师们更加大胆,更加具有魄力来做各种深入、具有创新的设计。

(五)课堂提问

课堂提问方面,老师的提问环环紧扣教学内容。抓住学生的专注力和兴趣。例如,引用了英国著名流行歌手,Elton John 对戴安娜王妃的歌词描写,引导学生思考,如果学生来描写王妃,应该如何去写。

五、教学反思

这首诗的教学思路一以贯之,教学内容由浅入深,充分体现了古诗教学"以诗言情""以诗言志""以诗言德"的特色,并充分体现了文化教学与思政教育的细致结合。还创新地运用了跨文化教学法以及传统的吟诵教学法。横跨古今中外,开拓了学生的跨文化国际视野,坚定了国际学生热爱中华文化,学习中华文化的志向。然而,即便是有经验的老教师,在十多年的授课经验后也可能出现很多不足之处。因而笔者反思主要成因有以下几个方面,期望能进一步提高"立德树人"的教学能力。

(一)固定的教学流程和模式,习惯性的教学互动方式

由于教师固有的思维固化倾向,虽然教学过程很通畅流利,但是可能会面对不同的学生,依然采用类似的教学流程和模式,相似的提问方式和互动方式,学生也许觉察不出来,但是对于老师来说,这种教学思维固化的缺陷在于,很有可能形成了一种流程式的教学,老师的个人情感和积极鼓励的潜在激情减少,学生在一种复制的模式下学习,造成"学习流程化"的情况。只有不断调整教学模式,深入思考,为学生更多量身定做,精讲

深练，将激情放到学生身上，才能够有灵感不断调整设计。通常每三个大环节做一个活动，每三课做一种教学设计。这样才能温故而创新。

（二）不以学生为中心

国际中文教育古典诗词教学的特点是：汉语学习者不仅要掌握汉语语言知识和技能，更需要理解和接受不同文化之间的差异性，文化对语言的学习具有制约性和深刻影响力。古典诗词中蕴含着丰富的汉语语言知识和中国文化内涵，学习者通过古典诗词的学习能够充分了解汉语语言表达的灵活性与多样性，并体验中国文化的独特魅力。古典诗词的教学在教学对象、教学内容、教学方法等方面具有自身独有的特点，因而一定要以学生和学生的文化背景为主，针对性地设计教学内容和流程。很多教师教了很多年之后，还可能犯没有以学生为中心的错误，这种盲点的产生是由于教师授课过程中过于注重自己的表现，没有给学生更多表现的机会，也没有充分考虑学生的文化背景。这就会导致学生对于博大精深的古典诗词理解不深入，甚至可能失去学习兴趣。

（三）缺乏跨文化的能力

在全球化的今天，古典诗词教学的意义不仅是要大力推广汉语，更要弘扬中国传统文化、增强中国文化的世界影响力、做好中国文化的国际传播，讲好中国故事。古典诗词作为中国文化的重要组成部分，蕴含着丰富的文化内涵和独特的语言魅力，因此古典诗词的海外教学对国际中文教育事业的发展和中国文化国际传播等方面具有重要影响。与此同时，当代世界也是华人与外国人，汉语与其他语言相互文化交流、和谐共处的时代。因而要求新时代的老师具有跨文化的能力。在语言知识储备上，对古今中外都要有博学而深入的研究，找到彼此文化的差异和共同点，才能讲好中国古典诗词，讲好中国故事。

文化融合　彰显时代
——以《北京故宫》文化教学设计为例

刘　意

一、案例简介

（一）课程和案例的基本情况介绍

1. 课程介绍

本课选自国务院侨务办公室、国家汉语国际推广领导小组办公室主编的《中国文化常识》的《故宫》一课。主课文为中英文双语600词左右，辅以小资料200词左右。该教材是一套汉英语教学辅助读物，供海外华裔青少年通过课堂学习或自学的方式了解中国文化常识。本课将故宫相关的最基本的文化常识都提炼出来了，但大都是结论性的展示，如修建历史、建筑风格、历史地位等。对于海外华裔学生而言，有三点需要改进：一是这些静态的文化知识很难激发起他们的兴趣；二是这些知识与他们以后专业关联性不大；三是这种"文化灌输"式的教育模式令他们排斥。因此，作为中国文化选修课，教师需要将这些静态的文化知识生动起来，回到鲜活的状态，让学生近距离感受故宫文化魅力。

2. 案例介绍

本案例授课对象为菲律宾北黎刹育仁中学特别三班学生，具有一定的汉语基础知识积累，掌握2000个词左右的高中年级汉语学习者，同时也面临着大学专业选择与中国留学深造等现实问题。该班共有学生24名，男生12名，女生12名，18人为菲律宾籍华裔后代，4人为本土菲律宾人。根据学生汉语学习需求，学校开设了中国文化选修课程，笔者为该课程任课教师，将中华文化分为若干板块，探索了一套结合专业发展的文化融合教学发展模式，该模式在教学目标、教学内容、教学任务、教学资源、教学活动、教学评价的相互促进下不断完善和优化，师生在教学活动过程中完成学科知识与中华文化的融合探究。

（二）设计意义

《北京故宫》为该课程一个学月阶段的课程设计，能较好地反映文化融合发展教学模式，案例教师通过对北京故宫文化做统领性的介绍，利用线上线下相结合的教学方式，依据学生的兴趣特长和专业爱好，分为了五个小组，采取小组合作探究学习的形式，分方向对故宫文化做深入探究，共同完成探究式教学任务和教学呈现。在案例教学过程中，学生针对自己的研究方向和北京故宫的文化知识展开了深度融合探究，进一步加深了对文化和学科专业的认识，同时在教学呈现过程中也拓宽了文化学习视野，加强了交叉学科的融合，培养学生的整合创新能力和合作学习意识，这正是新时代国际中文教育人才培养的目标。

二、思路与目标

（一）设计思路

本课案例以文化融合为视角，将中华文化与专业汉语课程相结合，选择了深具中华文化代表性的北京故宫为教学内容，借助故宫六百岁生日系列活动为兴趣导入，带领学生走进六百岁故宫的神秘世界。故宫包含着博大精深的中华文化内涵，通过这节课《北京故宫》的学习，学生们可以一睹北京故宫六百年辉煌灿烂的文化，并以此为文化核心，分学科找寻文化融合方向，小组合作探究共同完成文化任务。

（二）设计目标

1. 知识与技能目标

引导学生了解北京故宫的文化基础知识，提升学生对中华文化的兴趣，学生能结合不同的文化融合方向，对中华文化进行自主探索学习。

2. 过程与方法目标

通过小组合作的方式展开文化融合学习探究，学生能从不同学科专业方向上深入挖掘中华文化内涵。

3. 情感态度价值观目标

增强学生对中华文化的认同感，激发学生对北京故宫的向往之情，培养学生的自主创新精神。

4. 立德育人目标

遵循立德育人的指导思想，结合故宫文化课程特点，在故宫文化的深入探究中培养学生对中华文化的热爱，达到文化融合式教学的育人效果。

三、具体实施

本案例为高中年级文化选修课，采用"翻转课堂"的教学模式，为探究性文化学习提供了可能。例如"故宫文化"专题实际学习时间持续了一个多月（详见下面的步骤说明），而其中传统的课堂教学只有两节课100分钟。教师在一个月前就开始在学习平台上发布文化融合体验任务，接下来通过线上和线下的互动指导，学生细化文化资料收集和体验的各个细节，进入小组文化融合任务探究，最后将文化融合的成果转化为教学资源。在最后的文化呈现中，学生们在课堂上与同学分享自己的收获，在学科碰撞与交融中实现跨文化理解。

下面以"故宫文化"专题为例，说明文化融合教学具体操作流程：

步骤一：文化融合任务发布

表1 "故宫文化"专题文化融合任务

选题方向及人数	任务详情	活动要求
故宫建筑文化（6—7人）	参与收集故宫博物院建筑的资料（如条件允许亲自参观北京故宫博物院），了解其建筑特点、布局特征、修建材料、艺术特色等；通过访谈去过故宫的游客，了解故宫在中国人心中的地位。	对故宫建筑感兴趣，将收集资料制作成故宫建筑的文化视频，每个视频时间不超过5分钟；制作有关故宫建筑的访谈报告PPT，内容包括访谈对象介绍、访谈记录和你的感想。

续表

选题方向及人数	任务详情	活动要求
故宫文物故事（4—5人）	通过收集故宫博物院馆藏文物资料，观看故宫文物纪录片等，了解故宫文物背后的故事。	对故宫文物工程感兴趣，选择3—5个代表性的文物，制作相关PPT介绍或文化视频解说，视频时间不超过5分钟。
故宫旅游介绍（6—8人）	通过查询故宫博物院官网中旅游景点的介绍，了解故宫博物院旅游线路和主要旅游景点，选取自己感兴趣的景点，仿照导游词解说。	对故宫旅游文化感兴趣，选择2—3个代表性故宫景点，小组合作换位引导与游客，录制故宫导游微视频，每个视频不超过5分钟。
故宫文创产品（4—5人）	通过寻找生活中与故宫有关的文化艺术元素，根据故宫文化灵感设计独特的文创产品。	对艺术设计感兴趣，根据故宫文化元素，小组合作设计/制作2—3项故宫文创产品，并阐述其设计思路和创意。

学生们可以自由选择自己感兴趣的任务组，并在指定日期前报名。

步骤二：文化融合任务分配

根据已报名的学生情况，形成学习小组，每组挑选小组长，确定"故宫文化"任务分组计划。

1."故宫建筑文化"小组（7人），具体安排见表2：

表2 "故宫建筑文化"小组

姓 名	任 务	具体调查问题
组长：陈礼明	协调并推进组内成员任务，带头制作文化视频或者PPT报告。	分配小组成员任务，记录小组任务完成情况，完成汇报资料。
林华顺	调查北京故宫建筑历史概况	①北京故宫什么时候修建的？为什么要修建北京故宫？ ②除了北京，还有别的地方有故宫吗？ ③北京故宫有哪些重要的建筑？
曾仁杰、苏汉威	调查北京故宫建筑艺术特色	①北京故宫建筑结构有何特征？梁、柱、屋顶等有什么特别之处？ ②北京故宫的装饰风格有什么特点？ ③北京故宫的色彩搭配有什么特点？

续表

姓　名	任　务	具体调查问题
林启智、庄俊立	采访北京故宫中国游客（3—5名）	① 您为什么去北京故宫参观？ ② 您家乡有与北京故宫相似的建筑吗？ ③ 您对北京故宫有什么印象？
陈礼明、闽森	采访北京故宫外国游客（3—5名）	① 您为什么选择去北京故宫？ ② 故宫哪些方面给您印象深刻？ ③ 您觉得北京故宫的建筑与您所在国家的建筑有什么不同吗？

2. "故宫文物故事"小组（4人），具体安排见表3：

表3　"故宫文物故事"小组

姓　名	文物故事	文化对比
许珍珍	金嵌珠石金瓯永固杯	中西宫廷用具对比
施可仁	千里江山图卷/清明上河图	中西绘画的不同
施文山	彩漆描金楼阁式自开门群仙祝寿御制钟	中西钟表工艺结合
施文秀	掐丝珐琅缠枝莲纹象耳炉	民族工艺

3. "故宫旅游文化"小组（8人），具体安排见表4：

表4　"故宫旅游文化"小组

姓　名	旅游景点	导游讲解
吴佳仁、黄爱民	午门	① 午门是什么地方？ ② 它主要用来做什么？ ③ 它有什么特点？ ④ 在这里发生过什么历史故事呢？
洁莎、吴丽安	太和殿	① 太和殿是什么地方？ ② 它主要用来做什么？ ③ 它里面的布局是怎么样的？ ④ 在这里发生过什么历史故事呢？
吴美美、梦菲	坤宁宫	① 坤宁宫是什么地方？ ② 它主要用来做什么？ ③ 它有什么特点呢？ ④ 在这里发生过什么历史故事呢？

续表

姓　　名	旅游景点	导游讲解
郭静芬、陈秀芝	御花园	① 御花园是什么地方？ ② 它有什么特点？ ③ 它有哪些著名景观？ ④ 在这里曾发生过什么历史故事呢？

4. "故宫文创"小组（5 人），具体安排见表 5：

表 5　"故宫文创"小组

姓　　名	文创产品	创意解说
王慈恩、王慈爱	故宫时装秀	① 该作品的创意灵感是什么？ ② 该作品有什么独特的美学意义？ ③ 该作品有什么使用价值？
陈雅欣、庄佳佳	故宫文创明信片	
苏安琪	故宫文创手账本	

在这一步骤中，各小组明确任务，将自己的文化融合任务细化为可操作性的具体问题，这样操作起来就更加有的放矢。在此过程中，学生为了找到合适的问题和答案，必须要去查找资料、小组讨论或与老师商量。这些都可以通过线上或线下的交流进行完成，教师可以针对每个组、每个人进行个性化的指导，有任何疑问都可以询问老师或者同学之间相互帮助。

步骤三：收集资料，制作文化视频或报告

学生在收集资料、调查访谈、设计作品过程中，需要花费很大的工夫。比如制作"云游故宫"视频，学生不仅要将网上的照片视频进行整理剪辑，其中不清楚的地方需要上网查找或者在线咨询老师，还要编写解说词、练习朗读、制作字幕等。有学生表示，为了制作 5 分钟的视频，花了他一天的时间，还不包括查资料的时间。还有学生表示，这个过程非常难，但是这些技术很实用，对以后的工作和学习很有帮助，这也是他第一次用汉语做导游，在字幕制作中还专门用了中英双语，他说他会把这个作业放在 Facebook 上，让更多人了解中国北京故宫。

当学生按照要求完成了视频或报告的初稿，老师必须通过教学平台对学生作品提前审阅，指出其中的优缺点，提醒学生做出相应的修改。例如学生在制作"清明上河图"的视频时，将作者"张择端"写成了"张择瑞"；

"金瓯永固杯"写成了"金欧永固杯";"建筑"的"筑"去声念成了阳平,"楼阁"的"阁"阳平念成了去声。跟学生指出问题之后,学生立即修改过来,有的还重新录制视频,争取做到精益求精。

步骤四:课堂报告与讨论

有别于传统文化课堂,这次课是"翻转课堂"后的集体成果呈现与讨论。在经过长达一个月的前期准备、收集资料、访谈设计、视频制作、报告制作后,还有一个重要任务,就是课堂报告。每个小组要当着全班同学的面展示自己的文化融合体验成果,此时他们扮演着"老师"的角色,关注到每个同学的反应,解说自己的报告。学生也可以在这样的汇报中,学习到不同专业领域的知识,实现文化与专业知识的碰撞,从而拓宽自己的眼界,实现文化理解和学科交叉融合。每一场报告都激发同学们的兴趣,同时也引来同学们的讨论,如在讲解坤宁宫和御花园时,有同学展开了中国古代宫廷生活的讨论,有同学还希望将此作为以后研究的方向。

具体课堂操作流程如下图 1 所示:

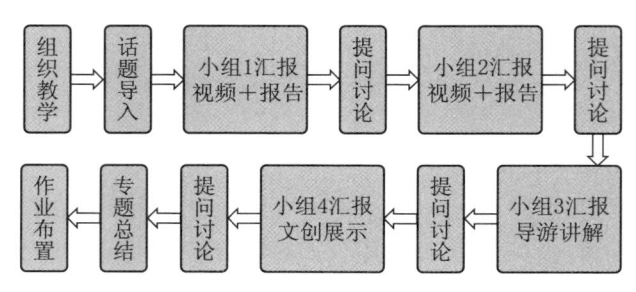

图 1　北京故宫文化课教学流程图

学生展示汇报内容如下:

1."故宫建筑"组:学生从紫禁城的总体布局架构开始带领全班领略故宫建筑之美,故宫由高 8 米,长 3.8 公里的城墙环绕,有宽 50 米的护城河保护,分为了东南西北四个大门,每个角落都有精致的角楼。再从颜色搭配(红墙黄瓦白阶)上分析了色彩在建筑美学上带来的视觉感受,接下来从故宫建筑的轴对称特点出发,分析了中国建筑的传统文化根基,提到《易经》里"天人合一"的建筑理念以及至高无上的皇权。然后着重介绍了故宫的木结构以及绘画,他们对这座木结构的建筑很感兴趣,并赞叹中国古人的智慧,介绍了木梁柱上的绘画具有实用和装饰双重功能,其基本图案是龙和凤,故宫中有12654个龙凤制图,龙代表皇帝,凤代表皇后,象征着至高无上的皇权。最后他们分享了精湛的角楼建筑艺术设计原理及中国人对数字9在建筑设计上的运用等,彰显出建筑学科专业性与故宫文化的有机融合。

2."故宫文物"组:学生首先对文物进行了分类说明,故宫博物院收藏着超过一百万件稀有珍贵的艺术品,占中国文物总数的六分之一,藏品包括陶瓷、绘画、书法、青铜、钟表、玉器、古代书籍和历史文献。再结合工艺制造的方向,对以青铜、陶瓷、钟表、玉器为代表的艺术珍品分别进行了介绍。着重讲解了"金瓯永固杯""千里江山图""掐丝珐琅缠枝莲纹象耳炉""彩漆描金楼阁式自开门群仙祝寿御制钟"的文物价值和历史故事。

3."故宫文旅"组:学生首先根据故宫地图制作了旅游路线,再结合故宫导游词进行学习修改,最终小组通过情景展示的方式,化身导游和游客,学生以视频方式分别展示了"午门""太和殿""坤宁宫""御花园",展示了一场故宫"云"游,拉近了学生与故宫的距离,也锻炼了学生的能力,实现旅游与文化的深度融合。

4."故宫文创"组:学生将对中国文化的理解和热爱,转变成文化创意产品形式输出,他们从大量的故宫文物中汲取灵感,分享了巴黎时装周里中国风的服装设计,将中华传统文化与当今时尚潮流相融合,同时以故宫文化元素为主题,设计了服装模型,并运用电脑技术将服装设计呈现出来,并分别陈述了他们的设计理念和创意思路,希望有一天能穿上自己设计的故宫文化服装并设计出更多的文化创意产品。

步骤五:撰写文化心得短文

通过一个月的精心准备,这节课取得了较好的课堂教学效果,得到了学生的喜爱和认可,增进了他们对中国文化的理解,激发他们更大的探索兴趣,同时教学相长,通过学科间的交叉融合,学生的才能得到充分的展示,拓宽了文化知识面,加强了师生间的文化交流合作。学生是文化融合体验的参与者和创作者,在课堂之后,他们可以从一个更加宏观的角度来认识故宫文化,对自己感兴趣的专业方向有了更深入的思考了解,因此他们能够将自己的思考体验写成一篇300字左右的短文作为课后作业,说明自己对故宫文化的见解与感受。

课后作业是学生成绩评价的重要一环,但是不是唯一的一环,文化融合教学在教学环节设计上突出了以文化为核心的实用性和学生的主体性,因此教学评价的主体和内容也更加多元化。评价模式注重过程性评价,在教学过程中,将学生创新创造能力、团队合作能力、问题解决能力等相结合,构建一个多维评价模式,过程性评价可以采用多种方式进行,如任务完成度、专业切合度、过程记录表、组间组内互评等方式进行。

四、创新之处

在新文科大背景下,突出了对人才创新培养的思考,也加速了教学创新的思考。面对传统文化课教学,本案例尝试文化教学的新模式,运用"翻转课堂",将故宫文化与不同专业方向相融合,以"任务探究"式教学完成文化融合探究。学生在整个文化探究体验的过程中,对中华传统文化有了更深入的理解,同时也增加了跨专业交叉融合的学习体验,学生合作创新能力得到了进一步锻炼。

本案例是笔者在菲律宾北黎刹育仁中学外派任教期间,与学校共同探讨总结的文化与专业融合的实践教学模式,文化融合教学对教师的综合知识和专业素养有着较高的要求,在教学过程中要充分发挥中华文化的主阵地,拓展交叉学科知识,积极引导学生开展文化融合实践教学活动,文化融合模式有突出文化、跨越学科、交叉融合、合作学习、整合创新、多元呈现六大基本特征。

五、教学反思

本案例是思政文化融合教学模式的积极探索,得到了学生的好评,但是也存在许多的问题和不足,具体体现在以下几个方面:

由于学生身处海外,不能到现场去感受体验北京故宫的气魄,这为体验式文化教学提供了难度,也成为遗憾,但是通过多途径的学习方式,仍能实现文化探究的任务。如果对于国内留学生的文化教学,可以亲自到现场去体验感受,完成效果肯定会更好。

该案例对学生的自主探究和学习能力要求较高,因此不适合低年级或汉语初学者使用,有一定的局限性。

该案例中对于教师的能力要求较高,尤其是组织管理和沟通交流能力,要能充分调动其学习的主动性,让每个学生投入文化融合探究任务之中,并拥有相应的文化产出。

该案例中学生完成相应的文化任务过程中,对学生汉语运用能力要求较高,在资料收集过程中,可以用英文查阅相关文献,但在任务输出过程中,学生只能用汉语输出,因此在这个过程中教师要发挥积极的辅助作用。

该案例使用文化融合教学模式,具有较强的文化育人功能,学生在任务探究过程中增强了对中国传统文化的认同感,促进了中国文化的传播。

命运共存　青年担当
——以《高级口语》开学第一课的教学设计为例

吕兆格

一、案例简介

（一）课程和案例的基本情况介绍

1. 课程介绍

《高级口语》是来华留学语言专业及进修生必修的一门课程，学习对象已掌握2500个以上的汉语词汇和基本的结构句式，有了一定的汉语表达能力。因语言课兼有工具性和人文性，因此，本课程一方面要训练和提高学习者的汉语综合表达能力以及在社会生活中的交际能力，能够自然得体地表达自己的情感、意见和思想观点；另一方面要帮助学生深入了解并理解中国，不受某些媒体负面报道的影响，逐步增强他们对中国的认同感，使其成为中国故事国际传播的积极主体。留学生扮演着文化使者的重要角色，尤其是目前国外有些媒体对中国进行负面报道的情况下，高层次的优质留学生将成为讲好中国故事、搭建中外文化交流桥梁的重要人选。因此，在国际学生的语言课程中融入思想教育也是眼下的当务之急。相较于其他课程而言，口语课中师生交流的机会多，尤其是高级口语课中，讨论话题更加广泛、更加深入，有利于开展情感态度及价值观方面的教育，也更有利于学生深层次了解中国文化的内涵。

2. 案例介绍

本案例从学习者的兴趣出发，选择具有人类文化通感的话题，结合当下社会生活中的热点问题"各国对疫情的不同态度及做法"，力求多角度、多侧面地呈现同一话题的不同观点，激发学习者的表达欲望。

案例结合语言学习的特点,通过丰富的语言材料全面、系统、客观地展现可感可知的真实中国,感知日新月异的当代中国;让国际学生从不同侧面和维度来了解中国的传统文化和当代思想,理解历史中国和当代中国的一脉相承;在中外文化对比中培养学生建立多元文化并存的意识,理解中国人的"和而不同""和合共生""世界大同"等理念的现代表达,理解中国方案、中国经验、中国精神以及命运共同体等理念的现实基础。案例把有关元素有效融入课堂教学中,做到春风化雨、润物无声,开拓学生的国际视野,逐步提升国际学生对中国的认同感,以服务于知华、友华国际人才的培养目标。

(二)设计意义

针对汉语学习者的特点,围绕汉语口语教学的主要任务,我们进行了"防疫"专题教学,教学生常用词汇及表达式,以增强汉语学习的时效性和实用性。于是,利用开学第一课这个重要时间节点,结合具体教学内容,把全球面临的共同灾难当作教材,把疫情危机转化为国际学生的教育契机。通过中外疫情对比和中国方案的介绍,让学生理解中华传统文化和社会制度的优势,增进学生的深入了解,增强学生的感知和思想认同;通过典型人物事迹的介绍,培养学生的情感认同和正确的价值观。疫情没有国界,世界各国是休戚与共的命运共同体,通过视频、图片等有关材料的学习让学生深刻体会到人类命运共同体的价值意义及国际青年的责任与担当。

二、思路与目标

(一)设计思路

来华留学教育的核心目的是培养了解中国并对中国友好的使者,由于教育对象的特殊性和多元性,多数高校的课程设置中并没有针对国际学生的思想政治教育课。而在中国求学时期,正是这些来华青年人生观、价值观形成和确立的关键时期。因此,语言课程不仅要传授知识,更重要的是"育人",通过相关课程让学生了解中国国情和社会发展状况,感受中国文化的核心价值,增进情感认同,真正达到知华、友华的育人目标。我们利用开学第一课这个关键时间节点,将媒体中出现频率较高、能够体现中国精神的一些词句融入汉语课中,加强学生思想引导,回应学生关切的"上网课""返华复学"等问题,由这个话题聊到中国的疫情,导入正题:让学生结合自己的经历谈谈新冠肺炎病毒给我们的生活带来的影响以及身边的事例和感悟。通过中外抗疫对比,了解中国方案的背后原因;通过视频和图片材料,展现中国力量,加深理解中国行动;树立国际学生榜样,激发情感认同;最后总结升华,人类命运共存,时代呼唤青年担当。

(二)设计目标

1. 知识目标

通过学习"抗疫"的主题内容,掌握新冠病毒疫情的有关词汇与防疫新闻及报道中常用的表达方式、16字方针、表现中国精神的成语和俗语"万众一心、众志成城、同甘共苦、同舟共济、共克时艰"等,将语言知识、语言技能及文化意识等有机结合起来,帮助学生进行语言实践,培养其综合应用能力。

2. 能力目标

围绕"抗疫"主题,通过听说语言技能训练,提高学生的表达能力,能较为流畅地就一些话题发表个人见解;通过比照中外发展模式及制度的差异,探讨中国采取这种措施的现实原因和"人民生命至上"的考虑,提高学生的跨文化交际能力;引导学生辩证地思考、分析问题,培养学生的逻辑思辨能力。

3. 育人目标

引导学生树立正确的价值观,不为西方某些媒体的说法所影响,能客观、全面地认识中国、理解中国,理解中国方案、中国精神、命运共同体等理念的现实基础,培养学生的情感认同和多元文化意识,树立正确的价值观,深刻体会人类命运共同体的价值意义及国际青年的责任与担当。

三、具体实施

(一) 设计方案

将媒体中出现频率较高、能够体现中国精神的一些词句融入汉语课中,加强学生思想引导,回应学生关切的"上网课""返华复学"等问题,由这个话题聊到中国的疫情,导入正题;让学生结合自己的经历谈谈新冠肺炎病毒给我们的生活带来的影响以及身边的事例和感悟。通过中外抗疫对比,了解中国方案的背后原因;通过视频和图片材料,展现中国力量,加深理解中国行动;树立国际学生榜样,激发情感认同;最后总结升华,人类命运共存,时代呼唤青年担当。

(二) 实施过程

教师与学生问答相关话题进行导入,导入点落到抗击"新冠疫情"上。

请学生结合自己的经历,谈谈新冠肺炎疫情给我们的生活和学习带来的影响以及身边发生的感人事例。因为学生自身正在经历着的、有直接体验和感受的事件是最好的教材,能极大地增强学生的感知和思想认同。学生通过介绍各个国家疫情的感染人数、死亡人数以及给人们带来的影响、政府做出的不同处理等,无形中与中国的抗疫形成对比。在介绍对比过程中,学生逐渐了解中国抗疫防疫方案。

1. 还原真实情况,激发情感共鸣

接着,教师展示武汉抗疫的相关图片和视频,并和学生一起观看线上湖北武汉抗疫专题展,还原当时的一些真实情况,从情感上让学生产生共鸣。(https://haokan.baidu.com/v?vid=11805404808754171456&pd=bjh&fr=bjhauthor&type=video)

https://www.bilibili.com/video/BV1St4y1y78p/?spm_id_from=333.788.recommend_more_video.1 抗击疫情微纪录片《全民战"疫"》

2. 介绍中国方案,理解中国精神

武汉1月23日封城,2月2日火神山交付使用,2月5日首批方舱医院开舱接诊,2月8日雷神山交付使用,3月10日武汉全部方舱医院休舱。这个速度、这些奇迹是中国人民创造的,更是集中力量办大事的社会主义制度的优势创造的。不论是4万余名白衣天使、数以万计的防疫物资支援,还是党员自愿捐款83.6亿元,抑或是志愿者们的默默付出,都体现着齐心协力、共渡难关的中国精神。

此时抛出思考问题:中国为什么这么快就能控制住疫情呢?

(学生讨论,教师归纳总结)

结合具体事例,向学生逐句解释中国采取的"坚定信心、同舟共济、精准施策、科学防控"16字方针。因为是高级班的学生,我们将媒体中出现频率比较高、能够体现中国精神的一些词句融入汉语课程中,如"万众一心、众志成城、同舟共济、共克时艰""人心齐,泰山移""一方有难,八方支援"等,既能加深学生对中国精神的理解,又能提高他们的汉语表达能力,帮助他们理解中国制度的特色及中国方案的优势,从而让学生理解"全国上下一盘棋"的众志成城、"一方有难,八方支援"的中国力量,以此引导学生树立积极的人生观和价值观,使课程学习和思想教育有机结合,实现立德树人的教育目的。

教师总结:中国之所以具有这么快的速度和坚忍不拔的精神,是因为中华民族的发展史就是不断与各种风险挑战作斗争的艰辛历程。无论是自然灾害、外敌入侵,抑或是外部封锁,从没压垮过中国人民,而且中国人民在各种不利条件下练就了异常迅速的执行力和连续作战的作风。正是因为这种不惧苦难的坚韧品格,正是这种共克时艰的意志,14亿中国人齐心响应国家号召,自觉居家隔离,为疫情防控尽自己的一份力。

通过视频和图片,学生们了解了中国方案,理解了中国精神。除了中国人民自己的表现,我们还有身边的榜样。

3. 国际学生榜样,增强情感认同

新冠肺炎疫情在中国扩散时,我校来自阿富汗的医学留学生白龙的家人对他非常担心,希望他马上回国。但他选择了留下,因为作为医学生,他了解中国的医疗体系和管理制度,他相信学校、相信中国。他不但选择了留下,而且还主动申请加入支援武汉的医疗志愿者服务队。但考虑到安全因素,领导并没有同意他的申请。虽然没能去武汉与中国的医生们并肩作战,但他依然坚持用自己的微薄之力为疫情做些事情。如为南京的300多名国际学生免费提供午餐;募捐采购20000多只口罩寄给中国驻阿富汗大使馆,等等。

在中国，他亲眼看到中国政府在面对这场突如其来的疫情时所采取的一系列果断有力、科学周密的举措，看到中国人民在抗击疫情时的众志成城、团结一心；亲耳听闻医务工作者舍身"逆行"的感人事迹；亲身感受到各级主管部门对留学生无微不至的关怀……他被中国人民团结抗疫和奋不顾身的精神所感动，他见证了中国疫情从暴发到高峰再到被控制的全过程，见证了中国政府的强大组织力，见证了中国人民的强大凝聚力。因此，在课堂上我们连线这位同学，让他现身说法，介绍他的所见所闻、所感所知，他在中国所经历的一切。他的外国留学生的身份，具有国际传播的双重属性，一方面他是中国故事的欣赏者、中国声音的倾听者，另一方面他又是中国故事的亲历者和中国声音的发出者。相比之下，他在国际舞台上讲述中国故事，比老师的介绍和媒体的报道更有说服力，可信度更高，从而能更好地展现客观、真实的中国。

4. 人类命运共存，世界青年担当

全球疫情大暴发让我们对人类命运共同体有了更加深刻的感知，也让中华优秀传统文化的底色更加闪亮。中国首先报告疫情之后，日本、韩国、俄罗斯、巴基斯坦等国纷纷向中国捐赠抗疫物资。而随着疫情在全球的蔓延，中国同全球180个国家、10多个国际和地区组织举行疫情防控视频交流会议，分享疫情防控和诊疗方案；先后派出20多支医疗专家组，向150多个国家和国际组织提供急需的抗疫物资援助；向世卫组织捐款5000万美元。"投我以桃木，报之以琼瑶"，这是中国政府敢于承担国际责任的大国姿态，是以实际行动践行人类命运共同体的最好诠释。

国之如此，中国青年更是如此。在这场疫情防控的关键时刻，在医疗队、在防护物资生产线、在基层防疫一线以及许多领域和岗位上，中国青年勇于担当，积极作为，凝聚起同心抗疫的澎湃力量。时代有呼唤，青年有担当。疫情无国界，国际青年也应该回应时代呼唤，勤学修德勇于担当，为今后的人生理想和事业发展奠定坚实基础。

5. 积极回应关切，加强思想引导

来华留学生分布在世界各地，针对他们提出的返华复学要求，一方面做好安抚的思想工作，加强思想引导；另一方面我们在教学方面采取多种措施，尽量降低外在因素对学生学习的影响。

最后，回到课文主题上来：在人类命运共同体框架下，各国青年要有担当的精神，共同的信念激励着我们同舟共济、共同坚守。因为疫情没有国界，世界各国是休戚与共的命运共同体。

至此，学生脑中"为什么不能来中国学习"的疑问有了答案，心中的抱怨也一步一步消除了。

四、创新之处

案例的特色与创新之处在于问题导向。从学生的问题"我们为什么不能回中国学习？"入手，带着学生一步一步分析问题，让学生逐渐了解中国的情况，理解中国的行动，将课程目标和育人目标相结合，在学生讨论分析的过程中，既提高了语言表达能力，又加深了对中国的了解和理解，强化了情感认同。

视频中的真实案例，切合了中国方案、中国速度、中国行动、中国精神等时代主题,直接触碰学生的内心,引导他们思考,"为什么中国能行?""我要成为什么样的人?""我怎样用专业知识为社会作出贡献"等等。通过这些问题,思考作为国际青年的责任和担当。我们希望通过语言课的内容建设,把国际学生的思想教育同社会大课堂结合起来,增强课程的实效性与亲和力,引导学生增强社会责任感,从而达到立德树人的目标。

此外,育人元素贯彻于课前、课中、课后各教学环节,强调培养学生的辩证性思维。通过启发、讨论、分享,归纳分析多种教学方法,提高学生的语言表达能力和逻辑思维能力。本案例主题鲜明,教学内容时代感强。围绕"抗疫"着力展示中国精神、中国制度、中国速度,加强学生对中国方案的理解,提高学生的情感认同,树立正确的价值观,培养人类命运共同体意识。

五、教学反思

当今世界,各种社会思潮层出不穷,宗教冲突不断,网络信息良莠不齐,对处于价值观形成关键期的青年产生巨大影响。国际学生正值青年时期,我们要引导和帮助他们扣好人生第一粒扣子,引导他们找准人生方向。作为新时代的国际青年,要有勇于担当的精神和使命。

另外,中外对比,彰显了中国传统文化的优势和中国制度的优势,即政府的执行力和民众的凝聚力。当然,这并不是说中国的抗疫就完美无缺,前期也有迟误和官僚主义,也有需要反思和改进的方面,这是不争的事实,需要客观面对,我们要给学生做出一个保持客观态度的榜样。对比的目的是让学生更深刻地认识中国,理解中国。

我们从不同角度客观地展现给国际学生一个可感可知的真实中国,让国际学生从不同侧面和维度来理解中国的传统文化和当代思想,感知日新月异的当代中国;理解中国人的"和而不同""和合共生""世界大同"等理念的现代表达,理解中国方案、中国精神以及命运共同体等理念的现实基础。尽可能做到春风化雨、润物无声,提升国际学生对中国的理解和认同感,以培养知华、友华的国际人才。

理解中国　文明互鉴

——以《新闻视听说》"中国高铁"主题单元教学为例

张淑慧

一、案例简介

（一）课程和案例的基本情况介绍

1. 课程介绍

来华留学生《新闻视听说》课程是汉语言本科专业第二学年开设的专业核心课程。新闻是了解当代中国最好的窗口。依托《新闻视听说》SPOC课程开展"以学生为中心"的混合式教学，以"中国国家形象构建和对外传播"为课程思政目标，从社会、经济、文化、教育等共15个方面的主题内容甄选新闻视听教学材料，"真实、立体、全面"地建构和展示当代中国国家形象，"讲好中国故事""传播好中国声音"，帮助来华留学生更好地了解新时代中国治国理政的思路，培养对中国与世界"同呼吸、共命运"和谐发展的认同。实现"知识教学"与"思政育人"的有机统一，综合培养具有汉语能力、跨文化素养和中国情怀的"知华、友华"的汉语国际人才，成为"中国故事讲述者"与"中国国家形象宣传员"，促进中国国家形象的国际传播。

2. 案例介绍

新闻是了解当代中国最好的窗口。来华留学生和海外中文学习者作为"中国故事讲述者"与"中国国家形象宣传员"，是构建中国国家形象对外传播的一个重要和关键群体。本案例以"新时代中国国家形象的对外传播"为目标，甄选"中国国家名片——高铁"专题的新闻视听资源，通过课程内容提炼、教学方案设计、教学实践与体验，面向中高级水平中文学习者展示中国高铁的建设背景、建设历程、高铁精神及其对中国人出行和社会经济发展发挥的积极作用,真实、立体、全面地展示"当代中国国家名片——高铁"建设及其显示的当代中国高铁精神,通过任务型教学、探究式学习、互动式交流、体验型实践,实现知识与育人的有机统一,促进当代中国国家形象的对外传播。

(二) 设计意义

1. 讲好中国故事,传播好中国声音,促进当代中国国家形象的对外传播

随着全球一体化的持续发展,国家形象塑造在国际竞争中的地位和作用更加凸显,实行国家形象战略的要求更加紧迫。在新冠肺炎疫情和复杂多变的国际背景下,"讲好中国故事,传播好中国声音",成为国际中文教育领域加强我国国际传播能力建设的重要课题。

自2020年新冠肺炎疫情至今,一方面,面向国际学生的中文教学转为线上远程教学方式,大部分学生是在生源国通过网络课程学习中文。对于高校中文教师来说,亟须建设线上课程,整合和构建线上教学资源,实现面对面的课堂教学模式向远程教学模式的转变;另一方面,面向来华留学生和海外中文学习者的中文教育,课程教学多为语言课、专业课,以语言知识为主,且中国文化教学偏向传统文化内容,缺乏"真实、立体、全面"展示改革开放以来当代中国建设和发展成就、塑造新时代中国国家形象的专门化中文课程。

随着《国家中长期教育改革和发展规划纲要(2010—2020年)》和《留学中国计划》的实施,中国已经成为亚洲最大的留学目的地国家,新冠疫情前,每年有近50万来自世界各国的留学生到中国留学。因此,面向来华留学生群体的教育教学中,立足于"中国国家形象对外传播",借助媒体新闻的教学课程和内容,打造《新闻视听说》课程的教学内容和教学模式,"讲好中国故事,传播好中国声音",对当代中国国家形象的对外传播具有重要的现实价值和理论意义。

2. 提高来华留学生人才培养质量，促进国家高等教育事业对外开放的内涵式发展

通过基于"讲好中国故事，传播好中国声音"的新闻媒体内容的课程教学，"真实、立体、全面地"展示改革开放以来当代中国建设和发展成就，增进来华留学生对当代中国经济、社会、中华文化等的认知、理解、认同，做"知华、友华"的中外友好使者和桥梁，有利于促进中外文化交流，促进国家来华留学生高等教育事业对外开放的内涵式发展，促进"留学生中国事业"的发展。

二、思路与目标

（一）设计思路

1. 打造"以学生为中心的"混合式 SPOC 课程教学模式

依托超星泛雅慕课平台，建设《新闻视听说》SPOC 中文课程，打造线上线下混合式教学模式，实现"以学生为中心"的教学改革。采用形成性评价与终结性评价相结合的课程评价方式，注重对留学生教学的自主学习过程、跨文化实践与体验的考核，充分培养学生的语言能力、跨文化素养与中国情怀。

2. 基于"中国国家形象对外传播"，提炼"立德树人"课程教学内容

以"当代中国国家形象"建构为目标，兼顾知识性与时代性统一的原则，甄选"中国国家名片——高铁"新闻视频资源，帮助国际学生更好地了解新时代中国高铁建设成就，通过"中国高铁出国""中老跨国高铁"的讨论，培养对中国与世界"同呼吸、共命运"和谐发展的认同。

3. 构建面向留学生的"实践型""体验型"课程育人方式

将"知识"和"育人"有机融合，将"显性教育"与"隐性教育"有机统一，结合当代中国国情和时代特色，将语言知识与"中国国家名片——高铁"主题内容相结合，实施"以学生为中心"的教学，采用任务型教学、探究式学习、互动式交流、体验型实践，引导国际学生在做中学，不断深化来华留学生对当代中国"高铁建设"与"高铁精神"的理解与认知。

(二) 设计目标

1. 知识目标

熟悉和听懂"中国高铁建设""火车头精神"相关的话题新闻；熟练进行"高铁建设""高铁精神"相关话题的口语产出。

2. 交际目标

就当代中国社会和新闻媒体的"中国高铁"话题，能正确、流利、得体地运用汉语进行交际，讲述中国"高铁"故事，就该主题内容做中外友好交流的桥梁与使者。

3. 育人目标

目标1：引导留学生正确把握新时代中国的发展方向，深入了解中国高铁事业的成就与高铁精神，深化留学生对当代中国的理解与认知，实现中国情怀的培养。

目标2：培养中文学习者基于客观事实的思辨能力，引导学生去掉"有色眼镜"和文化偏见，能够基于事实和客观立场、观点正确地看待和讲述中国高铁建设成就，培养学生的人文情怀和多元文化包容性。

目标3：通过知识教学与立德树人的有机统一，实现"语言能力＋跨文化素养＋中国情怀"三位一体的课程教学与立德育人目标，培养"知华""友华"的中文国际人才，促进当代中国国家形象的对外传播。

三、具体实施

(一) 以"中国国家形象的对外传播"为课程目标，设计"中国国家名片——高铁"教学主题与内容，甄选教学资源

基于"新时代中国国家形象的对外传播"目标，就"中国国家名片——高铁"主题甄选3个新闻视频（分别为：预热视频、主题视频、拓展视频），新闻视频素材内容涉及高铁建设背景与成就、中国高铁精神、高铁出国三个方面，聚焦中国时代发展、提供中国视角、讲述中国高铁故事，构建当代中国与时代发展中的积极、正向的新时代中国国家形象，满足国际中文教育立德树人的教学需要。

表1 《新闻视听说》SPOC中文课程高铁主题内容与教学视频资源示例

单元主题	内容与目标	新闻视听材料
中国国家名片——高铁	1. 高铁建设背景与成就 2. 高铁精神：不惧艰险、艰苦奋斗 3. 高铁出国记：中国速度、中国智造的文明互鉴，与世界共享发展成果	1. 预热视频：《图鉴中国：飞驰的列车》 2. 主题视频：央视纪录片《中国高铁》节选 3. 拓展视频：CCTV13《时空观察：中国高铁首次出海》（雅万高铁）

（二）"以学生为中心"的混合式SPOC课程教学模式设计

依托超星泛雅慕课平台创建的《新闻视听说》线上SPOC中文课程，实现"以学生为中心"的混合式教学。将线上混合式教学设计为课前、课中、课后三个阶段，并对每个阶段的教学设计内容进行具体建构。具体见图1。

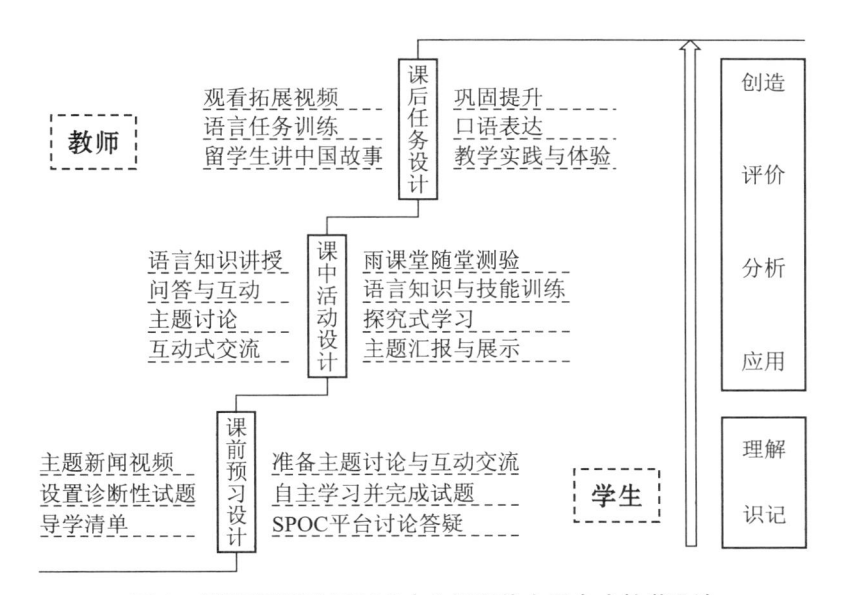

教师

课后任务设计：
- 观看拓展视频
- 语言任务训练
- 留学生讲中国故事
- 巩固提升
- 口语表达
- 教学实践与体验

课中活动设计：
- 语言知识讲授
- 问答与互动
- 主题讨论
- 互动式交流
- 雨课堂随堂测验
- 语言知识与技能训练
- 探究式学习
- 主题汇报与展示

课前预习设计：
- 主题新闻视频
- 设置诊断性试题
- 导学清单
- 准备主题讨论与互动交流
- 自主学习并完成试题
- SPOC平台讨论答疑

学生

创造 / 评价 / 分析 / 应用 / 理解 / 识记

图1 《新闻视听说》SPOC中文课程线上混合式教学设计

（三）混合式SPOC中文课程教学的实施

本单元主题的教学，采用"线上教学——线上自主学习——线上面授——教学实践与体验"的步骤和环节。

1. 第一、二课时

第一课时：线上教学。在 SPOC 课程平台提前发布"课前预习"内容（含导学清单、话题预热新闻视频、预习测试题）。学生自主学习"话题预热"新闻视频《图鉴中国：飞驰的列车》，完成视听练习题、话题热身。教师进行线上教学，通过问答互动完成话题导入，并对本单元主题的生词与文化点进行讲练和阐释，明确本课的学习目标。

第二课时：线上自主学习。学生在超星泛雅《新闻视听说》SPOC 课程平台，自主观看主题新闻视频——央视纪录片《中国高铁》节选，完成主题新闻视频的测试题；通过在 SPOC 发帖，针对自主学习难点与收获进行自主学习的反馈与交流；准备好面授课的主题讨论与汇报展示。

表 2 《新闻视听说》SPOC 中文课程高铁主题单元第一二课时教学流程

教学环节	教学过程	教学方式	教学内容与任务
第一课时	1. 本单元主题导入 2. 语言点与文化点教学 3. 学习目标概述	线上教学	① 观看 SPOC 话题预热视频《图鉴中国：飞驰的列车》，完成导学清单 ② 话题导入与问答互动 ③ 教师讲解，完成本主题单元生词与文化点的学习 ④ 完成 SPOC 课前预习测试题
第二课时	1. 主题新闻视频学习 2. 自主学习反馈与交流 3. 完成面授课的主题讨论与汇报	线上自主学习	① 观看 SPOC 主题新闻视频 ② 完成 SPOC 主题新闻的测试题 ③ SPOC 线上发帖：学习难点与收获 ④ 准备面授课的主题讨论与汇报展示

2. 第三、四课时

本单元主题的第三、四课时为线上面授课，教师通过钉钉课堂在线教学平台并借助雨课堂进行线上教学。主要包括以下四项教学内容：

其一，情景导入与评估答疑。情景导入后，教师通过雨课堂设置随堂测试、弹幕等，实现对学生自主学习效果的随堂检测和评估，就主题视频内容进行互动问答，训练学生对"中国国家名片——高铁"主题内容中"中国高铁的建设背景"的表达能力，并对学生自主学习问题进行答疑。

其二，主题互动讨论。引导学生通过主题讨论与互动式交流，就"中国高铁的发展历程与成就""高铁精神"展开讨论与沟通,进行中文交际训练,同时深化对中国高铁建设成就和高铁精神的理解与认知。

其三,汇报交流展示。组织学生就"高铁发展与中国社会经济发展、人民生活的改善"进行主题汇报与展示,教师对汇报内容进行点评和反馈,深化留学生对"高铁"的建设成就及其所反映的新时代中国社会经济、人民生活的发展变化的理解与认知。

其四,主题小组活动。组织学生就"为什么高铁成为中国国家名片?"开展小组活动,教师引导学生深入理解高铁建设对中国城市、乡村经济、旅游业等带来的发展变化,实现主题升华。

表3 《新闻视听说》SPOC中文课程高铁主题单元第三、四课时教学流程

教学环节	教学过程	教学方式	教学内容与任务
第三课时 第四课时	1. 情景导入 (10分钟) 2. 自主学习效果测试评估与答疑 (15分钟) 3. 主题讨论与互动式交流:中国高铁的建设成就与高铁精神 (25分钟) 4. 主题汇报交流: 高铁发展与中国社会经济、人民生活的改善 (25分钟) 5. 主题升华,小组活动:为什么"高铁"成为中国国家名片? (15分钟) 6. 课程总结 (5分钟) 7. 布置课程作业 (5分钟)	线上面授	① 课前5分钟发布签到(雨课堂)。 ② 针对留学生乘坐中国高铁的体验,通过互动问答,导入本节话题"中国高铁"。 ③ 通过雨课堂完成随堂单词小测试。 ④ 主题新闻视频《中国高铁》的内容问答与互动,强化视频中生词、表达方式的运用,检查学生自主学习的理解与掌握情况;对学生问题进行答疑。 ⑤ 中国高铁的建设背景:传统绿皮火车与高铁的差异? ⑥ 自1978年邓小平访问日本,乘坐和体验日本新干线之后,中国为建设高铁付出了哪些努力?主要取得了哪些成就? ⑦ 对中国"高铁精神"的理解。 ⑧ 留学生以小组为单位,汇报展示中国高铁发展历程,交流高铁发展与中国社会经济、人民生活和出行条件的改善。教师对交流内容进行点评和反馈。 ⑨ 教师引导学生,对中国高铁带来的城市发展模式的改变、乡村经济振兴、旅游业的增长的发展情况进行总结,深入理解和认知改革开放以来高铁建设与新时代中国的发展变化。 ⑩ 教师与学生对本课进行小结。 ⑪ 布置课后教学实践与体验任务。

3. 课程作业：教学实践与体验任务

本主题单元的课程作业，运用任务型教学、探究式学习、互动式交流、体验式实践，培养学生的自主学习能力、汉语沟通与应用能力、跨文化交际素养，增强来华留学生对中国高铁建设的"中国速度""中国智造"与世界共享的学习和认识，深化留学生对当代中国与世界"合作共赢""构建人类命运共同体"的理解与认知，实现中国情怀的培养。

表4 《新闻视听说》SPOC中文课程高铁主题单元课程作业

教学时间	作业目标	作业方式	内容与任务
第四课时布置课程作业（5分钟）	1. 通过"留学生讲中国故事"，实现"中国国家形象传播"升华 2. 强化语言知识与技能的训练	教学实践与体验	① 观看拓展新闻视频：CCTV13《时空观察：中国高铁首次出海》（雅万高铁），就中国高铁的"中国速度""中国智造"及其"合作共赢"在SPOC发表观点。 ② 语言实践任务："留学生讲中国故事"。结合自己乘坐高铁的经历，向你的朋友和家人讲述"中国高铁的成就"。做成PPT课件，完成课件录音、保存为MP4视频，提交至SPOC平台。

（四）课程教学的评价与反馈

综合利用形成性评价和终结性评价，进行SPOC课程混合式教学效果的反馈与总结，结合混合式教学的特点，适当增加过程考核与评价的比例。具体评价设计，见图2。

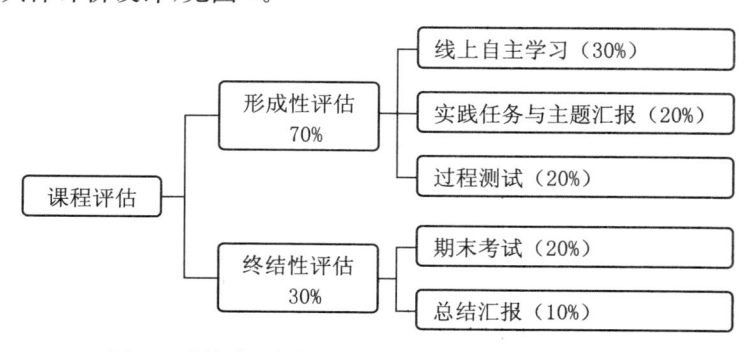

课程评估
- 形成性评估 70%
  - 线上自主学习（30%）
  - 实践任务与主题汇报（20%）
  - 过程测试（20%）
- 终结性评估 30%
  - 期末考试（20%）
  - 总结汇报（10%）

图2 《新闻视听说》SPOC课程线上混合式教学评价

四、创新之处

（一）线上混合式课程教学模式的设计

为满足线上远程教学的需要，依托超星泛雅慕课平台，创建《新闻视听说》SPOC 中文课程，打造线上混合式教学模式，实现"以学生为中心"的教学改革。采用形成性评价与终结性评价相结合的课程评价方式，注重对国际学生教学的自主学习过程、跨文化实践与体验的考核，充分培养学生的语言能力、跨文化素养与中国情怀。

（二）基于"中国国家形象对外传播"，建设课程"立德树人"的育人内容体系

依托《新闻视听说》SPOC 中文课程，以"当代中国国家形象对外传播"为目标，确定"中国国家名片——高铁"主题单元内容。新闻视频资源的甄选，兼顾知识性与时代性统一的原则，建构当代中国的国家形象，帮助来华留学生更好地了解新时代中国高铁建设成就及其"中国智造"世界共享情况，培养对中国与世界"同呼吸、共命运"和谐发展的认同。

（三）构建"实践型""体验型"课程"立德树人"的育人方式

将"知识"和"育人"有机融合，将"显性教育"与"隐性教育"有机统一，结合当代中国国情和时代特色，将语言知识与高铁建设成就、高铁精神主题内容相结合，实施"以学生为中心"的教学，采用任务型教学、探究式学习、互动式交流、体验型实践，引导学生在做中学，不断深化留学生对当代中国的理解与认知。

五、教学反思

（一）教学效果方面

1. 在整体教学设计思路与目标达成方面

一方面，本案例基于超星泛雅慕课平台，自建《新闻视听说》SPOC 中

文课程"中国国家名片——高铁"专题,创建"以学生为中心"的混合式教学模式。另一方面,在目标达成方面,将"知识"和"育人"有机融合,将"显性教育"与"隐性教育"有机统一,将语言知识与"中国智造""高铁精神"主题内容相结合,有效地实现《新闻视听说》SPOC中文课程的"立德树人"目标。

2. 在教学模块和知识要点方面

通过实施"以学生为中心"的混合式教学,教师提前进行教学设计、布置线上学习任务、答疑解惑,引导学生汇报交流与互动,留学生成为学习的主体,通过线上自主学习、线上面授课的问答互动与讨论汇报、课后实践和体验,实现了探究式学习和体验式学习,提升了学生的语言表达和跨文化沟通能力,引导学生成为"中国高铁故事讲述者"与"中国国家名片宣传员",成为中外友好交流的桥梁与使者。

3. 在育人要素和教学方法方面

在新冠肺炎疫情背景下转为线上教学特殊时期,一方面,本案例以多媒体化的丰富多元的新闻视听材料,向远在世界各国的留学生"真实、立体、全面"地展示新时代的中国,有力保障了课程教学效果;另一方面,采用任务型教学、探究式学习、互动式交流、体验型实践,不断深化来华留学生对当代中国的理解与认知,有效促进了当代中国国家形象的对外传播。

图3 教学成果材料展示:留学生对中国高铁的汇报与讨论交流

(二) 教学问题方面

1. 远程学习量的调节

由于线上教学本身的特点对学生的学习量、学习时长提出了更高的要求,学生反映,线上教学课程的线上自学、线上练习、线上作业等量偏大,占用的时间偏长,容易劳累。需要根据本科学生课程体系的总体情况,酌情安排课程内容,并在疫情结束后,恢复线下教学时,对线上线下混合式教学的比例进行适当调整。

2. 国家形象的精准传播与学生个案问题

本案例的《新闻视听说》SPOC课程的教学对象,来自近15个不同的国家,学生的国别背景、文化差异、个性特点各不相同,且在线远程教学的距离感、互动交流的不及时等,使得师生之间对课程具体问题和内容的沟通不充分,不像线下"面对面"教学,可以及时发现和反馈学生的个性化需求和个别问题。需要继续探索在《新闻视听说》SPOC课程中,如何实现面向不同国家和文化背景的国际学生的"新时代中国国家形象"的精准传播。

以"新时代中国国家形象的对外传播"为课程"立德树人"的教学目标,建设和探索《新闻视听说》SPOC中文课程,通过课程育人与教学,培养知华、友华的高素质中文学习者,使其以亲身经历者的身份成为中国形象在海外传播的使者,让当代中国国家形象的对外传播更具信服力。

有滋有味 和谐共生
——以《食在中国》的教学设计为例

郑岚心 程 祺

一、案例简介

（一）课程和案例的基本情况介绍

1. 课程介绍

本课程为高级汉语视听说课程。教学对象为三年级（下）的留学生，其汉语水平已达到HSK 5级。我们使用的教材为自编视听说课程讲义和专题视频，共32课时，分为8个专题，每个专题4课时。教学过程中综合运用情景交际法、交互式教学法、问题讨论法等教学方法。通过该课程的学习，知识技能上，可提升学生的理解与口头表达能力。具体来说包括培养学生捕捉对话或是语料关键信息的能力、理解纪录片解说的大意、听懂长篇故事的能力，并能提高猜词、抓重点和掌握细节的能力。能力目标上，可培养学生自主学习、主动参与的学习态度，具备较高跨文化交际能力。通过小组讨论、组间协作等方式，锻炼学生的交际能力，能够流畅地与母语者探讨话题、自由表达。最后，通过不同主题的纪录片，将"立德树人"的理念贯穿其中。学生可以深入了解中国社会生活和文化特点，真正做到知华、友华、爱华。具备较高跨文化交际能力，以更包容的心态看待世界，以外国人的视角讲好中国故事。

2. 案例介绍

本案例选自专题三《食在中国》，这一专题共4课时，180分钟。其中纪录片《舌尖上的中国》的视听说2课时，纪录片《小城夜食记》的视听说2课时。本案例为专题三的第1课时。课前布置作业，观看纪录片《舌尖上的中国》第一季第一集,片名为《自然的馈赠》,片长48分钟。思考问题:第一集为什么叫"自然的馈赠"？中国为什么有这么多的食材？纪录片中最打动你的故事是哪一个？课中承接上一单元,引出本单元话题:食在中国。通过生词和语法点的讲练和扩展,学生能够看懂、理解纪录片的解说,引出人与自然关系的话题,引发学生对人与自然和谐共生的思考,树立正确的生态发展观。

(二) 设计意义

2012年党的十八大提出立德树人是教育的根本任务。这一提法既明确了当代教育的根本使命,又进一步丰富了培养人才的深刻内涵,具有深远的意义。立德树人思想来自中华传统和当前的教育现实,但在汉语国际教育工作中我们不能盲目照搬套用,首先应该明确"立什么德"和"树什么人"的问题。"立什么德"和"树什么人",不同国家、不同时代有不同的回答,有共同的一面,如共同的人性、共同的时代性,但对于每个国家而言,又有特殊的一面。在一个国家的不同时期,也具有特定时代的要求。关于"立什么德",我们认为应该包括成"人"之德和时代之德两个方面。前者指的是成为人的共同德行,后者是指时代赋予的共同道德。现代社会不仅强调个人权利和利益,也强调公共利益和社会责任,且公共性不断扩大,从国家走向区域,走向世界。"树什么人",我们认为应该培养具有汉语综合运用能力的中外国际友好人士。通过汉语国际教育这样的培养人的社会实践活动,一方面促进人的个体发展和成才需要,培养适应社会需求的人;另一方面通过培养并向社会输送所需要的人,推动社会的发展和进步。

"立德树人"既切合本国国情,又紧随世界教育发展趋势步伐。新时代立德树人不仅要为中国人民谋幸福,还要为世界人民谋发展,以包容、互惠、共赢理念,推动人类命运共同体的构建。因此汉语国际教育应该以培养国际型德才兼备的人才为根本任务,即培养具有健全的身体、优秀的人格品质、良好公共道德素质的国际化专门人才。

立德树人要落到实处,就必须充分发挥课程育人和教学育人的作用。

课程是教育思想、教育目标和教育内容的主要载体,要充分挖掘各学科课程的育人因素,使育人融入各学科课程,"各门课都要守好一段渠、种好责任田",发挥不同课程独特的育人功能。教学过程必须把知识传授与育人相统一,发挥学科教学内容、教学方式方法和教师人格的育人作用。因而教学以立德树人为根本任务,引导教学体系建设,统领课堂教学改革,将立德树人贯穿教学全过程,融入教学各环节。在这个过程中,教师和学生也不再是既定课程计划的被动执行者,而是主动的课程开发者和教学设计者。

本课程包括8个不同专题,即印象中国、行在中国、食在中国、生在中国、活在中国、穿越中国、秀美中国和感受中国。8个专题分别从宏观和微观,全方位、多视角地展现立体、真实的中国及中国人。课程将"立德树人"的理念贯穿其每个专题的教学过程中,让学生全面了解中国社会生活和文化特点,真正做到知华、友华、爱华。站在外国人的视角讲好中国故事,培养其跨文化交际能力,以更客观的视角和更包容的心态理解中国、看待世界。

二、思路与目标

(一) 设计思路

案例以人与自然和谐共生的话题为切入点,以纪录片《舌尖上的中国》第一季第一集《自然的馈赠》为视听说教学内容,运用多媒体教学手段,采用"语言点讲授——纪录片内容梳理——话题扩展——故事讲述"的视听说教学设计。一方面向学生展现真实立体的中国及中国人形象,另一方面紧扣语言知识点和视听说技能,精心设计教学内容,在语言知识的学习和视听说技能的训练中渗透人与自然和谐共生共赢的育人内容,在课外社会实践中体验和认识人与自然和谐共生共赢,并将其内化于心、外化于行,转化为学生的情感认同和行为习惯。具体地,以"三全育人"为指导思想,本案例"立德树人"的教学思路主要体现为以下四个方面:

(1) 在专题视频中导入人与自然和谐共生共赢的思想内容。

(2) 在语言点教学中融入人与自然和谐共生共赢的内容讲练。
(3) 在课堂听说训练中强化人与自然和谐共生共赢的主题思想。
(4) 在课后作业中落实人与自然和谐共生共赢的实践活动。

(二) 设计目标

1. 知识与技能

(1) 理解视频材料的大意,了解中国不同地理分布的食材及其处理方式。
(2) 掌握视频中出现的重点词语、语言点及语篇衔接表达。
(3) 捕捉视频材料中的关键信息,根据关键词进行成段表达。
(4) 拍摄视频,讲述中国故事,表达观点。

2. 情感与学习策略

(1) 以练代讲,调动学生的积极性,提升学习兴趣,强化内在的学习动机。
(2) 通过小组讨论、小组协作,增强学生合作学习的意识。
(3) 学会比较、归纳、总结等学习策略,培养学生自主学习的意识。

3. 育人目标

(1) 观看纪录片《自然的馈赠》,认识了解不同地方的中国人关于人与自然和谐共生的发展理念。
(2) 通过课堂学习,增强环保意识,树立人与自然和谐共生的生态观。
(3) 通过参与社会实践活动,将人与自然和谐共生的生态观内化于心、外化于行,转化为学生的情感认同和行为习惯。

三、具体实施

(一) 组织教学

1. 师生问候,教师目光温和巡视课堂。礼貌的问候语能够使学生的注意力集中在课堂上,稳定课堂秩序并传达开始上课这一信号。

2. 通过图片和视频复习上节课的生词和语法点,巩固知识,为接下来的深入学习做好准备。

(二) 承上启下,导入话题

1. 导入

教师运用情景法导入新单元的话题,通过短视频展示中国各地美食合集,引出话题,引起学生对本节课主题的关注。短视频时间短、内容丰富,非常适合用于课前热身,且能够紧扣热点,引发学生共鸣;同时也激发学生积极参与到课堂的活动中,产出真实的话语。

2. 学生自由表达

教师通过PPT展示纪录片中出现的原材料图片和课前布置的问题,图片包括关键词"松茸、冬笋、甜笋、火腿、莲藕、鱼",问题如下:

第一集为什么叫"自然的馈赠"?

中国为什么有这么多的食材?

最打动你的故事是哪一个?

通过纪录片的截图和问题,学生能够回忆起课前已经观看了的完整纪录片。教师抛出问题,检查学生任务完成情况,关注学生学习状态,为教学的下一个步骤做铺垫。课堂教学要以学生为中心,教师重在引导。先倾听学生的想法,锻炼学生自主组织语言的能力,帮助学生输出语言、表达个人的观点,然后再引导学生完成设定的目标。

(三) 梳理片段,引导表达

1. 关键词联想,加深理解

通过图片展示纪录片中食物原材料及对应的画面,并张贴一张大的中国地图。请学生重点回忆食材出现的地方以及顺序的安排。

高原—松茸

山林—冬笋、甜笋、盐

湖泊—莲藕、湖鱼

海洋—海鱼

组织学生进行抢答活动。按照顺序理清纪录片里包含的几个故事之后,重点强调中国地形的多样性,并运用连接词"之所以……是因为……"来解释食材、地形与人们之间的关系。通过这个活动,一方面学生可以了解中国食材的地域分布,对中国美食文化更熟悉,另一方面,可以引导学生思考多样性背后的原因,辅助学生认识中国丰富多元的自然景观。

2. 片段分析,转述故事

(1) 转述故事,加深理解

播放纪录片中卓玛小姑娘的片段,要求学生根据提示,转述这个故事:

卓玛小姑娘在中国的哪里?

她依靠什么生活?捡拾松茸之后,她做了什么动作?

为什么要这么做?

PPT 展示城市餐厅里厨师料理松茸的图片、人们凌晨捡拾松茸的图片、收购松茸的图片、卓玛掩盖菌丝的图片。教师设置一系列问题:

① 大城市的餐厅里,一份松茸大概多少钱?

学生回答:一份烤松茸 1600 元。

② 为什么餐厅里的松茸这么贵?

学生回答:松茸必须人工寻找、捡拾,早早出发,走很远的路才能找到;捡拾松茸凭借运气,产量少;松茸烹饪条件苛刻,保鲜期又短,只有三天,运输和加工的成本高……

③ 为什么卓玛和妈妈不辞辛苦也要上山捡拾松茸?

学生回答:这几年,松茸身价很高,可以换来上万元的收入。

④ 这么贵的松茸,牧民们为什么不把它们全部采集完?还要留下菌丝、花时间来保护采集过的地方?

学生回答:为了后面长出更多的松茸;保护自然,自然会有很多馈赠……

这些问题由浅入深地揭示香格里拉牧民与自然之间的关系。课堂提问应避免无效提问,而应环环相扣,由表及里地探寻缘由;训练学生快速捕捉关键词、抓重点回答、梳理逻辑的能力。

（2）根据问题，扩展内容

通过PPT展示香格里拉生态环境优美的图片和文字：

"不违农时，谷不可胜食也；数罟不入洿池，鱼鳖不可胜食也；斧斤以时入山林，材不可胜用也。"——孟子

教师明确上一步的答案并扩展内容，讲解在两千多年前，孟子就表达过这样的观点：想要可持续的发展，一定不能违背自然的规律，想要大自然更多的馈赠，就不能一下子把它用完。提问学生：想要守住这样美不胜收的风景，我们还能做些什么呢？

（四）任务引导，深入探讨

1. 发布任务，小组合作

将学生分成三组后发布任务，每一组选择一处地形，整理在表格中：

地点	时间	人物	食材	烹饪方法	如何对待食材

引导学生关注纪录片内容，呈现不同故事的主人公、地点、食材的时令性以及与自然之间的关系，从而思考连接这些故事的线索。学生按照山林、湖泊和自然的分组填写表格、讲述故事、解读人与自然的关系。学生在完成任务的过程中，需要组内协作、回顾片段、解读纪录片。

2. 代表发言，讲述故事

小组代表展示答案，讲述故事。教师限定活动时间，最终通过PPT提供参考答案并做点评。作为视听课程，其课程目标要求掌握语言点的同时，还应学会理解转述音视频材料的内容，学以致用，能够以外国人的视角讲述中国故事。

（五）扩展话题，布置任务

1. 升华主题，扩展话题

承接上一环节，总结并引导学生了解标题为什么叫"自然的馈赠"。教师要明确，大自然馈赠给人类许多珍贵的东西，人类的生存发展离不开大自然。中国人非常重视和大自然之间的关系，通过这集纪录片，我们看到了几个尊重自然、保护自然、与大自然和谐共处的中国故事。而后扩展至中国的治国理念，指出中国国家主席习近平 2005 年就提出了"绿水青山就是金山银山"，询问学生在实际生活中有什么体会。

2. 明确育人目标，布置任务

PPT 展示纪录片中的经典解说词：

高端的食材往往只需要最简单的烹饪方式。

教师点评学生关于"绿水青山"的发言，使学生理解"绿水青山就是金山银山"的发展理念、愿意加入保护环境的队伍中。培养学生准确运用第二语言进行交际活动，这不仅要重视语言点的教学，还要有针对性地适当扩展，熟悉目的语国家的历史、现状和发展蓝图。

最后引出下节课的教学内容，布置任务：

自然的馈赠原本的味道就非常美味，用最简单的烹饪方式来做一道中国菜，你可以问中国朋友，也可以自己创新。注意把做菜的过程拍成一个视频，加上你的中文解说，和大家分享你和自然与美食的故事。

四、创新之处

1. 采用专题式教学模式，兼顾教学内容的系统性、科学性、立体性和生动性。本课程包括印象中国、行在中国、食在中国、生在中国、活在中国、穿越中国、秀美中国、感受中国 8 个专题，分别从宏观和微观，全方位、多视角地展现立体、真实的中国及中国人。

2. "立德树人"的教育理念贯穿教学全过程，将育人目标与知识目标、交际目标、情感目标等有机融合，以外国人的视角讲好中国故事，增强学生的跨文化交际能力，以更客观的视角和更包容的心态理解中国、看待世界,培养知华、友华、爱华的国际友好人士。

3. 知识点的学习和视听说技能的训练有机结合,提高学生的汉语综合能力。以专题内容为切入点,紧扣课程目标,精心设计教学内容,将语言知识点和视听说技能有机结合,采用"语言点讲授——纪录片内容梳理——话题扩展——故事讲述"的视听说教学设计。此外,在语言知识的学习和视听说技能的训练中融入育人内容,做到润物细无声。

4. 坚持以学生为中心的原则、交际化原则和实践性原则,运用多媒体技术,综合采用听说法、情景交际法、交互式教学法、问题讨论法等,主张情境、协作、会话和意义建构等教学观,坚持讲练结合、精讲多练的原则,注重过程性评价和表现性评价,引导学生积极参与课堂活动和实践活动。

五、教学反思

《国际汉语教学通用课程大纲》中指出,国际汉语教学课程的总目标是,使学习者在学习汉语语言知识与技能的同时,进一步强化学习目的,培养自主学习与合作学习的能力,形成有效的学习策略,最终具备语言综合运用能力。因而在汉语国际教学过程中,教学目标往往从语言知识(包括语音、字词、语法、功能、话题、语篇)、语言技能(包括汉语听说读写译技能)、文化能力(主要包括文化知识、文化理解、跨文化意识、国际视野等)和策略(主要包括情感策略、学习策略、交际策略、资源策略、跨学科策略等)四大块加以描述,在教学过程中也注重知识的传授,即词汇讲解、语法教学、词汇积累等,缺乏"立德树人"的育人理念。此案例也是尝试将传统的语言知识和语言技能的讲练与"立德树人"的教学理念相融合,教学过程坚持以学生为中心的原则、交际化原则和实践性原则,综合采用听说法、情景交际法、交互式教学法、问题讨论等多种教学方法,将过程性评价、结果性评价和表现性评价相结合设计课堂教学和实践教学活动。从教学效果看,深受学生喜爱,课程思政效果较好。实际上,在汉语国际教育中如何贯彻"以德树人"的教学理念,这既是一个新课题,也是一个系统性工程。如图：

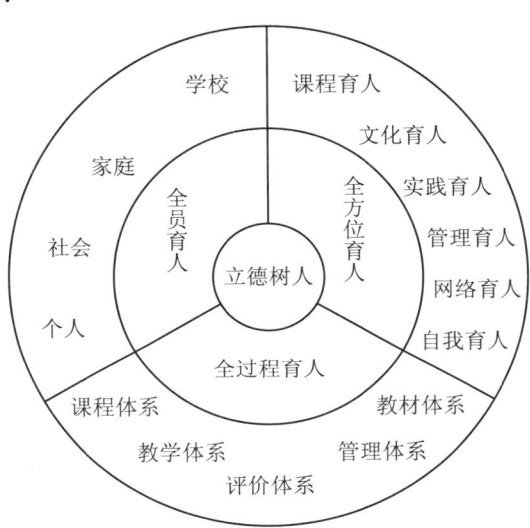

```
         学校    课程育人
                文化育人
  家庭    全员   全方  实践育人
  社会    育人   位育  管理育人
                人    网络育人
  个人           自我育人
         全过程育人
     课程体系    教材体系
       教学体系  管理体系
           评价体系
```
（中心：立德树人）

从"三全育人"来看，我们还应发挥学校和社会的协同育人作用，如何在教材体系、课程体系、教学体系、评价体系和管理体系上做到全程育人，如何将课程育人、文化育人、实践育人等相结合做到全方位育人，这些都是我们每一个国际中文教育者应该思考的现实问题，也是摆在我们每一个国际中文教育者面前的课题。希望通过这次"同济杯"国际中文教育"立德树人"教学案例大赛，能够引起我们更多国际中文教育同仁的深思，争取在这方面早出成果，出好成果。

四时充美　抱素怀朴

——以《古代风俗百图》的教学设计为例

胡久玲

一、案例简介

(一) 课程和案例的基本情况介绍

1. 课程介绍

该课程是面向 HSK 中高级的留学生开设的,主要目的是通过本课程的学习,使留学生了解中国古代风俗,发扬民族优秀文化传统,促进智育、美育和德育的有机融合,培养学生积极的心理品质和乐观向上的品格,学会创造幸福、分享快乐。使学生在获取知识的同时,得到人格的滋养与美育;焕发学生的生命活力,把学生发展从知识层面提升到生命发展层次。提高留学生对汉语及中国文化的深层兴趣,持续学习,最终达到灵活运用汉语并主动将中国文化介绍给他们国家亲友的目的。

2. 案例介绍

本课程所介绍的中国古代风俗节选自《古代风俗百图》(王弘力,新星出版社),共分 5 个小节:(1)农历春季的中国古代风俗;(2)农历夏季的中国古代风俗;(3)农历秋季的中国古代风俗;(4)农历冬季的中国古代风俗;(5)季节特征不明显的中国古代风俗。

(二) 设计意义

文化是一棵树,不是一架机器,需要的是细心的照料和精心的呵护。文化是人存在的根和魂,而传统文化教育正是帮助外国留学生走近中国魂的重要方式与方法。传统文化的教育内容不仅有名著经典,还有文化

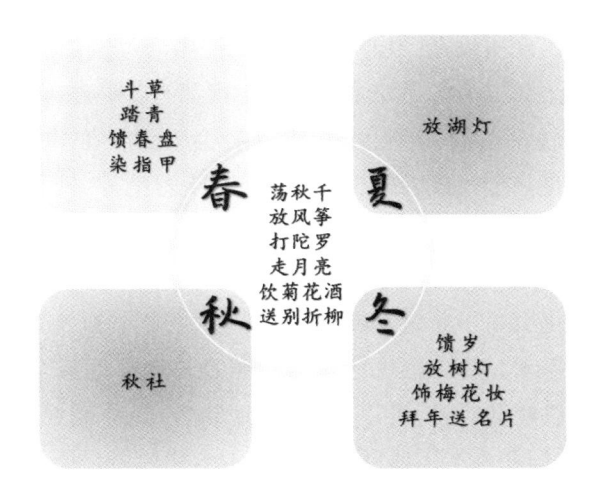

```
        斗草           
        踏青           放湖灯
        馈春盘
        染指甲
                荡秋千
                放风筝
             春  打陀罗  夏
                走月亮
                饮菊花酒
             秋  送别折柳  冬
                           馈岁
                           放树灯
         秋社              饰梅花妆
                           拜年送名片
```

知识和游艺游戏。名著经典可以让学生了解中国圣贤思想、文化脉络以及汉语的优雅和精致;文化知识可以让学生了解历史典故、人文常识以及古人生活的细节与图景;游艺游戏可以让学生了解风俗民情、风物百种以及古代工艺的巧妙和精湛。可以说,传统文化教育是培养学生文化素质最优质、最有效和最精细的教育。

中华传统文化历史悠久,内容丰富,站在今天的立场上看,其中有许多值得我们重视、研究、继承和发扬的优秀部分;当然,其中也有一些陈旧过时、荒诞迷信、低级趣味甚至阴暗野蛮的"糟粕",这些东西,作为历史文化现象去研究是有价值的,但去弘扬它们就没必要了。向学生传授精心挑选出来的中国古代风俗,有利于培养留学生优良的道德品质,也有利于向世界弘扬我国传统文化、提升国家的软实力,中外文化因互鉴而发展。

二、思路与目标

(一) 设计思路

民俗文化又称为传统文化,是指民间民众的风俗生活文化的统称。民俗文化是在普通人民群众(相对于官方)的生产生活过程中所形成的一系列非物质的东西,包括民俗及民众的日常生活;也泛指一个国家、民族、地区中集居的民众所创造、共享、传承的风俗生活习惯。民俗文化对于人们的价值观、道德观、审美、社会心理等多方面都有着影响，它丰富了人们的生活，具有物质生活价值、精神生活价值和社会生活价值，重要性不言而喻。

　　传统文化是一个民族的灵魂，是一个民族的精神。国学大师南怀瑾先生曾感叹："一个国家，一个民族重在文化的传承，最可怕的是一个国家和民族把自己的根本文化亡掉了，这就会沦为万劫不复，永远不会翻身的境地。"民俗文化也在不断地发展与变化中，这既是其自身发展的需求，也是当代社会的需求。将中国古代风俗按照春夏秋冬的季节来分类，对外国留学生进行讲解的时候，可以因时、因地制宜，让他们在生活中重现某些风俗；并请他们联系本国风俗文化对中国古代风俗提出自己的见解，从而潜移默化地加深他们对中国文化的理解，令他们真正体会到中国文化的细枝末节，在情感层面引起共鸣，这些进一步加强了中国文化的国际传播效果。

（二）设计目标

1. 知识目标

（1）了解中国古代风俗。

（2）提高留学生对汉语及中国文化的深层兴趣，持续学习，最终达到灵活运用汉语的目的。

2. 交际目标

（1）能够在与中国人沟通交流时，面对风俗文化话题时，相谈甚欢。在面对中国的一些民间现象和活动时，没有陌生感，积极参加体验。

（2）能够在日常生活中，因时、因地制宜地实践所学风俗文化，并主动将中国文化介绍给他们国家的亲友。

3. 育人目标

（1）发扬民族优秀文化传统，促进智育、美育和德育的有机融合，培养学生积极的心理品质和乐观向上的品格，学会创造幸福，分享快乐。使学生在获取知识的同时，得到人格的滋养与美育；焕发学生的生命活力，把学生发展从知识层面提升到生命发展层次。

（2）用心体会传统文化，而不是流于表面、只学语言。希望留学生学习了中国传统文化之后，体会到中国圣贤思想、文化脉络以及汉语的优雅和精致，对中国古人生活的细节与图景留下美好印象。在古典文化的洗礼中，提高留学生对汉语及中国文化的深层兴趣，持续学习，最终达到灵活运用汉语、回国后能对中国文化进行正面传播的目的。

三、具体实施

（一）农历春季的中国古代风俗
1. 斗草

"社下烧钱鼓似雷，日斜扶得醉翁归。青枝满地花狼藉，知是儿孙斗草来。"范成大《四时田园杂兴》中《春日田园杂兴》曾描述儿童斗草情形。盖江南岁早，立春草长，儿童互相用草角力，坚韧者胜，折断者败。

2. 踏青

"北国三月沐春风，香车纷然乐踏青。游人谁顾杨柳绿，竟看佳丽映桃红。"踏青之俗早在汉代之前已经盛行，《晋书》载，每年三月初一至初三，人们出外踏青。到了唐代更为盛行，如杜甫有"江边踏青罢，回首见旌旗"，孟浩然有"岁岁春草生，踏青二三月"诗句，可见当时踏青之风。宋代在清明时踏青，吴惟信的《苏堤清明即事》即描述清明踏青春游情景："梨花风起正清明，游子寻春半出城。日暮笙歌收拾去，万株杨柳属流莺。"踏青日期南北不同，明冯应京《月令广义》说蜀地正月初八踏青，闽粤在二月初二，北方则到三月或四五月方可见青。

3. 馈春盘

"立春咸作春盘尝,芦菔芹芽伴韭黄。互赠友僚同此味,果腹勿须待膏粱。"古代有在元日、立春吃五辛盘的风俗。如南朝梁宗懔《荆楚岁时记》载,元日"进屠苏酒、胶牙饧,下五辛盘"。隋杜公瞻注引周处《风土记》曰:"元日造五辛盘。"又注云:"五辛所以发五藏之气,即大蒜、小蒜、韭菜、芸苔、胡荽是也。"清姚培谦、张卿云辑《类腋》引《四时宝镜》的记载:"东晋李鄂,立春日命以芦菔、芹芽为菜盘相馈贶。"这一风俗传到唐、宋、金、元及以后。明李时珍《本草纲目》中说:"五辛菜,乃元旦、立春以葱、蒜、韭、蓼、蒿芥辛嫩之菜,杂和食之,取迎新之意。"五辛盘又称春盘,元代耶律楚材有《是日驿中作穷春盘》诗,其中说到用藕、豌豆、葱、蒌蒿、韭黄和粉丝做春盘。

4. 染指甲

"端午阶前采凤仙,小钵加矾细细研。染红女儿纤纤指,粉白黛绿更增妍。"民间有在五月端午或七夕捣凤仙花染红指甲之俗,如《燕京岁时记》所载:"凤仙花即透骨草,又名指甲草。五月花开之候,闺阁儿女取而捣之,以染指甲,鲜红透骨,经年乃消。"再如清洪亮吉《十二月词之七》云:"七月七日侵晓妆,牛郎庙中烧股香。……君不见东家女儿结束工,染得指甲如花红。斜簪茉莉作幡胜,鬓影过处绕香风。"

(二) 农历夏季的中国古代风俗

放湖灯

"轻舟荡漾玉波澄,中元盂兰放湖灯。梵呗伴得笙管韵,古寺东山月又升。"中元节放湖灯之习俗,宋已有之,但当时是"差内侍往龙山放江灯万盏"。清李斗《扬州画舫录》载:"选僧为瑜珈焰口,造盂兰盆,放荷花灯。中夜开船,张灯如元夕,谓之盂兰会。盖江南中元节,每多妇女买舟作盂兰放焰口,燃灯水面,以赌胜负,秦淮最胜。"《燕京岁时记》载:"至中元日,例有盂兰会,扮演秧歌、狮子诸杂技。晚间,沿河燃灯,谓之放河灯。"清蒋鏴《西湖竹枝词·放湖灯》诗云:"中元繁盛放湖灯,东角吴山月又升。梵呗翻因箫管亮,红灯摇漾玉波澄。"湖灯,即在小板上将彩纸做成荷花状,中点蜡烛而成,又称"水旱灯"。传说水上放灯是为亡魂引路,与上元在陆上张灯有别。

放湖灯

(三)农历秋季的中国古代风俗

秋社

"社鼓敲时聚庭槐,神盘分肉巧安排。今番喜乐丰年景,醉倒翁媪笑颜开。"立秋后第五个戊日,约新谷登场的八月,是为秋社。陆游有《秋社》诗云:"雨余残日照庭槐,社鼓冬冬赛庙回。又见神盘分肉至,不堪沙雁带寒来。书因忌作闲终日,酒为治聋醉一杯。记取镜湖无限景,苹花零落蓼花开。"又《社肉》诗云:"社日取社猪,燔炙香满村。饥鸦集街树,老巫立庙门。虽无牲牢盛,古礼亦略存。醉归怀余肉,蔼遗遍诸孙。"描摹秋社的热闹场面和老人的心情。

秋社

(四) 农历冬季的中国古代风俗

1. 馈岁

"不计酒食与野鲜,每逢岁暮送年盘。馈赠虽少风淳厚,友邻情谊溢山川。"北宋时,年底人们互赠礼物,称为"馈岁"。苏轼有《馈岁》诗。《武林旧事》载,一入腊月后,路上便可见挑担者送酒肉,称为"送年盘"。不计送多少,主要表示祝贺。

2. 放树灯

"火树银花不夜天,游人元宵多留连。灯山星桥笙歌满,金吾放禁任狂欢。"正月十五是一年中第一个月圆之夜,故称"元宵"。道家以正月十五为上元节。早在汉代已有庆贺元宵之俗,至唐规模更为盛大,苏味道的《正月十五夜》是元宵诗经典之作:"火树银花合,星桥铁锁开。暗尘随马去,明月逐人来。游伎皆秾李,行歌尽落梅。金吾不禁夜,玉漏莫相催。"唐睿宗时,元夕做灯树高二十丈,燃灯五万盏,号为"火树"。"金吾不禁夜"是说京城破例取消宵禁,允许市民逛灯三整夜,又称"放灯"。

3. 饰梅花妆

"初七人日又立春,梅花点额颜色新。此身若在含章殿,疑是寿阳宫里人。"古代以正月初七为"人日",宋高承《事物纪原》载,东方朔最初置"人日"。传说南朝宋武帝时,寿阳公主于人日卧含章殿,檐下梅花飘落在公主额上,形成一种装饰;宫女效之,以红点额为"梅花妆"。此俗传至唐宋,妇女多在脸上画各式图案,有"斜红""面靥"等名目;涂唇有"万金红""大红春""内家圆"等名目。其实,妇女在脸上点画装饰,早在春秋战国时已经兴起,长沙出土的楚国女俑脸上就有圆点图案可证。到唐代发展为往脸上贴金箔花钿,成为一种化妆时尚。

梅花妆

4. 拜年送名片

"拜年不必进府门,送上名片抵见人。各处贺岁皆如此,赠予纸店大笔金。"宋代已用名片拜年,称为"飞帖"。各家门前贴一红纸袋,上写"接福",即承放飞帖之用。南宋周辉《清波杂志》载,元祐年间,新年贺节,往往使用佣仆持名刺代往。到明代仍然如此,文徵明《拜年》诗云:"不求见面惟通谒,名纸朝来满敝庐。我亦随人投数纸,世情嫌简不嫌虚。"清代《燕台月令》也形容北京"是月也,片子飞,空车走"。现代的明信片、贺年卡,可以说是其遗风。

(五) 季节特征不明显的中国古代风俗

1. 荡秋千

"阳春女儿笑语喧,绿杨影里荡秋千。身轻裙薄凌空舞,疑是嫦娥下九天。"《荆楚岁时记》载:"立春日……又为打球、秋千之戏。"《古今艺术图》云:"秋千本北方山戎之戏,以习轻趫者;后中国女子学之。乃以彩绳悬木立架,士女炫服,坐立其上推引之,名曰秋千。"唐王建《秋千词》:"长长丝绳紫复碧,裊裊横枝高百尺。少年儿女重秋千,盘巾结带分两边。身轻裙薄易生力,双手向空如鸟翼。下来立定重系衣,复畏斜风高不得。旁人送上那足贵,终赌鸣珰斗自起。回回若与高树齐,头上宝钗从堕地。眼前争胜难为休,足踏平地看始愁。"清富察敦崇《燕京岁时记》引《析津志》云:"辽俗最重清明,上自内苑,下至士庶,俱立秋千架,日以嬉戏为乐。自前明以来,此风久革,不复有半仙之戏矣。"

2. 放风筝

"巧糊彩画飞蹁跹,乘风起舞绿杨天。影驰碧空飘双带,又送红灯到上边。"唐张鷟《朝野佥载》记载:"鲁般者……于凉州造浮图,作木鸢,每击楔三下,乘之以归。"元代诗人谢宗可有《纸鸢》一诗:"画里休看郭恕先,巧糊片楮作蹁跹。影驰空碧摇双带,声遏行云鼓一弦。避雨飞来芳草地,乘风游遍绿杨天。黄昏人倚楼头望,添个红灯到上边。"清代诗人描写放风筝:"槐榆舒绿柳含青,阵阵东风拂面生。最是儿童行乐事,置身檐瓦放风筝";"春衣称体近清明,风急鹞鞭处处鸣。忽听儿童齐拍手,松梢吹落美人筝"。北京称风筝为"鹞子";缚竹笛于风筝背上,因风播响,称为"鹞鞭"。据说初春的风由下往上刮,过清明风则不稳,故易吹落。

3. 打陀罗

"冰上乐兮鞭陀罗,随风旋转呼如何。貂帽锦靴小阿哥,明年跃马金盘陀。"北方正月,天气正寒,儿童多在冰上打陀罗,俗称"抽冰嘎"。陀罗,又作陀螺,清翟灏《通俗编》载:"陀罗者,木制,实而无柄,绕以鞭之绳,卓于地,急掣其鞭则转,顶光旋旋,影如不动也。"清李孚青《都门竹枝词·打陀罗》曰:"清明佳节柳条拖,放学儿郎手折多。早送爷娘上坟去,好寻闲处打陀罗。"此指在平地打陀罗。

4. 走月亮

"中秋木樨插鬓香,姊妹结伴走月亮。夜凉未嫌罗衫薄,路远只恨绣裙长。"以前江苏地区的妇女,在中秋夜要"走月亮"。一般是结伴在月下游玩,或互相走访,或拜佛庵,或举行文艺活动。据说苏州妇女走月亮,至少要走过三座桥,称为"走三桥"。有的要走过更多的桥而不许重复,这就不仅耗体力,还须动智力。清周宗泰《姑苏竹枝词》云:"中秋共把斗香烧,姐妹邻家举手邀。联袂同游明月巷,踏歌还度彩云桥。"

5. 饮菊花酒

"九月采菊酿酒香,来年开坛又重阳。畅饮何必陶隐士,难得佳节入醉乡。"农历九月初九,二九相重,称为"重九"。古人认为九是阳数,所以又称"重阳"。据晋代干宝《搜神记》记载,汉代已有重九日佩茱萸、食蓬饵、饮菊花酒的风俗,并载有宫中酿菊花酒的方法。重阳赏菊、饮菊花酒的习惯,也有人认为从晋代陶渊明赏菊饮酒而来。南朝宋檀道鸾《续晋阳秋》载,某年重阳,陶渊明在家中东篱下弹琴赏菊时,忽然想要饮酒,恰好有一白衣使者挑担前来送酒,于是立即畅饮,并写下名诗《九日闲居》。

6. 送别折柳

"跋山涉水轻别离,天涯芳草亦萋迷。只因登程常折柳,桥畔岸边皆秃枝。"古人离别时,有折柳枝相赠之风俗。隋末无名氏《送别诗》云:"杨柳青青着地垂,杨花漫漫搅天飞。柳条折尽花飞尽,借问行人归不归?"此为较早思行人而折柳之诗。唐王之涣《送别》云:"杨柳东风树,青青夹御河。近来攀折苦,应为别离多。"韩翃《章台柳》曰:"章台柳,章台柳,昔日青青今在否？纵使长条似旧垂,也应攀折他人手。"敦煌出土唐代民间曲子抄本《望江南》曰:"莫攀我,攀我太心偏。我是曲江临池柳,这人折了那人攀,恩爱一时间。"最初因相思而咏柳,后来送别时折柳以示相思。王翰《凉州词之二》曰:"秦中花鸟已应阑,塞外风沙犹自寒。夜听胡笳折杨柳,教人意气忆长安。""折杨柳"者,乃胡笳与笛之曲目名也。其取名折杨柳,当与离人相思有关。

四、创新之处

中华传统文化历史悠久,内容丰富,向学生传授精心挑选出来的中国古代风俗,有利于培养留学生优良的道德品质,也有利于向世界弘扬我国传统文化,中外文化因互鉴而发展。将中国古代风俗按照春夏秋冬的季节来分类,对外国留学生进行讲解的时候,可以因时、因地制宜,让他们在生活中重现某些风俗;并请他们联系本国风俗文化对中国古代风俗提出自己的见解,从而潜移默化地加深他们对中国文化的理解,令他们真正体会到中国文化的细枝末节,在情感层面引起共鸣,这些进一步加强了中国文化的国际传播效果。

将对中国古代风俗的讲解与对留学生的德育、美育相结合,让文化渗透进他们的生活,使学生在获取知识的同时,得到人格的滋养与美育;学会创造幸福,分享快乐;焕发学生的生命活力,把学生发展从知识层面提升到生命发展层次。

五、教学反思

名著经典可以让学生了解中国圣贤思想、文化脉络以及汉语的优雅和精致;文化知识可以让学生了解历史典故、人文常识以及古人生活的细节与图景;游艺游戏可以让学生了解风俗民情、风物百种以及古代工艺的巧妙和精湛。可以说,传统文化教育是培养学生文化素质最优质、最有效和最精细的教育。本案例通过对精选的中国古代风俗的学习,使留学生了解中国古代风俗,发扬了中华民族优秀文化传统,将学生的智育、美育和德育进行了有机融合。

案例共分为5个模块:(1)农历春季的中国古代风俗;(2)农历夏季的中国古代风俗;(3)农历秋季的中国古代风俗;(4)农历冬季的中国古代风俗;(5)季节特征不明显的中国古代风俗。

课程设计在兼顾向学生传授精心挑选出来的中国古代风俗知识的前提下,结合教学实际与学生具体情况,因时、因地制宜地实践所学风俗文化,并请他们联系本国风俗文化对中国古代风俗提出自己的见解,中外文化因互鉴而发展,令他们真正体会到中国文化的细枝末节,在情感层面引起共鸣,进一步加强中国文化的国际传播效果。

学以致用　德以养人

——以"仁义礼智信、温良恭俭让"的成语教学为例

李　娟

一、案例简介

（一）课程和案例的基本情况介绍

1. 课程介绍

该课程是面向汉语言本科（汉语国际教育方向）三到四年级留学生开设的，属于必修课程，主要目的是通过本课程的学习，使国际学生了解汉语中成语的相关知识与用法，掌握汉语成语的特点，并能够在书面写作及日常口语中正确运用成语，从成语学习和运用中提高汉语的运用能力，了解"仁义礼智信、温良恭俭让"的中华民族优秀的传统文化。

2. 案例介绍

案例选取课程第十二章第一小节"成语"，并在此基础上围绕中华民族的传统美德而对相关的成语进行总结归类，形成一次专题课程。（本课程所用基础教材为《汉语词汇教程》，万艺玲，北京语言大学出版社。）

（二）设计意义

众人皆说，成之于语，故称成语，成语多为四字，也有三字、五字和七字以上。简单地说，成语就是汉语中经过长期使用、锤炼而形成的固定短语，可以引经据典，有明确出处和典故，富有深刻的思想内涵，简短精辟，并常常附带有感情色彩，是使用程度相当高的用语。成语学习是留学生学习运用汉语词汇的一大难点，但成语又是汉语的一大特色，是中华民族在历史长河中集体智慧的闪光点，因此成语学习又是留学生学习高阶汉

语的必经之路。

"仁义礼智信、温良恭俭让"可以理解为"仁爱、忠义、礼和、睿智、诚信、温和、善良、恭敬、节俭、谦逊",是中华民族的传统美德,也是中华文化兼收并蓄特质的思想源泉。留学生通过对本节课的学习,可以了解中国的文化,掌握成语的出处、读音、语义和语用,进而理解中国的"合和"文化渊源,培养留学生多元文化意识,从而实现不同文化间的平等交流和共同发展——"美人之美、美美与共"。

二、思路和目标

(一) 设计思路

成语是中国人民在汉语的长期使用中形成的固定短语,它有不同的语义结构,主要包含主谓结构、动宾结构、动补结构、偏正结构、连动结构、联合结构、兼语结构、紧缩结构 8 大类,对语义结构的掌握是正确理解成语本义的重要步骤;不同的成语它有不同的出处,当下认为主要的来源是神话寓言、历史故事、诗文语句、俚语俗谚、外来文化,对成语出处的了解是充分理解成语引申义并能够在日常交际中正确使用的重要基础。学习成语是全面了解中华民族优秀文化传统和美德的重要途径之一,有利于培养留学生多元文化意识,有望为中华文化"走出去"出谋划策、采取行动。

(二) 设计目标

1. 知识目标

(1) 掌握成语的正确读音,特别是多音字的读音,能够帮助提高语音表达能力。

(2) 掌握成语的典型语义结构,通过结构的分析掌握成语的本义,进而掌握现今的引申义。

(3) 掌握成语在句中的语法功能,从而更好地在日常交际和书面写作中运用成语。

（4）了解成语中蕴含的中华民族的优秀特质，从而了解中华民族深厚的文化内涵和内在气质。

2. 交际目标

（1）能够解释成语的本义及其引申义。

（2）能够用指定的成语回答问题，或者用成语进行对话交际。

（3）能够向他人阐述成语包含的文化内涵。

3. 育人目标

成语是饱经锤炼而形成的璀璨夺目的语言明珠，简洁精辟、韵味无穷，文化内涵极其丰富，是我国各族人民道德、理想、价值观、行为准则等传统文化的重要载体，在学习成语的过程中，充分了解中华民族和中国人民骨子里蕴含的"仁义礼智信、温良恭俭让"的特质，从而培养留学生多元文化意识，从潜移默化中"立德树人"。

三、具体教学实施

（一）中华民族之"五常"——仁义礼智信

"仁义礼智信"，出自《孟子·告子上》，是为儒家"五常"，它贯穿于中华伦理的发展中，成为中国价值体系中的最核心的因素。

"仁"：从构字看，二人相处即为"仁"。人是社会的人，人不能离群而独处，常怀恻隐之心，"己所不欲，勿施于人"，更能"老吾老以及人之老，幼吾幼以及人之幼"，均体现出儒家的"仁爱"思想。

"义"：义者，宜也，则因时制宜，因地制宜，因人制宜。子曰：君子喻于义，小人喻于利，不义而富且贵，于我如浮云，是以"忠义"尽现。

"礼"：进退周旋得其体，乃是正人身之法也，尊卑长幼有序，处事有规，是为"礼合"。

"智"：智者，知也，无所不知也。"知之为知之，不知为不知，是知也"，或明辨是非，或大智若愚，皆为"睿智"之表现。

"信"：信字从人言，与人相处，"诚信"为先，言出必行、言而有信。

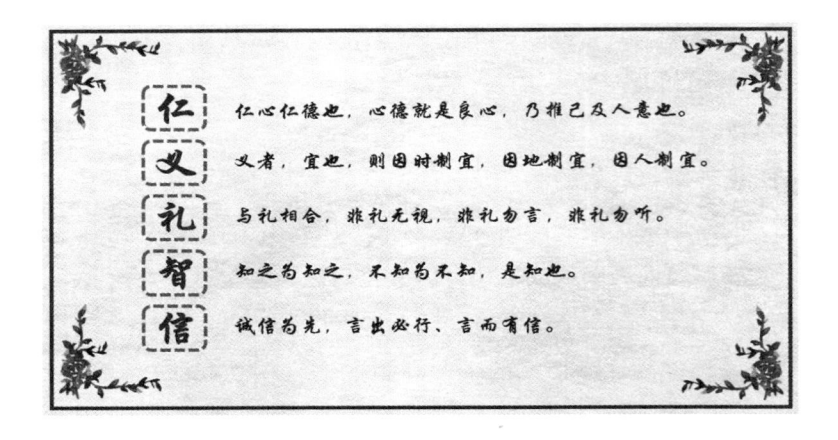

仁	仁心仁德也，心德就是良心，乃推己及人意也。
义	义者，宜也，则因时制宜，因地制宜，因人制宜。
礼	与礼相合，非礼勿视，非礼勿言，非礼勿听。
智	知之为知之，不知为不知，是知也。
信	诚信为先，言出必行、言而有信。

（二）中华民族之"修养"——温良恭俭让

"温良恭俭让"，出自孔子《论语·学而》，子禽问于子贡曰："夫子至于是邦也，必闻其政，求之与？抑与之与？子贡曰：夫子温、良、恭、俭、让以得之。夫子之求之也，其诸异乎人之求之与！"这是儒家待人接物的准则，是个人修养的崇高境界，也是中国特色社会主义核心价值观的重要组成部分。

"温"：从水从昷，昷，送食于囚，适度增加，"不温不火"，恰到好处。

"良"：本意为拥有但不能直观看到的价值，寻求治国之才与执事之能的人，现在多用于指"善良"之人。

"恭"：敬也，强调待人接物按规定而行，不足不恭，恭过则谄，故需"恭敬"。

"俭"：俭从人从佥。佥为两边、两面。本意为前后一致，现今多指"节俭"。

"让"：本意为相责以推贤，现今多用于指"谦逊"的态度。

遇事"温和"从容，与人相处"良善"为先，对待师长"恭敬"有加，生活作风"节俭"质朴，待人接物"谦逊"低调，这是中华民族的内在修养，形成了中国人内敛自信、从容不迫等的内在修养，是中华民族永世传承的无价瑰宝。

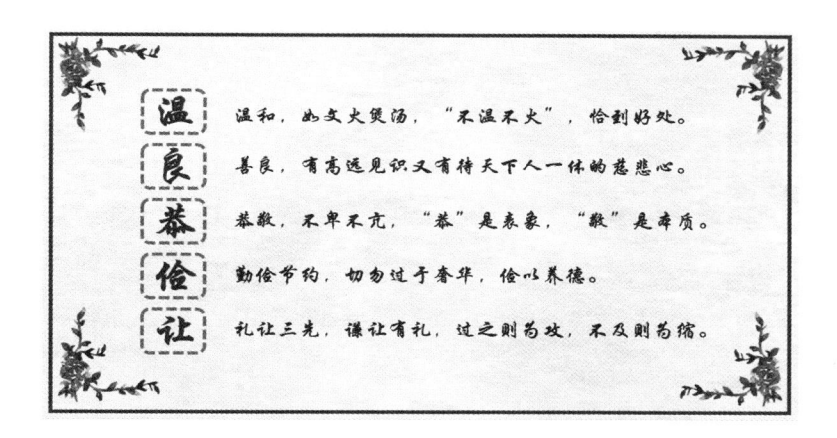

温	温和，如文火煲汤，"不温不火"，恰到好处。
良	善良，有高远见识又有待天下人一体的慈悲心。
恭	恭敬，不卑不亢，"恭"是表象，"敬"是本质。
俭	勤俭节约，切勿过于奢华，俭以养德。
让	礼让三先，谦让有礼，过之则为攻，不及则为缩。

(三) 成语中蕴含"仁义礼智信，温良恭俭让"之中华民族传统美德

【仁爱】篇

1. 好生之德

出处：《尚书·大禹谟》："与其杀不辜，宁失不经，好生之德，洽于民心。"

读音：hào shēng zhī dé。（注意多音字"好"的发音）

结构：偏正结构。

语义："之"意为"的"，"好生"意为"珍惜生命"，"德"意为"品行"，指有爱惜生灵、不喜杀戮的品德。

用法：一般在句中作宾语。例句：上天有好生之德，我们珍爱小动物，不能随意捕杀它们。

2. 宅心仁厚

出处：陆游《上赵参政启》——此蓄伏遇某官造德精微，宅心忠厚。念锦里十年之卜筑，已是蜀人；怜萍踪万里之来归，特捐汉节。

读音：zhái xīn rén hòu。

结构：偏正结构。

语义："宅"意为"居"，拥有一颗仁爱宽容的心，居心仁爱且宽容。

用法：一般在句中作谓语。例句：张医生宅心仁厚，用一双手挽救了很多宝贵的生命。

【忠义】篇

1. 赤胆忠心

出处:明·汤显祖《还魂记·淮警》——"贼子豪雄是李全,忠心赤胆向胡天,靴尖踢倒长天堑,却笑江南土不坚。"

读音:chì dǎn zhōng xīn。

结构:联合结构。

语义:形容对集体或者领导有高度的忠诚。

用法:(1) 在句中作宾语。例句:袁隆平先生一生都怀揣对杂交水稻事业的赤胆忠心。

(2) 在句中作谓语。例句:他足智多谋又赤胆忠心,深得领导和同事的喜欢。

2. 肝脑涂地

出处:西汉·司马迁《史记·刘敬叔孙通列传》——"大战七十,小战四十,使天下之民肝脑涂地,父子暴骨中野。"

读音:gān nǎo tú dì。

结构:主谓结构。

语义:"肝脑"是主语,"涂地"是谓语,原指惨死,现指形容竭尽忠诚,甘愿牺牲。

用法:一般在句子中作谓语。例句:为了国家的利益,我即使肝脑涂地也在所不惜。

【礼合】篇

1. 礼尚往来

出处:西汉·戴圣《礼记·曲礼上》——"礼尚往来。往而不来,非礼也;来而不往,亦非礼也。"

读音:lǐ shàng wǎng lái。

结构:主谓结构。

语义:"尚"意为"注重"。在礼节上注重相互往来,多用于人际关系;也用于比喻施以怎样的行为,即以怎样的行为回报。

用法:(1) 在句中作谓语。例句:朋友之间应该礼尚往来。

(2)在句中作定语。例句:相互赠送礼物是礼尚往来的要求。

2. 彬彬有礼

出处:《论语》——子曰:"质胜文则野,文胜质则史。文质彬彬,然后君子。"

读音:bīn bīn yǒu lǐ。

结构:偏正结构。

语义:"彬彬"意为"文雅的样子",表示个人修养和作风的道德用语,形容文雅有礼貌的样子。

用法:(1)在句中作谓语。例句:这家酒店的员工个个彬彬有礼,热情周到。

(2)在句中作状语。例句:同事们见面都彬彬有礼地打招呼。

(3)在句中作补语。例句:"请问,您对此有什么高见?"他问得彬彬有礼。

【睿智】篇

1. 足智多谋

出处:元·无名氏《连环计》第一折——"此人足智多谋,可与共事。"

读音:zú zhì duō móu。

结构:联合结构。

语义:"足智"意为"足够的智慧","多谋"意为"许多的谋略",指人富有智慧并且善于谋划。

用法:(1)在句中作谓语。例句:老李足智多谋,总能想出解决问题的办法。

(2)在句中作宾语。例句:诸葛亮的足智多谋使"草船借箭"取得成功。

(3)在句中作定语。例句:金律师是一个足智多谋的人。

2. 智勇双全

出处:元·关汉卿《侯宴》第三折——"某文通三略,武解六韬,智勇双全,寸铁在手,万夫不当之勇。"

读音:zhì yǒng shuāng quán。

结构:偏正结构。

语义:既有智慧又有勇气,形容人足智多谋,勇敢善战,智与勇二者兼备。

用法:(1) 在句中作谓语。例句:这位警官智勇双全,成功救出被绑架的孩子。

(2) 在句中作定语。例句:关羽是三国时期一位智勇双全的大将。

【诚信】篇

1. 一诺千金

出处:《史记·季布栾布列传》——"得黄金百斤,不如得季布一诺。"

读音:yī nuò qiān jīn。

结构:偏正结构。

语义:许下的一个诺言有千金的价值,形容一个人很讲信用,说话算数,是诚信的典范。

用法:在句中一般作谓语。例句:你放心!他为人一诺千金,既然答应了你,就一定会办好!

2. 童叟无欺

出处:清·吴趼人《二十年目睹之怪现状》第五回——"但不知可有'货真价实,童叟无欺'的字样没有?"

读音:tóng sǒu wú qī。

结构:主谓结构。

语义:"童"意为"小孩","叟"意为"老人","无欺"意为"不欺骗",既不欺骗小孩也不欺骗老人,现指买卖公平。

用法:(1) 在句中作宾语。例句:这家小店能做到买卖公平,童叟无欺,很受顾客信赖。

(2) 在句中作定语。例句:我们秉着货真价实、童叟无欺的宗旨做生意。

【温和】篇

1. 温文尔雅

出处:清·蒲松龄《聊斋志异·陈锡九》——"此名士之子,温文尔雅,乌能作贼乎？"

读音：wēn wén ěr yǎ。

结构：联合结构。

语义："温文"意为"态度温和"，"尔雅"意为"文雅"，态度温和，举动斯文。

用法：（1）在句中作谓语。例句：王子温文尔雅，举手投足间散发出贵族般的气质。

（2）在句中作定语。例句：她是一个温文尔雅的美丽女子。

2. 云淡风轻

出处：宋·程灏《春日偶成》——"云淡风轻近午天，傍花随柳过前川。时人不识余心乐，将谓偷闲学少年。"

读音：yún dàn fēng qīng。

结构：联合结构。

语义：字面意思是浮云淡薄、微风轻拂，形容天气晴好，又可引申形容人的心态平和。

用法：（1）在句中作定语。例句：那些看似云淡风轻的人，一定经历过不为人知的苦。

（2）在句中作宾语。例句：希望你经过岁月的洗礼，也会拥有属于自己的云淡风轻。

【善良】篇

1. 慈眉善目

出处：老舍《老张的哲学》——圆圆的脸，长满银灰的胡子，慈眉善目的。

读音：cí méi shàn mù。

结构：联合结构。

语义：形容人善良的样子。

用法：一般在句中作定语。例句：走在路上，我会碰到很多慈眉善目的老人，聊几句家常。

2. 乐善好施

出处：西汉·司马迁《史记·乐书论》："闻徵音，使人乐善而好施；闻羽音,使人整齐而好礼。"

读音:lè shàn hào shī。(注意多音字"好")

结构:联合结构。

语义:喜欢做善事,乐于拿财物接济有困难的人,用来赞扬心地善良的人。

用法:(1) 在句中作谓语。例句:这位富人乐善好施,总是帮助家境贫寒的人。

(2) 在句中作定语。例句:这位乐善好施的富人,总是帮助家境贫寒的人。

【恭敬】篇

1. 五体投地

出处:唐·玄奘《大唐西域记·三国》——"致敬之式,其仪九等:一、发言慰问,二、俯首示敬,三、举手高揖,四、合掌平拱,五、屈膝,六、长跪,七、手膝踞地,八、五轮俱屈,九、五体投地。"

读音:wǔ tǐ tóu dì。

结构:主谓结构。

语义:指两手、两膝和头一起着地,比喻佩服到了极点。

用法:一般在句中作补语。例句:毕加索的作品,连当代的许多画家都佩服得五体投地。

2. 毕恭毕敬

出处:《诗经·小雅·小弁》:"维桑与梓,必恭敬止,靡瞻匪父,靡依匪母。"

读音:bì gōng bì jìng。

结构:联合结构。

语义:形容态度十分恭敬,后来也形容十分端庄和有礼貌。

用法:(1) 在句中作谓语。例句:所有人都对国王毕恭毕敬。

(2) 在句中作状语。例句:他毕恭毕敬地回答了他的上司。

(3) 在句中作定语。例句:他喜欢那些有想法的人,而不喜欢那些毕恭毕敬、惟命是从的人。

【节俭】篇

1. 艰苦朴素

出处:姚雪垠《李自成》第一卷第十七章:"为实现这一远大的政治目的而在生活上竭力做到艰苦朴素。"

读音:jiān kǔ pǔ sù。

结构:联合结构。

语义:指吃苦耐劳、勤俭节约的作风。

用法:(1)在句中作谓语。例句:我们要艰苦朴素,反对铺张浪费。

(2)在句中作定语。例句:我们必须保持艰苦朴素的优良传统。

2. 省吃俭用

出处:清·吴敬梓《儒林外史》第四十七回:"虞华轩在家,省吃俭用,积起几两银子。"

读音:shěng chī jiǎn yòng。

结构:联合结构。

语义:形容生活简朴,吃用节俭。

用法:(1)在句中作谓语。例句:奶奶平日里省吃俭用,却经常接济有困难的人。

(2)在句中作定语。例句:奶奶是一个省吃俭用的人。

(3)在句中作状语。例句:奶奶省吃俭用地生活,过得非常辛苦。

【谦逊】篇

1. 虚怀若谷

出处:《老子》:"敦兮其若朴,旷兮其若谷。"

读音:xū huái ruò gǔ。

结构:主谓结构。

语义:"虚"意为"谦虚";"谷"意为"山谷"。胸怀像山谷一样深广。形容十分谦虚,能容纳别人的意见。

用法:(1)在句中作谓语。例句:成功的人虚怀若谷,并且无所畏惧。

(2)在句中作定语。例句:我们应当用虚怀若谷的胸襟来迎接一切优秀的文化。

（3）在句中作状语。例句：真正的智者总能虚怀若谷地接纳他人的意见。

2. 抛砖引玉

出处：宋·释道原《景德传灯录·卷十·赵州东院从稔禅师》："大众晚参，师云：'今夜答话去也，有解问者出来。'时有一僧便出，礼拜。稔曰：'比来抛砖引玉，却引得个墼子。'"

读音：pāo zhuān yǐn yù。

结构：连动结构。

语义：表示自谦，先把自己的作品、思想、观点摆出来和大家分享，以便激发别人拿出更好的作品和观点。

用法：（1）在句中作谓语。例句：我先抛砖引玉，谈谈自己的看法。

（2）在句中作定语。例句：以上是我的一些建议，希望能起抛砖引玉的作用。

（3）在句中作宾语。例句：以上只是个人的见解，权当抛砖引玉。

四、创新之处

（一）基于教材，又高于教材，在知识拓展中汲取中国语言之养分

本课程所用基础教材为《汉语词汇教程》，其中一节"成语"是本课程的基础内容，本课程对成语的出处、发音、成语结构、语义及用法都做了详细的讲解。而在成语的选择上，通过"专题式"的整理，选择了常用且具有代表性的成语进行分类讲解，让高阶留学生不仅能分析成语的构成语素，掌握成语的意义与用法，还能让高阶留学生对不同结构的成语进行意义的归类，从而在日常交际和书面表达中更好地使用成语。

（二）基于知识，又高于知识，在交际互动中感受中华文化之精髓

对成语这类词汇的掌握与运用是本课程的第一任务，本课程通过对成语基础知识的讲解，用课堂讨论、造句练习与偏误评价等一系列交际互动的方式，让留学生更好地理解成语背后蕴含的中华文化。将这些成语

的文化内涵与"仁义礼智信、温良恭俭让"的文化修养孕育下的整个中华民族的内敛、自信、包容、谦和等美德结合起来,能够培养留学生多元文化意识,减少不同文化背景下的摩擦,致力于立中华美德,树世界之人(仁)。

五、教学反思

成语一直是国际中文教学中词汇部分的一大难点,中国学生在母语学习中尚且不能完全掌握,遑论留学生。目前国际中文教育主流教材中成语的收录是有限的,但是成语辞典中的成语数量非常庞大,有些已经不常用,如果用来作为成语的专题教材,两者都不太合适。然而,成语中蕴含的中国人民的远大智慧与中华民族的优秀文化,需要通过教学让不同国家、不同民族的学生了解,因此,相关国际汉语教材成语专题的部分需要斟酌编排,既能学以致用,又能进行文化熏陶。

成语教学中需要花费大量的时间去解释成语的出处、意义和用法,而课堂上留给学生交际互动的时间非常有限,那么,如何安排课堂教学内容、进程以及练习题内容和方式的选择,也需要精心考量,成语的巩固运用确实需要更多开放性的实践来实现。

溯本清源　薪火相传
——以汉字字源的教学设计为例

陆依雯

一、案例简介

（一）课程和案例的基本情况介绍

1. 课程介绍

本课程所用教材为《对外汉语本科教材系列汉字教程》（张静贤，北京大学出版社）。该汉字教学课程旨在将语言要素教学与文化要素教学相结合，面向汉语言本科（汉语国际教育方向）三年级留学生开设，属于必修课程。主要目的是通过本课程的学习，使国际学生了解汉字的全貌，掌握汉字的结构特点和演变过程、中华文化相关知识，从而在学习汉字时具备全局观念，掌握一定的分析汉字字源的能力，熟悉各类汉字在传达文化意义上的作用，提高对汉字的学习兴趣和运用能力，最终达到熟练掌握、灵活运用汉字的目的。

2. 案例介绍

案例选取课程第一章"汉字的历史"，共分三个小节：（1）古汉字的发现，揭示了甲骨文等中国古文字发现的历史。（2）汉字的产生，描述了汉字的起源，汉字使中国文化从口述转为有文字记载，具有重要的历史意义。（3）汉字形体的演变，通过举例对汉字进行溯源，分析了各个时期汉字的结构，以及汉字所体现的文化内涵。

（二）设计意义

汉字作为汉语的基本要素之一，不仅能够作为一种表达方式，也是中华文化的集中体现。汉字是外国留学生的学习难点,因为汉字的结构区别于其他母语背景学习者的书写系统,对于初学汉字的人来说,会觉得宛若天书。其实,追根溯源,当人类还没有语言系统的时候,都会用图画来进行表达,所以才会有了象形、指示、会意、形声的发展过程。但对于外国人来说,解释"六书"太过抽象,不如将汉字的字源演变过程展示给他们看来得更为直接。

通过视觉化的教学展示,系统地分析汉字的来源和演变的过程有助于提升学生学习汉字的兴趣。帮助他们了解汉字的结构和分类,对于正确书写汉字笔画和理解汉字的构成有着十分重要的意义。同时,在具体讲解汉字字源的过程中,也可以使学生深刻体会到其中所包含的文化内涵,对传播中华文化,提升中华文化影响力有着长足而深远的作用。

二、思路与目标

(一) 设计思路

汉字是世界上至今仍在使用的最古老的文字,承载着中华五千年的文化。从甲骨文开始,汉字不断演化,经历了金文、大篆、小篆、隶书、楷书等阶段,不同时期文字具有不同的特点和功能。因此,在教授汉字的过程中引入字源讲解能够让学生了解具体汉字的来历,能够使学生在理解的基础上学习汉字,增加学习的趣味性,提升学习的积极性。同时,比较不同的汉字及其演变过程有助于学生体会汉字背后的文化内涵,使学生能够融入本国的学习环境中,用母语学习者的思维进行思考,并有助于辨析汉字的形态,对部首相同或结构相似的汉字形成一定的推理能力。许多外国留学生可能会因为汉字困难而产生畏难情绪或者采取回避的学习策略,采用汉字溯源的方法是要将其与文化教学相结合,使得汉字课堂教学不仅只是一项枯燥的语言要素教学,而是作为文化教学的一部分,发挥弘扬中华优秀传统文化的作用。

（二）设计目标

1. 知识目标

（1）了解汉字的发展与历史变迁和社会生活等各方面的联系，从汉字的发展脉络中体会中华文化的精髓。

（2）掌握不同时期、不同文字的书写规律和形象特征，了解产生发展变化的原因。

（3）掌握汉字承前启后的历史脉络，及产生相互影响的文化背景。

（4）分析不同汉字所呈现的结构逻辑以及背后所体现的文化思维。

2. 交际目标

（1）能讲述汉字变化的原因和类型。

（2）能阐述不同时期汉字的特点和演变过程。

（3）能举例说明不同造字法的汉字在构成方法上的差异。

（4）能体会汉字中所承载的文化内涵。

3. 育人目标

（1）汉字作为一种书面记录的手段，其发展与社会文化的发展有着密切的联系。汉字是中华民族所独有的文字系统，具有民族性特征，它的发展并不是一成不变的，而是受到了社会生产力等一系列因素的影响。从一开始富有象形特征到后来逐步变得概括具体的过程，反映了中国人认识客观世界，不断追求理性的精神。因此，学习汉字及其演变，可以使学习者认识到中国文化中"天人合一""道法自然"的理念和追求，并且以更加开阔的思路去看待汉字和中国文化。

（2）汉字是构成汉语的四大基本要素之一，是外国人学习汉语的难点所在。通过掌握汉字，学习者可以阅读中国的文献和著作，徜徉在中国文字的海洋中。汉字承载的不仅是语言，还有上下五千年的中华文化，要精通中文，就不能不懂汉字背后的文化内涵。所以，汉字是了解中华文化的一扇窗口，汉语学习者可以借助这个学习的契机来管窥浩瀚的中华文明宝库，感受古老的汉字之光彩。

（3）学习汉语的最终目的是培养外语学习者用目的语进行思维的能力。学习汉字虽然只能进行书面的理解和表达，训练了外国人读写的能力，缺乏交际和沟通。但是汉字承载的文化内涵要远高于口头，在口语中可以使用许多非正式的表达,在书面中语法则非常严格,汉字书写的格式必须规范。这是因为,汉字不仅只是一组符号,更是语言的载体,只有学会用目的语的思维进行思考,才能正确地用汉字进行表达,而这是只有经过了系统训练的较高层次的外语学习者才能达到的水准。同时,汉语句子中包含的大量成语、歇后语、俗语等也是需要掌握汉字的个体含义之后才能理解其整体意义的。汉字溯源可以帮助学习者更好地厘清汉字的来龙去脉,培养汉语语感和中华文化共情感。

三、具体实施

(一) 汉字的演变与发展(2 课时)

1. 汉字的演变与发展过程

汉字大约起源于 6000 年前,形成于 4500 年前的黄帝时代。汉字和世界上许多古老的文字一样,脱胎于图画,经历了甲骨文、金文、大篆、小篆、隶书、草书、楷书、行书,从而形成了一套较为系统的书写体系。首先,通过图片展示等手段让学生对汉字的历史产生兴趣,其次,让学生自己通过查找资料了解汉字背后的故事,激发他们学习的积极性。

在课堂上,可以设计丰富多彩的活动,比如:选取不同时代的汉字,让学生进行对应,看看他们是否能够识别出不同字体的特点,然后让他们根据汉字出现的顺序进行时间上的排序。接着,让学生对他们感兴趣的字体进行模仿并在课堂上展示。作为课后作业,可以让学生自己查找和汉字相关的资料,如甲骨文是如何发现的,等到下次上课时再请同学们依次进行交流。

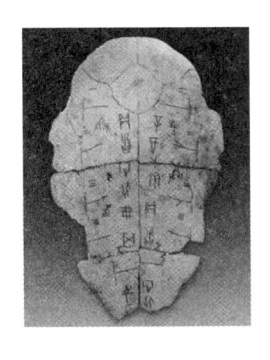

2. 汉字的演变与社会生活

汉字的发展与社会文化的发展密切相关,在汉字的演化过程中可以看到中国农耕社会所留下的痕迹,为我们今天研究历史和古代生活面貌提供了丰富翔实的资料。

古人敬重山川大地,有着"天人合一"的朴素哲学思想,因此,汉字从创立之初起,就和人们的生活息息相关。从生活实际入手,向学生介绍汉字,会让他们产生共情感,更容易理解汉字背后的文化内涵。例如:

关于大自然	山	水	月	生	
关于动物	牛	羊	马	虎	
关于器具	勺	斧	刀	刃	斗
关于人类	身	子	男	女	大
关于人体器官	耳	手	目	口	齿
关于社会等级	天	君	臣	父	子
关于自然哲学	金	木	水	火	土

由此可见,汉字背后包含的社会文化内涵与人们的物质以及精神生活密不可分,可以说,这些汉字就是我们社会生活的一个缩影。理解其中的内涵不仅能够帮助学习者用中国人的眼光来看待事物,而且也能提升他们学习汉字的兴趣。

(二)不同类型的汉字溯源(1课时)

在动态溯源中,"绝大多数现代汉字都是由古代汉字演变来的,后出现的汉字往往也是沿用古代汉字的造字法造出来的,所以,一般来说,都可以用传统的'六书'来分析。'六书'是指象形、指事、会意、形声、假借、转注。目前研究汉字的人,多数认为假借、转注是用字问题,而象形、指事、会意、形声才是造字法。"(《汉字教程》)

课堂上以《汉字教程》中的例字来举例说明不同结构汉字的来源:

六书	《汉字教程》例字
象形	木、人、马、衣、鸟
指事	一、二、三、上、下（纯符号） 本、刃、末、亦（抽象的数字或方位）
会意	相、休、析、至
假借	—
转注	—
形声	把、湖、析、盛

"象形者，画成其物，随体诘诎，日月是也。"（《说文解字》）象形字就是把具体的事物用图画的方式表现出来，形成文字。现在的许多象形字依然能够看到其原本的物象，以"木"字为例："木"的甲骨文 ，生动地展示出了树枝和树根，可以让人联想到树木的形象；"木"的金文 ，在之前的基础上变得更加抽象和具体；"木"小篆 ，又进一步接近现代汉字的形态，但仍然保留了其象形的特征。

"指事者，视而可识，察而见意。上下是也。"（《说文解字》）指事就是用象征性的符号来表达意义。以"末"字为例："末"的金文 ，是在"木"的基础上加上了一条小横杠，表示树梢和尾端的意思。"末"的小篆 ，加强了指事的符号，奠定了其在现代汉字中的形象。

"会意者，比类合谊，以见指㧑，武信是也。"（《说文解字》）会意是两个或多个独体字结合，共同形成字形或表达字义。以"休"字为例："休"的甲骨文 ，表现的是一个人在树下乘荫和歇脚的场景，"休"的金文 ，在此基础上符号化，变得更加抽象；"休"的小篆 ，则更加具有美感，接近现代汉字的字体。

"形声者，以事为名，取譬相成，江河是也。"（《说文解字》）形声字由两个字复合而成，其中一个字表示意义另一个字表示发音。以"湖"字为例："湖"的金文 ，左半部分的"水"代表了意义，右半部分的"古"代表了发音；"湖"的小篆 ，左边"水"的形象更为具体，右边部分的发音变为了"胡"，也越来越接近现代的字形。

(三) 汉字字源教学与中华文化相结合(2课时)

1. 选取特殊汉字进行背景介绍

要让不同文化背景的汉语学习者对我国的汉字有深刻的把握,就要让他们对汉字背后所蕴含的文化内涵有所理解并感同身受。因此,当遇到和文化相关的汉字时,就应该将字源教学与中华文化相结合。比如:通过讲解"贝"的字源演变告诉学生古代贝壳是用来代替货币的一种交易工具。因此,和"贝"这个偏旁或部首有关的汉字都有指涉金钱或者交易的作用,如"财""资""货""购"等。

"贝"的甲骨文　　"贝"的金文　　"贝"的小篆

2. 引入汉字故事

许多汉字不仅与文化相关,还涉及历史以及社会制度等方面,如果不将这些文化因素和学生解释清楚,就无法真正让学生领悟汉字背后的文化内涵,感受中华文化的博大精深。以"武"字为例:"武"字有"止戈为武"的意思。从甲骨文中的"上戈下止",经过金文、小篆的演变,到了隶书其结构已基本定型。据《左传》记载:鲁宣公十二年,晋楚邲之战,楚国大败晋国。一名叫潘党的人向楚庄王建议:"君盍筑武军,而收晋尸以为京观?必示子孙,以无忘武功。"楚庄王却回答道:"非尔所知也,夫文,止戈为武。"因此,"武"的本义其实是停息战乱,放弃战争的意思。只有了解字面背后的意思,才能体会中华民族爱好和平、维护正义的精神。

"武"的甲骨文　　"武"的金文　　"武"的小篆

四、创新之处

1. 将汉字的字源讲解与中国文化传播紧密结合,让学习汉语的国际学生从目的语的文字入手,以小见大地了解中国文化。在介绍汉字发展脉络的过程中,同时穿插讲解其背后的历史及背景知识,呈现出了汉字演变的完整历程以及与其相关文化一脉相承的历史沿革。通过展现不同时期汉字的典型代表,让学生领悟古人对于宇宙、天地和人的宏观看法,以及这些思想观念在生活中的具体表现。

2. 本案例的价值观体现在:深入挖掘文字背后所体现的文化内涵,从具象的文字形式中发现人类普世的精神之美,传播中国文化中"大同"与"和谐"的思想。

五、教学反思

本案例将字源教学与中华文化相结合,通过对汉字的溯源、汉字背景的讲解,以及个别汉字的举例,深刻地阐述了汉字产生和发展的脉络,并挖掘了其背后所蕴含的文化内涵,从而使外国留学生学会从汉语的角度进行思维,并形成一定的文化共情。

优点:案例共分为三个板块:(一)汉字的演变与发展:一方面介绍了汉字的历史以及演变发展的过程,另一方面介绍了汉字与社会生活的紧密联系。(二)不同类型的汉字溯源:通过汉字"六书"的分类方法对不同类型的汉字进行举例分析,追溯其历史发展脉络。(三)汉字字源教学与中华文化相结合:通过选取特殊汉字进行教学以及引入汉字故事的方法来让学生切身体会汉字中的中华文化。上述三个板块环环相扣、层层递进。课程的知识、技能和育人三个目标三位一体、相辅相成。课程设计在兼顾基础知识教学的前提下,引入文化教学,更好地传播了中华文化,体现了文化交流的意识和"汉传天下"的使命担当。

不足:本案例缺乏课堂实践经验,对于学生是否能够在接受汉语本体知识的前提下吸收文化背景知识缺乏考证。另外,系列课程的关联性内在性以及逻辑性依然有待加强。

改进方案:加强对留学生群体的课堂观察,收集他们的学习需求,真正做到课程设计知识与文化相结合,帮助他们学有所用、融入中国的文化环境。

文化传承　立德树人

——以《HSK 标准教程 4》中的俗语教学为例

倪青伟

一、案例简介

（一）课程和案例的基本情况介绍

1. 课程介绍

《HSK 标准教程 4》是中高级水平的汉语学习者学习的课程，属于专业必修课程。每课设有专门的文化板块，涉及爱情观、社会习俗、服装、俗语、成语、环境、教育、饮食、运动、科技、民族等中国文化内容。国际学生可以在学习中激起对中国文化的兴趣，加深对汉语的理解，从而进一步提高汉语水平和跨文化交际的能力。因而文化教学是汉语课程不可或缺的部分，其中俗语是约定俗成、广泛流行，且形象精练的语句，由于俗语含有丰富的文化背景，国际学生理解和掌握俗语的用法比较困难，因而俗语是汉语教学中的难点。

2. 案例介绍

本文选取《HSK 标准教程 4》第 9 课和第 16 课中的两个俗语作为案例教学对象：1) 千里之行，始于足下；2) 只要功夫深，铁杵磨成针。两者都是从古代流传至今、影响深远的经典俗语，颂扬事情的成功由小到大、逐步积累，颂扬坚持不懈、持之以恒的精神品质，既有共通之处，又有差别，因而本案例将两个俗语类比教学，同时注重两者的辨析。

"千里之行，始于足下"出自老子的《道德经》，行是旅途、行程的意思，足下是指脚下，本义：走一千里路，是从迈第一步开始的。比喻事情是从头做起，从点滴的小事做起，逐步进行的。再艰难的事情，只要坚持不懈地行动必有所成。"只要功夫深,铁杵磨成针"相传出自唐代著名诗人李白的一则故事,本义:只要坚持不懈,铁棒日积月累,可以磨成一根细细的绣花针。比喻只要有决心,肯下功夫,多么难的事也能做成功。

这两个俗语不仅包含了丰富的语言知识与文化内涵,展现了中国文化的深厚底蕴,还传承了中国古代人民坚持不懈、持之以恒的中华美德和中华文明。通过俗语教学,一方面帮助国际学生理解和掌握俗语的交际运用,另一方面向国际学生传递中国人古今传承的中华美德,提高对中华文化的理解,培养学生热爱中华文化的情感意识。既进一步提高了汉语水平,又在润物细无声处"立德树人"。

(二) 设计意义

俗语约定俗成、广泛流行,在实际交际中经常出现,一向是汉语教学中的难点。俗语的特点是语句精炼而含义深刻,包含传统文化、社会文化背景下赋予的引申义,带有一定的语体色彩,如文言文、方言、口语等,传达的文化内涵丰富而有哲理。尤其是从古代传承至今的经典俗语,大多凝聚了古代人民的文明美德与智慧结晶。

对国际学生而言,理解与掌握俗语有利于进一步提高汉语水平,增强实际交际能力,能准确运用俗语,是汉语达到一定水平的标志。但俗语教学并不容易,国际学生的汉语理解能力有限,语用能力弱,对中华文化了解不深刻,掌握起来非常困难。随着教学手段与教学工具的发展多样化,探讨适合国际学生的俗语教学,有利于帮助学生提高阅读和表达能力,进一步提高汉语水平,有效的教学方法对于汉语教学者具有参考意义。

语言是文化的载体,从俗语蕴含的文化背景上看,俗语教学是传播中华文化的重要窗口。随着国际文化交流日益频繁,"讲好中国故事",推动中华文化的国际传播已经成为了"中国梦"的重要组成部分。中华文化的有效推广与传播能够提升世界对中国的认知,提高中国的国际影响力,为中国在经济全球化背景下的发展创造有利的国际环境。俗语中传达的中华文明与中华美德向国际学生充分展示了中国这一文明古国深厚的文化底蕴,有利于培养学生对中国的友好感情。

二、思路与目标

(一) 设计思路

俗语是汉语教学中的难点,国际学生汉语基础薄弱,对中华文化的认识较少,灌输式的教学模式是枯燥的,且收效甚微。因而本案例希望教学设计生动有趣,简单易懂,令学生印象深刻,并具备在实际交际中的运用能力。本案例的教学理念和教学思路如下:

1. 培养跨文化交际能力和体现"结构—功能—文化"的结合是国际中文教育的突出特点。俗语教学是汉语教学的一部分,秉承同样的教学理念,讲解俗语语言结构、本义、引申义的同时,注重语用功能的习得以及相应的文化教学。

2. 教学思路为:1)课前布置预习任务,教材中有这两个俗语的中文释义和英文翻译,学生提前熟悉这两个俗语的含义。2)课中综合使用直接法、释义法、故事演绎法、语境创设法、文化联想法等多种教学法,结合图片、视频、实物展示(铁棒、针)等多种教学工具,在趣味教学中达到知识目标;通过小组讨论,帮助学生加强俗语含义的理解,注重两个俗语的用法辨析,设置练习题、情境任务让学生能够掌握俗语的用法,并能在交际中灵活运用,从而达到交际目标;进行俗语相关的文化教学,传递中国古代人民坚持不懈、持之以恒的中华美德和中华文明,彰显中国文明古国的深厚底蕴。这种不畏艰难、坚持不懈的精神在现代依然具有积极的教育意义,在语言教学与文化传播中,润物无声地实现"立德树人"的育人目标。3)课后布置作业与实践活动,如学生两人一组利用俗语编写情境对话,复述李白小时候"只要功夫深,铁杵磨成针"的故事,进一步巩固掌握的俗语含义与用法;组织学生进行"10公里"徒步活动,切身体验"千里之行,始于足下"等,课后延伸"立德树人"的育人目标,让学生对俗语中传递的精神内涵理解更为深刻。

（二）设计目标

1. 知识目标

(1)能够正确写出俗语,并注音;(2)掌握俗语的语言结构;(3)理解俗语的本义与引申义;(4)能够听懂并阅读汉语语境中的俗语;(5)了解俗语的文化意义和文化背景。

2. 交际目标

(1)能够听懂交际口语中的俗语,并理解俗语的含义;(2)能在特定的交际语境下,灵活而恰当地运用俗语,提高汉语交际能力;(3)避免因为不了解俗语而引起的交际障碍,提高跨文化交际能力。

3. 育人目标

在语言与文化教学中传递俗语蕴含的中华美德与中华文明,展现中国文明古国的深厚底蕴,中华文化的博大精深,培养学生热爱中国文化的情感,同时向学生传达积极的追求成功、不畏艰难、坚持不懈的奋斗精神,培养学生坚强不屈的意志品德,达到润物无声的"立德树人"的育人目标。

三、具体实施

（一）综合使用多种教学法,以结构、功能、文化相结合为原则,实现知识目标

1. 直接法。使用卡片(写好并注音的2个俗语)、图片(徒步、登山等运动图片)、视频(李白小时候"只要功夫深,铁杵磨成针"的动画视频等)、实物展示(铁棒、针)等多种教学工具,直观形象地表达出俗语的含义,让学生掌握两个俗语的听、说、读、写。

2. 释义法。1)学习教材文化板块中这两个俗语的中文释义和英文翻译,通过语言对比,帮助理解这两个俗语的含义。2)对俗语的语言结构与语法点进行讲解,注意一些难点,如"千里之行,始于足下"里的文言文语体色彩"之""于","千里"是个形容距离遥远的概数,类似还有"万里长城","只要功夫深,铁杵磨成针"是"只要……就……"条件复句结构,"功夫"有不同含义等。3)对两个俗语的本义和引申义进行归纳总结,"千里

之行,始于足下"本义:走一千里路,是从迈第一步开始的。比喻做事的成功在于由小到大、由少到多地逐步积累。事情是从头做起,从点滴的小事做起,只要坚持不懈地行动必有所成。"只要功夫深,铁杵磨成针"本义:只要坚持不懈,铁棒日积月累,可以磨成一根细细的绣花针。比喻只要有决心,肯下功夫,多么难的事也能做成功。4)注重两者之间的辨析。前者注重事情的开始,从头做起,从小做起,并坚持不懈。后者更侧重坚持的决心与持续性。

3. 故事演绎法。讲述李白"只要功夫深,铁杵磨成针"的故事,唐玄奘"千里之行,始于足下"去西方求取佛经的事迹。以故事的形式激起学生的兴趣,生动演绎这两个俗语的含义。

4. 语境创设法。列举生活中登山、爬长城、徒步的经历,在语境中使用"千里之行,始于足下",或者举一个生活中为了某个目标坚持不懈的例子,阐释"只要功夫深,铁杵磨成针",比如每天坚持练习英语,坚持了很多年,终于掌握了一口流利的英语。

5. 文化联想法。"千里之行,始于足下"出自春秋时期(距今约2600年)道家学派思想家老子的著作《道德经》,体现了中国古代人民擅长对世界规律的观察,从日常生活中总结出哲理。"只要功夫深、铁杵磨成针"相传是唐代(距今约1300年)大诗人李白小时候的一则故事,用来激励年轻人为了目标坚持不懈地努力,将来一定会迎来成功。由此可以看出,中国古代就很注重对人们精神品德的培养。时至今日,这两个俗语依旧活跃在现代汉语中,可见汉语对中国古代文化中智慧结晶的颂扬与传承。

(二)采用丰富的教学形式,以培养跨文化交际能力为导向,达到交际目标

1. 课前布置预习任务,教材中有这两个俗语的中文释义和英文翻译,学生提前熟悉这两个俗语的含义。

2. 课中综合使用多种教学法,借助图片、视频、PPT课件等教学手段进行语言教学,掌握两个俗语的基本用法。通过围绕相关问题展开小组讨论,帮助学生加强对俗语含义的理解,同时注重两个俗语的用法辨析。

设置练习、情境任务让学生能够掌握俗语的用法,并能在交际中灵活运用。语言教学与文化教学相结合,帮助学生了解俗语蕴含的文化意义和文化背景,从本义推广到引申义,更能理解适合俗语使用的特定语境,从而进一步提高跨文化交际能力。

3. 课后布置作业和实践活动,如学生两人一组利用俗语编写情境对话,组织学生进行"10 公里"徒步活动,切身体验"千里之行,始于足下",进一步巩固掌握的俗语含义和用法,提高交际能力。

(三)讲好中国故事,传递中华美德和中华文明,实现"立德树人"的育人目标

1. 语言教学与文化教学相结合,讲好中国故事,宣扬中华美德和中华文明,可以激起国际学生对中国文化的兴趣,树立中国文化积极正面的形象,并培养学生热爱中国文化的情感。俗语中蕴含的哲理充分彰显了中国文明古国的深厚底蕴,其精神内涵在现代依然具有积极的教育意义。在向国际学生传授汉语知识、培养跨文化交际能力的同时,润物无声地实现了"立德树人"的育人目标。

2. 习近平主席指出:"文明因多样而交流,因交流而互鉴,因互鉴而发展。"在西方文化世界里,也存在类似的谚语,如罗马不是一天建成的。因而俗语中的文化内涵比较容易引起国际学生的文化认同。我们探寻俗语背后的文化意义,传递中华美德和中华文明,在中外交流中互鉴文化,提升国际学生对中国文化的认同,充分阐释了文明交流互鉴的重要意义。

四、创新之处

(一)综合使用多种教学法,趣味性教学激发学生兴趣

针对俗语教学的难点,突破传统灌输式的教学,采用多种教学法,使得课程生动有趣,从而激发学生的兴趣。教学中设置了讨论、情景任务等互动环节,引导学生主动思考发言,课堂气氛活跃,教学效果良好。

（二）以结构、功能、文化相结合为教学理念，以培养跨文化交际能力为导向，注重教学的有效性与实用性

语言教学与文化教学并重。在文化背景下学习语言，掌握语言后又加深了对文化的理解。结构、功能、文化相结合，多维度实现教学目标，在情境中锻炼学生的交际能力，注重教学的有效性与实用性。

（三）在语言教学中，传播中华美德和中华文明，实现"立德树人"

中国文化历史悠久，博大精深。俗语中蕴含了中国人民的智慧结晶。穿越千年，传承至今，充分展现了中华文明古国的深厚底蕴。中华文化国际传播是国家重要发展战略之一，将文化传播与汉语教学相结合，传播中华美德和中华文明，有利于培养学生热爱中国文化的情感和追求成功、坚持不懈的意志品德，在润物无声处实现了"立德树人"的育人目标。

五、教学反思

俗语作为汉语教学中的难点，不仅体现在俗语的形成原因复杂，种类繁多，很多俗语根植于传统文化语境，在丧失传统文化土壤的现代社会很难在生活中切实体验，比如"千里""万里"在现代交通工具的帮助下不再是遥远而困难的事情。制作一根针在现代工厂里非常简单，不再需要铁棒慢慢打磨，于是，我们逐渐淡化了本义，更多传达的是其引申义，又进一步增加了教学的难度。因而俗语教学应该更多依赖于课文背景，在具体的课文语境中进行教学，将更加高效。

本案例只选取了两个俗语，虽然具备一定的典型性，但不能代表所有的俗语类型，仅提供一个教学思路。不同的俗语应因地制宜，采取适合的教学策略。

山川异域　风月同天

——以《诵古诗　学汉语》的唐诗教学设计为例

张　敏

一、案例简介

(一) 课程和案例的基本情况介绍

1. 课程介绍

该课程的教学对象主要是汉语水平中高级学习者,属于选修课程。主要目的是通过本课程的学习,使国际学生了解唐诗的概况,了解唐诗的作者生平,可以诵读和背诵本课程所涵盖的唐诗,掌握唐诗所涉及的生词和语音结构,了解唐诗背后的故事,从而体会唐诗所描绘的景物,唐诗所体现的精神,并且可以熟悉唐诗中景物所表现的意象,继而对唐朝的风俗以及所表达的中华文化有所了解。

2. 案例介绍

案例选取对外汉语选修教材《诵古诗　学汉语》(王作良,北京语言大学出版社)中李白的《静夜思》。此教材每课内容包括课文、主要作品赏析、诗人故事、作品文化背景知识以及课后扩展阅读五部分。其中在课文部分,主要包含生词(生词释义为该词的句中义)、课下注释、现代汉语译文内容和英语译文内容。该案例突出了诵读法在实际课堂教学中的重要作用,因教材为每首诗句都加注了拼音,并且附有相关诗词录音 CD,所以学生能够自主或者在老师的指导下诵读。

(二) 设计意义

中国是诗的国度,中国诗歌源远流长,是中国文学和文化的瑰宝。而唐诗是中国诗歌最璀璨的明珠。唐诗在语音、词汇、修辞、表达等方面都独树一帜，韵律讲究，词汇精巧，结构工整。不仅有语音语言的美感，同时也通过象征意象反映诗人的情感和现实生活，传递从古至今一脉相承的中华文化。

通过对唐诗的学习，在语音上可以加深国际学生对中文韵律美的理解；在语言词汇上，使国际学生理解中文词汇所反映的客观世界和所表达的精神世界；在文化上，使国际学生感受中华文化丰富内涵以及传承至今的审美情趣；通过诗歌意象的联想和对比，增加中文的吸引力，加强国际学生对中国文化的认同，从而彰显中国的文化自信，更深更远传播中华文化。

二、思路与目标

（一）设计思路

本课程选取的唐诗为教材《诵古诗　学汉语》里的唐诗，这些唐诗篇幅较短，韵律和谐，节奏明快，内容涵盖生活、情感、社会等各个方面。首先通过对唐诗中的词汇讲解进行语音和词汇的训练，并根据教材特点用诵读的方式加深学生对唐诗的印象以及对汉语的语感；其次在文化教学方面，着重对唐诗传递的情感和体现的风俗文化进行讲解，使学生对诗歌中的意象熟悉了解并且产生联想，从而使学生从更深的层级理解唐诗的精神内涵和表达的中华文化。然后整体课程采取循序渐进的方式，选择唐诗由简单到复杂，由直白到抽象，从简单描写到情感表达，将文化教学融入语音、词汇、语法等教学中。

（二）设计目标

1. 知识目标

（1）掌握唐诗中的语音、词汇。

（2）了解作者的生平。

（3）掌握唐诗所表达的情感，了解其背后的故事。

（4）了解唐诗所传递的中华文化精神。

2. 交际目标

（1）能对唐诗进行诵读。

（2）能对简单的唐诗进行背诵。

（3）在相关场合可以用简单的诗句进行表达。

（4）能举出自己文化中表达相关意象情感的诗句。

3. 育人目标

（1）语言是文化的载体，而诗歌作为中国语言中最凝练最精巧的部分，最能表达中华文化真挚含蓄的特点。借景寄情，借诗寄情，我们可以在诗歌中畅游河山、抒发情感、表达思想等。唐诗中含有大量的文化信息，通过对唐诗的学习，可以激励学生对汉语和中国文化的学习，使学生对中国文化的认知从表层向深层转变。从而为中国文化向更深层次的传播打下基础。

（2）唐诗中通过意象所表达的情感，包括家庭、友谊、爱情、理想、抱负等等。这些情感古今相同，中外一致，非常容易引起学生的共鸣，从而在自己国家的文化中找到相似的地方。这说明文化虽然有差异，但是在最基本的方面却又是相同的，也就是"各美其美，美人之美，美美与共，天下大同"。

（3）唐诗内容丰富，涉及社会生活各个方面。不仅可以使学生了解唐朝的风俗和中华文化，也可以窥见当时中西方交流的成就。唐诗中反映出来的语言、物品、风俗的交流和融合有助于加深学生对当今"一带一路"政策的了解，贸易往来、经济交流、文化沟通，从古至今一脉相承。

三、具体实施

以《静夜思》为具体的教学案例。

1. 教学目标

对《静夜思》进行对外汉语古诗教学，要求学生掌握生词，对诗句以及诗歌内容有正确理解，并且可以诵读甚至背诵本篇唐诗。

要求学生对诗歌背景以及李白有大概的了解,正确理解诗歌所表达的情感。

学生可以从诗歌中体会到作者的思乡之情,掌握"月亮"等景物在中华文化中代表的意象,继而产生情感共鸣,体验到中华文化独特的审美情趣,从而增强对诗词和中华文化的兴趣。

2. 教学时间

60分钟

3. 教学方法

情境法　图片法　多媒体教学法

4. 教学重点和难点

诗歌诵读和背诵

体会诗歌的内涵,理解"月亮"代表的意象

5. 教学步骤

(1) 导入

教师首先向大家提出问题:(1)前几天中秋节大家是怎么过的?有没有看月亮?(2)在中国,中秋节是全家团圆的日子,大家想家吗?(3)大家想家的时候会干什么呢?

展示一张李白看月亮的图片,提问:大家知道李白是谁吗?他在干什么?

(2) 讲解李白

向学生简单讲解李白的生平事迹,强调李白是中国最伟大的诗人之一。

李白,字太白,号青莲居士,是一千多年前唐代伟大的浪漫主义诗人,被大家称为"诗仙",写过许多广为流传的诗歌。他的诗歌浪漫豪放,非常有想象力,语言清新自然。《静夜思》是他的代表作之一。

(3) 讲解诗歌

首先,教师用PPT展示课文部分(包含诗歌原文和拼音注释),同时,播放诗歌诵读音频,让学生边看边听,可以在听的同时把自己不认识或者读不准的字记下来。教师朗读,根据诵读的节奏提醒学生每一句诗之间有小的停顿,并且展示带有停顿标志的 PPT。然后带领学生一起朗读几遍,注意停顿,提醒和纠正学生的发音,使学生熟悉诗歌的韵律结构。然后分组,接力朗读,点学生朗读,使学生继续熟悉诗歌。

其次,生词讲解部分。"疑,霜,举头,望"。根据教材注释,领读这些字,要求学生读准字音;同时通过图片和动作向学生解释其意义,使学生掌握这些字的含义。

疑:好像。

霜:气温降到 0 ℃以下时,接近地面空气中所含水汽在地面物体上凝结成的白色冰晶。

举头:抬头。

望:向远处看。

再次,讲解完生词后,放音频使学生模仿音频诵读,同时加上动作。比如:

读到"举头望明月"时教师和学生一起望向天空,读到"低头思故乡"时教师和学生一起低头做沉思状。通过动作记忆使学生对诗歌内容有更深的印象和体会。

(4)讲解诗歌表达的内涵

重新放李白望月的图片,提问:李白在干什么?引导学生用诗句回答"举头望明月",继续提问,李白接下来会干什么?引导学生用诗句回答"低头思故乡"。通过"举头"和"低头"两个动作的对比,解释诗歌中常用的对偶修辞。

引导学生发现"望明月"和"思故乡"也是对偶修辞。同时通过对拼音注释的观察和"光 guāng","霜 shuāng","乡 xiāng"的发音特点,让学生体会到诗歌的韵律美,所以诗歌读起来朗朗上口,有音乐感,适合诵读。

讲解诗歌内容。诗歌标题是《静夜思》,说的是李白在一个安静的晚上,在干什么?同学回答:望明月和思故乡。对,看月亮和想家。那个晚上的月亮亮不亮?同学回答:亮。从哪里看出来亮?引导同学回答:像地上的霜。提问,"霜"不仅说明月亮明亮,还能让我们觉得怎么样?引导同学回答:冷。(因为刚刚讲解过"霜"的意思,气温降到 0 ℃以下)提问,为什么李白会觉得冷？引导同学回答：想家。

讲解李白《静夜思》的创作背景。这首诗是李白在26岁的时候，在一个秋天的晚上，在扬州的一个旅店里面望着天上的明月，秋天的晚上又有点冷，于是想起了自己的家乡。李白在诗中通过诗句对周围的景物进行了描写（床，明月等），将自己思念家乡的感情融入这些景物之中。让学生感受到中国古典诗词以情入景，以景写情的表达技巧。

前面用中秋节进行导入，引导同学发言，中秋节想家，看到月亮更想家，想家的时候会觉得孤单寂寞，孤单寂寞的时候就会觉得有点冷。总结同学发言，一千多年前的李白和我们一样，在安静的晚上看着月亮有点想家，想家的时候就觉得有点冷，因为大家都在一起，而只有自己是一个人。和我们现在的感受一样的。让学生们体会到，中国的诗歌，通过短短几句话，就将古代和现代，中国和外国，我们相同的感受描绘出来了。使学生感叹中国诗歌的魅力，并且加深学生对诗歌的兴趣。

继续回顾中秋节看月亮、吃月饼的习俗，结合《静夜思》所传达的思乡感情，使学生体会到月亮在中国文化中所代表的"思乡"意象，进而延伸到月亮所表达的"思念"的含义。同时，使学生谈谈自己在想家的时候会干什么，在自己国家的文化中月亮有没有代表思念的含义，或者月亮代表的是什么含义。

和学生再一起诵读诗歌三遍，同时带领学生加上肢体语言（抬头/低头）。说明在后面的课程中还会学到李白的诗歌，引起同学对于李白诗歌的兴趣。

（5）布置作业

诵读本诗并且录制音频。

发挥想象力，给这首诗配一幅图画。

找出自己国家里面含有月亮的诗歌，并且分析在这些诗歌里面月亮是否表达思乡或者思念之情。

四、创新之处

用诵读的方法来教授唐诗。因所选用的教材突出诵读法在实际课堂教学中的重要作用，一方面可以充分展现唐诗的韵律美，节奏明快，朗朗上口；另一方面可以充分调动学生的兴趣，通过歌谣一样的诵读加强学生的记忆。有利于诗词教学中背诵记忆部分的要求，也有利于增强学生学习汉语的自信。

强调景物意象在唐诗中的表达。通过联想和情景对比，使学生联系起相同意象在自己国家文化中的象征意义，使学生更容易理解诗歌所表达的内容和所传递的情感精神。因为景物意象在诗词中的一脉相承，也为后续诗歌的学习打下了一定的基础，使其在体会情感精神方面更加容易。同时，也使学生体会到虽然文化不同，各有特点，但是在表达某些情感的方面是一致的，即"各美其美，美人之美，美美与共，天下大同"。

五、教学反思

本案例将中国诗歌所具有的语言美、韵律美、景物美、意象美、情感美等，通过诵读和诗歌讲解传递给国际学生，使其了解具体的景物意象所传达的人类基本情感精神的一致性。使中国诗歌所表达的中华文化在基础的语音词汇等教学之中通过共同的意象直达国际学生的内心，向更深更远的层面进行传播。

案例中诵读部分传达中国诗歌的音韵美，增强学生学习汉语的兴趣；生词内容的讲解使学生获得基础的汉语语言教育；意象的学习加深学生对诗歌内容的理解，对诗歌情感的把握，对中国文化更准确的理解，并引起学生的情感共鸣。三个部分不可分割，相互促进。

本唐诗课程教学设计本着体现中国诗歌特点，强调意象情感共鸣的目的，兼顾基础知识、交际技能和德育目标，使国际学生在学习中国诗歌的基础上，更深刻体会到古今中外一致的文化情感。虽然文化不同，各有特点，但通过交流沟通，互相学习包容，因为最朴素的情感是一致的，所以最终一定会呈现共同的文化繁荣。

诗词共赏　文化传情

——以"乡愁类古诗词赏析引发的文化共情"教学设计为例

周秀丽

一、案例简介

（一）课程和案例的基本情况介绍

1. 课程介绍

该课程是面向汉语言本科（汉语国际教育方向）三年级留学生（以"一带一路"沿线国家的留学生为主）开设的，属于选修课程，主要目的是通过本课程的学习，使国际学生在掌握中国乡愁类古诗词中词汇、写作手法外，能感受中国乡愁类古诗词的意境美及其蕴含的深厚文化；同时，在了解中国乡愁类古诗词文化的意蕴外，能够联想到本国的乡愁文化，从而引发世界乡愁文化的共情。

2. 案例介绍

本案例是由笔者自主设计的课程，课程的主体是中国乡愁类古诗词赏析，重点是由该类古诗词赏析引发的乡愁文化共情。共分为三个部分：第一部分，中国乡愁类诗词赏析，从这类古诗词赏析中分析中国的乡愁文化，感受中国乡愁文化的意境美。第二部分，乡愁文化的共通性，这部分主要使用翻转课堂的教学方式，以学生为中心，让国际学生自己介绍本国具有代表性的乡愁文化，进而引发他们对乡愁文化的共情。第三部分，乡愁文化蕴涵的普世价值观。乡愁，可以说是"世界人"的乡愁，它所表现的形式大同小异，但是不同文化的乡愁所体现的价值观不同，通过交流可以发现其实它们也有共通之处。

（二）设计意义

语言与文化相互影响、相互依赖。语言是文化的载体，文化对语言又有制约作用。一种语言的学习与掌握，离不开对这种语言背后深藏的文化进行探究。博大精深的中华文化孕育了古诗词的成长。古诗词是中华古典文化的精髓，其意境美是其他文学形式无法媲美的。中国古诗词中蕴含的文化思想及其所体现的价值观念也是值得探究的。中国文学史上有很多蕴含乡愁文化的古诗词，通过对这类诗词的赏析，引发学生对乡愁文化的共情。

不同民族，不同国家，不同区域都有着不同形式的乡愁文化。可以说，乡愁是一个世界性的"通识"文化。通过对不同乡愁文化形式的分析，求同存异，发现文化的共通之处，从而促进国际学生对不同文化的认同。通过本次课程的学习不仅使学生明白文化形式的差异性，而且也让他们知道不同文化之间的交流也可以引发文化共情。文化交流，更多的应该是理解、包容与认同！

（三）设计原则

1. 结构—文化—功能相结合，重点突出文化教学的原则

语言是文化的载体，而文化又根植于语言。文化教学必须为语言教学服务，因而在进行文化教学时也要注重语言结构的教学。在欣赏古诗词时需要对诗词的结构、语义进行分析。一首古诗词中蕴含了怎样的思想，表达了什么样的感情，都需要对诗词中的结构与含义进行分析。对外汉语教学中文化教学的目的不只是让学习者掌握有关的文化知识，更是要把这些知识转化为跨文化交际中的交际能力。学生通过乡愁类古诗词赏析可以领略其中蕴含着的文化内涵，有助于提升他们在跨文化交际中的能力。

2. 以学生为中心，教师为主导，充分发挥学生主动性

教师和学生是教学活动中的两大主体。传统的教学实施过程中，以教师单向传输知识为主，教师教，学生听，学生的主动性、创造性受到限制。以学生为中心，可以充分调动学生参与学习的主动性和积极性。学

生可以充分掌握学习的主动权,加深他们对知识的理解程度。在对外汉语教学课堂中,目的语文化的获得不仅仅是通过学习,更多则是在目的语环境的熏陶中对目的语文化的感悟。乡愁文化是世界性的"通识"文化。通过对乡愁类古诗词的赏析,可以引发国际学生对自己国家乡愁文化的认识,从而达到文化互通的目的。

3. 尊重文化多样性,求同存异,客观地看待多元文化

全球化进程的快速发展,促进了国际文化交流,不同国家之间的往来越发频繁。尽管乡愁文化是世界性的"通识"文化,不同国家、不同民族、不同地区乡愁文化所表现出来的载体不同,人们对各自文化的认识也不同,乡愁文化跟其他文化一样,具有差异性。在对待文化差异性方面,应该始终保持客观辩证的态度,理性看待,在互相交流中寻找文化共性。

二、思路与目标

(一) 设计思路

中国古诗词中有很多蕴含乡愁的佳作,具有代表性且传诵度较高的有唐代诗人李白的《静夜思》、唐代诗人孟郊的《游子吟》、唐代诗人王维的《九月九日忆山东兄弟》以及元代马致远的《天净沙·秋思》。这些诗歌字里行间都流露出了诗人对家乡的思念之情,饱含了浓浓的乡愁。乡愁是一个抽象的难以具体描述的概念,是一种思绪的表达。它既是一个时空概念,又是一个文化概念。古诗词教学是对外汉语教学的一部分,但往往都过于注重语言结构方面的教学,而忽视了诗词教学所蕴含的文化。本次课程选取三篇具有代表性的乡愁类古诗词进行赏析,在进行语言结构教学的同时,进行文化方面的讲解,进而触发国际学生对乡愁文化的共情。文化像一条长长的河流,需要流动才能更具活力。各个文化之河不停地流动交汇,才能促进文明交流的发展,促进世界朝着更好的方向发展。

(二) 设计目标

1. 知识目标

(1) 掌握三首乡愁类古诗词中的词汇、句子结构以及写作手法,从语言结构层面了解诗词的意思。

(2) 了解三首乡愁类古诗词所表达的思想感情,学会感受其中的意境,并能理解作者羁旅异乡的感情。

(3) 能够恰当运用诗词中的写作手法表达自我情感,从而提高写作技能。

2. 交际目标

(1) 能讲述三首乡愁类古诗词的意思,并能阐述诗词中所表达的思想感情。

(2) 能够讲述诗词中所运用的表现手法,并能运用这种手法表达自我情感。

(3) 能够讲述本国乡愁文化及其承载形式,并能阐述不同文化交流的意义。

3. 育人目标

(1) 语言具有丰富的文化内涵,在对外汉语教学中,文化教学所起的作用不容忽视。顾振彪先生指出:"让学生读诗,是进行美育的一个重要途径。古典诗词对于增进学生的美的感受能力,培养学生的高尚的艺术趣味和健康的审美观念,起到重要作用。"国际学生通过对中国古诗词的欣赏,有助于提高他们的中华文化意识,提升他们对中华文化的认同感。

(2) 在中国文化历史长河中,诗歌就像一艘小船,从河流的源头出发行至现在,而且还会一直行驶下去。乡愁类古诗词不只是一种文学范畴,更是一种文化范畴。在中国历史上有很多乡愁类的古诗词,寄托了诗人的思乡之情,而这种思乡之情往往还杂糅了其他方面的因素。国际学生通过乡愁类古诗词欣赏,了解中国的乡愁文化,自觉与本国乡愁文化作比较,搭建起不同文化相互借鉴的桥梁。

(3) 乡愁的实质,是对家园和乡土的怀念眷恋。家园和乡土在人类生活史上和人类心灵史上,都有着非凡的意义。乡愁文化是一种"通识"文化,尤其对"一带一路"沿线国家的留学生来说,更能有所感悟。从远的方面来说,丝绸之路形成之初,人们为了生存或者更好地发展,离开家园,长途跋涉,一路颠簸,在丝绸之路上留下了阵阵驼铃声,那是对家乡的呼唤。从近的方面来说,留学生们离开自己的国家,来到了陌生而又熟悉的国家,学习、生活环境都有了改变,对乡愁的内涵更能有所感悟。中国文化与异域文化发生碰撞时,会自觉遵循"和而不同"的原则。让国际学生在一种"通识"文化中比较不同文化的异同,能更好地实现沿线国家间的"互联互通",进而建立"人类命运共同体"。

三、具体实施

(一) 中国诗词与乡愁

1.《天净沙·秋思》赏析

(1) 原文
天净沙·秋思 【元】马致远 枯藤老树昏鸦,小桥流水人家, 古道西风瘦马。 夕阳西下,断肠人在天涯。
(2) 译文
天色黄昏,一群乌鸦落在枯藤缠绕的老树上,发出凄厉的哀鸣。 小桥下流水哗哗作响,小桥边庄户人家炊烟袅袅。 古道上一匹瘦马,顶着西风艰难地前行。 夕阳渐渐地失去了光泽,从西边落下。 凄寒的夜色里,只有孤独的旅人漂泊在遥远的地方。
(3) 注释
① 枯藤:枯萎的枝蔓。昏鸦:黄昏时归巢的乌鸦。昏:傍晚。 ② 人家:农家。此句写出了人对温馨的家庭的渴望。 ③ 古道:已经废弃不堪再用的古老驿道(路)或年代久远的驿道。西风:寒冷、萧瑟的秋风。瘦马:瘦骨如柴的马。 ④ 断肠人:形容伤心悲痛到极点的人,此指漂泊天涯、极度忧伤的旅人。 ⑤ 天涯:远离家乡的地方。

(4) 解析

　　这是元代马致远创作的一首小令。前面两句"枯藤老树昏鸦,小桥流水人家",短短12个字描绘出一幅深秋僻静的村野景象。"古道西风瘦马"则表达了一种秋风萧瑟苍凉凄苦的意境;"夕阳西下"使整幅画面更显暗淡,增加了悲凉感。诗人把十种平淡无奇的客观景物,巧妙地连缀起来,通过枯、老、昏、古、西、瘦六个字,将诗人的无限愁思自然地寓于图景中。而最后一句,"断肠人在天涯"更是点睛之笔,透露了诗人怀才不遇的悲凉情怀。

　　整首小令采取寓情于景的手法来渲染气氛,突出主题,表达了一个流落异乡的游子在深秋黄昏时刻孤寂无依的悲凉处境和思念故乡的愁苦心情。

2.《游子吟》赏析

(1) 原文

游子吟

【唐】孟　郊

慈母手中线,游子身上衣。
临行密密缝,意恐迟迟归。
谁言寸草心,报得三春晖。

(2) 译文

慈母用手中的针线,为远行的儿子赶制身上的衣衫。
临行前一针一针密密地缝缀,怕的是儿子回来得晚衣服破损。
有谁敢说,子女像小草那样微弱的孝心,能够报答得了像春晖普泽的慈母恩情呢?

(3) 注释

① 游子:古代称远游旅居的人。吟:体名称。
② 游子:指诗人自己,以及各个离乡的游子。
③ 临:将要。
④ 意恐:担心。归:回来,回家。
⑤ 谁言:一作"难将"。言:说。寸草:小草。这里比喻子女。心:语义双关,既指草木的茎干,也指子女的心意。
⑥ 报得:报答。三春晖:春天灿烂的阳光,指慈母之恩。三春:旧称农历正月为孟春,二月为仲春,三月为季春,合称三春。晖:阳光。形容母爱如春天温暖、和煦的阳光照耀着子女。

（4）解析

　　这是一首歌颂母爱的诗歌，全诗采用白描的手法，通过回忆一个看似平常的临行缝衣的场景，凸显了母爱的伟大，表达了诗人对母爱的感激以及对母亲深深的思念。虽然所用词语朴素，正如母爱的纯净无瑕，但是蕴含着浓郁的诗意。

　　诗的开头两句"慈母手中线，游子身上衣"，用"线"和"衣"将"慈母"与"游子"紧紧连在一起，写出了母子间深厚的感情。后面两句"临行密密缝，意恐迟迟归"则生动地刻画出了母亲的心理状态，更加深化了母爱。最后两句"谁言寸草心，报得三春晖"表达了作者对母爱的讴歌。这两句采用了传统的比兴手法，寄托了赤子对母亲的挚爱。

　　这首诗看似讴歌母爱，但事实上也表明了一个游子的思乡之情。一个远游在外的赤子，想到了临行前母亲为其缝制衣服的场景，表达了其对家乡母亲的感激与思念之情，同时也蕴含着浓浓的乡愁。

3.《九月九日忆山东兄弟》赏析

（1）原文

九月九日忆山东兄弟
【唐】王　维
独在异乡为异客，每逢佳节倍思亲。
遥知兄弟登高处，遍插茱萸少一人。

（2）译文

我独自漂泊在外作异乡之客，每逢佳节到来加倍思念亲人。
遥想家乡兄弟们登高的时候，遍插茱萸时唯独少我一个人。

（3）注释

① 九月九日：即重阳节。古以九为阳数，故曰重阳。忆：想念。山东：王维迁居于蒲县（今山西永济县），在函谷关与华山以东，所以称山东。
② 异乡：他乡、外乡。为异客：作他乡的客人。
③ 佳节：美好的节日。
④ 登高：古有重阳节登高的风俗。
⑤ 茱萸（zhū yú）：一种香草，即草决明。古时人们认为重阳节插戴茱萸可以避灾克邪。

> (4) 解析
> 　　这首诗写出了游子的思乡怀亲之情。诗的开头紧切题目,一句"独在异乡为异客"写出了诗人在异乡的孤独之感,紧接着"每逢佳节倍思亲"抒发了对家乡亲人的思念之情。平常日子里孤独感或许还没有那么强烈,但"佳节"是亲人们团聚的日子,而诗人自己却一个人独处异乡,只能靠回忆节日里的活动来抒发对家乡亲人的思念之情,于是有了后面的"遥知兄弟登高处"。在重阳佳节当天,家乡的兄弟都会登高,按照家乡风俗插上茱萸的时候发现恰巧少了诗人一个人。"遍插茱萸少一人"饱含了诗人身处异乡无法与家乡亲人团聚的无奈之情。
> 　　整首诗围绕"孤独"和"思亲"的主题,把诗人寂寞无奈的心绪表达得恰到好处,同时也蕴含着诗人浓浓的乡愁。

　　这三首诗是中国古典诗词中蕴含乡愁韵味浓郁且具有代表性的作品。在中国古典诗词的漫漫历史长河中,还有许许多多抒发乡愁情感的诗歌。诗人以诗歌为媒介,以家乡为纽带,借由抒发思乡之情表达了漂泊在外的惆怅之情。"乡愁"不仅仅蕴含在古典诗词中,还体现在各类其他文学作品、影视作品以及音乐中。中国人的"乡愁"在不同历史时期的不同阶段所展现的形式不同,但它所蕴含的核心思想是一致的,即中国人对故土人文的依恋。从某种意义上来说,乡愁已经变成一种超越时空的文化。人们对家乡的思念,在更深的层次上就是对文化的依附。"文化制约着人类",一方水土养育一方人,家乡的一方水土上,有着独特的自然风景、民情、风俗、历史传说、文学艺术,构成自体系的文化传统,使得从小生于此、长于此的人早已习惯家乡的一切。这些人一旦离开了自己的家乡,客居异地,人生地不熟,自然会产生诸多不适,便会从地域乡愁中滋生出更深刻的文化乡愁。

(二) 乡愁文化的共通性

1. 世界性的乡愁文化

　　"乡愁"不是中国所独有的一种文化,而是世界性的"通识"文化。不同国家、不同民族和不同区域在不同历史发展阶段所体现的乡愁形式不尽相同。在汉语里,"乡愁"一般指漂泊在外的游子对家乡、故土的思恋情怀,这与中国长期的传统农耕社会性质有着直接的关系。而在西文中,"乡愁"和"怀旧"基本是同义词,源于两个希腊词根 nostons 和

algia，含有回家、返乡和思乡的意思。1688年，瑞士医生霍弗尔首次使用了 nostalgia 一词，专指当时一种军队士兵由于远离祖国和亲人而产生的强烈的思乡病。这是从医学角度对"乡愁"进行的定义。后来有学者认为，不应该单一地从生理反应这一层面对"乡愁"进行界定，它更多的是人的心理情绪的体现。

"乡愁"一开始更多地体现在文学作品中，随着社会的发展与迁移，其他呈现乡愁的形式登上历史舞台，例如绘画、戏剧、电影、建筑、饮食等。例如，喜欢以乡愁与爱为主题的画家马尔克·夏加尔，他的大部分作品中都能找到"乡愁"的影子，例如乡村教堂、木屋、山羊和奶牛等。他把对故土的热爱与思念融入了他的画作中。再比如著名的俄国电影大师，安德烈·塔可夫斯基，观其一生的电影创作，不难发现"乡愁"主题一直在其影片中反复出现，也正如他书中所写的那样："在我所有的影片里，根的主题一直都极为重要：这一主题联系了家庭房舍、童年、国家、大地。"塔可夫斯基这里所说的"根的主题"实质上正是我们所讲的"乡愁"主题，是对乡愁的追寻。

随着全球化进程的加快发展，乡愁已然超越了国度的界限。全球大迁徙更是促进了乡愁文化的横向扩展。全球化语境下的"乡愁"逐渐成了一种"通识"文化，在某种意义上来说，这种文化具有共通性。不同国家、不同民族和不同区域在长期历史发展过程中，形成了不同的文化。英国哲学家罗素在《中西文化比较》中写道："不同文化之间的交流，过去已多次被证明是人类文明发展的里程碑。"在国际文化交流的碰撞中必定会产生不同文化间的摩擦，这是不可避免的现象，国际学生应该树立文化自信，大胆地与各国文化进行交流，以包容、开放的心态，认识不同的文化，在多元文化中寻找不同文化的共通之处。

2. 翻转课堂之学生讲述他们的乡愁

这部分采用了翻转课堂的教学方式，先请2—3位国际学生讲一讲本国具有代表性的乡愁文化及其承载体，比如诗歌、文学、电影或者音乐等。以学生为中心，让国际学生自己来讲述他们所熟知的本国乡愁文化，以及他们对乡愁文化的理解。通过这种方式，可以增强学生对"乡愁"文化的感知度与理解程度,甚至会引发他们对这一文化产生共鸣。

本次课程结束后要求每位同学以"乡愁"为主题,写一份 800 字—1000 字左右的报告,阐述自己对乡愁文化的理解。通过本节课布置的写作任务,不仅可以提高学生的语言认知和应用能力,还能提升他们对文化的感知与理解程度,在完成作业的过程中探寻同类文化的异同,遵循文化交流中"求同存异"的原则,以达到促进不同文化共同发展与提升的目的。

(三) 乡愁文化蕴含的普世价值观

1. 乡愁文化中的孝道

孝道是中国传统文化以及传统道德的重要内容。传统孝道文化是在中国历史长河中逐渐积存并流传下来的,它是中国社会发展延续的保障。从中国历史的角度看,传统孝道文化在规范家庭伦理、维持社会稳定、巩固执政秩序方面发挥了重要作用。中国的乡愁文学作品中有很多蕴含孝道的价值观念。比如唐朝诗人孟郊的《游子吟》正是体现孝道的典型代表作。孝道文化显示出的是中华民族强烈的家庭观念和浓厚的家庭亲情,而乡愁文化中蕴含的深层情感正好与孝道文化不谋而合。

中国的孝道文化在乡愁文化中体现得淋漓尽致。孝道文化不仅体现在中国乡愁文化中,也体现在外国的乡愁文化中,尤其是属于汉字文化圈的邻国,在历史的发展过程中,很大程度上受到中国文化的影响,他们的孝道文化甚至有可能比中国还浓郁。西方国家的孝道体现在"感恩"中,他们的孝道文化教育比较重视感恩教育和社会责任意识。中西方孝道文化展现的路径不同,但核心目标是一致的,即家庭与亲情。中外乡愁文化中表现出的对故土亲人的思念,从某种程度上来说,也蕴含着孝道文化。从这一点出发,我们同样可以反证乡愁文化具有世界性,或者说,世界乡愁文化具有共通性。民族文化能够继承和发展的提前是取其精华,去其糟粕,中外文化在世界多元文化交流互鉴中融合并共生。

2. 乡愁文化中的厚爱

"乡愁"是一个看不见摸不着的抽象的思想情绪,大多数蕴含乡愁思绪的文学作品要么是通过情感的表达来体现乡愁,要么是通过物化的转移,由物生情,而在乡愁诗人余光中的笔下,乡愁成了实实在在的物品。他在《乡愁》中写道,"乡愁是一枚小小的邮票""乡愁是一张窄窄的船票""乡愁是一方矮矮的坟墓""乡愁是一湾浅浅的海峡"。"邮票""船票""坟墓"和"海峡",这四个平凡之物与前面的修饰语"小小的""窄窄的""矮矮的"和"浅浅的"衬托了诗人浓烈的对母亲以及故土的思念之情,而且这种思想的情绪随着时间的推移愈发浓厚。乡愁文化表达的是无限的思乡之情,这种愁绪往往蕴含着对亲人、对故土、对民族、对国家的厚爱之情。

  乡愁,归根到底,是心灵上的需要。世界文明的大门被打开后,不同国家、不同民族、不同区域的人进行政治、经济、贸易、文化的往来。不论何种形式的往来,离开了家乡的人多少都会在心底泛起一丝乡愁的波澜。这种波澜能唤起他们内心的一种特殊的亲切感,因为这可以抚慰他们漂泊在外的孤独感与不适感。远离故土的游子对家乡的怀念滋养了乡愁,而这种思乡的愁绪会催化他们对家乡亲人的爱、对故土的热爱。唐代诗人杜甫所写的《月夜忆舍弟》中有这样一句:"露从今夜白,月是故乡明。"难道故乡的月亮真的比他乡的要明亮吗?显然不是。普天之下共一轮明月,本无差别,诗人为何偏偏要说故乡的月亮更明。这种自我安慰的心理正突出了诗人对故乡的感怀与热爱。

  3. 乡愁文化中的抱负

  乡愁文化首先是植根于民族文化的乡愁。蕴含乡愁的文学作品、绘画或者电影中往往隐含了创作者的家国情怀以及理想抱负。他们将个人命运与乡愁之情紧密联系在一起,通过对故土思念之情的表达,抒发了他们心中的理想抱负,这种抱负有可能源于自身的得志抑或不得志,也有可能是源于对国家命运的担忧。这种蕴含在乡愁文化中的普世价值观在不同民族文化中都能寻得踪迹。虽说"少年壮志不言愁",拥有远大理想抱负的游子们往往会将心中这种家国情怀的志向宣泄在乡愁中。那些因为工作或者学习漂洋过海、远离自己国家的人,在异国他乡接触陌生的文化,会产生不同程度的文化休克,从而在内心泛起对故国的回望与依恋。这种心理情绪逐渐凝聚并泛化成浓浓的乡愁。反过来,这时候的乡愁蕴含着理想的情愫。乡愁与理想互相融合，缓解着他们无望的漂泊感。

在全球化时代，文化走出去和走进来已经成为全世界不可逆转的趋向。不同民族的文化在共生的状态下互相碰撞、互相理解、互相融合。乡愁文化中蕴含着的这些普世价值观可以在全球文化交流中找到共生之处。文化是有生命力的，需要动起来，才能更有活力。乡愁文化亦是如此。不同国家、不同民族和不同区域的乡愁文化可以在交流中求同存异，在共生中发现其相通性与不同之处。只有秉持"各美其美，美人之美"的理念，才能做到"美美与共，天下大同"。

四、创新之处

将语言教学与文化教学相结合，在文化教学中融入语言教学：通过对乡愁类古诗词的赏析，国际留学生不仅能学习到新的词汇，了解古诗词的写作手法，还能提升他们对古诗词的赏析能力，了解中国乡愁文化的内涵。从中国乡愁文化延伸到世界性的乡愁文化，引导学生自主学习，讲述本国的乡愁文化，进而认识到乡愁文化的共通性。任何文化都根植于民族文化，乡愁文化也不例外，在世界多元文化的交流中，不应排斥外族文化，而是要始终保持一种开放、包容的心态相互理解、相互接纳。只有在以"求同存异"为原则的文化交流基础上，才能让中华文化在世界民族之林中不断大放异彩。

因文化差异引发的"文化休克"现象在国际文化交流中屡见不鲜。这种现象是由于留学生对所在民族的文化没有从意识层面上认同。文化多样性和差异性是客观存在的，但这并不代表不同民族的文化无法交融在一起。乡愁文化是世界性的文化，不同国家的乡愁文化有各自的特点，但把世界乡愁文化放在一起来分析，学生在教师的引导下会发现它具有显著的共通性，这些共通性会引发国际学生对乡愁文化的共情，有助于他们更好地理解认同中华文化。

五、教学反思

本案例将古诗词赏析与国际学生对中华文化的认同相融合,通过乡愁类古诗词的赏析,国际学生不仅可以了解到古诗词中的一些写作手法,提升他们对古诗词的欣赏能力,还能了解到中国乡愁文化的内涵。通过对中国乡愁文化的了解,以教师为主导,以学生为中心,引导学生认识本国乡愁文化,并分析中国乡愁文化与本国乡愁文化的异同,寻找它们之间的共通性。

案例共分为三个模块:(1)中国乡愁类诗词赏析,从这类古诗词赏析中分析中国的乡愁文化,感受中国乡愁文化的意境美。(2)乡愁文化的共通性,这部分主要使用翻转课堂的教学方式,以学生为中心,让国际学生自己介绍本国具有代表性的乡愁文化,引导他们发现乡愁文化的世界性,从而引发他们对乡愁文化的共情。(3)乡愁文化蕴涵的普世价值观。乡愁,可以说是"世界人"的乡愁,它所表现的形式大同小异,但是不同文化的乡愁所体现的价值观不同,通过交流可以发现其实它们也有共通之处。

上述三个模块层层推进,环环相扣。课程的知识、技能和育人三个目标三位一体、相辅相成。课程设计中在兼顾结构—文化相结合的前提下,结合教学实际与学生具体情况,使用翻转课堂的教学方式,引导学生自主学习,对古诗词赏析课内容进行了升华,阐述了文化交流中的文化共情,加深国际学生对中华文化的认同感。文化只有在相互交流、相互借鉴中才能得到更好的发展与传播。

汉字之美 文化之道
——以《肢体发肤篇》的教学设计为例

陈 淼

一、案例简介

(一) 课程和案例的基本情况介绍

1. 课程介绍

《汉字与中国传统文化》是拟面向国际文化交流学院汉语国际教育专业硕士一年级留学生开设的专业选修课程。本课程将以汉字的性质与起源、汉字的形义关系以及汉字的构形文化特征为基体，旨在从衣着服饰、饮食饮品、宫室居处等 16 个篇章，分析汉字字形，便于国际学生能够准确理解汉字、规范使用汉字；阐述其背后的文化内涵，从而激发学生学习兴趣，培养学生识字造词能力，提高汉字学习能力。

2. 案例介绍

《肢体发肤篇》是本课程教材《汉字与中国传统文化》的第九章内容，从和身体部位有关的汉字到展示肢体动作的汉字，结合汉字的小篆形体和《说文解字》《左传》《孟子》等古代文献资料，揭示汉字起源。将古人对自身身体的认识进行剖析，体现了汉字背后丰富的文化底蕴。并以此为基础，帮助留学生更直观地感受到"人"自古以来在中华传统文化中的核心地位，从而提升留学生的文化认同感。

(二) 设计意义

1. 汉字学习是中文学习的重要组成部分

汉字是记录汉语的书写符号系统，是世界上最古老的文字之一，是最厚重的文字之一,是最具情怀的文字之一!汉字最早起源于原始社会的图画和符号,由于其具有表意功能的独特性,绝大多数汉字的字形都表达着一定的意义,是中华民族祖先智慧的结晶。因此,学习汉字对于留学生学习中文、了解中国文化来说,是不可或缺的重要一环。

2. 汉字是中华文明最重要的文化名片

有了汉字,中国历史上辉煌蓬勃的文学、政治、经济、科技、艺术等重大成就才得以传承下来、传播出去,成为全世界人民的瑰宝。甚至汉字自身形体的演变也形成了一种独具中国特色和美感的中国文化——书法艺术。只有让国际学生深入学习汉字,于撇捺之间感受汉字,挖掘其背后的文化内核,才能深刻体会中华文明的魅力所在,才能对中华民族的凝聚力有更深刻的认识,才能对中国社会的发展有进一步的理解,从而提高他们的文化认知能力和文化国际视野。

3. 汉字学习是推动中国文化国际传播的助燃剂

独行难,众行远,传播中国文化只靠中国力量,显然是不够的也是不符合事物发展规律的。万事万物,凡枝繁叶茂者,无不吸收各类营养,才能长得更快、更好、更久。我们的中国文化要走向世界,就不能忽视对海外高素质人才的培养。只有不断强化中华文化队伍本土化建设,以本土人才带动本土认同,才能形成良性循环,推动中华文化走得更宽更远,更好地展示真实、立体、全面的中国,展示可信、可爱、可敬的中国形象。

二、思路与目标

(一)设计思路

1. 汉语国际教育硕士国际留学生大多已经具有一定的汉语和汉字基础,对于他们的教学则要更多地从形式向意义倾斜,但又不可太过直白、生硬。因此,在教学过程中,要注意知识点层次的递进,注意以旧带新,由浅入深,从形式到内涵,才能有针对性地提高课堂效果,让学生做到"学内容体情感"。

2. 汉语国际教育留学生大多今后会从事中文教育工作,对他们教学能力的培养也相当重要，不仅教学技能上要教，任何课程实际上都是他们今后工作中值得参考的教学范例，因此在知识教学过程中也要融入对学生教学方法的指导。

(二) 设计目标

1. 知识目标

使国际学生加强对汉字造字法的掌握，提高其对汉字音形义的认识和理解。

2. 能力目标

(1) 多种教学方法共筑，培养留学生认读汉字、理解汉字、书写汉字、记忆汉字的能力，帮助他们打破汉字难读、难写、难记三大难关。

(2) 以学思教，运用多种教学手段，启发、引导学生思考如何运用最适合本国学习者的方法进行汉字本土化教学。

3. 文化与情感目标

(1) 使留学生能够掌握有关人肢体发肤的汉字及其构件中体现的中国传统文化信息，体会中国文化中"以人为本"的价值观念。

(2) 在教学过程中，使留学生体会中华民族自古以来对于"人"的主体地位的重视，认识到中国传统文化中的人文精神，并能够启发当下，感知具有人性和先进性的当代中国精神，从文化层面引起共鸣。

三、具体实施

(一) 音、形、义联动，全方位击破汉字学习难点

汉字的音形义是汉字的三个不同要素，是国际学生学习汉字的三个层面，也是汉语教师教授汉字的三个维度，更是考查学生学习成果的三个切入点。本课将充分考量课文中汉字的特点以及学生的汉字水平，分别从音、形、义三个层级，有针对性地进行汉字教学。

形：本课教学先从象形字入手，例如"凵（口）""（舌）"等字。由于象形字图画意味较强，字形相对简单，笔画普遍较少，因此在这类字的教学

中,需要注意对学生笔画和字形的训练,可以利用音频软件配置读音,还可以利用不同的颜色和呈现方式演示书写笔顺和部件,还可以将汉字字形的演变做成动画形式,这样子既能帮助学生缓解学习汉字时记忆、理解的困难,又能利用图像思维帮助学生把握象形意味[1]。当然汉语国际教育专业硕士留学生已经有一定的汉语基础,因此对他们的要求应该更进一层,不仅要写得对,而且要写得好,教师在教学中也要注意加强对留学生的笔画以及字形的间架结构的训练,甚至可以加入书法知识的讲解。

音:现代汉字中,形声字的占比最多,是最具生产力的造字方法。因此在讲解完一些独体字之后,顺势而为,将其作为声旁代入另一个汉字,先让学生自行尝试认读,教师再讲解意义。比如"要"代入"腰"、"北"代入"背"、"止"代入"趾"。通过这样的方式,学生们既能切实体会形声字的声旁读音,又通过十分简便的方式扩大了识字量。但值得注意的是,这些汉字的读音并不是完全相同的,他们大多只是同韵,区别在于声调,这就为我们本课的语音教学提供了两个思路,首先针对这些同韵字,可以通过编写韵文来帮助学生记忆。[2]语音方面则可以借鉴儿童汉语语音教学方法,用手臂代替笔作为书写汉字的工具,利用夸张的肢体动作,来吸引学生的注意力并提升课堂的趣味性。[3]

义:汉字是表意文字,由于汉字中一个汉字一般代表一个语素,甚至代表一个词语,知道了汉字的意思,基本就能知道词语的意思,从而也就能进行使用和交际,由此可见汉字意义的重要性。在本课的教学中,将从两个方面加强汉字意义教学。一方面是从偏旁入手,展示汉字从独体字变成偏旁的过程以及组成新的汉字后所赋予的普遍意义,如"手"变成"扌"后,由其组成的汉字都和手上的活动有关,比如"提""推"等;再如"舌",由于行书的书体特点被写成"言",再经历了草书楷化逐渐变成"讠",所以由"讠"组成的字都和文字有关,例如"话""诗"等。另一方面可以通过组词的方式实现,例如在解释完"元"的本意是人头之后,向同学们

---

[1] 茅楚涵,樊华:国际中文教育汉字教学的文化传播策略,云南师范大学学报(对外汉语教学与研究版),2022,20(05):86—92。
[2] 田艳:中文国际传播背景下的汉字教学,北京,中央民族大学,2022。
[3] 陈芳实:基于偏误分析法的华裔儿童线上语音教学活动设计,吉林外国语大学,2022。

介绍"元首""元帅""元老""元旦"等词,让学生尝试自己去解释这些词语的意思。教师既可以检测学生的掌握程度,又可以锻炼学生将来作为一名汉语教师的教学能力。

（二）教与学融会贯通,切实提升教学实践能力

任何的教学活动都强调教学相长,在我们国际中文课堂中也不例外,但又有些许不同,因为我们的"教"不仅指的是授课教师会从教学过程中增加经验,与此同时,我们的学生作为国际中文教师的坚实后备力量,也能从中获得启发,这个过程少不了作为教师的我们推波助澜。因此,在本课的教学中,将充分发挥"以学生为主体,教师为主导"的教学理念,在学习完每一节知识后,引导学生从教师的角度思考:你将会怎么教给你的同学？汉语和你的母语有没有什么相似之处？给予学生充分的时间去思考,必要时进行小组讨论和头脑风暴,抑或适当采取翻转课堂模式,让学生作为老师进行模拟教学,让不同的想法碰撞出绚烂的火花。以学促教,事半功倍。

（三）注入育人要素,深刻聚焦情感价值体验

汉字有着丰富的文化内涵,教学过程绝不只是知识的构建,更要注重情感价值观的升华,增强国际留学生对中国文化的认同感。在本课的教学中,将利用丰富的教育资源,结合文献资料,引导学生理解、认同汉字背后的文化内涵。例如,在进行"友"字的字形分析后,请同学们两人一组进行模仿（两只手摆在一起的动作）,教师请同学们观察两只手摆在一起的特征,引导他们得出,手的方向是一致的,引导他们认识到在中国文化中,朋友应该是志同道合的。再进行提问,"你和朋友见面手会怎么样？"在学生回答"握在一起"后,继续让学生做出动作并观察,两只手的手指相互交错在一起的样子就象征着朋友之间的相互协作,辅以《周礼·地官·大宰》和《孟子·滕文公上》中对"友"的类似描述,从精神和情感层面提升学生们对"友"字的认知。最后由《庄子·山木》中的"君子之交淡如水,小人之交甘若醴,君子淡以亲,小人甘以绝"一句入手,让学生体会中国传统文

化中的友谊,并让学生结合自身文化背景,探讨他们的观点和看法。

(四)传统与创新结合,提升汉字学习、研究能力

讲、学、练结合,才能实现教学效果最大化,练习在整个教学环节中也起着举足轻重的作用。本课教学设计中的练习包括随堂练习和课后练习。随堂练习要注重学生对本课所列举汉字的掌握,因此教师在课堂中将创新练习形式,设计出丰富有趣的操练环节,例如利用连连看的形式来操练学习过的象形字,利用搭积木的方法操练合体字,以此照顾到教学趣味性的要求。除此之外,传统的基础写字练习也是必不可少的,尤其是在课堂上,这样教师就可以实时掌控学生的字形、结构的掌握情况,便于纠正。而课后练习则是以提升研究能力为导向,不拘泥于形式,可以是让学生在进行完整个教学过程后,挑一个最喜欢的汉字进行深入研究,也可以针对某个汉字背后的文化内涵论述自己的观点,还可以针对一到两个汉字进行本土教学设计,从多维角度进行课后的延伸。

四、创新之处

(一)文化为线,贯穿教育教学全过程

汉字学习对于国际留学生而言绝非易事,学习者会遇到各方面的困难,而理解了汉字背后的文化意义则能够给予他们有效的帮助,这种帮助不仅体现在学习过程中,还体现在对学习者情感因素和学习环境的影响。[1]而在本课的教学设计中每一个汉字都蕴含着丰富的文化知识,内涵丰富,既包含古典文献上的记录,又有现代的引申用法,还有深层次的精神内涵。一条条文化脉络就犹如晶莹剔透的丝线,最后为学生串联成一张文化之网,包住中华文化以人文主义为核心的精神内涵,生动、鲜活地展现在国际学生的面前。

---

[1] 陈小帆:汉字的文化因素在对外汉字教学中的影响研究,《汉字文化》2022年第11期,第84—85页。

（二）立德树人，提升文化国际认同感

人文主义是中华传统文化的核心，这种人文主义在自然中的体现是"天人合一"，在政治中的体现是"天人感应"，在价值中的体现是"惟人万物之灵"。自古以来，中华民族对人的重视，通过汉字的字形表现得淋漓尽致。我们在教国际学生学习汉字时，不仅仅要学习汉字的音形义和造字法，更要重视汉字对国际学生在心灵层面上的文化滋养。在本课的教学设计中，教师不仅向学生解释汉字的古典精神内涵，还会结合中国当代实际事例，向学生展示真实、立体、全面的中国。《孝经》有言："身体发肤，受之父母，不敢毁伤，孝之始也。"这表明中华传统文化从古至今一直把人的身体健康放在非常重要的位置。当前新冠疫情席卷全球，中国始终坚持人民至上、生命至上，以坚定果敢的勇气和坚韧不拔的信心打赢了一场又一场疫情保卫战，并且以自己的抗疫经验积极地向世界各国伸出援手，向世界人民展示了什么是中国精神、中国力量、中国担当。

五、教学反思

针对以上的教学设计，还有以下几个问题值得进一步思考：

1. 教学内容的选择值得仔细考量。中华文化博大精深，每一个汉字背后都蕴含着丰富的文化内涵，因此就不得不面临内容过多讲不完的问题，因此，如何处理好教学内容的轻重安排十分关键。选择什么教学方法？用什么样的方式呈现不同的内容？如何进行有效的课后练习？这些都是有待解决、提升的问题。

2. 教学设计未能充分考虑学习者的文化背景和语言背景，不同国家的学生对于汉字和中国文化的理解有着不同的特点，[①]而在教学设计中没有体现出针对这一方面的教学策略，因此本次教学设计的针对性原则体现得还不够显著。

---

① 苏丽敏：初级汉字教学中存在的问题与对策，《学园》2022年第15(20)期，第60—62页。

万福之园　厚德载福
——以《北京的四合院》文化拓展教学设计为例

石　旭

一、案例简介

(一) 课程和案例的基本情况介绍

1. 课程介绍

汉语水平考试(HSK)是一项国际标准化考试,重点考查汉语非第一语言的考生在生活、学习和工作中运用汉语进行交际的能力。根据教育部2018年印发的《来华留学生高等教育质量规范(试行)》,对来华学历留学生的中文能力提出了明确的等级要求。

本课程以《HSK标准教程》为教学材料,通过综合多种教学法,实现与HSK考试内容、形式及等级水平等方面的全面对接。在关注提升学生听、说、读、写汉语技能、培养学生自主学习能力的同时,采用多种方式对学生形成潜移默化的情感影响,提升学生的跨文化交际能力,以期"立德"从而"树人"。

2. 案例介绍

本案例选取《HSK标准教程》第5册(上)第5单元"放眼世界"第14课《北京的四合院》中"运用部分"讨论话题"建筑与旅游"相关内容,着重针对代表性的北京四合院及"福"文化进行文化扩充视听说教学。

文化和旅游部北京恭王府博物馆(以下简称"恭王府")是中国著名的清朝亲王府邸,由多座四合院组成,集皇室风范与民间风韵于一体,堪称北京四合院的代表。恭王府最具代表性的就是集合众多"福"文化元素:寓意福瑞吉祥的蝙蝠传统纹样遍布各处;有着"中华第一福"之称的"康熙御福"石碑吸引了无数国内外游客前往参观,是当之无愧的"万福之园"。中国的"福"文化在中华传统文化价值观中有着重要意义,自古以来就以崇福、尚福、祈福、盼福的形式影响着中国人的生活和思维。不论在传统文化还是现代生活中,"福"总是伴随着中国人的方方面面,表达中国人对人民幸福、社会和谐、祖国昌盛、天下大同的美好祝愿。

本案例以恭王府为切入点,采取"云旅游"的形式,以三维沉浸式互动视频为引线,将四合院文化、吉祥文化"福文化"、中华传统纹样文化等进行串联。教师发布任务引导,学生合作讨论探究,贯连课堂前中后及课堂与生活,既巩固学生的汉语技能知识,又使学生以小见大地了解真实、立体的中华传统文化与中国形象,理解中国吉祥文化,实现"授业"与"传道"双效并举。

(二)设计意义

习近平总书记强调:"要更好推动中华文化走出去,以文载道、以文传声、以文化人,向世界阐释推介更多具有中国特色、体现中国精神、蕴藏中国智慧的优秀文化。要注重把握好基调,既开放自信也谦逊谦和,努力塑造可信、可爱、可敬的中国形象。"如何构建适合当下,尤其是适合百年未有之大变局的、适合国际汉语教学的中国话语和中国叙事体系,是所有国际汉语教师需要思考的问题。

《HSK标准教程》作为针对汉语水平考试而编写的汉语教材,考教结合、以考促学、以考促教,被众多孔子学院、院校机构作为汉语教材。但应试性强、趣味性弱的缺点,使得不少汉语课堂缺少生机。另外,《HSK标准教程》以综合课定位,每课大多数按热身、课文、注释、扩展、运用等模块展开教学,针对汉语技能的训练较多,而文化讲解体悟的内容较少。仅有部分文化内容蕴含在课文中,需教师在课堂内外进行深挖补充。

本案例以《HSK标准教程》框架为基础,以视听说为主要形式,针对"运用部分"增加本土化、贴近真实生活的文化教学内容及案例,以多元的现代科技手段提升课堂的趣味性,以任务型教学帮助学生提高专注度。通过教师设置情境、学生解决问题,教师指引领路、学生体验感悟的方式在"做中学""用中学",从而构建独特生动的中国故事讲述模式,展现其背后的思想力量和精神力量。

二、思路与目标

(一) 设计思路

针对中高级水平留学生的教学,重点已经从语言点转移到词汇扩充、思维方式与文化心理的理解。但在具体汉语学习时,他们仍然面临汉语基础和跨文化交际能力欠缺等问题。另外,教师如何从各类文化符号中提取中华传统文化和中国式价值与思维,并且通俗易懂、活泼有趣地使得学生理解,仍然是文化教学的一大挑战。据此,本案例将依据以下几方面进行设计:

1. 建构主义教学理念:真实的任务式情境设置

建构主义教学理念主张知识存在于可感知的、具体的情境性合作活动中。在汉语教学中,老师需要搭建真实有效的教学场景,并设置相关的任务活动,提高学生参与度,展开师生、生生对话,引导学生在学习探究过程中发挥自主作用。

2. 人本主义教学理念:内在自我的全面发展

人本主义教学理念强调意义学习,重视包括认知、情感、兴趣、动机等方面内在的自我全面发展,使学习者形成健全人格。对国际汉语教师来说,汉语课堂中需要重视学生的个体主观经验,帮助学生形成内驱学习动机,内化中国式思维,更好地感悟中华传统文化与情感。

3. 体演文化教学法:不断加深的文化体验

体演文化教学法旨在将语言与文化教学相融合,使学习者在目的语文化环境中体验、演练目的语言及文化,并且能够在不同场合下得体运用。在国际汉语教学课堂中,使用体演文化教学法开展各类口语教学活动,可以将中国思维方式的行为文化教学寓于汉语的语言教学之中,帮助学生从文化持有者的视角感受文化的魅力和内涵。

根据以上教学理念,本案例挑选真实生活情境,结合生活实际发布多项合作探究任务,通过现代化科技手段呈现出新颖的视听说教学内容,激发学生课堂积极性,避免传统"满堂灌"的枯燥教学模式。另外通过小组讨论的形式与学生保持良好对话和沟通,引导学生在课前、课中、课后逐步理解、内化"福"文化内核,达到"知识+能力+情感"三位一体的素质提升。

(二) 设计目标

本案例的教学旨在通过对北京四合院及"福"文化的学习,达到以下目标:

1. 知识目标:能够正确、得体运用汉语

学生能够对北京四合院进行简单介绍;能够掌握"福"文化的表现形式及文化内核;能够就文化类话题流利、正确表达自己的观点。

2. 交际目标:提高跨文化交际能力和合作探究能力

学生能够在与本国文化的对比中形成文化包容意识和跨文化交际意识;能够在小组合作中积极探究,提高汉语思维下分析解决问题的能力。

3. 育人目标:提高中华文化素养,理解中国思维方式

学生能够在汉语交际中感受"福"文化的中国审美取向;能够逐步理解中国式思维方式;能够感知中华传统文化的魅力,培养知华、友华、亲华的态度和心理。

三、具体实施

(一) 课时安排

本案例共计教学时间为 2 课时,每课时 45 分钟。

课时	教学内容安排					
第 1 课时	组织教学 2 分钟	复习旧知: 导游组作业展示 10 分钟	导入新课 5 分钟	布置任务一 5 分钟	小组讨论学生展示 18 分钟	教师总结 5 分钟

续表

课时	教学内容安排					
第2课时	组织教学 1分钟	游客组作业展示 5分钟	布置任务二 小组讨论 学生展示 9分钟	体演练习 25分钟	教师总结 4分钟	布置作业 1分钟

(二) 课前准备

本案例为《北京的四合院》第五部分即最后一部分"运用"的文化扩展。为确保本课顺利开展，在课前需做好如下准备工作：

① 将学生分为两组：导游组、游客组。

② 导游组的学生领取教师准备好的恭王府简化平面图，根据课文内容准备北京四合院的介绍，在下节课中进行展示。

③ 游客组的学生准备话题分享：在你的国家，大家会用什么形式来表示"幸福""吉祥"，如图案、数字、颜色等。

(三) 具体教学环节

1. 第一课时

(1) 组织教学

教师点名，问候关注每一位学生，帮助学生集中注意力，拉近师生距离，准备上课。

复习旧知：导游组作业展示。

教师通过 PPT 展示恭王府简易平面图①，请导游组的学生分别对恭王府进行简单介绍，以检查学生对上一节课词汇、语言点和课文的掌握情况，锻炼学生的口语表达能力。之后邀请班级其他学生对他们的展示进行评价，教师最后给出总结性正面点评。这样有利于吸引全班学生的注意力，让每一位学生都参与到课堂活动中。

---

① 可参考恭王府官方网站。

（2）导入新课

教师在屏幕上展示恭王府360°全景VR地图①，用更直观的方式呈现恭王府形象。结合课文内容，教师以"云"参观的方式再次引导全班学生一起跟着介绍恭王府的结构。在介绍的过程中将学生的注意力吸引到福字碑上，将新旧知识进行衔接，为下面的文化教学环节做铺垫。

（3）布置课堂任务一

教师通过PPT展示福字碑图片，简要介绍福字碑的来历。通过"为什么"的递进提问，以问题为导向布置任务：让学生联系生活实际，对春节贴"福"字等情景进行思考：你觉得"福"字有什么意义？中国人为什么喜欢"福"字？鼓励学生从中国人的心理方面思考问题。

（4）小组讨论和学生展示

将学生进行分组，每组四人展开自由讨论。教师旁听每组学生的讨论，检查小组讨论情况，鼓励、督促每位学生开口表达。讨论结束后请每组学生派代表分别回答。教师在PPT上记录学生回答的要点，并及时对学生的回答进行正向反馈点评，使学生增加学习自信。

（5）教师总结

教师以学生的回答为基础，对中国"福"文化的内涵进行提炼升华："福"，就是幸福和谐、健康长寿、安定和平、与人为善……所有的美好祝愿都可以包含在"福"字里。教师展示由师生共同完成的"福"文化内涵PPT，提升学生学习的成就感，使学生逐步认同中华文化与真善美的价值观，为之后的体演练习做好铺垫。

2. 第二课时

（1）组织教学

教师关注每位学生的出勤情况，做好上课准备。

（2）游客组作业展示

教师请游客组的学生分别就"在你的国家用什么形式来表示幸福/吉祥？"话题进行分享，检查学生的作业完成情况，锻炼他们的口语表达能力。请其他同学注意倾听，并思考在自己的国家是否有相似或者相反的

---

① 参考网址：https://www.pgm.org.cn/vr/tmp002/#d3k。

文化。教师在 PPT 上及时对学生所提及的文化点进行分类归纳,为引入蝙蝠纹样和后续跨文化比较的教学做好铺垫。

```
图案:圆形、六角形、四叶草形……
数字:3、4、7……
颜色:红色、白色、绿色……
动物:牛、猪、大象……
```

(3) 布置任务二,小组讨论和学生展示

教师通过 PPT 展示恭王府的多福轩、蝠池、蝠厅,引导学生说出"蝠""福"同音。通过视频突出展示建筑的局部纹样特写,让学生注意蝠纹图案,寻找与蝙蝠有关的图形。教师解释在中国喜欢用蝙蝠图案作为装饰的原因:遍地是福、幸福无限。这样可以持续吸引学生注意力,引导学生自主探索发现新知识点,激发学生的学习兴趣。

教师布置任务二:你知道在中国还有什么图案、数字、颜色、动物等代表着幸运、吉祥吗?在你的国家,有相似的东西和含义吗?教师将学生按国籍、大地域区块或文化圈进行分组,旁听学生的讨论,督促每位学生发表意见。讨论结束后请每组学生分别回答。教师记录学生回答的要点,与之前学生分享的内容进行对比呈现,引导学生在比较中认识文化差异,理解他国文化,提高文化包容性及跨文化交际能力。

	中国	日本	英国	……
图案	蝙蝠形状			
数字	6			
颜色	红色			
动物	龙			
……				

(4) 体演练习

教师简明准确地告知学生体演内容:时间、地点、角色、脚本/事件、观众等五要素,展示必须使用本课所学到的"福"文化知识点。创设以真实生活为基础的情境,开展体演活动,以小见大,展现中华民族对美好生活的物质层面和精神层面的向往和追求。

> 体演卡1:
> 时间:春节假期
> 地点:家
> 角色:大学生小刘、外国留学生麦克、小刘的家人们
> 脚本(事件):麦克看到小明在贴福字
> 观众:老师及其他学生

> 体演卡2:
> 时间:国庆假期
> 地点:景区
> 角色:导游老李、外国游客们
> 脚本(事件):外国游客看到很多中国人会摸福字
> 观众:老师及其他学生

> 体演卡3:
> 时间:周末
> 地点:非遗展示区
> 角色:工作人员小王、外国游客们
> 脚本(事件):小王向游客介绍中国传统的吉祥图案
> 观众:老师及其他学生

教师将学生4人分组,每组学生自主选择体演卡,根据体演卡的内容准备并进行体演展示。在各组展示结束后,其他组的同学需作为观众点评该组的表演情况。体演形式可以提高学生的感受能力,帮助学生从多个角度切身感受中华文化,获得心理和思维上的转换和理解,从而推动全面发展。

教师注意做好记录，并补充倒贴"福"字、摸福、剪纸、花馍等相关吉祥文化的涵义。这样既可以增添趣味性，又能强化"福"文化形式和内涵的输入。

（5）教师总结

教师播放"福"文化总结PPT，从恭王府到"福"字再到"福"文化，对相关知识点进行总结聚焦，让学生了解中华传统文化价值观。"福"包含了中国人对美好生活的期待和向往。祈福、盼福不仅是对自己的祝愿，也是对别人、对生活、对国家、对世界的祝愿。鼓励学生在日常生活中积极发现更多的中华传统文化，培养学生的观察能力和中国式思维能力。

（6）布置作业

"福"文化介绍写作任务。

中国"福"文化呈现场景搜集任务。

教师明确作业内容及要求，确保学生能够理解并准确完成。将书面任务与交际任务相结合，全面锻炼学生的汉语技能与运用能力。

四、创新之处

（一）深挖拓展，"五位一体"相辅相成

汉语教学中的语言要素——语音、词汇、语法、汉字、文化"五位一体"缺一不可。本案例针对考试导向型综合课教材进行了文化内容的补充。从教材出发，深挖其中的文化知识点，精选当代真实生活中的文化材料，在学生打牢汉语"地基"的基础上，由教师引导纵向筑建以中华传统文化为核心的"文化大厦"。另一方面，文化内容的学习能够持续激发学生对汉语的兴趣，反过来促进学生的汉语学习，使得教材教学与文化补充教学相辅相成，相得益彰。

（二）教无定法，沉浸式体演激发兴趣

目前各类教学流派林立，教学方法多种多样，采用什么教学方法最好，要依据教学性质、教学内容而定。教无定法，随机而定，才是永不过时的教法。本案例以任务型教学为主,配合启发式教学法、沉浸式情境教学法、体演文化教学法等,综合各类之长,结合多样化教学资源,教师引导、学生探究,在顺畅的师生、生生互动中调动学生学习兴趣,课堂氛围张弛有度。

(三)比较异同,提高认知与育德树人

文化在比较中才能发现价值。本案例将中外文化进行比较,通过学生分组讨论,自主发现中华传统文化的内涵及与他国文化的异同,从而强化对中华传统文化的理解与认同。同时,在对文化的比较学习过程中,让学生以"润物细无声"的方式理解中式思维方式与价值观,在教学中实现知华、友华、助华的育德树人目标。

五、教学反思

教学内容对学生的汉语基础及配合度有一定要求。学生讨论环节对教师的课前准备及课堂把控能力提出较高的要求。补充的教学内容需形成书面材料,便于学生课堂使用。

探索非遗 稽古振今
——以"海派绒线编结"的教学设计为例

张 蕾

一、教学案例简介

(一) 课程和案例的基本情况介绍

1. 课程介绍

习近平总书记在二十大的工作报告中关于文化的部分中指出:"要增强中华文明的传播影响力。坚守中华文化立场,提炼展示中华文明的精神标识和文化精髓,加快构建中国话语和中国叙事体系,讲好中国故事、传播好中国声音,展现可信、可爱、可敬的中国形象。加强国际传播能力建设,全面提升国际传播效能,形成同我国综合国力和国际地位相匹配的国际话语权。深化文明交流互鉴,推动中华文化更好走向世界。"

海外留学生不仅仅是学习汉语,他们也是文化传播、文明交流互鉴的使者,让留学生在学习实践中深入真实中国社会,感知中华文化的独特性,在"做中学"也非常重要。因此在国际中文教学中采用项目教学模式,不仅可以做到所学语言在实际交际场景中的操练,还能与中华优秀文化联结,做到提升交际技能,并深入了解中华文化,传播真实感悟,让世界更容易了解到一个真实的中国。

本文的项目选取与上海市非物质文化遗产内容相关,即 2022 年北京冬奥会的颁奖花束——"海派绒线编结"作为文化探索的要素和目标,主要有以下原因:第一,2022 年北京冬奥会曾惊艳全世界,冬奥会选取的文化要素都具有其独特性,在世界人民眼中并不陌生,而进一步通过留学生的深入学习了解,再分享给自己的亲朋好友更具吸引力。第二,北京冬奥会第一次采用绒线编结花束,寓意"绒(谐音'荣')耀之花",都是纯手工制作,是普通人用自己的方式参与奥运会的一次尝试,带有浓浓的情感,是有温度的探访体验。第三,颁奖花束是上海市非物质文化遗产,是文明的产物,留学生不仅从中可以获取丰富知识,操练语言技能,更能在文化交流互鉴中起到桥梁作用。第四,颁奖花束的寓意表达更是一种文化内涵的体现,容易让中华文化内涵进行具体的形式聚焦,也便于设计具体的语言点操练,同时在育德树人中获得积极向上的力量支撑。

2. 案例介绍

本教案以"项目式教学"为导向(Project-based Learning,简称 PBL),学生可以在做中学。该教学模式可以为学生创造真实的语用环境,让学生用语言为工具解决现实世界中的问题。项目式教学以学生为中心,满足不同学生学习差异性需求,学生可以主导自己的学习探究过程,提升学习积极性,更倡导在语言学习中链接其他专业学科,有利于学生在多领域综合知识技能的整合提升。除此之外,在整个项目的执行过程中,能锻炼学生解决问题、沟通合作、自我管理、批判性思维、文化感知与传播等多项综合技能。

本课程案例设计是旨在希望留学生更多深入社会,参与社会实践,深入感受中国社会,了解中国文化,在完成项目的同时能更好地使用所学语言作为交际工具,提升交际能力,最后在项目完成时,学生进行成果展示的时候,将学习成果展示在社交媒体平台,不仅在交际环境中能与亲朋好友互动,更便于在社交媒体平台进行中华文化传播。

二、思路与目标

(一)设计思路

国际学生的学习环境多在教室,与真实的交际环境相去甚远。近年来疫情影响,很多国际学生来不了中国,目的语的交际场景更是很受局限,特别是国际学生在对中华文化的感知理解上只浮于表面,教学如何才能激发学生的兴趣同时做到寓教于乐?《论语》开篇就写道:"学而时习之,不亦说乎。"这里的"习"在《说文解字》中的本意是鸟"数飞"的意思,实则指实践。学习到的知识能真实应用于社会实践,才能真正感到愉快,提升兴趣及相应的能力。学习语言也是如此,要在实践中不断应用才能获得有效的学习效果。我们采用"项目驱动式教学模式"其背后支撑的教学理念和思路如下:

1. 皮亚杰的建构主义学习理论

建构主义学习理论的四大要素是"情境""协作""会话"和"意义建构"。在项目式学习中,强调真实情境、团队协作、自主建构知识和意义,正是在皮亚杰的建构主义理论的指导下发展而来。

2. 杜威的实用主义学习理论

项目式学习的过程可以充分体现杜威的实用主义学习理论体系,可概括为三点:第一,以经验为中心。杜威认为"一切知识来自经验"。在项目式学习的过程中,最关键的是一个真实的情境和任务,在真实的情境和任务中学习探索,最终获取自己的经验。对学生来说,这样的经验不是教师灌输给他们的,是自己在完成项目的过程中得来的。第二,以学生为中心。实用主义主张理解和尊重学生自身的特点和发展规律,学生有充分的自主权,教师起到帮助者的角色,给予学生充分的空间和时间,去探索这个世界。第三,以活动为中心。杜威教育思想的核心是"做中学",边做边学,边玩边学。项目式学习不局限于教室,甚至与社会产生了紧密的联系。学生有机会接触到社会上的人群,培养学生在现实生活中的交际能力和解决问题的能力。

3. 布鲁纳的发现学习理论

布鲁纳的发现学习理论认为,学生应该成为一个"发现者",亲自去发现问题,并利用已有材料或自己寻找材料,尝试解决它们。在该理论的指导下,项目式学习强调学生自主发现和探究的过程。在项目式学习的过程中,不仅仅关注学生对学科知识与技能的掌握程度,更是能够培养学生的交际能力、创造力、文化感知力和发现问题、解决问题的能力。

综上所述,项目式学习是融合与发展了建构主义理论、实用主义理论、发现学习理论而提出的一种提升学生多元能力的教学模式,强调学生在学习过程中的"发现""运用"和"自主建构"的过程和能力。

(二) 设计目标

本教案采用项目式教学模式(PBL),在制定目标时综合考量项目式教学模式七大黄金设计因素,即:具有挑战性的问题或疑问、持续探究、真实性、学生的发言权和选择权、反思、批判性反馈和修改、公开展示的成果。

本教案以探究"上海市非物质文化遗产——海派绒线编结"为项目导向,过程中教授、学习、实践、分享、交流等环节以期学生在认知上、技能上、文化上、交流传播上达成相应的实践学习目标,做到语言知识和交际技能、在实践中解决问题的能力、文化感知传播效果、文明交流互鉴实践等多方面相互协调提升的多赢效果,其具体内容如下:

1. 知识目标

(1) 语言知识

① 扩大词汇量。有关非遗项目绒线编结花束的描述词汇可以用语素扩展法,在综合课/文化课给学生思路和方法以及部分操练。后续学生可以通过观看视频、实地走访等环节继续扩展词汇量。同时可以锻炼学生在具体真实的语境中猜测理解词义,根据单字偏旁部首理解词义的能力。

② 扩大语言点的相关知识。

实地参观走访上海非物质文化遗产——海派绒线编结的过程中,会涉及很多语言点的实际运用,叙述类、采访类、感受类等等。学生通过整套项目式的流程,在语言点的储备上更丰富更多样。

(2) 文化知识

① 深入了解上海非物质文化遗产——海派绒线编结的产生、发展、应用和传承情况。领会被纳入"非物质文化遗产"的原因,以及称为"海派"的原因。

② 深入了解"海派绒线编结"花束纳入2022年北京冬奥会的原因、历程,以及其代表的文化含义。

(3) 能力目标

语言交际能力。

① 学生不仅可以将所学词汇、语言点用于实际交际中,还可以通过真实的社会实践交际互动增加更多的交际语言和交际策略,提升实际交际能力。

② 学生可以运用获取掌握的语言点描述"海派绒线编结"的基本概况;能运用采访提问语言点进行合适的提问完成采访目标;能使用感受表达语言点来表达自己在项目中的收获,并实际运用到展示作业的视频中。

(4) 项目任务完成能力

在完成项目任务过程中,学生在小组内部的协作能力,在小组外的协调能力,解决问题能力,制作适合社交媒体平台发布的项目成果的短视频制作编辑能力,互动交流反馈能力等都可以得到提升。

2. 文化目标

(1) 文化展示

学生从学习、了解海派绒线编结的基本情况,经过内化、整理、吸收、作业成果展示一系列过程,能更深入地感知中国非物质文化遗产的精华,对文化的学习从表层转向深层。

(2) 文化分享

通过对所了解的海派绒线编结花束的作业成果展示,制作适合社交媒体平台发布的短视频,达到自媒体形式的交际互动交流目标,促使好的文化内容通过分享感悟的形式达到交流传播的目的。

3. 文明交流互鉴目标

识别不同国家文化差异之处,寻找不同文明的共通之处。

① 学生在了解海派绒线编结的上海非物质文化遗产的同时,也可以分享自己国家的非物质文化遗产。让各国学生对非物质文化遗产有更广阔的了解,同时可以感受不同国家文化方式上的不同。

② 帮助学生理解各个国家因地域、形成历史条件等因素的差异,在文化层面确实存在差异,但在文明层面,却有共通之处,即我们在跨文化交际层面主张的"求同存异"的原则。通过留学生分享的自己所在国的非

物质文化遗产相关情况,实践"求同存异"原则,提升跨文化交际交流的能力,从而实现文明的互鉴交流融通目标。

三、具体实施

（一）教学法综合联动,实现语言交际技能、文化传播、文明互鉴交流等综合目标

该课程案例设计以"项目教学模式"为引导,通过项目前、项目中、项目后三个阶段的不同任务分配,让留学生在探究上海非遗"海派绒线编结"过程中,语言知识、语言技能、交际技能、文化感知、文化传播各方面都能有综合发展和提升,并且最终的作品可以便于互联网社交媒体平台分享,以达成"交际、文化、传播"多赢的综合目标。在每个过程都设计相应的评估机制,以确保项目实施的效果;并且在项目开始和结束设计对学生的问卷调查,以实际评估学生在整个项目过程结束后,目标的完成情况,以考察留学生的综合语言运用能力和文化感知水平提升情况,并且便于反思与日后改进。

本项目式教学设计按与"海派绒线编结"相关的不同探究兴趣点分成不同的小组,小组成员完成每个个体任务的同时,小组成员协作完成最终的项目任务目标是:一、"海派绒线花束"小组每人完成一种花型的绒线编结,并用视频介绍的方式展示成果,在老师同学互评后展示成果并发布社交网络平台。二、对海派绒线编结的市场化感兴趣的同学,可以就目前市场现状分析制作一个宣传视频作业;对海派绒线编结的美学和设计感兴趣的同学可以分析绒线编结元素用于服装、工艺品的情况,制作相应的宣传视频作业,并在老师同学互评后,将展示成果发布社交媒体平台。三、留学生通过了解上海非遗项目,分享自己所在国的非遗项目,分享感受,实现文明交流互鉴。

以上总的项目任务目标分解到每一个部分,具体内容如下：

第一部分　认识"海派绒线编结花束"

√ 留学生的文化学习方面：

①对上海是非物质文化遗产"绒线编结"进行基本认知,包括产生、发展、保留、传承的基本情况。②入选2022年北京冬奥会颁奖花束的过程。③上海非遗"绒线编结花束"的内涵寓意。④"海派绒线编结"中"海派"的含义。

✓ 留学生的语言方面:绒线编结花束的描述(种类、颜色、含义)。

✓ 留学生学习的形式:文化实践课、文化课;观看视频、直播;课程中的语言要点记录学习、操练。

第二部分　发现"海派绒线编结花束"

✓ 留学生的文化学习方面:

① 了解学生关于"绒线编结"的兴趣点,以便分小组进行相应有针对性的活动及作业。暂定三个小组:海派绒线花束小组、海派绒线编结市场推广小组、海派绒线编结美学艺术小组。课程/活动形式:问卷调查、兴趣表格等。

② 留学生观察收集身边的"绒线编结"元素,例如花束类、服装类、网购平台的其他相关商品等,对这些发现进行简单的评价、分析。完成自己的视频或PPT介绍展示作业,在班级内进行展示介绍分享。课程/活动形式:文化实践课,商务汉语课,艺术汉语课,作品分析解说等。

③ 通过实地参观走访上海非物质文化遗产——海派绒线编结花束的展示基地,传承人进一步了解入选2022年北京冬奥会颁奖花束的过程,以及冬奥会之后绒线编结花束的现状及市场发展情况。

✓ 留学生的语言方面:熟悉采访类语言点的提问、概括、观点表达等。

✓ 课程/活动形式:语言综合课、现场参观,分小组确定采访主题,每个小组合作形成自己的采访成果(文字、视频结合)并进行课程汇报。

第三部分　创造"海派绒线编结花束"

学生按小组任务分配可根据自己的喜好,选择一种花型学习简单编结过程,自己完成一个作品,整个小组完成一束花束;市场推广小组、美学艺术小组可以结合自己专业的特长,为上海非遗"海派绒线编结"花束的宣传制造一个方案,图片或视频形式。并进行作业结果汇报。

✓ 课程/活动形式:综合汇报课、茶话会等。

第四部分 推广"海派绒线编结花束"

① 先以文化课的形式帮助同学们聚焦"海派绒线编结"体现的文化内涵,即:在参与 2022 北京冬奥会的过程中,普通的群众(绒线编结人)以自己的方式参与奥运会,是中国人的"家""国"情怀的一种体现;残奥会的颁奖花束由残联组织残疾人编结完成,更体现中国人的一种"坚韧""开放包容"和"参与"意识,这些都是中国人的普遍价值态度与奥运会理念的一种契合。

② 学生按小组结合前面"创造绒线编结花束"的作业完成情况,整理制作自己小组的宣传视频,需要包括:介绍上海非遗"海派绒线编结"花束,自己的作品,过程中印象最深刻、感动的时刻,推广海派绒线编结的理由、方案等。完成后老师评审和不同小组同学互评。最后视频发布社交媒体平台,收集亲朋好友的互动反馈内容。以转发数、点赞数、完播率等综合评估传播效果和影响力。

第五部分 交流"留学生自己所在国家的非物质文化遗产"

留学生都来自不同的国家,文化需要互鉴,这个环节留学生可以介绍本国的一项非物质文化遗产,让大家了解留学生所在国的文化。体会在文化层面上的差异,而在文明层面的相通之处,实际践行跨文化交际中的"求同存异"原则,以提升跨文化交际能力。主要形式采用茶话会直播方式,便于学生最大程度线上线下参与沟通交流。

(二) 项目过程中的评估

项目执行过程中,每一部分设计过程评估方案及标准,以确保项目实施效果,主要评估手段有学生作业成果展示交流、语言点评价改进提升(采用口试、自评,及同伴互评的方式进行)、老师进行项目前、项目中、项目后的测试;项目前后对学生的调查问卷收集,以切实知晓学生在项目前后词汇量、语言点丰富度的提升;语言交际技能、交际策略的提升;学生参与每个部分的真实感受和反馈意见;学生在文化传播交流互鉴过程中的收获、遇到的问题和解决方案等,以获得真实反馈,便于今后在整体项目设计实施中进一步改进。

（三）项目后的反思

项目结束后，对整个项目环节进行回顾和反思，以真实的问卷调查结果来查看"项目教学模式"与传统教学模式在学习效果上的差异；通过社交媒体平台上展示学习成果视频引发的互动反馈情况来看宣传带来的影响力；以问卷调查的方式来看留学生所在国的非遗项目介绍展示的交流方式，在结果上是否更好地帮助留学生建立"求同存异"的跨文化交际理念和能力。根据学生对每个环节的反馈来看整个项目的日后改进的空间。

四、创新之处

（一）以真实的项目任务为目标，语言为工具

传统的中文教学都是以学会语言点为目标，在课堂操练后给学生一个交际任务辅助，以便学生学会语言点。传统教学模式只是让学生学会了语言知识和语言技能，但是否能运用这些技能就成了未知数。

本项目式教学以实际的项目完成为目标，在过程中学生需要用所学语言作为工具来达成项目任务目标，这样的创新有诸多优势，不仅可以让学生的语言知识转化成交际技能，形成中文的思维方式，增强文化感知力和认同度，而且，学生在整个项目过程中有自主权，自己设计展示作业成果，更容易激发学生的兴趣和积极性。

（二）深入生活、实地感受探究文化，传播文化

上海市非物质文化遗产不是死的历史，更需要活跃在今天的大众视野中。特别是2022年北京冬奥会采用"海派绒线编结"花束作为颁奖用花，更是让世界人民眼前一亮，我们需要顺势而为继续对"海派绒线编结"进行深入探究学习，并且将其作为国际留学生实践课的文化目标，不仅让非遗文化活起来，更可以成为文化交流互鉴的契机，让课堂进入真实的社会实践，让文化在其中流动起来。为讲好中国故事、传播好中国声音创造出更丰富的路径。

（三）留学生展示自己国家文化，促进文化交流互鉴

非物质文化遗产是全人类的文明财富，在项目文化交流互鉴环节中，为不同国家留学生提供平台介绍自己国家的非物质文化遗产，是不同国家留学生共同感兴趣的话题，能更好地达成文化交流互鉴。

（四）项目成果展示与社交网络平台相关联，促进文化传播，增强文化的交际互动

现今社会，社交网络平台的分享式传播成为主流，涉及我们优秀文化的分享作品需要重视在社交网络平台上的分享互动。本项目式教学案例的设计也结合年轻人喜欢在社交网络平台分享的特点，选取优秀的作品积极分享传播，让更多的人了解"海派绒线编结"的非遗项目。

（五）文化交流中实际体会"求同存异"跨文化交际原则

不同国家的留学生在分享自己所在国的非物质文化遗产时，就是一次不同文化间的碰撞，是学生真实体会"求同存异"跨文化交际原则的好机会，以便提升学生的跨文化交际能力。

五、教学总结与反思

项目前的调查问卷设计，需要更多选项以收集学生的兴趣点。由于疫情原因有很多留学生不能来学校，从调查问卷中选择学生兴趣点需要能结合线上线下的双线模式。对非遗项目的探究今后可以考虑成为系列项目式实践课程。

整个项目探究的每一个过程，参与学生的作业和过程评估的达标率需要进行分析，一般会出现前期兴奋，劲头十足，而后期参与率和达标率下滑的问题。在每个过程设置适当的奖励机制，以保证整个过程学生的参与度。同时整个项目的时间安排需要紧凑，阶段和阶段之间不宜间隔太久，同时也要避开学生考试前的阶段，防止学生为了复习备考而逃避参与项目。

每个小组的组员构成需考虑语言能力均衡搭配,以保证小组内的相互帮助和协调。每个阶段学生对自己学习的程度评分,学生间互评,帮助老师了解每一个学生在项目参与过程中的学习情况,及时予以帮助。

项目结束后对学生词汇量语言点的丰富程度做一个调查,与项目前的同等调查结果比较,来了解项目式教学模式的学习效果。

第二章
语言类课程教学案例

知之不难　好之不易

——以《汉语词汇概述》的教学设计为例

刘运同

一、案例简介

（一）课程和案例的基本情况介绍

1. 课程介绍

《汉语词汇概述》是针对汉语言专业本科生开设的一门选修课程。通过系统讲授，使学生了解现代汉语词汇的全貌，掌握现代汉语词汇的特点和有关词形、词义、词与词的关系、词汇与文化等基础理论知识，从而在学习汉语词语时具备全局观念，掌握一定分析现代汉语词汇的能力，将所掌握的词汇基本原理更好地运用于实践。本课程使用的教材为北京语言大学出版的对外汉语本科系列教材《汉语词汇教程》（万艺玲著）。

2. 案例介绍

案例记录和分析发生在《汉语词汇概述》课程学习过程的一次授课经历。在该次授课时教师根据教材提供的内容进行适当的扩充，引导学生观察现代汉语在使用过程中产生的新词汇，特别是由年轻人创造、在互联网上使用的新词语。帮助学生理解语言存在于人们的使用过程中，作为学习汉语的外国人也应该关注汉语的新变化。语言学习不仅存在于教室里，不仅只是向书本学习，还应该向生活学习。使学生认识到，汉语不是躺在书本上的死语言，而是存在于人们运用中的活语言。这样的扩展，不仅弥补了教材内容老化等问题，也更加能提高学生的参与和兴趣，使学生在学习过程中了解汉语，热爱汉语，增强学习的动力。

(二) 设计意义

我们认为,在学习的过程中提高学生的学习兴趣,让他们更加热爱汉语,是非常重要的。热爱汉语对帮助学生提升汉语水平,提高学生的专业知识学习以及学生综合能力都是非常有帮助的。

二、思路与目标

(一) 设计思路

在教学过程中教师不应该照本宣科,把课本的内容传授给学生就算完事。他应该根据具体的教学内容以及学生的需求,对教学内容进行适当的修改、补充。在学习过程中提高学生的兴趣,让他们感到有收获,感到汉语是一种有趣的语言、值得学习的语言。这对他们坚持学习汉语,不断提高汉语水平,增加对汉语和中国文化的了解是非常重要的。让学生在学习完汉语以后,在今后的学习或工作中多做对中国有益的事情,不仅需要增加各种活动让学生了解中国,热爱中国,还需要切实帮助学生学会汉语,让他们在学习过程中感受到乐趣。《论语·雍也》提到:知之者不如好之者,好之者不如乐之者。如果我们不仅帮助学生学习各种知识,而且能让他们感到学习的快乐,这比单纯教会他们汉语要来得更有价值。

(二) 设计目标

1. 知识目标

《汉语词汇概述》有一个章节讲授汉语词汇的构成。其主要内容包括如下一些要点:(1)普通话词汇的主要成分是北方话中的词,同时还吸收了一部分文言词、方言词和外来词,从而构成了丰富多彩的现代汉语词汇。(2)根据在词汇系统中的地位,词汇可以分成基本词汇和一般词汇。(3)根据词汇来源的不同,一般词汇中的词语分为文言词、新词、方言词、外来词、专门词语和简称。

2. 文化目标

现代汉语词汇的形成与现代汉语的发展有密切的关联。除了汉语本身的演化，社会文化的变化对现代汉语特别是词汇的发展产生了巨大的影响。语言不是一个孤立的系统，应该联系中国社会文化的发展进行说明解释。

3. 育人目标

词汇是语言中变化最快的部分，通过词汇的学习可以更好地了解汉语社会和文化的变化。语言学习其实是增加文化意识的捷径。我们想强调的是，学习过程本身也是一种成长过程，它可以让学习者从中获得满足和自信，更加自觉地投入到学习当中。

三、具体实施

本节将结合新词部分的讲授来说明我们的具体实施过程。

我们首先给学生教授一些教材中要求的基础知识，如新词的定义、新词的产生途径等等。然后完成一个课本上的练习，在所给的词语中挑出哪些是新词。如果此节的学习到此结束，我们认为，教师也算基本上完成了本节的学习任务。

但是考虑到学生是来中国学习的学生，在日常生活中跟中国人特别是年轻的中国学生有过交流的经历。我们在常规学习的基础上对新词部分的内容进行了深化补充。我们首先向学生提供了教师在 2017 年左右收集到的一些新词。为了简化，只提供了以字母 B 开头的一些词语（见下图），让学生来回答：他们认识其中的哪些词语。

bēicuī/悲催
This term is an abbreviation, coming from the sentence "one could not but weep at the sad stories". Like most new words on the internet, this term can cover several situations, including unluckiness, failure, sadness, and deep regret.

bēijù/杯具
The literal translation of this term is drinking cup, but in modern usage, it is a substitute for "tragedy" because both of these are homophones in Chines language.

běipiāo/北漂
This term refers to those people who don't have a steady job but drift around Beijing for their ambition. (See yimin)

běngōng/本宫
Originally this term was used by prince or princess to call himself/herself. In modern usage, it is used by some young girls to call themselves.

bìchí/碧池
The meaning of this term is very simple, because it is transliterated from English word "bitch". But if you know meaning of its Chinese counterpart (in Chinese, *bichi* literally means green water in the pond), you have to admit that the young people are very creative in language use. When they have to be rude they still want to be elegant.

然后教师对一些词语进行了简单的解释说明，并特别强调，新词就如同流行风尚一样，来得快去得也快。有的词语到今天已经不流行。同时也提醒学生，有些新词不那么有礼貌，使用时一定要注意场合和对象。然后我们布置了一个作业，要求学生下次上课时介绍一下他们在2022年学习到的新词语。

在第二次上课时，学生介绍了自己学习的新词语。经过同学的介绍，学生们学习到了更多当前流行的新词语，对汉语的新词有了更多的理解。

四、创新之处

从上面的案例实施过程可以看出，在专业课程的教授过程中教师可以根据教材的内容和学生的具体情况，对教材内容进行补充、修改。这样做的目的不仅是对讲授内容进行了合理的更新完善，也极大地提高了学生的参与和学习积极性，让学生在学习过程中对汉语更加感兴趣，在学习过程中感受到学习的乐趣,从而更加自觉地去努力学习汉语,增加对汉语和中国文化的理解。

本案例强调了学生学习过程中的收获,不仅在于知识的增加,更在于学习本身的乐趣和满足。在教学实施过程中,充分利用教师个人的积累和研究兴趣,在扩展知识内容的同时也实现了思政教育的任务。并且我们认为,让学生感受到学习的乐趣,增加自身学习的自觉性,这可能是比具体完成某一项知识目标的学习更有价值。

这里我们想跳出教学,从另一个角度来总结这次的授课活动。关于留学生的培养目标,国际中文教育领域有一个简洁的概况,叫做培养知华友华的外国学生。据考证,这种提法原本来自中国外交领域,例如全国政协外事委员会副主任韩方明先生曾发文称,要在外国留学生中间通过公共外交的手段大力培养"知华派",让绝大多数外国留学生能够形成对中国文化的喜爱,使他们也成为中国国家形象的宣传员[1]。在政府层面,2010年发布的教育规划纲要明确提出实施《留学中国计划》,其中提到,"作为我国教育国际交流与合作的重要组成部分,来华留学工作在我国建设国际一流大学、推动教育国际化等方面具有重要作用,在培育我国软实力、宣传和谐世界理念等方面具有重要意义",并明确提出"培养一大批知华、友华的高素质来华留学毕业生"的发展目标[2]。不过,很少见到研究者对所谓"知华友华"的内涵做出深入的探讨。根据一般的理解,"知"代表知识或认知,"友"代表态度或情感。因此知华友华概括了国际学生教育的两个方面的目标。同时这里的顺序似乎也暗示了这两个目标的顺序,"知华"是"友华"的基础,"友华"是"知华"导致的结果。我们教学改革的一个出发点其实来自我们对此问题的一些思考。我们认为,由于语言的线性的特点,"知华友华"的表述掩盖了二者之间更为辩证和能动的关系。二者并不是先后的关系,而是同步的关系。只是我们的语言无法准

---

[1] 郭凌宇:《全球化视角下开展国际留学生的知华友华教育》,《河北能源职业技术学院学报》2019年第2期,第27页。
[2] 于跃、王陶冶、马骏:《知华友华情感培养融入国际学生学业指导工作探究》,《北京教育(德育)》2021年第1期,第88—89页。

确地体现出这种复杂的关系。同时,这种复杂的关系不仅体现在结果上,也体现在过程中。知识的获得和态度情感的改变是同步的,而不是先后的(当然允许先后发生的情形)。对国际学生的培养,除了知识的传授,情感态度的培养也是非常重要的。对国际学生的培养(包括管理)的各个方面都可以并且应该参与到这个过程当中。认知的改变带来行为的改变。这个案例带给我们的最大启发是,教师及国际汉语教育的从业者要不断地反思国际中文教育领域及自己的变化,不断更新观念,不断改进我们的教学理念和教学方法,才能把留学生教学和管理工作做好,从而更好地服务国家的发展。

五、教学反思

（一）教学效果

由于是在教材内容的基础上进行知识扩展和非正式的讨论,国际学生能够最大限度参与教学活动。既做到了知识目标和思政教育的统一,也实现了教学过程中以学生为中心的理念。总体来说,学生比较喜欢这种教学方式,并表示收获很大。

（二）注意事项及改进思路

我们的案例要求对教材进行适当的补充和完善,就对教师提出了更高的要求。教师要广泛阅读,积累相关的知识内容,并熟悉教学对象——外国学生的知识背景,这样才能使补充和改动更有针对性和价值。

当然这样的活动也要结合整个的教学内容和要求,分清主要内容和次要内容,避免在一些枝节问题上花费太多时间。这要求教师对整体教学内容有较好的把握。

以学生为中心的学习方式,要求学生有积极参与的欲望,有丰富的知识储备。因此对教材的补充和改动也要适当,不宜改动太多,忽视了基本内容的学习,超出学生现有的知识水平。

贯通古今　融汇中外

——以《汉语词汇构成》的教学设计为例

潘海峰

一、案例简介

（一）课程和案例的基本情况介绍

1. 课程介绍

《汉语词汇概述》是面向汉语言本科（汉语国际教育方向）三年级留学生开设的，属于必修课程，主要目的是通过本课程的学习，使国际学生了解现代汉语词汇的全貌，掌握现代汉语词汇的特点和有关词性、词义、词与词的关系、词汇与文化等基础理论知识，从而在学习汉语词语时具备全局观念，掌握一定的分析现代汉语词汇的能力，熟悉各类词汇在语言表达上的作用，提高对现代汉语词汇的运用能力，最终达到熟练掌握、灵活运用汉语的目的，培养学生具备运用汉语传承与传播中华优秀传统文化的能力，树立科学的语言观与词汇观、正确的世界观、人生观与价值观。

通过本课程的学习，使学生具备以下素质与能力：1)汉语言表达与传播能力。掌握基本的语言理论和汉语言基础知识，了解汉语言语音、词汇、语法、修辞等方面的基本知识。2)跨文化能力。了解中国历史、地理、社会、经济等国情，并具备一定的国际视野，具有团队合作的意识和技能，能够在跨文化背景下进行交流与沟通。3)职业素养。具有人文社会科学素养、社会责任感，在汉语言文字、国际经贸等相关职业行为中，理解并尊重职业道德和规范，履行个体责任。

2. 案例介绍

案例选取课程第二章"汉语词汇的构成"（本课程所用教材为《汉语词

汇教程》,万艺玲,北京语言大学出版社)。本章内容共分两个部分:第一部分简要介绍语言中的基本词汇与一般词汇的特点、下位类别及其在语言中的功能;第二部分详细展示汉语中一般词汇的五大类别,文言词、新词、方言词、外来词、专门词语。

(二)设计意义

将现代汉语词汇分为三个层次六大类别,通过基本词汇与文言词汇及其相关知识的教学,使学生了解中华优秀传统文化,以达到文化传承与传播目标;通过方言词汇和外来词汇及其相关知识的教学,使学生了解汉语词汇的地域性与民族性,以具有文明互鉴与包容的心态;通过新词与专门词语及其相关知识的教学,一方面使学生了解百年中国经济社会发展史,另一方面使学生具备"中文+"职业技能。

二、思路与目标

(一)设计思路

汉语中的基本词汇具有历史悠久和社会普遍使用的特点,反映了汉民族对自然的原初理解与认知;部分文言词能进入现代汉语使用,代表了中华优秀传统文化的现代传承。汉语方言词是汉民族共同语的地域变体,外来词是各国之间的社会经贸往来和人文交流的产物,二者都反映了中华文化的多样性与包容性。各个时代的新词记录了当时出现的新事物与新观念,具有时代性特征;专门词汇表达了各专业或行业内的专门意义,并且不断发展出新的意义。

将上述六类词汇分为三个层面依次展开,通过基本词汇及文言词汇的实例教学域展示实现中华优秀传统文化的传承与传播;通过汉语词的地域变体与借入借出,展示中华文化的开放与包容,使学生理解文明的交流与互鉴;通过新词与专门词语的调研实现学生"中文+"素质的提升。

(二) 设计目标

1. 知识目标

（1）了解词汇产生、发展与生活环境、社会变迁的关系，从词汇产生与发展演化中了解当时社会文化的痕迹。

（2）掌握不同地域、不同语言中词汇差异的类型，并了解差异产生的原因；掌握汉语中词汇借入、借出的形式及其背后的文化原因。

（3）了解不同时代出现的新词新语及其意义与用法；了解不同领域、不同行业的专门术语及其意义与用法。

2. 交际目标

（1）能用基本词汇组合新词并用于交际，能用部分文言词汇进行庄雅表达。

（2）能使用部分方言词汇和外来词汇进行表达与交际。

（3）能听懂并理解新词新语、行业用语与专门述语。

3. 育人目标

（1）词汇具有社会性特征，词汇的发展与社会文化的发展有着密切的联系，词义的变化与一个社会的物质生产活动、社会活动以及人们的观念息息相关，一部词汇史就是一部斑斓多彩的社会历史图卷。词汇具有民族性特征，语言中的词汇及词汇化的程度反映了使用该语言的人们对客观世界认识的深度和广度；人们对客观世界的认识与其地域特征、生活环境密切相关；因此不同民族、不同国家、不同语言之间词汇空缺、词义蕴含差异是客观存在的，要正视这种差异，具有开放包容的心态，秉持"各美其美，美人之美"的理念，才能做到"美美与共，天下大同"。

（2）语言是人类用于思维和交际的最重要的符号系统，是人际沟通的桥梁，践行"一带一路"势必带来沿线国家语言的接触和融合，而沿线国家语言的接触与融合又会反哺"一带一路"，能更好地实现沿线国家间的"互联互通"——政策沟通、设施连通、贸易畅通、资金融通、民心相通，进而建立"人类命运共同体"。

三、具体实施

（一）基本词汇与文言词汇

首先，介绍汉语基本词汇的范围与类别。基本词汇反映了汉民族对自然的原初理解与认知，汉语的基本词汇大致包含七小类：

表示常见的自然现象、普通事物的词，如：天、风、鱼、笔

表示人体器官的词，如：头、手、脚、心

表示时令、方位的词，如：春、秋、南、北

表示基本动作行为的词，如：走、飞、吃、生

表示最基本性质状态的词，如：大、小、美、高

表示数量的词，如：一、十、百、千

表示人称和指代关系的词，如：我、你、这、那

其次，通过 PPT 图片、动画等方法展示部分汉字所代表的基本词汇来源，与学生互动猜测其现代字/词，进一步讲解其字形、字义的发展演化，一方面使学生了解象形、指事、会意等汉字造字法知识，另一方面理解汉民族对自然与社会现象的原初理解与认知。

第三，通过阅读短文、放映短片等情境法展示文言词在现当代汉语中的使用，一方面请学生猜测所听具体文言词的意义，找到现代汉语中相应的近义词；另一方面启发学生体味文言词出现的语体语域和具体语境，明白文言词的语用功能，并能使用文言词进行交际。

（二）方言词汇和外来词汇

首先，讲解汉语方言区及代表方言的基础知识。汉语方言词指来源于汉语方言，已经被普通话吸收的词语。一般认为中国有七大方言区：北方方言、吴方言、湘方言、赣方言、粤方言、闽方言、客家方言。普通话词汇在发展过程中，吸收了不少方言中有特色的词语。

其次，通过词卡展示、情境设置等方法请学生猜测方言词所来自的方

言区。如,来自吴方言的尴尬、名堂、嗲,来自湘方言的过硬、里手,来自闽方言的龙眼、马铃薯,来自粤方言的炒鱿鱼、打工等。然后通过对具体方言词汇意义及使用的讲解,启发学生体味中国各大方言区的经济发展、风俗习惯、生活环境等差异,及其背后反映的方言区人们的性格及认知差异。

第三,讲解外来词的基础知识及在汉语中的运用。按照吸收方式的不同,外来词一般可以分为音译(沙发、咖啡、克隆、逻辑、拷贝、尼龙、幽默等),音义兼顾(香波、托福、维他命、俱乐部、模特儿、可口可乐等),半音译半意译(绿卡、新西兰、冰淇淋、华尔街等),音译加表意语素(啤酒、卡片、爵士乐等),借形(T恤、X光等)几类。

第四,通过外来词基础知识的讲解使学生了解中外经济与人文交流历史,通过外来词的来源及具体词汇例释使学生了解当时的世界经济、社会发展情况。如"琥珀、玛瑙;狮子、骆驼;琵琶、唢呐;葡萄、石榴"是汉代吸收自西域的词语,反映了当时"丝绸之路"的繁盛景象;"世界、红尘、结果、解脱、烦恼、圆满"等来源于佛教的词汇进入汉语则反映了当时民间人文交流。而像"概念、错觉、否定、分析、法则"等一系列20世纪初来自日语的借词,则反映了自汉唐至20世纪初的中日交流史。

(三)新词与专门词语

首先,分阶段例示从20世纪初五四运动迄今的新词新语。如互助组;铁人、赤脚医生;热线、商品房、回头客、信用卡、收视率、出国热;媒体、接轨、促销、打折、定位;减负、双赢、脱贫、高铁、生态等,通过上述新词的阐释使学生体悟近百年中国经济社会发展史。

其次,请同学搜集整理汉语中与疫情相关的新词新语,如"新冠、核酸、方舱、大白、密接、次密接、逆行者、流调、封控、管控、防控……",做解词活动(来源、释义等)和语法分析(词性、造句等),同学们通过材料的搜集与课堂展示、互动讨论等环节了解中国疫情防控政策以及在这次全球突发公共卫生事件中展示出的"中国速度"。

第三,讲解专门词语的基础知识。并选取与学生专业学习密切相关

的行业或领域进行词语例释,如:

　　哲学术语:存在、意识、唯物论、辩证法
　　经济学术语:消费、价值、金融、流通
　　数学术语:加法、分母、平方、立方
　　商业用语:上市、旺季、滞销、盘点
　　交通用语:车次、晚点、航班、软卧
　　戏曲用语:老生、花旦、脸谱、行头

　　第四,按照领域与行业,安排学生分组调研,每组至少调研某行业领域内10个专门术语,并编制成一段短文或对话,课堂用双语(母语＋汉语)模拟展示。

四、创新之处

　　首先,教学理念创新。充分利用"翻转课堂",贯彻"用中学、做中学"的理念,通过安排学生实地调研、材料组织、课堂展示等形式,"贯通古今普方,融汇中外通专",在潜移默化中实现"文化浸润",完成对国际学生的"中国理解教育"。

　　其次,教学设计创新。巧妙地将本章教学内容分为基本词和文言词、方言词和外来词、新词和专门述语三个层次,在教学中实现了中华优秀传统文化的传承与传播,让学生体悟了文明交流互鉴的必然性与必要性,向学生讲述了当代中国故事并使学生具备了一定的"中文＋"技能。

五、教学反思

　　本案例将对汉语词汇构成的基础知识的讲解与对国际学生的"中国理解教育"巧妙融通,"贯通古今普方,融汇中外通专",首先将教学内容设为三大模块,然后每个模块采用多样化教学手段与教学方法,润物细无声地将对国际学生的"中国理解教育"融入专业知识的学习。三个模块层层推进,环环相扣。课程的知识、技能和育人三个目标三位一体,相辅相成。

课程设计中在兼顾基础知识的前提下,结合教学实际与学生具体情况,对课本内容进行了生发与升华,展示了中华优秀传统文化,彰显了文化自信,阐释了文明交流互鉴的必要性,同时通过实地调研、翻转课堂等形式向国际学生生动讲述了如"一带一路""中国速度"等当代中国故事,向国际学生展示了一个可信、可爱、可敬的中国形象。

各美其美　美美与共
——以《我在中国学大方》的教学设计为例

凌璧君

一、案例简介

（一）课程和案例的基本情况介绍

1. 课程介绍

《发展汉语·中级综合》（Ⅰ）以全面提高中级阶段汉语学习者听、说、读、写综合交际能力为主旨，适合已掌握基础汉语语法，学过2000—2500个常用词，具备基础汉语交际能力的学习者使用。本课程的教学对象为汉语言专业本科一年级学生（具备 HSK4 级水平）。该课程选材广泛，以反映当代中国现实生活为主，以便通过课堂教学加深学生对当代中国的了解；同时，注重语言与文化的融合，兼顾中外文化的沟通，以便加深学习者对中国文化的了解，增强跨文化交际能力。

2. 案例介绍

本案例通过对课文《我在中国学大方》的教学，旨在使学生能够(1)掌握副词"反正、就算、要不然"的使用语境与用法，并在口语交流中熟练使用；(2)了解中国的送礼习俗及其背后所映射的"面子文化"，并能与自己国家的送礼习俗进行比较；(3)了解中国的"面子文化"及其具体表现，并思考"面子文化"背后的深层历史文化原因。在教学中，通过课文学习、课下调研、课堂讨论等手段，诱导学生在中外文化比较中深入思考中国"面子"文化的具体体现、形成原因及其所反映出的为人处世的中国哲学。

（二）设计意义

2017年，中共中央办公厅、国务院办公厅印发的《关于实施中华优秀传统文化传承发展工程的意见》明确指出："中华文化源远流长、灿烂辉煌。在5000多年文明发展中孕育的中华优秀传统文化，积淀着中华民族最深沉的精神追求，代表着中华民族独特的精神标识，是中华民族生生不息、发展壮大的丰厚滋养，是中国特色社会主义植根的文化沃土，是当代中国发展的突出优势，对延续和发展中华文明、促进人类文明进步，发挥着重要作用。"

国际中文教育不仅仅要向学生传授语音、词汇、语法等语言知识，提升留学生运用汉语的听说读写的语言运用能力，更应将优秀的中华文化、中国人的思想哲学以"润物细无声"的方式融入日常的语言教学过程中，通过课堂教学、课后实践等方式让学生深入了解中华优秀文化，理解中国人为人处世的原则、立场与底层哲学，从而助力实现文明互鉴、美美与共的人类命运共同体。

"面子"文化是中国传统文化的重要组成部分，渗透于中国人日常生活的方方面面，具有强大的生命力。"面子"观念不独存于中国，但却在中国表现得尤为明显。100年前，美国社会学家明恩溥就将"面子"列为中国人的第一特征，认为"面子"问题是中国人一种重要而又典型的社会现象，渗透于人际行为之中，时常支配和调节着中国人的社会行为。自古暨今，"面子"根深蒂固地存在于每个中国人的思想中，在中国社会中具有相当重要的地位，几乎是无所不在地影响着中国人的言行举止、社会交往等，以至于研究中国文化的人都把它当作打开中国人性格特质的暗码箱的金钥匙。

因此，为了让国际学生更好地了解中国文化、理解中国人的处世准则，进而能够认同中国道路、中国制度，"面子"文化是至关重要的一个文化知识点。

二、思路与目标

（一）设计思路

本设计包括课前预习、课前调研、课中讲练和课后任务四个部分。基于翻转课堂的教学方法,由学生先自学生词、汉字和课文,并且按照要求提前对中国的送礼习俗完成调研,在对该课内容已有相当程度的了解、具备必要的基础知识后再到课堂上来集中学习与讨论,这样可以大大提高课堂效率,提升学生对于知识的掌握与运用能力。

课中讲练是师生互动的重要环节,学生在教师的引导下,加深对生词和课文的理解,提升学生对于语言点的综合运用能力。在课前调研的基础上,学生就各国的送礼习俗和面子文化进行交流与讨论,在跨文化的比较中,让学生理解中国面子文化的本质及其成因,以及与其他国家"面子文化"的差异。

(二) 设计目标

1. 知识目标

(1) 掌握重点生词:大方、小气、面子、传统、花招、观念、慈善、收入、评价等,能准确书写,能正确运用。

(2) 掌握语言点:为……而……,……要不然……,就算……等。

(3) 理解课文的意思,能熟练朗读课文,语调自然流利。

2. 文化目标

(1) 了解"大方"与"小气"的含义,并且能够阐述各自国家对大方与小气的不同标准。

(2) 了解中国人的送礼习俗与消费观念。

(3) 了解中国人的"面子"文化并能与自己国家的相关理念进行比较。

3. 育人目标

(1) 了解"面子"作为儒家传统文化精华的一部分,其丰富内涵不仅深入到了中国自古以来社会生活的各个层面,还体现了中华文化中具有深层意象的社会心理。中国人讲究人情,会常把"面子"一词挂在嘴边,这往往关乎个人的形象、尊严与荣誉,因此它也是用来解释和协调人际交往中人们需要遵循的一条行为准则。

(2) 了解中西"面子"文化的差异:面子分成两类:一类是积极面子,一类是消极面子。积极面子是指个体渴望正面的自身形象、性格或观点意见等受到他人的认可与称赞,相较于西方人,中国人对自己或他人积极面子的维护更为明显,他们十分重视自身的被认可度以及对他人行为表现出来的赞扬。消极面子则是指个体不愿受到他人的干预与制约或是不希望自身观点受到反驳的心理活动,西方文化便是倾向于对个人或集体消极面子的维护。

三、具体实施

(一) 课前预习

让学生课前完成两项任务:

(1) 预习生词与课文

(2) 通过各种方法(如请教中国朋友、上网、看书……)了解一下:给中国人送礼物时,有哪些问题需要特别注意(如送什么、送多少、怎么送……)

(二) 导入新课

什么是"大方"? 什么是"小气"? 文化背景不同,评价的标准也就不同。让我们看看这个在中国待久了的外国人,是如何渐渐学会"大方"的?

(三) 开展新课

1. 重点生词讲练

挑选重点生词,用 PPT 展示,首先让学生朗读生词,熟悉字形与读音;接着,讲解生词的核心搭配和用法,展示例句后,让学生造句练习;最后,配合选词填空练习进一步强化。

用法搭配例示:

(1) 期间:(在)……期间

(2) 说明:A 说明 B

(3) 待:待在……,待(了)+时段

(4) 在乎:面子/人/事,adv.+在乎

(5) 面子：要/爱面子，丢面子

(6) 花招：玩/耍花招，小花招

(7) 场所：……的场所，理想的场所

(8) 观念：……的观念，传统的观念

(9) 人均：人均收入，人均GDP

(10) 追求：追求小姑娘，追求自由

选词填空例示：

掏，期间，护身符，贺卡，说明

(1) 在中国留学（期间），他认识了很多中国和外国的朋友。

(2) 不管在什么地方，新年的时候他一定会寄给我一张（贺卡）。

(3) 他在书包里（掏）了半天，才找到自己的作业本。

(4) 他要在北京买房子，（说明）他想在北京一直生活下去。

(5) 那个运动员每次比赛的时候，都戴着他的（护身符）。

2. 课文讲解及语言点讲练

将课文拆解为三个部分讲解。每个部分首先请学生朗读课文，之后教师针对课文中的语言点、相关文化知识进行讲解，之后针对课文内容提出问题讨论，最后请学生复述课文。

第一部分（第1自然段）

➤ 语言点：反正你是外国人，不懂中国的习惯，不送也可以。

"反正"，副词，表示坚决、肯定、强调的语气。

(1) 指出原因，与"既然"相近，但语气较强。多用在动词、形容词或主语前。例如：

① 反正都来了，就好好地玩儿几天吧。

② 反正不远，我们走着云吧。

③ 反正你是我的朋友，我就不跟你客气了。

(2) 强调在任何情况下都不改变结论或结果，上文常有"无论""不论""不管"或表示正反两种情况的词语。例如：

① 无论你怎么说，反正我是不会跟你去的。

② 不管明天下不下雨，反正我都要出去玩儿。

③ 信不信由你,反正我不信。
> 讨论问题:
(1) 我第一次被邀请去做什么?
(2) 新人给大家敬酒时,客人们都要送上什么?
(3) 信封里钱数的多少能说明什么问题?
(4) 朋友觉得"我"需要送钱吗?我是怎么做的?
> 用以下生词复述课文

新年,邀请,婚礼/天气,唐装,鲜花,酒店/婚礼,热闹,敬酒,红色的小信封,贺卡,护身符/朋友,告诉,钱,说明,外国人,没关系/掏,塞,小气鬼

第二部分(第2—3自然段)

> 语言点:我还<u>因为</u>中国的物价低<u>而</u>感到惊喜,<u>因为</u>不用付小费<u>而</u>感到轻松。
我开始<u>为</u>中国朋友一次次的请客<u>而</u>感到不好意思,感到有压力了。

(1) "因为……而……",表示由于某种原因而产生了某种结果。例如:
① 有人说,女孩子不是因为美丽而可爱,而是因为可爱而美丽。
② 他常常因为紧张而头疼。
③ 他们因为经验不足而失败了。
(2) "为……而……":"而……"说明动作行为,"为……"引出动作行为的原因、目的或者对象。例如:
① 全家人都为我考上名牌大学而高兴。
② 要是全世界的人都为世界和平而努力,就不会有战争了。
③ 我要为实现理想而奋斗。

> 讨论问题:
(1) 刚到中国时,"我"因为什么事情而感到惊喜和轻松?
(2) 待在中国的时间长了,"我"有了什么变化?
(3) 你觉得中国人在什么情况下会说"不用""不要"或是"不客气"?
(4) 为什么"小气的人,就算他很有能力,也没有朋友"?

> 根据以下提示复述课文:
我明白的道理:

(1) 中国人说"不用""不要""不客气"——→千万别相信
(2) 在餐厅吃饭,不论环境多优雅——→抢着付钱
(3) 送人比较贵的礼物——→可以不撕掉价签
(4) 中国的传统文化中,大方是评价人的重要标准:

小气有能力——→没有朋友

大方能力不强——→有

第三部分(第5—7自然段)

➢ 语言点:小气的人,就算他很有能力,也没有朋友;而大方的人,就算他能力并不强,也会有很多朋友。

"就算……,也……","就算"后面是一种假设的情况,"也"后面是在这种情况下也不会改变的结果,用于口语,书面语用"即使……,也……"。例如:

① 就算你不告诉我,别人也会跟我说的。

② 就算下雨,我也要去。

③ 就算是发生在30年前的事,他也记得清清楚楚。

➢ 讨论问题:

(1)"我们"在聚会场所、付钱方式、送礼物上和中国人有什么不同?

(2) 今天,中国人"大方"的观念发生了什么变化,表现在哪儿?

➢ 回忆课文内容,试着补出下面这段话中没有出现的词语

朋友聚会,最理想的(　　)是咖啡馆,最自然的(　　)方式是AA制;最好的(　　)是一束花或是一瓶酒。就算是那些富人们,他们一般也不会花很多钱(　　)。今天,中国人的生活水平(　　)了,观念也变了,越来越多的人开始(　　)钱办学、修路、(　　)有困难的人。

(四) 课堂拓展与讨论

请同学汇报和交流课前调研结果,即给中国人送礼物时要注意什么,并且与自己国家的送礼习俗进行比较,在学生汇报的基础上,引导学生思考造成这种差异背后的文化原因是什么,不同国家中对"大方"和"小气"的标准有何不同,不同国家的人如何看待"面子",鼓励学生互相讨论与争

辩,在讨论过程中不断加深理解。

（五）布置任务

1. 拓展阅读

鲁迅.说面子[M]//鲁迅全集.北京：人民文学出版社,2005：642.

林语堂.中国人（全译本）[M].上海：学林出版社,1994：204.

2. 请以《……国人的"大方"和"小气"》为题写一篇作文,给大家介绍一下,在你们国家人们送礼的习俗是什么样的,是如何看待"面子"的。（400字以上）

参考词语和格式：大方、小气、节约、评价、标准、聚会、请客、送礼物、付钱、在乎、收入、捐、观念、为……而……、就算……

四、创新之处

1. 坚持将文化知识浸润于语言教学全过程。通过精心设计语言点讲练所需的句子,有机融合"面子"文化,充分发挥语言是文化的载体作用,使学生既掌握了语言技能,又了解了语言底层蕴含的丰富的文化知识。

2. 通过"主题式"探索,围绕"大方""小气"和"面子"文化,让学生自己收集资料,并进行跨文化比较,通过自己的整理和相互讨论了解跨文化差异。

五、教学反思

本案例重点在于让学生理解中西方"面子"文化差异在日常生活中的具体行为表现,如送礼习俗、请客习俗和消费观念的差异,进而引导学生思考该差异所渗透出的价值观的不同；但是若要深入理解中国与西方"面子"文化的相异点,还需要从"面子"的理论内涵上进行讨论与思考,鉴于学生的汉语水平局限,理论内涵差异只能作为课后拓展阅读让学有余力的学生自行阅读了解。

科学献血　助人利己

——以《西医汉语读写教程》第一课的教学设计为例

赵　莹

一、案例简介

（一）课程和案例的基本情况介绍

1. 课程介绍

医学汉语课程为医学类来华留学生在预科教育阶段的必修专业课课程，旨在培养医学类留学生学习相关专业所急需的听说读写技能，帮助学生掌握医学汉语的基本词汇、构词法、表达方式，使之能够顺利进入专业院校接受本科教育。在学习本课程时，学生的汉语水平应已达到或接近HSK 四级。

我们的医学汉语课程所用教材为《西医汉语读写教程》和《西医汉语听说教程》（王军主编，北京语言大学出版社）。两册各十五课，内容相互呼应，但编写体例各有侧重。

2. 案例介绍

《西医汉语读写教程》第一课《献血对身体有好处吗——血液系统》包括三篇课文：课文一《献血对身体有好处》、课文二《现代富贵病——血液"三高"》以及课文三《血液里面有什么》。本案例以第一课课文一为例，尝试从医学汉语课程之初开始探讨、摸索、探寻医学汉语教学的一般规律和方法。

通过课文一的学习，使学生初步掌握血液系统的相关知识，并深刻认识到献血不仅可以帮助别人，而且对我们的身体也有好处。科学献血，助人利己。

（二）设计意义

"献血"这一话题比较贴近人们的生活。众所周知，献血无疑是造福他人、有利社会的义举，但献血是否对我们的身体有影响？有哪些影响？这也是人们担心的问题。用"献血"这一话题引入第一课"血液系统"相关知识的学习，科学性和实用性并重，有利于引起学生的学习兴趣。

学生刚刚接触医学汉语课程，因汉语水平和专业水平所限，所学医学选篇的内容和难度以及教师的教学方式都需要经过认真的考量。第一课第一篇文章的教学，可以说奠定了此后医学汉语学习的基础，因此，本案例的设计，便具备了奠基的意义。

同时，如何将基础汉语的学习与医学汉语的学习有机地结合起来，使学生顺利、平稳过渡，减轻学生学习专业汉语的畏难情绪，树立学生学习的信心，这也是我们以第一课课文一为例设计教学案例的意义所在。

二、思路与目标

（一）设计思路

按照课文自然段落，分段分层次教学。在具体段落的教学中，注重基础汉语与医学汉语的有机结合，引导学生综合运用所学的基础汉语词汇和语法，分析课文结构，揣摩文章大意。待学生自主学习后，再进行医学汉语基本词汇的教学，并侧重医学汉语构词法和表达方式的总结、概括和讲练，使学生熟悉医学性、科学性的语言，具备举一反三的能力。最后，通读全文，通过师生综合问答，对课文中的医学知识进行总结复练。经过以上几个环节，使学生同时了解和掌握医学汉语知识和医学专业知识。

（二）设计目标

1. 知识目标

（1）汉语知识：掌握"氵"为部首的汉字；掌握由"量"构成的词；掌握书面语常用句式"……约……"。

（2）专业知识：了解献血的意义。

(3) 读写技能：能对所读内容进行分析，掌握相关信息。

2. 育人目标

为了鼓励更多的人无偿献血，宣传和促进全球血液安全规划的实施，世界卫生组织、红十字会与红新月会国际联合会、国际献血组织联合会、国际输血协会等将2004年6月14日定为"世界献血者日"。首次"世界献血者日"的主题是"献血，赠送生命的礼物。感谢您。"其宗旨在于通过这一特殊的日子，感谢那些拯救数百万人生命的自愿无偿献血者，特别是多次定期捐献血液的个人，颂扬他们无偿捐助血液的无私奉献之举；同时希望全社会对自愿无偿献血的重要性有更广泛的认识，鼓励更多的人，尤其是青年，成为合格的经常献血者，在需要拯救生命时提供可使用的最安全血液。2005年5月24日，第五十八届世界卫生大会决议通过，将每年的6月14日定为世界献血者日（World Blood Donor Day，WBDD）。

献血造福他人、有利社会的一面已为世人所公认。通过本文的学习，我们将使学生深入了解献血对献血者自身健康的益处，打消对献血可能带来不良影响的顾虑和偏见，鼓励学生正确全面认识献血，从而使更多的青年学生加入到自愿无偿献血的队伍中来，科学献血，助人利己。

三、具体实施

（一）导入

观看跟血液系统有关的视频，询问学生及其亲友是否献过血或者接受过输血，引入献血的话题，提出问题"你觉得献血对别人有哪些好处？对献血的人自己呢？"

请学生听课文录音，引导学生带着问题进入课文阶段的学习。在学习课文时，按照课文的自然段落，分段分层次教学。

（二）学习课文第一段

> 一些手术病人需要输血，所需的血液大部分来自人们献的血。适量献血，不但能帮助别人，对自己的身体也有好处。

1. 检查学生预习情况及把握文章大意的能力

请学生朗读课文第一段,引导学生综合运用所学的基础汉语词汇和语法,分析课文结构,揣摩文章大意。请学生根据课文内容回答以下问题:

1) 手术病人需要的血液来自哪里?
2) 献血好不好?

2. 讲练生词、构词法和表达方式,使学生熟悉书面语体

1) 通过图片,结合例句引入生词:

专业词汇:血、血液、输血、献血、手术

一般词汇:大部分、来自、适量

2) 讲解并操练语法结构:所+动词;对……有好处

3. 通过课文填空,对医学知识进行总结复练

一些手术病人需要_____,所需的血液大部分来自_____。适量献血,不但能帮助别人,对自己的身体也_____。

(三) 学习课文第二段

> 一个健康人的总血量,约占体重的8%,一个成年人的总血量约为4000~5000毫升。平时80%的血液在心脏和血管里,另外20%的血液储存在肝、脾等的毛细血管内。

1. 检查学生预习情况及把握文章大意的能力

请学生朗读课文第二段,引导学生综合运用所学的基础汉语词汇和语法,分析课文结构,揣摩文章大意。请学生根据课文内容回答以下问题:

1) 一个健康人有多少血?
2) 一个成年人的总血量大概是多少?
3) 血液在哪里?

2. 讲练生词、构词法和表达方式,使学生熟悉书面语体

1) 通过图片,结合例句引入生词:

专业词汇：心脏、肝、脾、血管、毛细血管
一般词汇：总、占、成年人、毫升、另外、储存
2) 讲解并操练语法结构：……约……
3. 通过课文填空，对医学知识进行总结复练
一个健康人的总血量，约占_____，一个成年人的总血量约为_____。平时80%的血液在_____，另外20%的血液储存在_____。

(四) 学习课文第三段

> 成年人的骨髓平均每天可造出15亿个血细胞，同时也有相同数量的血细胞死亡。骨髓的造血功能会随着年龄的增长而逐渐减退。坚持长期适量献血的人，骨髓造血系统不断受到激发，新鲜血细胞的比例明显较高。

1. 检查学生预习情况及把握文章大意的能力

请学生朗读课文第三段，引导学生综合运用所学的基础汉语词汇和语法，分析课文结构，揣摩文章大意。请学生根据课文内容回答以下问题：

1) 为什么人适量献血以后不会死亡？
2) 骨髓的造血功能不会改变，对吗？
3) 献血对身体有什么好处？

2. 讲练生词、构词法和表达方式，使学生熟悉书面语体

1) 通过图片，结合例句引入生词：
专业词汇：骨髓、血细胞、造血
一般词汇：造出、亿、死亡、增长、减退、逐渐、系统、不断、受到、激发、新鲜、比例、明显

2) 讲解并操练语法结构：……，同时……；随着……而……

3. 通过课文填空，对医学知识进行总结复练

成年人的骨髓平均每天可造出_____，同时也有相同数量的血细胞_____。骨髓的造血功能会随着年龄的增长而_____。坚持长期

适量献血的人，骨髓造血系统_____，新鲜血细胞的比例_____。

（五）学习课文第四段

> 适量献血还可以预防心脏病。一项调查发现，血液中含铁量过高，会明显增加得心脏病的风险，而适量献血可以使血液中的含铁量降低。

1. 检查学生预习情况及把握文章大意的能力

请学生朗读课文第四段，引导学生综合运用所学的基础汉语词汇和语法，分析课文结构，揣摩文章大意。请学生根据课文内容回答以下问题：

1）适量献血还有什么好处？

2）心脏病人血液中的含铁量：A 过高　B 过低　C 不低不高　D 不知道

2. 讲练生词、构词法和表达方式，使学生熟悉书面语体

1）通过图片，结合例句引入生词：

专业词汇：心脏病、预防、铁

一般词汇：项、调查、发现、风险；增加、减少、提高、降低

2）总结构词法：……量：数量、适量、总血量、含铁量

3）讲解并操练语法结构：过＋形容词；……，而……；使

3. 通过课文填空，对医学知识进行总结复练

适量献血还可以_____。一项调查发现，血液中_____过高，会明显增加得心脏病的风险，而适量献血可以使血液中的含铁量_____。

（六）学习课文第五段

> 适量献血还可以降低血脂。由于体力活动的减少和生活水平的提高，很多人的血脂长期处于较高的水平，俗称"血稠"。"血稠"会使脂肪堆积在血管壁上，最后导致动脉硬化，血管弹性降低。经常献血，则减少了一部分黏稠的血液，血脂就会下降，减轻了动脉硬化的隐患。

1. 检查学生预习情况及把握文章大意的能力

请学生朗读课文第五段,引导学生综合运用所学的基础汉语词汇和语法,分析课文结构,揣摩文章大意。请学生根据课文内容回答以下问题:

1）下列哪些是体力活动？哪些是脑力活动？

A 搬桌子　B 考试　C 写作业　D 打扫房间　E 听老师上课　F 打篮球　G 学汉语

2）适量献血还有什么好处？

3）为什么很多人"血稠"？

4）血稠会怎么样？

2. 讲练生词、构词法和表达方式,使学生熟悉书面语体

1）通过图片,结合例句引入生词：

专业词汇：血脂、脂肪、血稠、血管壁、动脉硬化

一般词汇：体力活动、脑力活动；俗称、堆积、弹性、则、黏稠、下降、减轻、隐患

2）讲解并操练语法结构：由于……,……；处于……水平；……导致……

3. 通过课文填空,对医学知识进行总结复练

适量献血还可以_____。由于_____的减少和_____的提高,很多人的血脂_____,俗称"血稠"。"血稠"会使脂肪_____,最后导致_____,血管_____。经常献血,则减少了一部分_____,_____就会下降,减轻了_____的隐患。

(七) 总结及综合练习

带领学生通读全文,对文章大意进行总结概括。提示学生注意重点词汇、构词法及表达方式。通过以下问题检验学生的学习效果：

1. 请你说说,献血有什么好处？（对自己,对他人等等）

2. 下面这些说法对吗？为什么？

1）人体内的血液都在心脏和血管里流动着。

2）经常献血的人血液里的血细胞数量会减少。
3）血液中含铁太少，是引发心脏病的重要原因。
4）适量献血可以减轻"血稠"，预防动脉硬化。

四、创新之处

1. 对课文进行分段分层次教学，对生词进行分类讲练

预科留学生刚刚接触医学汉语课程，其汉语储备及专业知识储备均不足，而医学汉语的课文又相对较长，内容比较丰富。因此，我们按照课文自然段，采用分段分层次教学的模式，化整为零，逐个击破，降低了学生的学习难度，提高了学生的学习信心。

在教学中，我们对生词进行了"专业词汇"和"一般词汇"的划分，在基础汉语与医学汉语有机结合的基础上，提醒学生注重医学汉语词汇、构词法及表达方式的学习及运用。

2. 大量使用图片和视频等多媒体材料，充分利用网络资源

图片可以使学生直观地了解所学词汇，尤其是专业词汇的意思，起到事半功倍的效果，因此，我们在课件制作时使用了大量图片，尤其是一些动图，同时结合贴近生活的例句，以期加深学生对医学词汇和表达法的理解和记忆。

此外，结合每课的教学内容，我们也搜集、整理了大量的医学相关视频资源，尤其注重搜集一些外文版本的资源。通过英语或学生的母语医学视频，使学生首先大致了解课文相关的医学知识，再结合专业汉语的学习，帮助学生掌握用汉语表达医学相关话题的能力。

同时，我们也鼓励学生自己搜集、整理、共享相关医学资源，建立小型资源库，为日后的医学汉语教学积累素材。

3. 基础汉语与医学汉语相结合，医学汉语与医学知识相结合

医学汉语的学习离不开基础汉语的学习，只有具备一定的基础汉语词汇量和语法结构等语言知识储备，才能更好地进入医学汉语阶段的学习。我们在进行医学汉语的教学过程中，也时刻注重引导学生综合运用

之前所学的基础汉语词汇和语法知识,并结合专业词汇和表达方式的学习,加强对课文的理解和把握。

如今,我们提倡"中文＋职业教育",医学汉语的学习不仅仅包括专业语言方面的学习,同时也要重视专业知识领域的学习。大多数医学类来华留学生毕业后将从事医疗领域的工作,对他们来说,语言是工具、是手段,其学习的根本目的还是医学专业知识的掌握和运用。我们的教学,在贴近学生的汉语水平和现实生活的同时,也注重系统化的医学理论知识的教学,这一点在每课课文三的学习中体现得尤为明显。

五、教学反思

通过本课的学习,可以使学生掌握一些医学汉语词汇和构词法,大致了解医学汉语的表达方式及医学性、科学性的语言;初步了解人体的血液系统及献血的重要意义,尤其是献血对献血者自身健康的好处。从而鼓励更多的人了解献血,自愿无偿献血。

不过,本课以及整个医学汉语课程的顺利高效实施,还受学生的汉语水平及医学专业知识准备,学生的自主学习意愿和学习能力,教师的外语水平及医学专业知识水平,教师的教学条件、教学手段及教学方法等因素的制约。

我们建议,为确保医学汉语课程教学任务的圆满完成,我们除了应督促学生在学好一般汉语和专业汉语的基础上尽量多了解医学相关专业知识,激发学生的学习兴趣,鼓励学生自主学习以外,作为汉语老师,我们也应提高自己的外语水平,同时补充语言教师比较欠缺的医学专业知识。在实际教学中,我们应注意教学方法的灵活性、多样性、直观性。目前我们会借助大量图片、视频等网络资源进行教学,如果有条件的话,我们也可以适当增加实际操作环节,如在实验室、解剖室、医院等完成相关课程的教学,或者带领学生进入医院临床科室、门诊等部门参观学习,从而提升学生的学习兴趣。

踏实尽责　育德育人
——以《最好的教育》的教学设计为例

陈旭静

一、案例简介

（一）课程和案例的基本情况介绍

1. 课程介绍

本次教学案例设计的课程是针对中级学生进行的综合课教学，课程结合"立德树人"的主题，设计了包括导入、生词讲解、课文内容提问和讲解、语法操练、课堂活动、综合练习等环节。每个环节的具体内容都与主题紧密相扣，力求让学生理解文意并感悟文中所传达出的精神。

2. 案例介绍

本案例所选文章为《发展汉语中级综合Ⅰ》中的第五课《最好的教育》。案例中对教学方法和课堂呈现方式有所展示，其中教案设计包含了课程实施的步骤。该设计是基于已有的教学实践的展示、总结和提炼，同时也反思了该种教学设计的不足之处。

（二）设计意义

此次设计是对课堂教学的一次尝试，同时也是对已有教学实践的一次记录。在该设计中教师尝试将"立德树人"的主题与课程完全融合，无论是在词汇讲解、课文分析还是课堂活动中，都将主题融入到了每次师生互动和生生互动中。"立德树人"并非直接告诉学生那是什么、应该怎么做。此次设计是希望学习者打开书在本课的学习中去理解，关上书再去生活中发现，最终与自己的内心真正结合。也希望通过这次教学设计，教师本人能够反思该优缺点,继续改进,达到最优的课堂教学效果。

二、思路与目标

(一) 设计思路

1. 本次设计需要突出"立德树人"的理念,起初我看到这个主题的时候觉得该话题很大,于是开始思考什么样的内容能够体现"立德树人"。在以往教过的课程中,我选择了两篇课文作为参考,分别是:《发展汉语中级综合Ⅰ》第四课《最认真的快递员》、第五课《最好的教育》,而通过对文章内容的反复琢磨和思考,最终选定了第五课《最好的教育》作为本次案例设计的课文。从内容上看,文中所讲述的人物故事和"立德树人"的主题是非常契合的。

2. 设计为综合课,是希望通过本课词语和课文的学习,教师能引导学生感悟课文中人物的珍贵品质。在课程开始就以真实视频采访为引入,能够为学生提供真实语料和情景,提示学生该主题或该话题并非只停留在书本中,而是在社会生活中会涉及真实情况。

3. 在语言知识的讲解上,特别是生词讲解,传统的讲解方式容易让学生感到疲惫和枯燥,即使学会读会写,但并不能运用。因此,我在生词和语法的学习中加入情景引入、师生互动、生生互动,设置考虑与主题结合的真实情景相关例句,一方面想让学生接触更多的相关语料,复习以前学过的词语,一方面也想让学生能在实际生活中运用。在生词讲解和语法操练中,例句与练习将会围绕主题进行,力求让学生在一个主题式的教学中学习本课。

4. 课文的讲解不应只是让学生简单地认读和理解,而是应该通过精读让学生明白其中所表达的深刻含义。学生带着对话题浅显的思考进入课文,在课文中再进行独立的、深入的思考和判断,最终不仅仅明白课文讲了什么,更重要的是感悟其中深刻的道理。

5. 在课程最后,本次案例设计了课堂活动。课堂活动选取模拟面试,学生可从"应聘者"和"招聘者"两个角度来将所学词语运用起来。在课堂活动中学生的自主性较强,同时还有角色互换的体验,让学生能够多面思考、换位思考,以不同的立场来认识、判断事物。同时,角色互换的设置也能让学生全方位地练习到所学的语言知识。

(二) 设计目标

1. 语言认知方面

(1) 掌握求职相关词汇"录取、当场、加薪、手下、助手、发展、合作、合同、签约",单音节动词"捡、劝、掀、盖、淋、握、签、端、服、尽"的运用;完成生词填空练习和课后练习三、五,正确率不低于95%。

(2) 能够准确理解并运用本课重点语法"……,可毕竟……、怎么V也V不C、V着V着,……、无论\不论\不管……,都……"

2. 技能方面

(1) 学生能完成一个模拟面试中的自我介绍、想应聘该工作的原因、自己完成这份工作的优势等。

(2) 学生能够准确地描述如果作为招聘者,他所需要的员工的特质。

(3) 学完新课文后,能够恰当选择本课生词及语法完成上述表达,并且做到口头表达清楚准确,不让听者误解。同时能够完成课后第十一题书面写作练习。口头表达要求发音、语法及书面表达要准确。

3. 学习策略方面

(1) 能够准确认读课程中展示的例句,并且能够理解句子所表达意思。

(2) 针对教师的提问,能够准备理解并回答出教师所设置的目标答案。

(3) 回答问题积极主动,在生生互动中能和其他同学很好地合作。

(4) 在教师引导下,能够自己总结出文章的主旨和课文所传达的思想。

(5) 能独立完成课堂活动中角色扮演的部分,清晰表达自己的意思。同时,能在活动中面对没准备过的问题和情况随机应变。

4. 育人目标

学生通过对课文的学习,理解并感悟到一个人无论做什么,认真负责是最珍贵的品质。一个老实、有责任心的人,通过自己踏实努力定能在社会上拥有自己的一席之地。同时,这些珍贵品质的养成也是来源于我们最初的老师——父母的教育,因此最重要的教育是每个人的家庭教育。通过"模拟面试"和"模拟招聘"的课堂活动,学生能够清晰地列举出自己心目中"优秀员工"应具有勤奋、踏实、努力的优秀品质。

总体来说,此次设计将"立德树人"主题和课文内容相融合,通过综合课的教学,让学生不仅能在语言知识上掌握跟此次主题相关的词汇,教师也能借助文章主旨更好地将"立德树人"的意义传递到每个学生的心中。教师启发学生通过自己的阅读、思考和感悟,领悟主旨,起到了润物细无声的作用。

三、具体实施

(一)组织教学

跟学生问好,眼神交流,简单口头交流,活跃气氛。课前简单的互动能够让大家进入到学习的气氛中。发出开始上课的指令。

(二)教学实施

1. 导入

教师提问:(展示PPT)(1)一个人的成长过程会受到哪几个方面的教育?(2)同学们认为以上哪一项对人生影响最大?请说说你的看法。(3)观看视频《学历和能力,你认为哪个重要?》,请说说你同意视频中谁的看法,为什么?

2. 学习生词

生词共分为两部分讲解,每部分方式大致相同。学生学习时需要先认读生词,随之教师展示PPT进行讲解。不同生词会使用如下方法来进行操练:(1)请学生直接读例句,教师加以解释。(2)对于意思较直观的生词,直接包含该生词的情景,以学生的不同答案确认学生是否理解。(3)根据所给出的前半句或者后半句,完成整个句子。(4)部分口语词设置A和B对话方式进行师生互动或者生生互动。

生词部分教师在讲解时很重视整个过程与学生的互动性。生词讲解本身是比较枯燥的,有效的互动能让学生紧跟教师的思路。同时,多样的讲解方式能够确认学生是否真的理解词义以及是否能在情境中使用生词。

生词讲解之后,教师带读。学生不看书,跟录音再读一遍。

> 录取、通知书、沿海、毕竟、人家、仓库、缝补、丢弃、碎、劝、露天、淋、当场、老实、责任心、服、捡、掀、盖

3. 学习课文

(1) 教师分段播放课文录音,学生边听录音边看课文。两人一组轮流读教材中针对课文所设置的问题,共同讨论找出答案。

最好的教育

王强和弟弟都接到了名牌大学的录取通知书。王强用借来的钱送弟弟上了大学,就跟一个亲戚一起去一个沿海城市打工了。

那个城市很美,王强的眼睛都不够用了①。

亲戚说:"不错吧?"王强说:"不错。"亲戚说:"不错是不错,可毕竟不是自个儿的家,人家瞧不起②咱们。"王强说:"只要自个儿瞧得起自个儿就行了。"

1. 王强的学习怎么样?他和亲戚一起去做什么?他为什么不去上大学?

2. 王强觉得那个城市怎么样?他的亲戚呢?

3. "只要自个儿瞧得起自个儿就行了",这句话是什么意思?

(2) 课文中的习惯用语和语法讲解。

语法讲解和操练是重点,不仅要求学生准确理解语法结构的含义,也要明白其语法功能,同时还要能在不同的情景中准确使用。语法讲解时会使用如下方法:1)请学生清晰、准确地阅读语法例句。2)教师在具体情景中讲解该语法的功能,并解释在何种情况下适合使用该语法。3)学生能够根据教师讲解语法完成句子填空和教材中的相应练习,并且符合逻辑,表达准确无误。4)部分易错语法,教师引导学生准确找出错误并且改正。

习惯用语的讲解教师先请学生读一读教材中所提供的例句，再做简单的解释。由于该部分并不要求学生完全运用，教学以学生理解和在多样情境中明白习惯用语的意思为主。

（3）分段讲解之后，请学生轮流阅读课文。学生在阅读时，教师针对学生的发音和有误之处进行纠错。

第二部分课文和生词教学组织方式同上。

4. 课堂活动

活动一：教材综合练习第十题，请学生做模拟面试。活动步骤：（1）情景说明：现在老师是一家幼儿园的院长，同学们需要来参加面试，请大家按照书上的要求，准备"自我介绍、应聘原因、工作的优势、你打算怎么教孩子"这四个方面的面试内容；（2）鼓励学生自己举手参加面试。若没人，可点人参与；（3）跟学生进行模拟真实面试情景对话。听完后请其他同学简短评价；（4）教师对学生表达中的错误进行纠正。

活动二：教师发起"我是老板，我要招聘！"的活动并介绍活动要求：（1）给你的公司取个名字；（2）可以根据老师提供的选项选择适合你招聘岗位的要求；（3）你作为面试官，设计至少4个你想问应聘者的问题；（4）请发布你的招聘信息。其他同学可以选择自己想要应聘的公司来进行模拟面试。其他同学观看过程并投票，选出最想去应聘的"公司"。

在活动（一）中，学生应在准备时间内完成"自我介绍、应聘原因、自身优势、打算怎么教孩子"这四个方面的面试话语准备，积极主动参与到与教师的模拟面试中。表达内容无大错，对于教师在模拟面试中的提问能随机应变。而在活动（二）中，学生应转换角色，将所学课文中所传达的主旨信息运用到招聘者的"要求、条件、提问"的设计中，积极说明自己的"招聘"条件。同时能够清晰准确地解释为什么如此设置。

教师设计此项活动的目的是希望学生在设定活动情境中作为求职者需要明确自身的优势，学会在求职时准确地介绍自己。其次，将学生进行角色互换，作为"招聘者"，不同学生的条件和要求会有所改变，同时由于对课文主旨的感悟，学生也会真诚地表达出自己重点关注的部分。其他同学也可以以此为参考，看自己的优势是否符合要求。

在该活动中，学生自主性较强，为了让每个人都集中听别人的介绍说明和积极思考，教师设置了投票的环节，只有认真听和思考才能选择你想参与面试的公司。需要注意的是在活动中对于学生表达中的小错作总结整理的时候提醒学生，在活动过程中尽量不要打断。

5. 布置作业

完成课后练习第十一题，写一篇作文，说一个跟父母在一起发生的有爱的故事。

四、创新之处

本次案例设计的特色是以主题式教学为导向，将词汇、例句、操练、讨论的设置都围绕主题进行，力求让学生沉浸在一个话题中，既牢固地掌握所学内容，也能接触并学会在该主题的不同情景中表达，从而强化整个课程主旨。

本次的创新点在于，从"立德树人"这个主题中，所选择的课文与主题的契合度很高。在教学中并非直接呈现何为"立德"何为"树人"，而是通过课文的阅读和学习，让学生在学习的过程中能够自主思考，启发学生思考什么样的品质是一个人优秀的、重要的、对其一生会有影响的品质，什么样的为人处世方式对一个人有长期影响。例句和操练的设置也并非完全脱离话题，而是在注重用法的时候，在细节方面也围绕该主题，学生在最后的活动部分也可用到前面学习到的内容。因此，本次教学力求达到话题沉浸式教学效果，启发学生思考的同时，也引导学生建立正确的价值观。

五、教学反思

其一，本次设计将话题与语言点学习结合，在生词讲解和语法讲解过程中在细节处也围绕"立德树人"的主题进行设置，力求为学生创造一个话题沉浸式的学习过程。但是也因此在某些词语和语法的用法展示中有了些许限制。如何平衡在主题中最大限度为学生展示生词和语言点的实际用法,成为在今后教学中值得思考的问题。

其二,在课堂活动中的生生互动部分可设计得更加多样化,招聘、应聘的活动内容固然能调动学生的积极性,但是若是想要学生更加深刻地理解"立德树人"的主题,多样化的活动是不可缺少的。因此,在教学中如何设计出能与主题紧密结合又能够让学生反复体会到主题精髓的课堂活动,也需要在今后的教学中有更多的探究与尝试。

心怀感恩　实现价值

——以《人生中最重要的三件事》的教学设计为例

杨昱华

一、案例简介

（一）课程和案例的基本情况介绍

1. 课程介绍

本课程是国际教育学院开设的公共基础课《中级汉语读写 A（1—3）》系列课程中的一门，针对汉语水平 HSK 4 级以上的学生开设。本课程的目标是全面发展和提高汉语学习者的汉语语言能力、汉语交际能力、汉语综合运用能力；培养学生利用目标语进行跨文化交际的能力，从所学汉语和文化知识中主动思考社会问题。采取巧妙有效的方式将正确的人生价值观引入课堂教学。将思政元素与党史素材、与语言点、文化点巧妙结合，"润物细无声"，引领国际学生知华友华。

2017 年被评为上海大学高水平大学示范课程。2018—2020 年，该系列课程建设获得国际教育学院院级课题立项。2021 年作为"党史融合"课程立项。

2. 案例介绍

本课从一个学生年轻时的梦想是"大房子、名车和看演唱会"开始讲故事，在经过了人生磨炼后回忆起人生中最重要的三件事分别是母亲的饺子、好友的存折和妻子的字条，分别展现了亲情、友情和爱情在人生中的重大意义。

本案例预设目标为让学生从生活中寻找相关事例，从而领悟人生中最重要的是什么，在物欲横流的社会当中如何保持一颗淳朴之心，懂得珍惜,懂得感恩,懂得回报。

(二) 设计意义

在疫情期间,如何引导国际学生正确面对当下形势,正确理解中国的抗疫措施,从而在国外政府和社会媒体对中国开展不实言论的情况下,能够实事求是地介绍中国的举措,能正面地宣传中国的形象。

二、思路与目标

(一) 设计思路
1. 从身边小事开展热身讨论。
2. 将课文内容与时事结合,引发学生思考讨论。
3. 用"习语"引导讨论,国家层面与个人层面互动。

(二) 设计目标
1. 知识目标
(1) 理解并正确使用重点生词和重点语法。
(2) 理解课文中出现的文化点。
2. 能力目标
(1) 理解课文并能对课文中的话题进行口头评论和书面表达。
(2) 培养学生的批判思考能力、理论联系实际的能力。
3. 育人目标
(1) 引导国际学生了解中国社会,如国家政策、社会发展、生活习惯等。
(2) 引导国际学生理解中外不同国情、不同文化背景。
(3) 引导国际学生理解中国"求同存异""人类命运共同体"的理念。

三、具体实施

1. 课前准备:关于生活中最重要的事情的小调查
方式:请学生采访5名受访者,记录他们的回答。调查问题为"在事业、金钱、健康、家庭、朋友、爱情等方面中，你认为最重要的三个事物是什么？"

结果：学生在超星学习通上反馈调查结果。部分结果如下：

第13课 讨论话题：人生最重要的是什么？
经历了新冠肺炎（COVID-2019），我相信你们对人生会有很多新的认识。
对你们来说，人生最重要的是什么呢？

MANHDUCVU 03-06 12:01
对我来说，人生最重要是健康。有健康什么事都可能做。现在有新冠肺炎，老师和同学们要保护健康，戴口罩出门，吃多营养的食品，多喝橙汁[呲牙][呲牙]
杨昱华 回复 MANHDUCVU：我每天吃一片维生素C。谢谢！03-07 11:43

DinhChinhDao 03-06 15:25
人生最重要是健康，现在冠肺炎的情况很严重，希望大家保护健康，出门的时候要戴口罩。

CEMEGEYOLACAN 03-06 15:31
对我来说，人生们最重要的是健康，每个人的健康是重要的，还有我们只有一条生命，我们不能对我们的身体做坏事。在中国很多地方的卫生间没有肥皂，我们的学校也没有，人们不常常用肥皂洗手，所以我们必须经常用肥皂洗手，戴口罩等等，多吃维生素富有的食物，多锻炼。
杨昱华 回复 CEMEGEYOLACAN：是的，所以我看到你们兄弟俩经常用洗手液。这是很好的习惯。我也要学习。03-07 11:44

MERTEFEYOLACAN 03-06 15:39
对我来说，人生最重要的是健康。在武汉的每个护士和医生都还没看它们的父母。是因为冠状病毒。我们应该洗手，带口罩，洗水果素菜等等。我们必须注意我们的自己否则结果可能令人恐惧。
杨昱华 回复 MERTEFEYOLACAN：管好自己，就是对社会的帮助。03-17 19:14

LUUTHIPHUONGANH 03-06 15:47
对我来说，人生最重要的是健康。
吃熟的东西，喝白开水，锻炼身体，出门戴口罩，回到家洗脸，洗手。
朱老师和朋友们每天健康
杨昱华 回复 LUUTHIPHUONGANH：谢谢！祝 03-07 11:44

JINNAPATTAEWIROON 03-06 15:56
黄慕华
我觉得人生最重要的就是身体健康，不只是身体健康，我们心理也要健康。每个人都有自己的目标和理想要去实现，我就认为有个好身体才能让我们的生活都过得很精彩，能过得很顺利，所以我们要好好的保护身体健康，才能活得更好！
杨昱华 回复 JINNAPATTAEWIROON：身心健康，说得好！03-07 11:44

可以看出，在疫情期间，学生们认为生活中最重要的是健康和与其密切相关的健康饮食和生活习惯、健康意识等。课前提问的方式可以避免学生产生先入为主的看法,从他人眼光里看世界也是一种学习方法。

2. 课中教学

① 重点生词讲解和练习

如:未来、青春、梦想、公正、回想、心灰意冷、报答

在和学生一起讨论了重点生词的意思以后,我们进行了词语扩展问答和讨论的教学。

在词语扩展问答环节,我们提问如下:一个人的青春梦想和他的未来有什么关系?如果遇到了不公正的情况,你会如何应对?去改变还是逃避?现在请你回想一下过去的生活,你有没有想报答的人?为什么想报答他(他们)?这一课的主题是关于"真情",你认为在社会中、家庭中真情存在于哪些方面?

学生的回答不尽相同。基本上都围绕着青春与努力、奋斗,梦想的实现,报答父母老师和他们的爱和关心,真情包括亲情、友情和爱情等。

引入习近平关于"青春"的讲话。"新时代中国青年要树立对马克思主义的信仰、对中国特色社会主义的信念、对中华民族伟大复兴中国梦的信心,到人民群众中去,到新时代新天地中去,让理想信念在创业奋斗中升华,让青春在创新创造中闪光!"鼓励国际学生不断提升自我,为本国本民族的发展、为两国友谊贡献出自己的光和热。

话题 1:生活是什么?

在肯定学生回答的同时，教师补充指出成长路上的挫折与失败也是必经之路。

话题2：什么是公平公正？

在讨论环节，我们一起讨论了关于国际关系方面的问题，比如中国的形象如何被真实地传达？作为中国大学的本科生，你们如何向外国人介绍中国等。

有很多同学认为外国故意批评中国是因为害怕强大的中国，有的人根本不了解中国的情况和中国人的生活，被政府媒体控制了思想。教师就在这时恰到好处地鼓励学生们用自己的亲眼所见和亲身经历去实事求是地介绍中国和中国人，宣传上海和上海大学。

在讨论"报答"的主题时，教师提醒学生也应该报答国家和社会以及所有帮助过我们的人，学会珍惜和感恩。

② 课文主题"真情"的扩展讨论

和学生一起朗读课文，复述课文中的三个小故事，分别从"亲情""友情"和"爱情"三个方面进行讨论。比如"三者对你来说哪个最重要？为什么？""我们如何建立理想的情感关系？""在爱情面前，亲情能让位吗？"等。

此外，还进行了朋友间互帮互助的事例分享和恋爱经历对于人生的启迪方面的讨论。

③ 趣味小视频讨论

每一课后都有一个趣味小视频，大部分是由国际学生自主拍摄的主题微视频。这一课中的微视频是关于"如何珍惜你的好朋友"。

> 我小时候生了一场大病,妈妈陪我去医院看病。那时候我要住院。妈妈整夜不睡觉一直照顾我。我打针的时候妈妈也抱我。
>
> 　　杨昱华 回复 WARISSARAFONGCHALEE :妈妈很伟大。　03-06 15:26

> SongpolMukdasanit
> 03-06 15:24
>
> 我小的时候,我感冒了,那时候爸爸不在家,所以妈妈背上我去医院,去医院的路上,我很恶心,然后就呕吐了妈妈的背面。妈妈真的很辛苦😂
>
> 　　杨昱华 回复 SongpolMukdasanit :就呕吐了,吐在了妈妈的背上。很辛苦。
> 　　妈妈不会介意的,她只担心你。　03-06 15:27

> TRANVANANH
> 03-06 15:28
>
> 陈云英:我回想小时候,有一次天气不太好,快要下雨了但是我很想去公园玩,妈妈怎么哄我也哄不好,非去不可,然后妈妈就带我去了。结果玩了一会儿,真的下雨了,回到家里的时候妈妈的全身都淋雨了,而我却无所谓。后来妈妈感冒了,好多天没好,她也不肯休息而一直照顾我,我觉得很对不起妈妈。然后我跟她认错,我说我下次不想出去玩了,妈妈温柔对我笑,说:"其实当初妈妈不让你去不是真的不想你出去玩,而是因为怕你淋雨感冒了。还好,感冒的人是我,只要你没事妈妈就放心了。但是下次你一定要听妈妈的话,不然你淋雨生病了,要吃药,妈妈会心疼的。" 我特别感动,从那个时候起,我就比较听话了,因为我知道妈妈真的为我好。
>
> 　　杨昱华 回复 TRANVANANH :太让人感动了!笑　03-07 11:37

> ANNAMAMMEDOVSERDAR
> 03-10 16:42
>
> 在我记忆中,回想到小时我的牙齿一直疼,因为我偷偷地去吃巧克力但是结果总是牙齿疼。有一天半夜我牙齿疼得很厉害了。真受不了那种感觉。妈妈在睡。我就去叫醒妈妈。妈妈就起来帮我找个药吃了。吃完后妈妈摸我的脸颊。我就睡觉去了。那天绝对不会忘记。我们国家有一句谚语,妈妈的手是灵丹妙药。无论如何,妈妈都支持我!
>
> 　　杨昱华 回复 ANNAMAMMEDOVSERDAR :妈妈的手是灵丹妙药。说得真好!　03-17 19:12

> REBECCASHIN
> 03-11 01:57
>
> 从小到现在,对妈妈我还是小孩儿。 我离开妈妈身边,第一次来中国时候,我听说,可能是吃饭了,还是小心地骑电动车,每时每刻,妈妈几个月都担心得没睡好觉。我一点也不知道了,可是我的姐姐们告诉我,妈妈其实这样担心你一定要知道妈妈的爱。
>
> 每次回到韩国的时候妈妈每天问我想吃什么,想干什么,想去哪儿。还有妈妈不让我做家务。我要做家务的话一直这样说,你在中国你一个人都干,在韩国休息一下再去,我来吧。
>
> 妈妈肯定不知道,但对我来说,随着岁月的流逝,原本显得越大的母亲看起来越来越小了。妈妈的时间不会等我,但是我一定会报答我的妈妈。

④ 课后实践

课文中讲的是一个男人经历了 20 年的风风雨雨之后,重新对人生进行了再认识。教师提出一个建议,请每一个学生写出 2 个目标,约定 1 年后来检查这些目标是否实现。学生们普遍反映这个活动十分有趣,参与度非常高。

四、创新之处

1. 用"习语"引导,从身边小事放眼世界。

学生对中国共产党、中国社会的发展史的了解程度并不一样。个别了解较多,大多数不甚了解。但学生对习近平主席都十分熟悉,因此我们把"习语"等相关的素材与教学内容相结合,通过这位"大朋友"的话语,与学生展开交流。

2. 语言与文化相融合,教学与实践相结合,传授与思辨相结合。

五、教学反思

本案例结合语言教学、人文教育和知华教育三个方面开展教学,利用线上教学和翻转式课堂的优势,预先解决学生在语言知识点上的理解问题,在课堂直播教学环节中更多地进行内容探讨、文化比较、价值观和人生观的分享与讨论。"知华友华"的主题是自然贯穿在整个教学环节中的。

一方面,学生掌握了必需的知识点,完成了教学的基本任务,提高了语言技能;另一方面,学生开拓了思维,增进了了解,在讨论乃至辩论中学会多角度、多方位地看问题。

从学生上课的情况和反馈来说,他们认为课程教学过程生动有趣,有比较多的表达机会,对提高语言能力十分有帮助。教学过程中,语言点讲解结合大量的图片进行分析和练习,给学生直观的感受,增强理解力。

需要注意和改进的地方有以下几点:

(1) 预习准备的材料和设想的话题有时候也会遇到学生共鸣度不高,参与度有限的情况。教师需要更好地了解学生需求和文化背景,选取更合适的材料。

(2) 在适当引入中国国情教育和知华友华教育的过程中,可能会听到不和谐的声音和回答,如何在课堂里正确把握讨论与批判的节奏,合理掌握尺度,也是值得教师思考的问题。

(3) 在讨论中由于学生家庭背景、成长环境和个人性格的不同,常常会有迥然不同的回答,有时候也会起争执。教师也要特别注意做好中间人和调解员,保障课堂教学正常进行。

使者有责　师者如是

——以《完璧归赵》的教学设计为例

包学菊

一、案例简介

（一）课程和案例的基本情况介绍

1. 课程介绍

高级汉语是汉语国际教育本科班的汉语言基础课程，每周6学时，持续一学年，共计12学分。授课团队面向大一的各国留学生，以《HSK标准教程6》为载体，致力于帮助他们全面提高汉语知识和应用能力。这届本科班的九名学生分别来自荷兰、也门、俄罗斯、越南、马来西亚、塞尔维亚和韩国，年龄在19—25岁之间。其中的大部分人获得了国际中文教师奖学金，接触中文的历史长则10年，短则3年。汉语既是他们长久学习的语言，也可能转化为未来的职业目的语，所以高级汉语课的教师对他们一贯有比较高的要求。

我自2021年开始承担高级汉语线上教学任务，逐步在一些课程设计中贯彻了"结构—功能—文化相结合"的理念。日常师生互动中，我也一直有意识地带动学生了解中国社会时事和当代建设成就，这些积累使我逐步明确了在国际生班推进课程德育的可能性和必要性。另外，我们的"上课地点"Classin是一款一对多的直播互动教学平台，该平台对于复制、模拟教育场景颇有帮助，其游戏策略、激励机制、协同模式、交流园地、作业平台等互动手段，为网课提供了较为全面的技术支持，同时也帮助本科班建构了一个虚拟学习社区。教学活动和师生交流的实现，正可借力于在线教室的实时授课功能和多样化的课堂工具。

2. 案例介绍

大一第二学期过半，高级汉语课进行到《HSK标准教程6下》的第27课《完璧归赵》，在对这个成语故事课文进行教学设计时，我发现根据学生的汉语水平和认知能力来看，这一课中语言学习任务虽然有一些挑战，但在小班课的有利条件下，帮助学生解决语言和文化学习目标的同时，完全可以发掘使者蔺相如历史故事中所包含的责任感、使命感，推动这些"准教师"思考自身作为语言文化传播者的职业理想信念。如何摸索和建构一条从使者指向"师者"的"立德树人"线索，以历史人物为核心，以语言操练为纽带，以中外楷模为激励力量，在课程德育中引领国际学生成了我的新思路。

案例实施时间为2021年春季学期，依托高级汉语这门综合课，授课总时长为8课时。在《完璧归赵》教学中，教师围绕重点词汇、话题和功能，帮助学习者运用和强化各项语言技能，在掌握成语故事基本内涵的同时，从文化知识、文化理解的层面和价值探寻的角度进入了一次不同以往的深度学习。在教学过程中，历史人物蔺相如的各个精神侧面经由师生的共同挖掘，不仅显示出中华优秀传统文化的魅力和品格，而且聚焦在一位外交使者对自身使命的坚守和担当。从课文语言点运用的基础上，成语故事还关联起了更多源于现实生活的楷模人物，他们出现在不同时期、不同国家，体现着共同的使命感，引发了汉语学习者的共鸣。

(二) 设计意义

这次深度学习中"立德树人"线索的建构，首先能够发挥典籍故事在传播中国传统文化方面的重要价值。从具体层面上看，案例从《史记》列传改编的学习素材中提炼了一些人物侧面，用以关联学生的现实经历、品德修养和专业精神塑造。而在宏观层面上，教师也探索了一种典籍故事与课程德育相结合的思路。虽然我们肯定这类历史、文化相关的叙事性内容对学生道德品质的陶冶、哲学思维的训练以及处世观念的引导的意义，但是如何基于语言教学，从中生发出现代价值和人生理念，对国际生产生润物无声的作用，还是需要有效的"方法论"总结的，而此次案例中的教师就展开了实践。

次之，就育人观念而言，案例中教学设计的思路面向汉语国际教育专业的本科留学生,强化了"师德为先"基本理念。考虑到国际学生德育目标的特殊性和"准教师"职业道德的普遍性要求,案例中的教育教学活动力图将国际中文教育专业信念融化进故事里,内化到学生的心中,推动他们从学习汉语"立言",到接受汉语人才的职业使命"立功",最后思考未来如何为人生大局和文化大势"立德"。虽然这种方向的建构必然是长期的工作,但从大一留学生出发,从一篇成语课文出发,都是积极而切实的尝试。

二、思路与目标

（一）设计思路

案例中要解决的主要问题是在完成语言和文化教学目标的同时,如何借助《完璧归赵》课文建构相对完整的"立德树人"教育线索,即实现"语言文化＋德育"二者的双线融合。

对于前者,在教学设计层面我的整体思路是从教材出发,参照《教师用书》的提示,依据"结构—功能—文化相结合"的模式,处理按故事时序出现的课文、词汇、语言点、篇章结构、历史文化知识。具体来说,第一课时为整体感知环节,让学生对"完璧归赵"的故事内涵、成语运用产生学习的欲望,了解课程完成时的产出目标;随后的第二至六课时,用于讲解故事内容的起因、经过、结局,而针对每个主要场景的语言教学设计同样是以结构为基础,以功能为导向,在文化内容上多角度开掘;最后的第七、八课时用于集中处理练习题,检验一周中学生陆续完成的口语和写作任务,结合此前的过程性评价,给出教师的总结性评价,再吸收学生自评、互评的要点,推动学生对自己掌握的内容进行反思和总结。

而后者则是本次教学设计的重点,为此,我希望通过梳理教材对典型人物代表性事件的记叙,从故事主体部分集中提炼出一些激励元素,以帮助国际生获得使命与担当的价值引领,其具体思路分为三步。

首先,随着学生逐步进入成语故事学习的氛围,在熟悉了故事的"起因"之后,教师将"经过"切分出三个重点场景,在每一个场景中提炼出蔺相如精神内核的一个侧面,着意进行现代转化和场景设置,让学生经由话题操练,分别体会人物无畏重任、智勇兼备、进退有据的典范力量。接着,结合语言操练的总结和拓展,为每一个侧面提供一到两个当代历史和现实中的榜样人物或事例,加强学生对这些精神特质的理解。这里作为关联例证的事迹既涵盖知名国际友人的故事,又联系中国人生活实际,既有适合语言学习的文本视频素材,又考虑到学生对时事热点的现实关切。最后,启发国际生在从古到今、中外兼有的人物故事里,通过写作和讨论归纳出其共通的责任感、使命感,并推动他们思考一个优秀汉语人才,在讲好中国故事、传播中国声音、促进中国与世界各国民心相通方面应有的作为和担当。

(二) 设计目标

通过以上双线教学设计思路的贯彻,此次高级汉语综合教学力求达到的目标主要包括以下三方面:

表 1 教学目标的具体表述

领域	目标
知识目标	通过操练,学生掌握 50 个生词中的 80%,能结合语境理解、运用; 理解"一贯""一直"等词语的辨析,运用的准确率提升; 了解"完璧归赵"基本内容和历史背景,能够大略复述和提炼要点。
能力目标	学生观摩历史故事影片场景,增强听力理解能力; 结合医生、记者、航天员的故事,分析、总结其职业精神,提高口头表达能力; 从领会事例到结合自身知识储备,学生能运用书面表达技巧,完成写作任务。
情感和价值目标	在自我期待中更加认可自身专业发展方向,并感受到中文教学人才专业信念、职业使命的重要性; 通过对历史人物和其他榜样人物的解读,在道德情操、人生修养等方面得到一定的熏陶; 增强不同民族、社会和国家之间的相互尊重、理解和团结的意识。

以上目标的达成,始终以语言知识学习、语言技能训练为载体,不脱离语言学习的核心。具体实施中又力争灵活地在中华传统文化、社会主义文化、革命文化乃至人类普世价值观念中建立多个辐射点,使之映照到汉语学习者自身,从而唤醒他们作为职前教师的使命感,实现整体设计的"立德树人"目标。

三、具体实施

将整体思路和设计目标贯穿于授课过程中,完成语言文化与课程德育两方面的教学任务,我们的工作实际持续了超过一个教学周。以下将简述其过程,并结合具体教学情境中的一些重点时段来说明。

(一) 整体感知,接受任务

一个《史记》中的经典性和传奇性故事,转换为教材中的改编课文,应该以怎样的姿态进入国际学生的视线? 又要指向怎样的语言教学价值和思想价值? 围绕这样的思考,我把第一课时设定为对成语故事的整体感知环节,努力使之为后续教学的开展和人物精神内核的提炼奠定导向,也让学生了解到教师对其学习成果的各方面预期目标,具体教学过程大体包括:

1. 热身:介绍并设置"完璧归赵"的适用场景,针对成语的运用和历史故事的认知情况提问。这就推动了学生初步的输出,使之意识到自己汉语知识的不足和表达的难点,产生了学习动力,也开始感受到中国成语文化的经典内涵和深厚魅力。

2. 感知:在线观看电影《渑池会》[①]中与"完璧归赵"情节有关的 12 分钟内容,按"起因""经过""结果"将之划为五个场景,师生共同梳理故事情节,对重点场景加以命名,为后续教学投影下整体图式,也形成了对人物特征的感性认知。借助观影活动,学生从影片台词中还体会到了典雅书面语的美感和力度。

3. 任务布置:首先是口语任务,即要求学生以同伴合作方式,选定"承诺赵王""初见秦王""再见秦王"中某一场景,课后练习分角色配音,上课时按组依序呈现。这就把以往内容复述类的练习方式,转化成了互动式、情景式、娱乐式的交际练习,期待学生经由合作学习和输出驱动,协作达成基于课文内容的口语成果,同时在思考和练习中也能不断深入情节和人物。

另外,写作任务是完成习作《正如"相如"》,即要求学生随着对蔺相如

---

① 李永民执导,河南大象影视制片有限公司 2012 年发行。

人物特征的理解,在中国社会各领域和更大范围的历史现实中发现有共同品质的人物,完成 300 字介绍,一周内提交。这不仅明确了与语言学习维度相关的思考和表达目标,也为提炼历史故事的价值指向打下伏笔,能够吸引学生从跨文化对话中深入思考人物的精神特质及普遍意义,加强文化互通互鉴的意识。因为习作要求已经提前在 Classin 发布,所以师生在明确人物精神气质上先展开了讨论,大家就影片形象提出了"正义""淡定""高尚""爱国""忠诚"等概括,也期待在课文学习中再深入总结。

接下来的教学活动中,我们就将按照第一课时铺展的线索,进入到以下主体内容中去了(见表 2)。

表 2 《完璧归赵》课文主体的学习线索

情节	场景名称	人物侧面	操练话题	关联例证	核心价值
起因	以城换璧					人类共通的责任感与使命感↓准汉语教师的使命与担当
经过	承诺赵王	无畏重任	对话设计:一位医生准备前往危险区域提供医疗服务,与家人商量的过程。	① 印度援华医生柯棣华家书中文版的部分语段 ② 中国医学生誓言文本	
	初见秦王	智勇兼备	心理独白:一位记者考虑自己的报道可能承受外界压力,想象其内心活动和处理办法。	中国新闻网短视频《竹内亮:用镜头记录疫情下真实的中国》	
	再见秦王	进退有据	讨论:除文中极端情况外,在当下生活中还发现中国人有哪些"朴素"的英勇和牺牲?	《中国青年报》《光明日报》对航天员邓清明的文字和视频报道片段	
结果	人璧两全				

(二)场景聚焦,触发思考

自第二课时开始,针对课文主体的教学活动随之展开,把握成语故事起因到结局的过程,其中的"经过"必然是重点。在进入第三课时后,我基本是按照热身、语言促成、价值拓展、补充练习、小结五个环节，循环式地处理课文的几个片段。比如在讲授第一个场景"承诺赵王"时，其中主要的语言教学环节和德育元素的推进就是按下表所示展开的。

表3　第三课时的教学设计和实施情况

教学实施过程	立德树人线索	主要补充材料
① 热身(5分钟)：依照口语任务布置，在课文学习启动之前，"承诺赵王"小组尝试对电影片段进行分角配音。结合故事背景和起因，师生讨论古代外交使者的职责。 ② 语言促成(20分钟)：处理课文和生词，开展重点词汇和语言点的练习，提炼出两难处境中表明抉择的话语结构，"A……，若是……；B……，那么……。因此，……。"给定工作跳槽、感情抉择等日常话题，让学生开展单人口语操练。 ③ 价值拓展(10分钟)：给定新话题，即表现一位医生准备前往危险区域提供医疗服务，与家人商量的过程。两人一组设计对话。总结评价学生的表现，再以柯棣华家书为素材，请学生根据其内容模拟父子对话。简要还原人物事迹。 ④ 补充练习(13分钟)：以《医学生誓言》为快速阅读材料，师生讨论医学生的自我要求、理想追求，以及医者的职业使命。 ⑤ 小结(2分钟)：归纳重点词汇、语言结构，教师提示一个"汉语使者"应具备的使命感。	感受蔺相如自荐出使，勇担重任的态度，启发学生思考古代知识分子的政治道德。 学生随课文讲解深入发现人物特点，总结出无畏、理性、重诺言等侧面。做自我关联思考。 学生完成与医者的内心对话，感受其职业使命感。 体会医者受命于人类健康事业的"大爱"。 了解中国医生作为专业人士的精神起点，理解中外医者共同的价值标准。	配音场景提示 场景（一）承诺赵王 38:12-38:52 关键词 • 磋商 • 安危 • 荣辱 • 动身 印度援华医生柯棣华家书翻译版片段 "亲爱的爸爸，我已向杰弗拉吉·梅塔医生咨询了援华医疗队的事……他告诉我此行可能存在的风险，包括生命危险、中断学业和失去工作机会等。我已递交了申请，希望通过展现我的真诚和优点能被选上。"（《人民日报》2015年05月28日21版） 医学生誓言（中英文版） OATH FOR A MEDICAL STUDENT

就这一课时中每个教学环节的实施来看，师生从成语故事的起点过渡到对中外医者职业精神的思考，初步进入了对使命与担当这一价值观念的探讨。经过教学实践证明，我们发现可以从中汲取成功或失败经验的环节主要在于：

1. 热身。尽管学生配音的词汇量、流畅度等都只能凭借自己已有基础，但替人物"代言"的任务确实带来了压力、动力和输出的愿望。而其他人通过欣赏同学的配音表演，也得以切入对场景中人物特点的讨论和总结。不过，教师在这一活动上要考虑更多细节问题，如学生语速、组员搭配等。

2. 价值拓展。以医生的抉择为话题时，学生往往会想到疫情中中国医生的表现，表明了他们对刃身生活和中国社会的关心。进入他们对话设计的"医生形象"一般都很真实，双方会涉及个人安全、家庭责任甚至收入等主题，这让情境对话更鲜活却更不可控。所以，在语言操练的空间中，有效明确到对榜样人物精神内核的理解，还需要教师加以总结和规约。

3. 小结。这里的小结只是针对语言层面的总结，对于人物精神侧面的明确还不够，所以学生在故事情节、补充材料的多维度作用下，可能一开始有"失焦"的困扰。发现这个问题后，我们在后面三课时的教学中都做了弥补和改进，也推动了学生去思考自己作为汉语专业人士应具备哪些品格。

在处理课文主体部分的其余时段中，尽管教学内容在推进，但上表五个环节的进行都具有近似性、可循环性，所以此处不再对第四至六课时加以描述。后续进程中的主要不同是在"价值拓展"和"补充练习"部分，教师提供的话题内容、操练类型都有变化。相对来讲，在对话、独白、讨论几种练习方式中，学生还是倾向于独立操练，这可能因为在线教室对"学生—学生"互动的支持条件有限。

（三）总结成果，评价提升

教学中的最后两个课时用于对最初布置的口语任务加以复现贯连，

对写作任务加以检查、评价以及处理教材习题。课程开始时的配音任务已经陆续完成，那么整体总结时如何再现故事内容呢？我们借助了思维导图中的"故事山"模型，接力复述了"以城换璧""承诺赵王""初见秦王""再见秦王""人璧两全"的情节，还根据学生表现点评了"记忆最佳""情绪最强""古文最美"等口语表达特点。

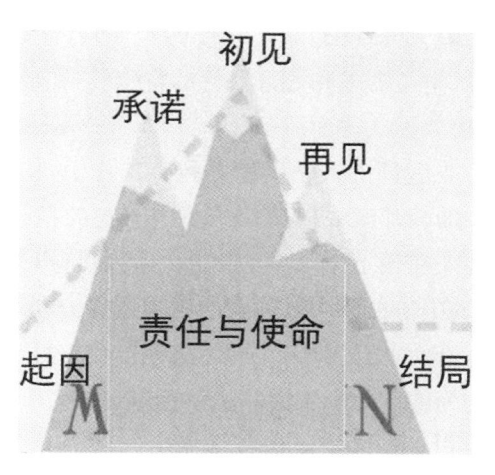

图1　课文内容的"故事山"模型

在课文内容全部呈现完毕时，从人物蔺相如和若干补充例证中凝练出一条主线，虽然显得水到渠成，但也有不言不明的阻隔，因为有的学生还是会结合自己的教育背景和个人体会，形成一个独有的"蔺相如"，这就如同"一千个读者，就有一千个哈姆雷特"。在允许这种个性表达的情况下，我们再面对学生的习作《正如"相如"》就会比较从容。学生有的认为自己学过的曹操的诗中就体现着强大的使命感；有的因为秋季读书周而知道了美国记者埃德加斯诺，从他身上看到了和柯棣华一样的力量；有的则关注到了中俄两国历史上都存在的无名战士……当然也有对作业一贯缺少热情的同学在Classin上只留下了几十个字。对于每份作业，教师都提前给出了意见，并在言之成理和言之动人的标准下，提供了三个佳作介绍的机会，请同学们互相欣赏作品。

在各项作业评析结束后，我肯定了学生在这一课中的表现，称赞他们又一次完成了"汉语使者"的职责，更进一步地走进了中文和中国，也鼓励他们可以像医者、记者那些专业人士一样，为他们长久学习、热爱的语言和文化承担更多使命。

四、创新之处

以上案例在汉语类课程中开辟"立德树人"的教学思路，充分考虑了国际学生教育背景、学习需求和德育目标的特殊性，在成语故事课文的平台上，为课程打造出如下几方面特色：

1. 多元榜样。在我国的大学生思政教育工作中，榜样激励是一种常见的路向。案例中的教师就是以成语故事中人物的精神力量为基准，启发国际生联系中国人在当下生活中表现出的使命与担当、智慧与勇气等优秀特质，从而进入中华民族历久弥新的精神世界。同时，教师也为国际生在自我人格塑造方面补充了若干"国际典范"，让更具身份相似性、更能召唤认同感的人物为他们的人生道路提供示范。

2. 双重路径。以上授课实例是参照"结构—功能—文化相结合"模式进行设计的，实践证明这也是比较贴合叙事类课文的教学思路，能够在语言和文化的双重路径中推进学习目标的达成。在不动摇语言知识和技能训练的基础上，案例中的教学活动挖掘历史文化的优秀内涵，结合当代中国生活和价值观念，面对国际生有的放矢地开展主流价值观、师德准则教育，引领着国际生对中国社会文化的全面理解和专业成长方向。

3. 单向指引。在众多的榜样力量和学习指标中，国际生接受到的德育内容丰富厚重，但为了避免这些内容散漫失焦，就需要教师不断聚合他们接受到的角度，将相关例证都归纳到最适合学习者内化的方向，提供集束式的指引。案例中的做法是将这种指引带入到国际生正在进行的中文学习活动，提出"使命与担当"的核心价值，让他们汲取中国的文化自信力量，肩负起运用、传播中文和推动世界文明交流互鉴的责任。

本项案例建构起上述三方面特色的同时，教师也尝试在一些微观的教学设计上开辟新思路，加入新创意，我们称之为"话题纽带"和"友人力量"。第一，在语言与文化、中文教育与品德塑造之间，始终依靠具有情境性、功能性的话题和表达活动,发挥学习者的能动性,从言说达成理解,从开口变成入心,从写作促成自勉。第二,突破中外界限,充分容纳当代历史和现实生活中国际友人的事例,既为国际生提供语言学习的榜样,也借助这些知华友华的楷模传达美美与共的价值观念。

五、教学反思

对于在语言类课程中融入德育内涵,以上案例中的教学设计和实施过程可以说提供了一些有益的思路。面对教材中比例不小的叙事性课文,汉语综合课教师在"立德树人"线索的建构上,还是可以从《完璧归赵》这一课中汲取几点具有普遍意义的经验的。这主要包括:

1. 授课实例初步印证了"结构—功能—文化相结合"模式对成语故事教学的适用性,也提示我们语言贯连文化、文化涵育美德的教学理念在国际中文教育领域是有据可依、有章可循的。

2. 语言教学过程中"立德树人"的思路是需要经过整体设计的,那些碎片式、偶发式的思想启迪、品德培育可能对于国际生的人格塑造意义不大。案例中目前是一个教学时间单位,那么未来可以升级到按课型为单位,进而融入整体培养计划。

3. 一线教师可能永远要面对类型多样、内容广泛的汉语教学素材,发挥其"立德树人"价值需要回归中国历史文化、当代文化的土壤,在此之中识别那些蕴含着人类共同的真善美的种子,定位那些中外一致的思想认同、情感认同的取向,将汉语教学资源打造为民心相通的载体,而不是单向发送的"信号"。

当然,案例中呈现的教学过程更有一些失误和教训,需要引起我们反思:教学的主体部分构成了课上热身、语言促成、价值拓展、补充练习、小结五个环节,这个相对稳定的教学流程值得肯定,但如果为了增强课程德育的重要性,其中有些环节是可以考虑课下实施的;整体感知环节虽然可以将历史故事的全貌呈现出来,但也限制了学生探索故事脉络未知性的空间,他们并不像母语者那么熟悉"完璧归赵"的情节,这反而是他们能对故事内涵做出新释义、新理解的优势,影视资料的形象化或者说固化效果可能带来的影响是正负两面的;在作业《正如"相如"》的观摩、反馈和评价环节,教师应该预见到学生基于多元文化背景和对写作主题的多重理解,可能产出的内容与期待目标相左,那么写作练习的分层级设计、教师对作业过程的参与和指导就显得很有必要,而这些是可以借助在线教室的作业平台进一步实现的。

最后,当我们从教学案例的一线实践走出来,走入国际中文教育"提质增效"发展的宏观格局中,更需要认识到,面对来华留学生以及海外的汉语学习者,我们的教育教学活动同样包括了培养什么样的人、如何培养人的问题。在教育部的《来华留学生高等教育质量规范(试行)》中,对来华留学生的人才培养目标有四个方面的表述,其中的"对中国的认识和理解""跨文化和全球胜任力"提出了这样的要求:来华留学生应当熟悉中国历史、地理、社会、经济等中国国情和文化基本知识,了解中国政治制度和外交政策,理解中国社会主流价值观和公共道德观念,形成良好的法治观念和道德意识;来华留学生应当具备包容、认知和适应文化多样性的意识、知识、态度和技能,能够在不同民族、社会和国家之间的相互尊重、理解和团结中发挥作用。可见,与语言能力和学科专业的培养并行,国际汉语教师对于世界各国的中文学习者还有更深远的责任,而对"立德树人"理念的践行正是为了引领他们认识中国、理解中国,成为博学通文、雅正高尚的君子和民相亲、心相通的使者。

相知是情　相识是缘

——以《中哈友谊源远流长》的教学设计为例

王 蕊

一、案例简介

(一) 课程和案例的基本情况介绍

1. 课程介绍

本课程选自天津天狮学院来华留学生的一节汉语阅读课,天狮学院来华留学生主要在我校学习汉语进修课程,学制 2—3 年,学生完成汉语进修课程并通过 HSK 6 级考试后,可选择升入本校专业课程学习或者申请天津市其他高校学习。

天津天狮学院留学生主要来自"一带一路"沿线国家,包括俄罗斯、哈萨克斯坦、塔吉克斯坦等国,其中又以哈萨克斯坦留学生为主体。因此本课程教学对象是汉语中级班留学生,约 30 人,学生已经学习了一年半的汉语课程,具有一定的汉语基础并且大部分已通过 HSK 4 级考试。

2. 案例介绍

本次阅读课的案例材料选自习近平总书记 2013 年在纳扎尔巴耶夫大学对哈萨克斯坦大学生的讲话。文章难易度适中,结构严谨,条理清晰,内容感人至深,以平凡人的伟大事迹歌颂了中哈友谊,立意深远,便于课程最后升华主题,引导学生热爱和平,珍惜中哈友谊,共建"丝绸之路经济带"。

(二) 设计意义

中级汉语阅读课的教学对象已具备一定的汉语基础知识以及"猜词"

等具体的阅读技巧,因此在教学实施过程中教师应该突破传统的"教师输出为主"的模式,增强课程趣味性和互动性,让阅读"活"起来,训练学生统观全文,抓大放小的阅读技能。同时引导学生建立图式,增强阅读材料代入感,在提高阅读能力的基础上最终提升学生跨文化交际能力和共情能力。

二、思路与目标

(一)设计思路

本课程总体设计思路为"阅读技能与情感渗透双轨并行"。在每一项阅读技能的训练过程中都将"立德树人,增强学生共情能力"融入其中。详见思路图:

课程导入: 习近平总书记讲话视频	课程讲解: 1)通读全文,展示文章思维导图 2)重难点语言点讲解 3)知识点强化练习	课程总结: 阅读主题升华
⇩	⇩	⇩
训练技能: 以"听说"辅助阅读;建立阅读图式。 情感目标:通过播放视频和互动讨论两个环节,引发哈萨克斯坦留学生的共鸣。	训练技能: 培养学生"自上而下"和"自下而上"相结合的阅读技能。激发潜在因素和学习自主性。 情感目标:在互动练习过程中加深对阅读材料的理解,将情感培养和学生的新奇感、参与感渗透其中。	训练技能: 培养学生总结全文要点和口头表达能力。 情感升华:鼓励学生从身边的小事做起,为中哈友谊,为"一带一路"建设做出自己的贡献。

(二)设计目标

1. 知识目标

能够正确理解文章含义,对行文顺序和篇章结构有宏观上的把握;能够正确运用重点讲解的语言点。

2. 能力目标

能够自如运用"自上而下""自下而上"和两者相互结合的阅读技能；能够将所学语言点知识运用到日常生活中；能够条理清晰地表达自我观点。

3. 育人目标

通过学习本文能够理解中哈友谊源远流长，在当前"一带一路"倡议下，鼓励更多哈萨克斯坦青年践行这一优良传统。引发学生共情，感召留学生从自身做起，进而达到立德树人的情感目标。

三、具体实施

（一）课程引入（读前阶段）

播放视频：习近平总书记2013年在纳扎尔巴耶夫大学对哈萨克斯坦大学生的讲话新闻节选。

教师提问引导，唤起学生脑中已有图式："我们班很多同学都来自哈萨克斯坦，那么我们一起来看一段新闻，请大家认真听，然后把这则新闻的主要消息告诉我。"

挑选2—3名学生概述新闻主要内容。借此引出中国与哈萨克斯坦之间的友好交往以及"一带一路"倡议等背景知识。

（二）课程讲解部分（读中阶段）

1. 要求学生快速浏览全文，画出本文的思维导图，并将自己的结构图通过"课堂派"拍照上传。

教师引导："好的，大家说的都很好，那今天我们来一起读一篇歌颂中哈友谊的文章，这篇文章来自习近平主席在纳扎尔巴耶夫大学的演讲。"在大家快速阅读后，请你们画一张你理解的文章结构图。画完之后请大家通过"课堂派"拍照上传，我们一起来看一下。

学生：展示并讲述自己对文章材料的理解。

教师：展示文章的逻辑思维导图。

教师展示全文框架,并且带领学生了解全文结构,使得学生对所读材料有宏观上的把握。

2. 语言点讲解部分(篇幅所限,仅展示部分语言点讲解)

讲解重难点词汇与句式,在文本的讲解过程中设计随文练习,通过随文练习强化学生对阅读关键点和具体阅读策略的掌握。

(1) 重难点词汇:

| 传诵 | 辗转 | 举目无亲 | 贫病交加 | 接纳 |
| 激励 | 血源 | 使者 | 生力军 | 唇齿相依 |

(2) 重点句式:

不断(地)……

想尽了……

在……期间

(3) 词汇讲解(主要考查学生对文章细节的理解力和推断力)

1941年伟大卫国战争爆发,中国著名音乐家冼星海辗转来到阿拉木图。在举目无亲、贫病交加之际,哈萨克斯坦音乐家拜卡达莫夫接纳了他,为他提供了一个温暖的家。

教师:在这里"接纳"还可以替换成我们学过的哪些词呢?(考察同义替换)

学生:接收、收留……

冼星海根据哈萨克民族英雄阿曼盖尔德的事迹创作出交响诗《阿曼盖尔德》,激励人们为抗击法西斯而战,受到当地人民的广泛欢迎。

教师:"激励"是什么意思啊?(考察同义替换)

学生:鼓励。

后来,儿子来到阿拉木图看望母亲,还把母亲接到中国旅游。这迟到了半个世纪的幸福,是中哈人民友好的有力见证。

教师:为什么在这里说"迟到了半个世纪的幸福"?这句话是什么意思呢?(考察句子言外之意的含义)

学生:是指儿子和母亲本来应该在一起,但是因为母亲回国了,五十多年来他们都没有见过面,现在见面了,所以说是迟到的幸福。

RH阴性血在中国属于十分稀有的血型,被称为"熊猫血"。这种血型的病人很难找到血源。

教师:"血源"是什么意思?我们学过哪些类似的词?你们能猜一猜吗?(考察"猜词"策略的运用)

学生:"血源"……之前我们学过"来源"和"源头",是不是就是说这种血的来源?

教师:对的,这种血的来源很难找。结合后文鲁斯兰的做法,这句话是说……

学生:哦,是说拥有这种血型可以捐血的人很难找到。

(4)句式讲解

例如:不断……

教师引导:大家看文章中这句话"这个孩子长大后,不断寻找自己的母亲,想尽了各种办法,始终没有音讯"。这个"不断"在这里是什么词性?

学生:动词?副词?

教师:"不断"在这里是一个表示频度的副词。表示不停地做某件事。大家看这个例句:画家想要有感而发,就要不断(地)加强多方面的修养。下面我们请同学们用"不断+V"来造几个句子……

学生:我想通过考试就要不断地练习汉语。

(三)阅读强化练习

读后练习。重点:加大主观题设计,着重培养学生的整体语感,将"说"和"读"有机结合起来。运用"课堂派"等APP的在线抢答模式,激发学生的抢答欲望和新奇感。

1. 请排列出以下文本的正确顺序(重点考查学生的篇章理解和概括能力)

③ 新疆小伙儿阿克力和哈萨克族姑娘瓦莲金娜相爱了,他们在乌鲁木齐举行了婚礼。

⑦ 由于种种难以言说的客观原因,瓦莲金娜万般无奈只好选择回国。

⑤ 婚后,他们生了一个叫克斯的儿子。
① 当时,他们的儿子才6岁。
⑥ 而此时的瓦莲金娜已经是一个八十多岁的老人。母子相认的场景让在场的人都流下了激动的泪水。
② 他辗转打听到了母亲的下落,来到了阿拉木图,终于见到了自己魂牵梦绕的妈妈。
④ 半个世纪过去了,当时6岁的小男孩已经是一位年过半百的老人,他想起自己的亲生母亲还在哈萨克斯坦,于是,他决定去寻找自己的妈妈。

抢答结束后,公布正确答案:③⑤⑦④②⑥
2. 用自己的话简单概括这篇文章的主要内容(请1—2名同学总结)
3. 读后讨论
身为"一带一路"沿线国家的同学,你们觉得自己可以从哪些方面为两国友谊发展做贡献呢?
教师提问引导:刚才同学们总结得都很好,既然我们两个国家有那么悠久的交往历史,那么有什么发生在你身边的感人例子吗?我现在开启"课堂派"弹幕功能,把你的故事的关键词打在屏幕上,然后我们选取一些大家感兴趣的关键词来分享。

四、创新之处

1. 阅读材料新颖且贴合实际。阅读材料紧贴当前"一带一路"时政热点,从哈萨克斯坦青年自身故事出发,易引发学生情感共鸣。
2. 互动性贯穿阅读活动始终。本课程突破传统阅读课以教师输出为主的模式,利用现代化教学手段"课堂派",与学生进行实时互动,最大程度激发学生自主学习的潜能和新奇感。
3. 阅读练习按照文前练习—随文练习—文后练习的模式科学划分。不同模块的练习侧重点不同,文前练习主要用来激活学生脑海中已有图式,引发学生兴趣。随文练习主要训练学生具体的阅读技能,比如"猜词"

策略等。读后练习侧重训练学生"说"和"读"相结合的能力。

4. 阅读过程实景性,引导哈萨克斯坦留学生从自身的亲身经历出发,感知、理解和评价学习材料。

5. 利用"听说"来辅助阅读,巩固阅读知识,综合全面训练学生各项语言能力。

6. 突出"立德树人"情感目标。引导留学生加强跨文化交际能力,增强共情能力,从而理解和认同中哈友谊的共同目标和情感纽带。

五、教学反思

总体来说,本次案例课程在整体教学思路上既注重了学生阅读技能的训练,也同时融合了"立德树人"的情感培养。

从教学整体设计上来看,本阅读课程全程注重与学生的互动,尽量设置以学生为中心的课堂氛围,因此学生在课堂上表现很积极,尤其是在一些主观练习环节,学生的表达欲望很强烈。其次,在读前引导环节,新闻视频比较有针对性,有助于学生理解文章背景知识。快速阅读后绘制思维导图的环节也在很大程度上帮助学生理清了全文脉络,有助于从整体上提高学生的逻辑思维能力和宏观阅读策略。

本次课程的知识要点讲解主要体现在随文练习环节,不仅设计了一些关键的阅读微技能如猜词、寻找代词指代内容和理解言外之意的练习环节,还对重点词语的理解和关键句型的掌握进行了详细讲解,体现了语法教学过程中"显性语法"教学和"隐性语法教学"相融合的理念。

在教学方法的设计上,虽然阅读课程以训练学生"读"的能力为主,但是"思考"才是真正的化学反应。因此,在阅读课上的提问技巧需要进一步琢磨。问题的设置需要让学生有思考的空间,不能太难也不能太易,关键在于如何启迪学生。因此教师在阅读文本的引导和问题的设置上应该更具有层次性和启迪性。

在教学环节设计上,如何更加合理地利用"互联网+"引导学生多样化地展开阅读课程是需要后期进一步研发的课题。在阅读课的环节中加入微课学习、思维导图以及移动端的互动是大势所趋,学生使用手机阅读已经变成了阅读的主流形式,因此在阅读课上要摒弃以输入为主的传统教学模式,如何最大程度地迎合学生阅读模式和兴趣,有效引导学生展开阅读是后期需要进一步琢磨的环节。

最后,阅读课的情感教育是一个综合命题,如何让学生进入阅读材料里主人公的生活,设身处地地感受主人公的悲喜是情感教学的终极目标。想要"立德树人",首先要思考"德"如何立,也就是如何运用有效的教学手段来感召学生,让学生一次次地雕刻自己的情怀是需要更加深入思考的问题。

双喜临门 和而不同

——以《墙上贴着红双喜字》的教学设计为例

王智璇 徐 芸 史 洁

一、案例简介

（一）课程和案例的基本情况介绍

1. 课程介绍

产出导向法（Production-Oriented Approach，简称 POA）是文秋芳教授团队为克服中国外语教学中"学用分离"的弊端而提出的一种外语教学理论，由驱动—促成—评价三个环节构成，以产出目标为教学导向。该教学法强调"用中学，学中用，边用边学"的教学原则，结合理论学习和实践应用，避免"学用分离"问题的出现。该教学法主要以"学习中心""学用一体""全人教育"为教学理念。该教学法理论体系主要包括教学理念、教学假设、教学流程等，教学流程主要包括驱动、促成、评价等环节，在教学过程中教师为学生创设交际场景，对学生的学习起到驱动作用，将各种与学生产出任务有关的材料提供给学生，给学生递好脚手架，指导学生完成最终课堂任务，最后对学生完成的课堂任务进行评价。

教学实践中发现，国际中文教学的文化教学存在"学用分离"严重、教学方式生硬学生兴趣低、为文化教学而文化教学的问题。而产出导向法倡导的教学方法和教学理念符合杜威"用中学"的看法，可用于有一定基础的留学生汉语文化教学，能够激发学生对中华文化的学习兴趣，解决文化教学中存在的问题。本课程的教学对象是 16 名准中级汉语水平学习者，教材是《汉语教程》第二册下，课型为综合课。

2. 案例介绍

文化教学在国际中文教学中占有重要地位,随着中文国际认知度的提升,国际中文教学中文化教学的需求越来越迫切。婚俗文化是中华文化独特魅力的重要表现形式,同时也是外国留学生喜闻乐见的大众文化,婚俗文化教学是国际中文教学中必不可少的一个环节。本案例改变传统填鸭式文化教学,基于产出导向法设计文化教学,选取《汉语教程》第二册下中《墙上贴着红双喜字》一文,共设计8个学时的婚俗文化单元教学。

根据婚俗文化内容精心设计驱动—促成—评价三个教学环节,设置两个总产出任务:录制视频介绍中国婚礼、制作PPT介绍家乡婚礼并与中国婚礼比较,化整为零,总任务下设计六个子任务,总体构成"驱动—促成—评价"的课堂教学模式,增强学生学习兴趣度与自主性,发挥教师设计者、引导者、评价者"三重身份"作用,促进"学用一体""语言+文化"融合,巧妙融入思政,以达到"立德树人"的目标。

(二)设计意义

习近平总书记在中共中央政治局第三十次集体学习时强调讲好中国故事,传播好中国声音,展示真实、立体、全面的中国,是加强我国国际传播能力建设的重要任务。① 婚俗文化承载着中华文化的独特魅力与时代风采,是外国留学生喜闻乐见的大众文化。婚俗文化教学在国际中文文化教学中是必不可少的一个环节,现行的国际中文教材中大都包含婚俗文化相关内容。例如,在《博雅汉语读写》②中有关于"裸婚"的介绍当代婚俗文化课文,在《乐学汉语》③中"剩男""剩女"》介绍了当代中国青年男女的婚恋观与择偶观,在《新标准汉语》④中出现"糟糠之妻""郎才女貌"等形容婚姻的成语。除汉族的婚俗文化外,适当介绍少数民族的婚俗文化

---

① 《习近平主持中共中央政治局第三十一次集体学习并发表重要讲话》,《新华社》2021年6月26日。
② 王海峰、陈兰:《博雅汉语读写——中级冲刺篇2》,北京:北京大学出版社,2019年版,第27—30页。
③ 鹿钦佞、何敏、姚远:《乐学汉语——进阶篇1》,上海:上海外语教育出版社,2019年版,第109—120页。
④ 方铭:《新标准汉语——中级篇2》,北京:北京大学出版社,2005年版,第193—204页。

能够增加学生对中国文化的理解力。在《理解与表达——汉语视听说课程》中有以内蒙古婚俗文化为主题的电影《图雅的婚事》作为视听说材料。

但是,在教学实践中发现,国际中文的文化教学存在"学用分离"严重、教学方式生硬学生兴趣低、为文化教学而文化教学的问题。基于产出导向法设计婚俗文化教学可有效解决"学用分离"问题,同时增强学生学习兴趣,改变为文化教学而文化教学的现象。

二、思路与目标

(一) 设计思路

本案例以驱动—促成—评价为教学流程,坚持学用一体、讲练一体,以教师为主导、学生为主体,设置两个总产出任务:录制视频介绍中国婚礼、写成书面作文形式比较中国婚礼与家乡婚礼,化整为零,总任务下设计六个子任务,六个子任务环环相扣、难度递增、层层递进,分别对应六个子产出与视频驱动、词汇促成、语法促成、课文促成、文化促成、结构促成六个输入环节,总体构成"驱动—促成—评价"的课堂教学模式。在产出导向法指导下,婚俗文化单元教学设计思路如表1所示。

表1 产出导向法指导下教学总体设计

流程	步骤	教学内容	学时
驱动	创设驱动情境	你的中国好友即将举办婚礼,他听说你参加了一次中国婚礼,希望你能给他提一些建议。	1
	教师介绍总体产出任务	1. 复习性任务是每位同学给好友录制一个短视频,讲述中式婚礼的具体情节与要素。 2. 迁移性任务是将十六名同学分为四组,四人一组,写成书面作文形式选取一个国家的婚礼文化与中国婚俗进行简单比较。	
	教师介绍子任务一:驱动环节任务	观看中国举行婚礼视频,从婚礼视频中学习中国婚礼并在上课时进行小组角色扮演。	
	教师提供驱动视频	教师从网站下载一段生活中真实的中国婚礼视频,放到学习通线上平台。	

续表

流程	步骤	教学内容	学时
促成	展示驱动任务	1. 分组展示:学生分组展示课前布置的角色扮演任务。 2. 即时评价:分为同伴评价和教师评价。	1
	语言促成	词汇促成(布置子任务二)	1.5
		语法促成(布置子任务三)	
	内容促成	课文促成(布置子任务四)	2.5
		文化促成(布置子任务五)	
	结构促成	布置子任务六	1
评价		即时评价	1
		延时评价	

(二) 设计目标

1. 知识目标

第一,掌握"婚礼、热闹、挂、灯笼、墙、双、喜、摆"等20个生词的读音与意义,学会使用重点字词;

第二,掌握"动词+着"语法,掌握与"动词+着"相关的5个语法点:1.动词+着;2.否定式:没(有)+动词+着;3.正反疑问式:动词+着(+宾语)+没有;4.用于连动句第二个动词前;5.常和"正在""正""在""呢"等连用。

2. 交际目标

能够向他人介绍中国婚礼的场景与习俗,并能够与他人谈论中国的婚俗文化,进行中国婚礼与家乡婚礼书面简单比较。

3. 育人目标

第一,学会使用"动词+着"描述婚礼或其他情景,并通过谈论婚礼提升学生跨文化交际能力;

第二,理解中国婚礼习俗及文化,从对婚礼习俗的理解培养学生对中国文化、习俗的热爱;

第三,能够纵向了解中国婚礼习俗古今对比,从对婚礼变迁理解培养学生用发展的眼光看待自己、看待他人、看待中国、看待世界,从而达到"立德树人"的教学目标;

第四,能够横向将中国婚礼与自己家乡婚礼简单比较,懂得尊重、理解不同文化,培养学生"和而不同"的意识。

三、具体实施

(一) 驱动:产生"饥饿"感

【教师主导】

教师在线上智慧树知到平台发布以下内容:

1. 教师创设驱动情景:你的中国好友即将举办婚礼,他听说你参加了一次中国婚礼,希望你能给他提一些建议。

2. 教师介绍总体产出任务:

(1) 复习性任务是每位同学给好友录制一个短视频,简单讲述中式婚礼的具体情节与要素。

(2) 迁移性任务是将十六名同学分为四组,四人一组,写成书面作文形式,选取一个国家的婚礼文化与中国婚俗进行简单比较。

3. 教师介绍子任务一:驱动环节任务。观看中国举行婚礼视频,从婚礼视频中学习中国婚礼并在上课时进行小组角色扮演。将十六名同学分为四组,四人一组,分别扮演新郎、新娘、一名客人、一名场景布置者。场景布置者的身份是新娘的朋友,帮助布置婚礼。

4. 教师提供驱动视频:教师从网站下载一段生活中真实的中国人的婚礼视频,并在课中播放。

【学生主体】

学生进行产出任务尝试。学生根据教师提供的视频,进行角色扮演,在过程中意识到自己语言存储不足,产生"饥饿感",学习、求知欲望增强。

【教学说明】

1. 教师告知学生本节课的总体产出任务，总体产出任务具有一定挑战度，激发学生的求知欲与挑战欲，学生可利用现有网络资源自行准备产出任务。

2. 教师将总体产出任务分为六个子任务，化整为零，步步推进，降低任务难度。在驱动环节布置给学生第一个子任务：观看婚礼视频，并进行角色扮演。这一子任务的作用有二：一是以学生为主体，学生通过视频进行自主学习，主动探究；二是在完成子任务的过程中，会发现自己在哪方面口语表达有困难，比如新郎新娘怎么表达，也会思考产生问题，例如中国婚礼为什么会贴"喜"字等，使他们产生"饥饿"感，从而促使他们根据自己的不足去完善知识结构。

（二）促成：精准性、渐进性、多样性

在促成环节开始前，首先进行驱动任务的展示。学生根据课前自主学习的结果，分组展示课前布置的角色扮演任务，展示后进入即时评价环节，以同伴评价与教师评价相结合的方式进行。不同组之间从表演内容、表演形式、婚礼场景布置、婚礼交际等角度互相给出评价。这时，产生许多分歧、质疑，例如对婚礼场面如何布置有分歧。教师在接下来的语言促成环节，对这些分歧进行重点讲解。生生互评后，教师对每个小组的角色扮演进行简要评价，纠正语音、语法偏误。

1. 语言促成

语言促成环节分为词汇促成和语法促成。在每一个环节，分别设有一个子任务。

（1）词汇促成

教师布置给学生第二个子任务：说说中国婚礼有哪些要素。学生回答完成子任务二。根据学生的回答，对学生回答所涉及的词汇按照关联原则分组讲解，关联度高的词语放在一组讲解，对学生没有提到的词汇进行补充。词汇讲解按照"词语全覆盖，重点要突出"的原则，注重精确性，全部讲解20个生词，重点讲解与产出目标相关度大、难度高的词语。如

图1所示,教师需要在课前对词语进行准确定位,并据此进行讲解。

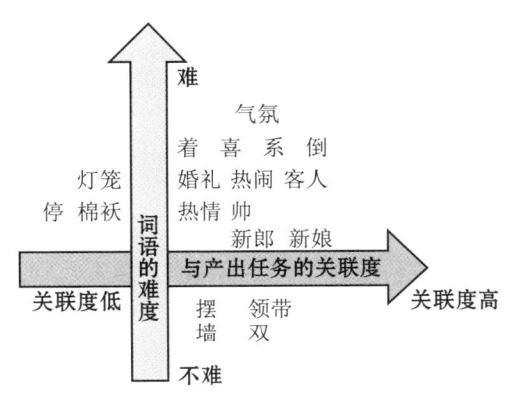

图 1 词语分布象限图

本课的生词被分为四组,以第一组生词:婚礼、热闹、气氛为例,这三个词语的词语难度较高,且与产出任务的关联度较高,体现生词促成阶段的精准性。

【教师主导】

● 含义:"婚礼"就是男女结婚时举行的仪式,在英语中为"wedding"的意思;

"热闹"一般形容场合很活跃,有活力;"气氛"为环境给人的感觉,英文翻译为"atmosphere"。

● 组词或搭配:参加婚礼、举办婚礼;很热闹、非常热闹;气氛很好、气氛很热闹。

● 例句:我参加了一场婚礼。

中国人的婚礼很热闹。

中国人的婚礼气氛很好。(教师引导学生思考:中国人的婚礼为什么很热闹呢? 中国人比较喜欢热闹的气氛。那么你们家乡的婚礼是什么样子的呢?)

● 操练:(两人一组进行对话)对话结构示例:

A:你参加过婚礼吗?

B:我参加过/没有参加过婚礼。

A:婚礼的气氛热闹吗？
B:婚礼的气氛很热闹/不热闹。

【教学说明】

① 在词汇促成环节,教师引导学生完成总体产出任务的第二个子任务:说说中国婚礼有哪些要素。由子任务二激发起学生的学习热情,引出词汇促成环节。

② 相关性强的词语放在一组进行词汇促成,有助于在学生头脑中形成语义块。

③ 词汇促成环节生词教学中,从字、词的含义,到字词的搭配,再到例句,体现"字—词—句—段"理念。

④ 教师引导学生思考中国人的婚礼为什么热闹,引导学生将中国婚礼与自己家乡的婚礼进行比较,为学生完成产出总任务二以书面形式简单对比不同国家婚礼做准备。

（2）语法促成

教师布置第三个子任务:口头描述中国婚礼的情景,学生思考并完成任务。教师对学生出现的偏误进行纠正。在口头描述中,同学们发现自己描述时会用到"着"字。

教师:那"着"前面都是什么词？

学生:动词。

教师:非常好,我们这节课就一起学习一下"动词＋着"这个语法点（板书:动词＋着）。

【教师主导】

语法点一:"动词＋着"

● 含义:表示动作的进行或状态的持续。交际中用于描写、描述。

● 用法:① S＋V＋着＋N

② 地点＋V＋着＋N

● 讲解:① 动作的进行:

教师拿起一支笔,并延续几十秒,然后边演示边告诉学生"老师拿着一支笔"（S＋V＋着＋N）,"着"字表示"拿"这个动作的进行。

② 状态的持续:(展示图片)

门上贴着对联。(地点＋V＋着＋N)她戴着帽子。(S＋V＋着＋N)

● 操练:根据情景进行回答。

① 你正在上课,此时手机响了,接起电话后,你如何拒绝对方?

② 你玩手机时,一般是坐着玩,还是躺着玩,坐在哪里或躺在哪里?

语法点二:否定式:"没(有)＋动词＋着"交际中使用较少

老师拿着一本没写名字的书,问大家书上是否写着名字,这是谁的书。

语法点三:正反疑问式:"动词＋着(＋宾语)＋没有"

教师指着教室的门问大家,"教室的门开着没有?"教师指着教室的墙问大家"墙上贴着画没有?"学生一一回答。教师以此向学生介绍"动词＋着(＋宾语)＋没有"语法点。

例1:门开着没有?

例2:墙上挂着地图没有?

语法点四:"动词1＋着＋动词2"

用来说明第二个动作进行时的状态或方式。

教师以自己为例,对大家说"老师站着上课",表示老师进行上课时的状态是站着。教师让全班同学起立,引导大家说出句子"我们站着听课"。教师让全班同学坐下,引导大家说出句子"我们坐着听课"。

例1:她正在前边站着讲话呢。

例2:她笑着对我说:"欢迎! 欢迎!"

例3:那里离这儿不远,我们走着去吧。

● 操练:替换练习

① 我在家里坐着看书。　　　　　　　② 她笑着面对困难。

在床上	躺着	看电视
在草坪上	仰着	发呆
在沙发上	躺着	听音乐
在车站	等着	买票

笑着	迎接生活
笑着	欢迎客人
笑着	回答问题

语法点五:"动词＋着"常和"正在""正""在""呢"等连用

教师举例"我正站着上课呢"引出语法点。

例1：教室里正上着课呢。

例2：她来时，我正在躺着看书呢。

● 操练：你做我说（两人一组：一个同学做动作，另一个同学用"动词＋着"描述）

例如：她正坐着听音乐。

他正在喝着水。

他正在唱着歌。

【教学说明】

① 在语法促成环节，教师布置给学生子任务三：口头描述中国婚礼的情景，并思考在描述中，你是怎样描述的。子任务三练习学生的口语表达能力。学生利用上一个环节学习的词汇进行描述，同时自主发现"动词＋着"语法，激发起对"怎样描述场景"即"动词＋着"语法点学习的兴趣。子任务三的完成有助于学生完成总产出任务——用短视频向好友介绍中国婚礼。

② 采用实物演示法教学，使得教学内容可视化，便于学生理解和掌握；采用全身反应法，一方面集中学生的注意力，一方面便于学生简单直观地理解这个语法点。

③ 语法促成遵循渐进性原则，由易到难，由简单到复杂，语法操练采取替换练习等方式注重练习的多样性。

2. 内容促成

内容促成环节又分为课文促成与文化促成。每一个环节又设置一个总产出任务的子任务。

（1）课文促成

【教师主导】

教师布置第四个子任务：分角色扮演课文对话，并回答问题，思考：在进行口头描述婚礼（完成第三个子任务）的过程中，哪些内容是你没有描述的。

① 角色扮演

教师带着同学朗读课文,学生进行两人一组角色扮演,分角色进行对话,完成第四个子任务。

② 回答问题:

麦克昨天去哪儿了?谁带麦克去的?玛丽听说中国人的婚礼怎么样?麦克第几次参加这样的婚礼?他怎么描述看到的桌子、屋子、墙?麦克怎么描述新郎和新娘?

新郎和新娘怎么迎接客人?"喜酒"是什么酒?"喜糖"呢?"什么时候吃你的喜糖啊?"是什么意思?

教师点学生回答问题,并进行讲解。

③ 梳理、复述课文

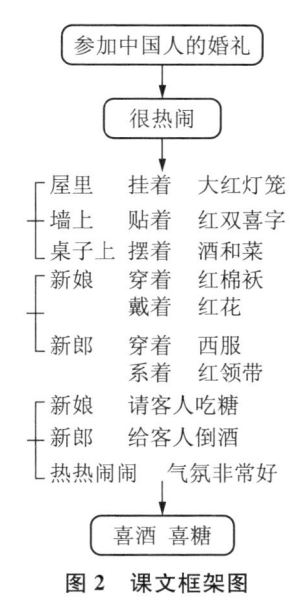

```
         参加中国人的婚礼
              ↓
            很热闹
              ↓
   ┌ 屋里    挂着   大红灯笼
   ├ 墙上    贴着   红双喜字
   └ 桌子上  摆着   酒和菜
   ┌ 新娘    穿着   红棉袄
   │        戴着   红花
   └ 新郎    穿着   西服
            系着   红领带
   ┌ 新娘    请客人吃糖
   ├ 新郎    给客人倒酒
   └ 热热闹闹  气氛非常好
              ↓
            喜酒  喜糖
```

图 2 课文框架图

【教学说明】

在课文促成环节老师布置第四个子任务:分角色扮演课文对话,并回答问题,思考:在进行口头描述婚礼(完成第三个子任务)的过程中,哪些内容是你没有描述的?完成第四个子任务,不仅锻炼学生的口语表达能力,熟悉课文内容,也促进了总产出任务一为好友制作短视频的完成,体现促成环节的精准性。

(2) 文化促成
【教师主导】
① 教师布置第五个子任务：十六个人，四人一组，分组讨论西方国家婚礼与中国婚礼的区别，并完成对照表（表2）的填写。（不会用中文表达的词语可以借助母语）思考：为什么会出现这样的不同？教师展示学生所属国家的婚礼与中式婚礼的图片引导学生思考二者的差异，并引导学生理解不同国家不同的婚礼文化，理解文化没有优劣之分。

② 教师以图片、视频的方式展示中国婚礼的古与今形式，随着时代变化、经济发展，中式婚礼中很多习俗逐渐取消，当代中国人的婚礼不会再穿课文中提到的"红棉袄"，当代中国人的婚礼逐渐变得多种多样。

表2 中式婚礼与西方婚礼对照表

	中式婚礼	西方婚礼
地点	饭店	
气氛	热闹	
衣服	红色	
主持人	无特定身份	
装饰	红双喜	
环节	迎娶新娘、双方家长讲话等	
饮食	喜糖、喜酒	

③ 教师以图片、视频的方式展示中国婚礼的古与今形式，随着时代变化、经济发展，中式婚礼中很多习俗逐渐取消，当代中国人的婚礼不会再穿课文中提到的"红棉袄"，当代中国人的婚礼逐渐变得多种多样。

【教学说明】
① 在文化促成环节，老师布置第五个子任务：十六个人，四人一组，分组讨论西方国家婚礼与中国婚礼的区别，并完成对照表的填写。思考：为什么会出现这样的不同？第五个子任务中，学生在教师的引导下进行横向比较思考，为完成总体产出任务二书面形式比较中国婚礼与其他国家婚礼搭"脚手架"。

② 让学生完成中国婚礼习俗与西方国家婚礼习俗比较,展示出习俗文化随着国家不同而不同,培养学生对中式婚礼文化的理解与兴趣,帮助学生养成"和而不同"的跨文化意识,达到"立德树人"的目标。

③ 向学生介绍中国人婚礼的古今比较,培养学生纵向比较的思维,让学生意识到中国的发展日新月异,培养学生用发展的眼光看待自己、看待他人、看待中国、看待世界。

3. 结构促成

【教师主导】

结构促成环节老师设置第六个子任务:分成四组,小组讨论并归纳描述婚礼场景时可以描述哪些内容、怎么描述。(例如:人物、环境……)学生进行小组讨论,完成第六个任务。教师在小组讨论的基础上,将学生讨论的结果生成框架图(图3)。

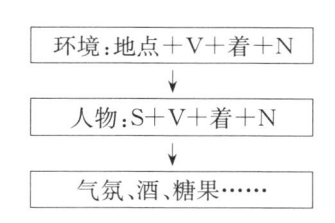

```
环境:地点+V+着+N
        ↓
人物:S+V+着+N
        ↓
气氛、酒、糖果……
```

图3 结构框架图

回顾总产出任务:

① 复习性任务是每位同学给好友录制一个短视频,讲述中式婚礼的具体情节与要素。

② 迁移性任务是将十六名同学分为四组,四人一组,以写成书面作文形式选取一个国家的婚礼文化与中国婚俗进行简单比较。

【教学说明】

(1) 结构促成环节子任务六:分成四组,小组讨论并归纳描述婚礼场景时可以描述哪些内容、怎么描述。(例如:人物、环境……)子任务六帮助学生建立描述婚礼的逻辑思维框架,为学生降低总产出任务一、二的难度,为学生完成总产出任务一、二建立基础,体现促成环节的渐进性。

(2) 学生在完成六个子任务的基础上,完成总产出任务。教师通过六个子任务,环环相扣,降低学生完成总任务的难度,激发学生的学习兴趣。

(三) 评价:师生合作评价

"师生合作评价"(Teacher-Student Collaborative Assessment,TSCA)是对教师评价、学生自评、同伴互评、机器自动评分等的一种补充,是产出导向法创设的一种新的评价形式。孙曙光总结了有效设计师生合作评价的三个原则:课前目标导向,重点突出;课中问题驱动、支架递进;课后过程监控、推优示范。[①]师生合作评价主要分为课前、课中、课后三个阶段。课前,教师对学生驱动任务的完成情况进行评价,首先学生对自己小组的表现进行评价(满分为10分),然后小组间互相进行评价,最后教师对各组的表现进行评价总结。课中,教师对学生学习过程中的反应进行评价,纠正总任务达成的错误。课后,对于学生总任务的产出,学生进行反思评价,同伴之间进行互相评价,最后教师进行专业客观的评价。

"师生合作评价"在产出导向法中分为即时评价和延时评价。课前和课后对于学生活动的评价属于延时评价,课中促成环节的评价属于即时评价。

1. 即时评价

正式上课之前,教师对于学生课前驱动中角色扮演任务做出评价,纠正学生完成任务过程中出现的语音、词汇、语法偏误。对于学生在课堂互动中出现的偏误,教师有选择地进行纠正,着重纠正影响交际的、影响总任务完成的偏误。课后,学生给予教师相应反馈,以便教师改进教学方法、教学内容的调整。

2. 延时评价

课后学生总任务的完成以电子形式提交至微信班级群,以个人—同伴—教师的顺序进行评价。评价流程完成之后,选出优秀视频与作文进

---

① 孙曙光:"产出导向法"中师生合作评价原则例析,《外语教育研究前沿》,2020年,第3(02)期,第20—27、90—91页。

行展示。

"师生合作评价"与传统的自评或互评不同,这种评价方式目标性与指向性更强,便于学生根据评价做出相应改进。

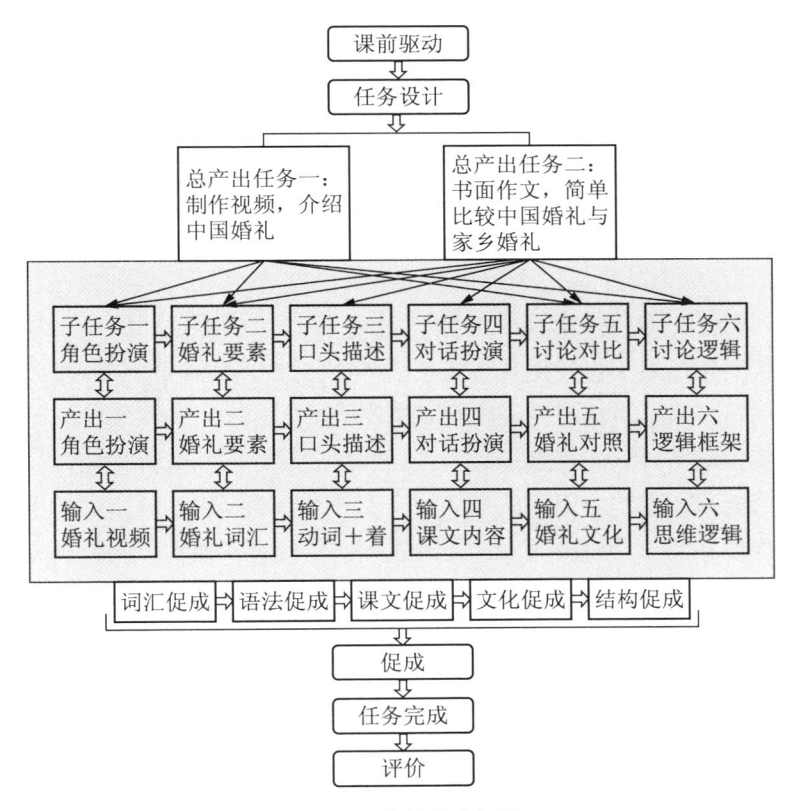

图 4　总体教学流程图

四、创新之处

第一,将产出导向法"驱动—促成—评价"三个环节与综合课精讲多练原则结合,在产出导向的环节中始终贯穿精讲多练,以教师为主导,以学生为主体,学用一体,改变教材本位、教师授课"重输入,轻输出"的现象。

第二,产出导向各环节环环相扣,从驱动到促成再到评价指向产出成果——两个总产出目标。将两个总目标化整为零,化为六个子任务,六个子任务难度呈阶梯状,层层递进,带有挑战度的同时,降低学生完成总目标的难度,激发学生主动学习的兴趣,循序渐进引导学生自主探究,最终完成总目标。将教学内容与教学环节在教师精心设计下变成环环相扣、难度递增、层层递进的科学教学模式。

第三,横向从中国与其他国家婚礼习俗的比较出发,培养学生"和而不同"的意识。教师设置总目标二及子任务五,通过比较让学生意识到不同民族、不同国家文化不同,培养学生对不同文化的理解,对中国文化的理解,并产生"和而不同"的认识。

第四,纵向从中国古今婚礼对比出发,培养学生用发展的眼光看待自己、看待他人、看待中国、看待世界。由于教材在描述婚礼时所用词汇随着时代变化已经不再发生在现实生活中,因此在内容促成环节,教师纵向从中国古今婚礼对比出发,让学生意识到教材中的一些现象已经不存在于现实生活中,培养学生形成用发展的眼光看待问题、看待中国。

第五,既坚持"立德树人",又切合留学生实际,侧重于让留学生熟悉中国国情和文化,婚丧嫁娶习俗、民族风情文化等。理解中国社会主流价值观和公共道德观念,达到正确认识和理解中国,懂得理解、尊重不同文化、不同文明的培养目标。

五、教学反思

本案例设计环环相扣、层层递进,将产出导向法三个总环节与综合课精讲多练原则相结合,以教师为主导、学生为主体,设置两个总产出目标,六个子产出任务,基本完成了产出目标与教学任务,增加了学生的学习兴趣,提升了学生自主学习的能力,培养了学生对中国婚礼文化的理解,达到了"立德树人"的德育目标。但仍有一些不足之处:无法做到针对每个同学的汉语水平因材施教,需要教师提前筹备的内容较多等等。

寓情于课　润物无声

——以《把"福"字倒着贴在门上》的教学设计为例

徐　芸　王智璇　史　洁

一、案例简介

（一）课程和案例的基本情况介绍

1. 课程介绍

综合性是对外汉语综合课最大的特点，综合课既包含了"听"和"读"两种输入信息的技能，也包含着"读"和"写"两种输出信息的技能。本门课程主要以12名准中级汉语水平学习者为教学对象，以《汉语教程》第二册下为教材，致以提高学生汉语水平，提升学生的汉语交际能力。

2. 案例介绍

本案例以《汉语教程》第二册下《把"福"字倒着贴在门上》为教材依托，以12名初级汉语水平学习者为教学对象，设计4课时的综合课型，运用产出导向法，从驱动、促成、评价三个环节设计课程内容，巧妙融入思政目标，主要教学内容是本课13个生字词，以及"把"字句语法点。达到学生在交际过程中能灵活运用"把"字句的教学目的，并且使学生对中国的"福"字文化有一定的了解。

（二）设计意义

随着"汉语热"在世界各地的兴起，汉语学习者对汉语及中华文化产生极大的兴趣，而综合课是集听、说、读、写于一体的课程，对汉语学习者来说既可以提升其汉语技能，也可以了解更多中国文化。因此本案例选择以综合课为课程类型，加以文化内容，使学生的汉语技能及汉语交际技能都能够得到锻炼。

二、思路与目标

(一) 设计思路

本案例运用产出导向法,从驱动、促成、评价三个环节设计课程内容,驱动环节通过教师设定交际场景和发布视频,使学生产生强大的求知欲望。促成环节根据教学内容分为语言促成、内容促成、结构促成三部分,并巧妙融入思政元素,学生通过完成促成环节各个子任务,最终产出课程总任务,达成本课教学目标。

(二) 设计目标

1. 知识目标

通过课前驱动环节,学生对课中出现的生词语法点有大致的了解,能够激发起学生关于谈论春节"福"字内涵输出欲望;通过促成环节,学生能够掌握"福"字相关知识及"把"字句结构;通过评价环节,老师及时纠正学生语音、语法错误,学生给予反馈的同时便于老师改进教学方法。

2. 技能目标

通过本节课,学生能够听懂每分钟160词课文朗读,能够理解教师的课堂用语并与教师进行互动;能够自然流畅地复述课文内容并真实还原生活场景;能以小组为单位采访班级同学对于"福"字文化和对联文化的了解,录制视频发到班级微信群;能以每分钟160个字的语速朗读课文,语音语调正确,语感自然流畅;学生能准确书写课文中出现的生字词,笔画笔顺正确,能写一段介绍中国春节对联文化和"福"字文化的作文。

3. 育人目标

"立德树人"的提出是我国教育的一项重大举措,在国际中文教育中不仅需要注重语言和文化的教育,同时也需要注重对学生的思政教育。本案例将思政融入驱动、促成、评价三个产出导向法的环节,融入词汇、语法、文化等课堂教学的各个环节。通过本堂课的学习,帮助学生养成环保的习惯,意识到绿色环保的重要性;树立正确的世界观、人生观、价值观;

培养学生的跨文化理解能力,拓宽学生的国际视野,使学生能够尊重不同民族的文化。

三、具体实施

(一)课前驱动

(1)教师呈现交际场景:

教师:假如你爸爸妈妈在电视上看到中国人贴"福"字想知道原因。

(2)教师发布驱动资源:

教师在班级微信群发布春节准备视频。

发布春节贴"福"的视频。

(3)教师说明产出任务:

课前任务:教师要求学生运用自己现有的词汇和语法点分组介绍中国人贴"福"的原因。(生字词可用母语代替。)

课堂总任务:

A. 写一段介绍中国春节对联文化和"福"字文化的作文。

B. 以小组为单位采访我们班其他同学对于"福"字文化和对联文化的了解,录制视频发到班级微信群。

(二)课中促成

1. 语言促成

(1)生词促成:

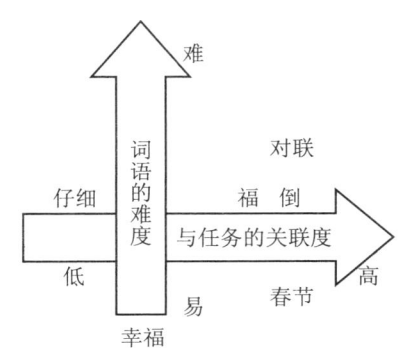

```
                    ↑ 难
                    │
                    │        对联
              词    │    福  倒
        仔细  语    │
              的    ├──────────────→
              难    │  与任务的关联度  高
        低    度    │
                    │        春节
                    ↓ 易
                    幸福
```

教师布置生词促成子任务：根据教师讲解和举例，学生对于与任务关联度高的词语进行书写并造句。对于关联度较低的词语理解其含义即可。

★副(fù)(量词)
- 教师："副"是量词，一般用于成双、成对的东西。
- 搭配：一副眼镜；一副手套。
- 例句：马克戴着一副眼镜。

  他最近总是一副笑脸。

★福[fú](名词)
- 教师：指的是幸福、快乐的意思。就是英文"happiness"。
- 搭配：很幸福；有福气(希望得到好运)。
- 例句：祝你们开心、幸福。

  我现在的生活很幸福。(教师：世界和平就是最大的幸福，我们都是幸福的人，我们都感到幸福。)(学生造句)

★对联[duì lián]
- 教师：也叫"对子"，贴在门上，表达人们对未来的希望。
- 搭配：贴对联；一副对联。
- 例句：春节时中国人会贴对联。

  这副对联写得很好。

★春节[chūn jié]
- 教师：是中国最重要的一个节日。
- 搭配：春节快乐；过春节。

- 例句：过春节时，我收到了很多红包。
  春节是我最喜欢的一个节日。

（学生造句）（学生可以谈谈自己对春节的了解。）

（教师：春节是中国最重要的节日，同学们，你们国家最重要的节日是什么节日呢？）

★仔细[zǐ xì]（形容词）
- 教师：细心、认真。
- 搭配：仔细看看；很仔细。
- 例句：他做事很仔细。
  你仔细看看，认识不认识？

★幸福[xìng fú]（形容词）

- 教师：是一种很开心、快乐、满足的情绪，英语里一般用"happy/happiness"。
- 搭配：幸福的家庭；很幸福。
- 例句：我感觉很幸福。
  他有一个幸福的家庭。

★倒[dào]（动词）

- 教师：上下前后相反都可以叫"倒"。

● 搭配:倒着贴;倒立。

● 例句:"福"字需要倒着贴在门上。
　　　他会倒立。
(教师做动作,学生造句)
学生运用"福""倒""春节""对联""春节""幸福"造句。
(2)语法促成:
a. 教师布置语法促成子任务
教师:学生能根据教师做出的动作用"把"字结构造出句子。
b. 教师讲解
教师:(边做动作边说)老师拿起书,放在桌子上了。这两句话合成一句话应该怎么说?(学生回答)

教师:"把"字句是主语做了动作让宾语发生了变化。比如:"请麦克把门关上。"这句话就是说麦克做了动作让门发生了改变。这个句子中有麦克这个做动作的人,有"关"这个麦克做出的动作,还有"门"产生的变化。我们要说谁做了什么动作让宾语发生了变化,我们就要用"把"字句。
基本结构:
　　　　　　S＋把＋O＋V＋在＋P.W(板书)

教师:(展示班级同学合影照片,并且做放在桌子上,贴在墙上等动作)用这个句子怎么形容老师的动作呢?(学生回答)

教师:(拿出画儿,并贴在黑板上)
同学们,现在老师做了什么呢?(学生回答)
教师:老师把画贴在黑板上了。这句话中,老师做了什么动作?(学生:贴。)

那画儿发生了什么变化呢?(学生:画儿的位置发生了变化。)

教师:好极了,我们现在来看这张图片(展示图片)。

教师:我们要把车停在哪儿?

(学生:我们要把车停在停车场里。)

教师:我们现在都有停车场,大家一定要遵守规则。

教师:(创设情景)伊萨不小心碰倒了杯子,我们可以怎么说?

(学生:依兰把杯子碰倒了。)

教师:(展示图片)

服务员做了什么?

(学生:服务员把菜放在了桌子上。)

(3)练习

① 提问练习

教师:李可,你把你的书包放在了哪里呢?(学生回答)

教师:艾米,你把我们的合照放在了哪里呢?(学生回答)

教师:李思兰,你把作业放在哪里了?(学生回答)

教师:萨里,你把护照放在哪里了?

(学生回答)

② 游戏练习

a.(说得到做得到)

规则:教师说一句话,学生跟读这句话并做出相应的动作。教师示范:我把粉笔放在粉笔盒里了。(边说边做动作)

教师:把书放在书包里。(学生边说边做动作)

教师:把杯子给同桌。(学生边说边做动作)

教师:把你们的手放在桌子上。(学生边说边做动作)

教师:路斯,请你把你的笔给依扎提。

教师:现在我让一个同学做动作,你们用"把"字句说出他做的动作。玛丽,请你把字典放到书包里。

学生:玛丽把字典放进书包里了。

b. 说得到做不到

规则:教师说"把"字句,学生不按照句子做动作。但是不可以不做动作。

教师:把你们的手放到桌子下面。(学生复述句子,做出相反的动作。)

教师:把你们的书包放在桌子上。

(学生复述句子,做出相反的动作。)

教师:现在请你们把你们的手举起来。(学生复述句子,做出相反的动作。)

教师:(学生起立)把右腿抬起来。

(学生复述句子,做出相反的动作。)

教师:把左手放到右腿上。

(学生复述句子,做出相反的动作。)

2. 内容促成

(1)课文促成

教师布置课文促成子任务:

回答以下问题:

① 门上的字是什么?

② 门上的字是什么时候贴的?

③ 为什么要倒着贴呢？

★听课文

第一步：教师朗诵课文，学生听，标注有疑惑的内容。

第二步：教师解释学生有疑惑的内容。

★读课文

教师带着同学朗读课文，并进行两人一组角色扮演，分角色进行对话。

梳理、复述课文。

教师带领学生梳理课文逻辑与关键词，并复述课文。

（2）文化促成

a. 教师布置文化促成子任务：

通过学习"福"字文化和对联文化，能够给同桌复述老师讲过的文化内容。

b. 教师介绍文化：

第一："福"字文化：

教师展示"福"字图片，帮助学生了解课文内容。

教师："福"字是"幸福"的意思，中国人非常喜欢这个字，这个字在中国是十分美好的意思。春节贴"福"字，无论是现在还是过去，都寄托了人们对幸福生活的向往，也是对美好未来的祝愿。每逢新春佳节，家家户户都要在屋门上、墙壁上，贴上大大小小的"福"字。而且中国人会把"福"字倒着贴，这样做的意思是福气到了。在中国，生活幸福的人叫做"福人"，经常发生好事儿的地方叫做"福地"。

第二：对联文化

(展示图片)

对联就是两个字数相等、词性相同的句子,可以表达人们的祝愿、悲伤等心情。一般中国人过年时贴的对联是用红纸写的,表达的是人们对来年的期望。对联一般贴在门的两侧。之前的对联都是自己写的,现在由于社会的发展,人们的生活很忙碌,所以一般都以购买为主。生活中还是要慢下来,享受生活,看看电影,安排好自己的时间。

3. 结构促成

教师布置结构促成环节子任务:

学生独立梳理出介绍"福"字文化和对联文化的步骤。(可以从哪些方面介绍)

教师布置课堂总任务:

(1)写一段介绍中国春节对联文化和"福"字文化的作文。

(2)分组采访班级同学对于"福"字文化和对联文化的了解,拍成视频提交至班级微信群。

(三)课后评价

学生总任务完成以电子形式提交至微信班级群后,以个人——同桌——教师的顺序进行评价。同学们的作业完成度较高,对于"贴"福了解到位,但在作文中错别字较多,个别同学"把"字句的使用出现偏误。同学们对自己或同伴的作品也作出客观、正确的评价,有同学反馈很喜欢这种评价方式。

板书：

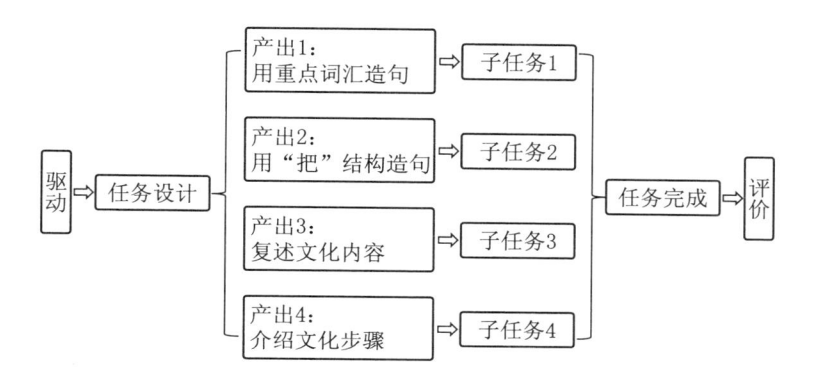

```
驱动 → 任务设计 ┬→ 产出1：用重点词汇造句 → 子任务1 ┐
              ├→ 产出2：用"把"结构造句 → 子任务2 ┤
              ├→ 产出3：复述文化内容 → 子任务3    ├→ 任务完成 → 评价
              └→ 产出4：介绍文化步骤 → 子任务4 ┘
```

四、创新之处

本案例以对外汉语综合课的综合性作为案例切入点，围绕产出导向法三大环节设计课程，课程中以任务贯穿整节课，推动学生自己进行探究性学习，使学生"听、说、读、写"四种语言技能得以锻炼，让学生在总任务的引导下学习词汇、语法、课文，了解文化，并且产出多项结果，且将"立德树人"融入课堂教学的方方面面，基本完成"答疑解惑"和"立德树人"的两大课堂目标。

五、教学反思

纵观教学的整个过程，充分体现综合课综合性这一特点，激发学生学习兴趣，注重学生主动参与，让学生在任务产出过程中学习，在活动中思考，让学生不仅了解语法点和课文大意，还能够在日常交际中灵活运用。

具体体现在以下几个方面：

第一，注重学生亲身体验，化抽象为具体。在词汇教学时，主要运用图片进行展示，让学生更加直观地理解词汇含义，并且给出搭配和例句，帮助学生了解词的使用环境。语法教学过程中，以班级同学为举例对象，便于调动课堂气氛。围绕产出导向法三大环节设计课程，让学生的学习更加主动,具有针对性。

第二,以学生为主体,注重各项技能的练习。留学生学习汉语的最终目的就是交际。所以本节课主要以学生为主体,以练习为主要活动,且选择素材为生活所常见,便于学生理解使用。

第三,以词汇、课文教学为主,以文化了解为辅,将文化融进课堂的各个环节,帮助学生了解中国"福"字文化。

第四,将培养学生跨文化理解能力及环保意识、拓宽学生国际视野作为思政元素融入课堂促成环节中,达到润物细无声的育人效果。

本课利用学生生活学习环境,在教学中借助与生活息息相关的内容,结合学生生活经验,让学生在实际情境中体会词汇、语法实际意义,介绍中国独特的"福"字文化。但是也有以下不足之处:

1. 课堂教学缺乏生生互动。语法教学过程中主要以师生互动为主,借助提问和游戏等教学方法帮助学生理解掌握知识点,以师生互动为主,忽视生生互动。

2. 对于课堂任务没有根据学生水平分层处理。本课的教学对象中文水平为准中级,所以学生的中文水平略有差别,本课没有根据学生的汉语水平分层处理产出任务,少数学生认为产出的任务有些难度。根据学生的课后反馈,不断进行调整,以期适合学生的自身情况,提高学生的汉语水平。

敬畏生命　和谐共生

——以《动物是我们的朋友》的教学设计为例

赵鹏飞

一、案例简介

(一) 课程和案例的基本情况介绍

1. 课程介绍

本案例中的泰国某小学,从幼儿园到六年级都开设了中文课。幼儿园到二年级的中文课为课后兴趣班,其他年级的为选修课。基本上,每个年级一周有一次中文课(50分钟)。该学校规定,中文教学要侧重听说,学生能够说一些词语,能够简单表达和交际;教学方式要有趣轻松,不宜给学生过多压力;教学目的主要是培养学生学习中文的兴趣。

我们的教学对象为该校三年级的学生,共28人,男生13人,女生15人。校方没有指定教材。在该校的要求下,教师需要自行安排教学计划,但教师要按主题进行教学,如家庭、动物、天气、节日、数字等,一次或两次课一个主题,共14周的课程。具体的主题教师可以自行选择,教学内容也需要教师自行准备。

2. 案例介绍

结合学校要求、课程情况和学生特点,我们将"立德树人"思政教育融入以"动物"为主题的中文教学中,挖掘育人元素,以"三全育人"思想为指导,在教授语言知识的同时,进行育人教育。

我们将"动物"这一主题命名为:我们的朋友。分两次课完成。我们选取数量适当,学生喜欢熟悉的动物词语,通过多种多媒体教学手段(视频、音频、图片等),多种教学活动(竞技、手工、合作等),使"立德树人"思政教育贴近学生生活,并具有实效性和感染力。

(二)设计意义

2021年10月12日,习近平主席在《生物多样性公约》第十五次缔约方大会领导人峰会视频讲话中提出:绿水青山就是金山银山。良好生态环境既是自然财富,也是经济财富,关系经济社会发展潜力和后劲。我们要加快形成绿色发展方式,促进经济发展和环境保护双赢,构建经济与环境协同共进的地球家园。

科学技术的发展一方面提高了我们的生活水平,但是不可否认的是也给世界带来人与自然、人与动物以及生物、人口、环境、资源等关系到生命可持续性的问题,我们应该用生态学的眼光审视人类的一言一行和所思所想(黄国文、陈旸,2017)。

在国际中文教育中,我们也应在生态语言学的视角下,开展我们的教学活动,中文教师应践行"绿水青山就是金山银山"发展理念。我们在教授学生中文知识、技能的同时,也应培养学生积极、向上的情感态度,将"立德树人"思政教育融入中文课堂中。

本文以泰国某小学三年级中文课为例,在生态语言学视角下,探究在讲授中文知识的同时,将"立德树人"思政教育融入课堂中,培养学生爱护动物、热爱自然的情感,教导他们学会尊重生命,帮助他们形成人与自然和谐相处的良好品质。旨在为探索如何有效地在中文课堂中融入"立德树人"理念,为国际中文教育的课程思政建设提供有益借鉴和参考。

二、思路与目标

(一)设计思路

课程思政建设的设计思路,应以科学的理论为指导,按照三全育人的指导思想,要贴近学生生活,以本案例为例,教师还需考虑到海外小学生所在国家、学校、社区的情况,认真梳理教学内容,结合授课课程特点,挖掘思政育人元素,思考如何达到润物无声的育人效果。

本案例首先了解到在泰国,大象享有很高的声誉,是泰国的国家动物。尤其是白象,还是泰国皇室的象征。泰国历史上,大象是保护王国的"战士",是帮助人们采伐的帮手。然而自20世纪初以来,泰国的大象数量骤减。随着旅游业的兴起,大象被迫进入旅游世界,为游客服务。媒体也不断曝出虐待大象的新闻。本案例以此为切入点,思考如何在中文教学中融入"立德树人"思政教育,培养学生热爱动物、尊重生命、珍爱生命的道德品质。

生态语言学是最近几十年发展起来的新兴交叉学科(范俊军,2005)。[1] 生态语言学注重语言学习的互动性、动态性和系统性,为语言教学研究提供了全新的视角。在当今经济社会迅速发展、环境问题日益突出的情况下,每个人都应该:思,以生态语言学为本;行,以生态语言学为道(黄国文,2016)。[2]

生态语言教学观创造性地运用突现理论对语言及其生成进行了理性的再认识,把语言学习过程阐释成多维时空尺度的流变性,并借由符担性把语言学习者与学习环境的关系统整起来,从而更为全面、生态地对语言教学与研究进行了阐释,也将更加科学地指导外语语言教学与研究(吴文,2012)。[3]突现性是指,语言学习具有社会属性,是由语言学习者和语言教授者共同建构的社会活动;流变性是指,语言学习是一个动态构成;符担性是指,学习者个体及环境存在差异,教学中要为学习者提供合适的生态环境。基于生态语言学的教学不再是以学习语言知识为目标,而是以培养学生综合能力为主导的多元目标,即训练语言技能、扩大语言知识、培养情感态度、掌握学习策略、提高文化素养(何芳芝,2016)。[4]

基于以上思路,本案例在生态语言学视角下,选取贴近学生生活的内容,根据学生特点,在教授中文知识和技能的同时,进行"立德树人"思政教育。

---

[1] 范俊军:生态语言学研究述评,《外语教学与研究》2005年第2期,第110—115页。
[2] 黄国文:生态语言学的兴起和发展,中国外语,2016,第1期,第1、8—10页。
[3] 吴文:英语教学生态模式研究,西南大学,2012。
[4] 何芳芝:生态语言学视角下的英语课堂教学研究,《内蒙古师范大学学报》(教育科学版)2016,第29(02)期,第151—154页。

(二) 设计目标

本案例的设计目标主要包括知识、交际和育人等目标。

1. 知识目标

根据该校的教学要求,我们选取了8个生词,其中6个动物生词(大象、熊猫、猫、狗、鸟、鱼)和"我们""朋友"。关于生词,我们要求学生会读、会认、会说。句子:"(　　)很可爱,我很喜欢它,它是我们的朋友",我们要求学生能够针对不同的动物,进行该句式的表达。

2. 交际目标

学生之间互相询问喜欢什么动物,能够用中文互相交换意见、看法;学生自我表达自己喜欢什么动物,并解释喜欢的原因,能够用中文表达自己的观点和想法。

3. 育人目标

在"三全育人"的指导思想下,在教学过程中要坚持全员、全过程、全方位育人。在讲解知识时,利用有益话语文本,生动、美好的图片,培养学生热爱生命、创造美好的情感;在组织活动过程中,积极关注每个学生的情况,引导学生之间互相协作、互相帮助,培养学生乐于助人、与人友好相处的品质;关于评价学生,不能"唯分数论",要积极发现每个学生的闪光点;同时推动家庭、学校等方面对学生的育人教育。总之,我们将"立德树人"思政教育有机融入"动物"这个主题的整个教学过程中,培养学生爱护动物、热爱自然的情感,教导他们学会尊重生命,帮助他们形成人与自然和谐相处的良好品质。

三、具体实施

本案例的设计与实施主要有三步。第一步,教学内容准备。第二步,课堂教学。第三步,教学评价。其中第二步分为两节(我们的案例有两节课):第一节,教学重点为语言知识(生词、句型)的讲授。第二节,侧重于知识点的练习和巩固(课堂活动)。

(一) 教学内容准备

生态语言学视角下的语言教学内容不仅包括生词、句子、课文等狭义的语言知识,还应有中国文化知识,尤其是跨文化交流的内容;形式上也不仅是书面或者口头,也应有视频、音频等进行多种类型的呈现,为学生提供丰富的学习内容。

在生态语言学视角下,常远(2018)①提出,教材中文本的选择应当注意以下几点:文本的具体内容应涵盖自然生态和社会生态;文本的类型应当以有益性话语文本为主;对于有害性话语文本,应格外慎重。

在生态语言学视角,结合学生的学习特点,我们的教学内容主要分为生词、文本(句子)。共有 8 个生词,其中 6 个动物生词(大象、熊猫、猫、狗、鸟、鱼)和"我们""朋友"。我们的主要句子采用的有益话语文本:(　　)很可爱,我很喜欢它,它是我们的朋友。其中,"可爱""喜欢"是已经学过的词语。我们还准备有关的动物视频,例如云南野生大象"组团出走"的视频、熊猫的搞笑视频,以及相关的图片。同时,我们也将对中国的地理知识(云南、四川等地)、泰国北部的"云南村"的相关知识,以及保护动物的措施(野生动物保护中心、动物之家等)进行介绍。呈现方式大多是图片、视频、音频等形式。

(二) 课堂教学

在生态语言学视角下的中文教学,教师要以学生可理解的方式进行教学,并引导学生参与到教学活动中,激发学生学习中文的兴趣和动机,并针对不同学生的学习情况,采取有针对性的教学,因材施教,建构一个全面和谐的生态课堂。

1. 第一节课

第一,语言知识(生词、文本)的讲授。首先,导入。我们先播放云南野生大象"组团出走"的短视频,并对学生用泰语进行简单的介绍。之后,让学生自由讨论,说一说对此的看法。学生感兴趣的点有:这群可爱大象的行为、人们对这群大象的态度和采取的措施以及云南在哪里。我们将

---

① 常远:大学英语教材的生态评估,《外国语文》,2018 年,第 34(05)期,第 147—154 页。

对学生的兴趣点一一进行解释。接着我们引入今天的上课主题:我们的朋友——动物。

第二,生词的讲解和操练。我们将直接通过动物的图片进行讲解,而且选取的图片均是可爱的、美好的。注重学生的发音。并通过多种形式的练习进行巩固,如拍卡读词、看图识词等。为了让学生更加喜欢、了解动物,我们分别准备各个动物的叫声等音频,让学生体会生命的美好。如,在讲解熊猫时,我们不仅会播放熊猫的搞笑视频,还会播放熊猫宝宝和熊猫妈妈在一起的短视频,让学生们领会到动物和我们一样也有家人。并对熊猫的家乡——四川进行介绍。在讲解大象时,我们将选取播放泰国大象保护中心的视频,让孩子们感受到保护大象的重要性。

第三,文本的讲解和操练。我们的主要文本(句子)为:(　　)很可爱,我很喜欢它,它是我们的朋友。关于文本的讲解,针对小学生的特点,遵循循序渐进的原则。我们先进行复习,第一个句子:(　　)很可爱。第二个句子:我很喜欢它。将新的生词(6个动物词语)与这两个句子融合在一起。之后,再讲解:它是我们的朋友。在学生基本掌握了句子之后我们让学生戴上自制的动物头饰,进行"交朋友"的角色扮演活动,让学生感受动物的可爱,并享受"交朋友"的乐趣。我们的课后作业是:为了培养学生的创造力和爱心,让学生画出自己喜欢的一个动物,并给这个动物设计一个美丽家园,可与家长一起完成。

2. 第二节课

生态语言学视角下的课堂活动设计和思考题方面,教师要积极有效引导学生的生态意识,让学生通过反思语言中的生态问题来寻求自己在解决生态问题中能做出哪些贡献。(李晓娜,2019)①

首先,我们对上节课的生词、文本进行复习。我们鼓励学生主动展示自己的作业,并进行简短介绍(上节课学习的主要句子)。然后,我们向学生展示几张大象受虐待的图片(考虑到学生的年龄较小,我们展示的是动画版的图片),让学生积极发言。引导学生,让他们认识到,不应该伤害动

---

① 李晓娜:生态语言学视角下的大学英语教材评估研究——以《全新版大学英语》(第二版)为例,《考试与评价》(大学英语教研版)2019第5期,第35—42页。

物,要保护它们,因为它们是我们的朋友。

接着,我们询问学生该如何保护动物。我们会介绍中国、泰国野生动物保护区、流浪动物之家、不看动物表演等措施。旨在让学生学到,保护动物可以从自身做起。

最后,我们将学生分为 6 个小组,每一组抽取一张动物卡片(大象、熊猫、猫、狗、鸟、鱼),根据抽取到的动物卡片,制作海报,主题为:我为朋友建家园,如大象王国、熊猫乐园、猫之屋、狗之家、鸟的森林、鱼的海洋等。学生自由发挥,为各自的动物创建美好的栖息地。完成之后,在学校同意的前提下,我们将在学校的公共区进行海报展示,让全校师生观看、点评,并可以留言。让学生意识到,可以用自己的行动去影响他人,呼吁大家保护动物,尊重生命。

(三) 教学评价

教学评价不但注重学生语言知识的掌握程度,语言技能的提高度,而且还关注学生综合能力的发展,积极、向上的情感态度的培养。因此评价方式也应多样。同时,教师也应根据学生的表现进行反思,并改进教学。在本案例中,我们的评价形式有:课堂提问、课堂小练习、竞赛游戏、讨论表达、角色扮演、制作海报等。其中,课堂提问、课堂小练习、竞赛游戏侧重于对学生学业成绩的评价,而讨论表达、角色扮演、制作海报等,则侧重于对学生综合能力的评价,如表达能力、合作能力、创新能力等。

四、创新之处

海外中文学习者呈现低龄化的趋势,而低龄学习者有着不同于成人学习者的生理和心理特点。因此,从教学方式、教学理念等方面都对中文教师提出了新的挑战。本案例以泰国某小学三年级中文课为例,在生态语言教学观的视角下,以"三全育人"为指导思想,以学生最为常见的"动物"为切入点,将"立德树人"思政教育融入教学内容、教学手段、课堂活动、教学评价等整个课程中。

在本案例中，生态语言学的教学观为本案例的知识的讲授、"立德树人"思政教育的融合，提供了理论指导；合适的教学内容为"立德树人"思政教育的融入，提供了"土壤"；多样的教学手段，为"立德树人"思政教育的实施，提供了方法。丰富的课堂活动，为"立德树人"思政教育的贯彻，提供了良好的课堂环境。本案例贴近学生生活，具有一定的针对性、实效性、吸引力和感染力。

五、教学反思

（一）课程思政教育要有合理的设计思路

首先了解教学情况，熟悉教学环境。针对现实中的问题，以相关理论为指导，进行"立德树人"思政教育。教学设计应坚持以人为本，贴近实际、贴近生活、贴近学生，要积极挖掘育人元素，加强思政教学的针对性、实效性和感染力。同时，课程思政教学不应是空洞的，而应是与学生生活密切相关的，能够真正为学生的学习、生活、成长起到育人的作用。

（二）课程思政教育的知识要点要仔细斟酌，有理有据

以本案例为例，我们的语言知识看似简单，但是每个生词的选择，文本（句子）的编辑，都具有一定的知识、文化背景。选择大象，主要是从泰国文化背景出发，如此更能激发学生学习的动力；熊猫是中国的国宝，也是中国形象的一种体现，学生对中国充满好奇，很多学生并没有见过真正的熊猫，对其也了解甚少，如比可以激发学生的学习兴趣；而猫、狗、鸟、鱼这些是生活中最为常见的动物，贴近学生的生活，进而满足学生学以致用的成就感。文本（句子）选用有益话语，旧知识与新知识相结合，循序渐进，温故知新。

（三）课程思政教育要针对教学对象的特点，因材施教，要有吸引力和感染力

本案例的教学对象为小学三年级的学生，他们具有爱玩、求知、好奇

的天性。我们采用多种教学方法，多种教学手段并用，如图片、视频、音频、卡片等呈现教学内容，调动学生的视觉、听觉等多元感官，为其提供一个丰富多彩的学习环境，并鼓励学生发挥主动性，让他们参与讨论，勇于表达自己的想法。

同时，通过多种课堂活动让学生在积极的氛围里，于润物细无声中培养学生的良好品质。本案例的课堂活动，主要分为竞技型、动手型、合作型。我们设置竞技游戏，学生分组比拼，既结合了学生爱玩的天性，又培养了儿童的荣誉感，寓教于乐。操作学习是儿童探索世界的方式，儿童可以通过动手的方式去理解去学习。我们组织学生制作动物头饰，让学生领会动物的可爱。合作型的活动主要是海报制作，让学生尝试解决问题，培养他们的合作意识和学习的主动性。

（四）课程思政教育要积极实现"三全育人"的育人目标，坚持全员全过程全方位育人

本案例通过课后作业的方式，让家长参与到"为动物设计一个美好家园"的活动中来，推动家庭对孩子的育人教育。同时，我们通过海报展示的活动，将全校师生融入进来，推动学校的校园文化建设。然而，本案例只是针对一个主题的"立德树人"思政教学，为了实现"三全育人"的育人目标，还需要思考如何将整个学期，甚至整个学校的中文教学纳为一体，以及如何推动学校、家庭、社会等方面对学生的育人教育。

总之，本案例从学生的特点出发，贴近学生生活，因材施教、寓教于乐，既让学生学到了中文知识，又培养了学生积极向上的情感态度，帮助学生形成良好的品质，将"立德树人"思政教育有机融入中文教学中，达到润物无声的育人效果。希望本案例能够为国际中文教育，尤其是海外小学中文的思政教育提供有益借鉴和参考。

坚韧不拔　傲雪凌寒
——以《我们把松竹梅叫做"岁寒三友"》的教学设计为例

纪文娜

一、案例简介

（一）课程和案例的基本情况介绍

1. 课程介绍

综合课是对外汉语课程设置中的主要课程，综合课不但包含了语音、语法、词语、汉字等语言要素，还会涉及文化知识。本课程的教学对象是学习过一年左右汉语的来华留学生。在该课程的学习中，通过课堂讲练，逐步提高学生听说读写的语言技能，培养他们用汉语进行社会交际的能力，同时也为他们升入下一阶段的学习打下基础。

2. 案例介绍

国际中文教育不仅要教好学生语言，更承担着说好中国故事、传播中华文化的重要使命。本节以《汉语教程》二下第二十四课《我们把松竹梅叫做"岁寒三友"》（本课程所用教材为《汉语教程》第三版，北京语言大学出版社）为例，展示文化目标和语言目标并重的教学设计处理，在本课的生词、课文中，涉及松竹梅、岁寒三友等富有民族精神的词汇与文化。在生词与课文的教学过程中，进行文化的输出与德育的熏陶。

（二）设计意义

"高校立身之本在于立德树人。"党的十八大以来，习近平总书记高度重视高等教育事业发展，多次强调立德树人这个根本任务，指出只有培养出一流人才的高校，才能够成为世界一流大学。而留学生，作为中外沟通的桥梁之一,作为向世界宣传新中国的最好的"介绍人"之一,对他们进行正确的德育教育,非常有必要。语言是记录和传承文化的重要手段,是文化的重要载体,语言与文化紧密相连,不可分割。同时,讲好中国故事,传播好中国声音,推动中华文化更好地走向世界是我们当下的重要任务。因此,将文化的传播、熏染置于语言的学习之中,将中国的优秀精神文化与语言教学相结合,在汉语的语言教学中,也对学生进行了品德上的润育,传播了优秀的中国文化。最大限度发挥汉语语言教学的意义。

二、思路与目标

(一) 设计思路

留学生刚到中国不久,对于中国的语言和文化都处于快速汲取的阶段。俗话说好的开端是成功的一半,此时的教育至关重要。如果在学习语言的同时,将文化、品德教育融入其中,那么对于整体的教育来说将会起到事半功倍的效果,即在学习语言的过程中也学习了文化,提高了道德品质的修养。语言作为文化的载体,在进行语言教学当中,文化势必会有所渗透。抓住时机,传播优秀中国文化,将文化与课文理解相结合,展示普遍事物中的中国精神内涵的引申(如学习"竹子"这个生词时,让学生感受到竹子坚韧不拔的精神)。同时,引导学生在理解中华文化、精神的基础上,对比自己国家是否有相同的精神或者是否有这种精神表现的典型代表人物,引发学生的文化认同。不但不会引起学生的抗拒心理,反而能在润物细无声中,对学生进行中国文化和德育教育。

(二) 设计目标

1. 知识目标

(1) 掌握"松""竹""梅"等生字的写法,能够理解"叫做""岁寒三友""字画""过奖"等词语的意思并可灵活运用。

(2) 能够熟练、准确朗读课文,理解课文意思,灵活运用课文内容。

(3) 初步认识什么是中国书法、字画,知道什么是"岁寒三友"及其名称由来。

(4) 掌握"把"字句：主语＋把＋宾语＋叫做＋宾语的句式，可以正确使用。

2. 育人目标

明白松、竹四季常青，坚忍不拔的精神；梅花傲雪凌霜的品格。让学生体会到松竹梅坚韧不拔、不惧困难的精神。同时，感受到中国人对岁寒三友这种精神的肯定与向往。使学生在潜移默化中，受到中国精神的熏陶、感染。

3. 能力目标

(1) 能够将课文中的文化内容融会贯通，运用到实际生活中。

(2) 能够找出中外文化间的共性与个性，提高文化差异敏感性。

(3) 培养学生开放包容的博大心胸和善于接纳其他文化的积极态度。

(4) 加深学生对不同文化的认知，以多样的视角来观察其他文化。

三、具体实施

(一) 组织教学

1. 日常问好，活跃气氛。关心同学，了解学生最新情况，拉近师生距离。

2. 复习上一课所学内容。

(二) 开展新课

1. 导入

展示《红梅图》。提问这画的是什么内容。让学生对红梅和中国画有初步了解。接下来，通过提问课文中是如何谈及这幅画，引导学生带着问题听课文录音。

2. 学习生词

PPT 展示生词：梅、图、画家、松、竹、叫做、岁寒三友、字画、过奖（附拼音)。

生词操练:老师带读,学生齐读,指名读等多种方式认读生词,直至大部分同学可以熟读生词。

生词讲解:通过出示图片,采用直观法教学实物相关的生词,并通过短动画视频,进行文化词汇如"岁寒三友"的理解教学,让学生理解松、竹、梅各自在中华文化中的含义以及中国人对其精神品质的赞美。

如,例一:出示梅花傲雪凌霜的图片。明确:梅花在雪天也会开放。再带读词语和句子。在松、竹的教学中,也采用同样方法。设计目的:通过图片与例句,让学生初步感受到松竹梅的品质特点。

例二:同时给出松、竹、梅三张图片,出示词语岁寒三友。明确:这三种植物我们叫它们岁寒三友。出示PPT小动画,介绍岁寒三友。设计目的:通过动画,让学生明白岁寒三友的含义,初步感受岁寒三友代表的精神。

在引导学生进行理解、运用生词的过程中,采用例句、问答、填空等多种方式,力求做到精讲多练,但是在练习的同时,通过转换方式,力求使课堂充满趣味性,学生的注意力得以集中。并且,保证操练的内容的实用性,让学生学有所用、爱学、乐学。

3. 语法讲解:"把"字句

(1)用手作扇风状,引导学生:我觉得今天有点热,应该怎么办呢?引导学生说出学过的"把"字句。如:老师把风扇打开了。回顾学过的语法:板书:S+把+O+V+其他。

(2)通过直观法引导学生说出新的"把"字句。如:PPT出示句子填空:我们把_____叫做松树(空白处出示松树图片)。让学生理解句子的含义。再出示松竹梅图片,并提问:人们把松竹梅叫做____?待学生回答后,PPT出示句子:人们把松、竹、梅叫做"岁寒三友"。通过此方法,结合刚学的生词,引导学生说出句子,修正后进行板书,归纳出新的语法:S+把+O1+叫做+O2。

(3)出示图片,提供情境,进行新句式的操练。在所提供的情境图片中,可涉及中华文化相关知识,让学生在句式操练的过程中,亦能对文化有所了解。例如:出示大熊猫的照片。提问:大家知道这是什么吗?待学生回答出这是大熊猫后,教师明确:大熊猫很可爱。因为它的数量很少,而且目前只有中国有大熊猫这种动物,所以我们叫它国宝。出示并带读:国宝。(提示今日新学语法点)所以,我们可以怎么说?引导学生说出:中国人把大熊猫叫做国宝。

(4)设计生活中常见情境,如让学生利用今日所学句式向同学介绍自己国家的独特风俗,进行语法和口语表达练习。

4. 课文处理

(1)课文操练:带读、齐读、指名读等多种方式读课文,发现读不准的地方,相机指导,注意正音。

(2)课文理解:先预设课文中的难题,请学生就课文中不理解的地方提问。特别在"岁寒三友"的文化教学上,除了利用动画短片告诉学生松竹梅在中华文化中的含义,还要结合当下实际,寻找具有这种坚韧不拔、凌霜傲雪精神的典型代表人物进行介绍,让学生对这种精神以及这种精神在新时代的内涵有所了解。如向同学们简要介绍屠呦呦。"屠呦呦,药学家,诺贝尔医学奖获得者。屠呦呦和她的团队创制并发现青蒿素是一种用于治疗疟疾的药物,挽救了全球特别是发展中国家的数百万人的生命。2015年10月,屠呦呦获得诺贝尔生理学或医学奖。这份成功来之不易,从研究到获奖,屠呦呦用了四十多年,经历了三百八十多次失败。是竹子一样坚韧不拔的精神让她坚持到了最后,取得了研究上的成功,挽救了数百万人的生命。"让学生在当下真实例子中,体会坚忍不拔的精神。同时引导学生对自己本国具有这种精神(行为)的代表人物进行简要介绍,加深学生对这种精神的理解、体会与内心的认同。在解决文中不理解问题后,请学生对课文内容进行分角色扮演,再请学生对课文内容进行复述。通过这些活动,确保学生可以真正理解课文内容。

(3)总结本课所学,布置作业。作业内容可通过岁寒三友的精神含义进行扩展,既让学生感受到中华文化的博大精深,巩固本课所学。又在潜移默化中使学生加深对这些优秀品质的理解与向往。例如:人们把松、竹、梅叫做岁寒三友。在中国还有很多类似"岁寒三友"这样的叫法。你知道中国人把梅兰竹菊（出示带字图片）叫做什么吗？请回去查一查吧。

（三）文化导入

在教学生词及课文的过程中，通过使用PPT播放动画短片，简介岁寒三友名字的来由。（在汉语中，岁有年的意思，岁寒就是说在一年中最寒冷的时候。这时候，别的很多植物都落下叶子和花朵，只有松树、竹子还是绿的，梅花还在开放。所以人们把松、竹、梅叫做岁寒三友。）在了解松、竹、梅这三种植物的特性及其在中华文化中的引申义之后，介绍国内具有这种精神的典型代表人物，让学生在对代表人物的了解中，加深对这种精神的理解以及认识到这种坚韧不拔、凌霜傲雪的优秀中华精神的新时代内涵。最后，让学生介绍自己国家中具有这种精神的代表人物，引发学生的文化认同，加深学生对这种精神的理解。最终达到"感知""理解""认同"的效果。

四、创新之处

在语言的教学中融入文化与中华优秀精神、品德的熏陶。将松竹梅的精神含义与中国人对岁寒三友所代表的品质的向往于课文教学中进行渗透。让学生在语言学习的过程中，既加深了对中国文化的了解，又产生对中国精神、文化的向往，并有助于自身品德修养的提高。

五、教学反思

本案例将语言学习与文化传播和品德教育融为一体。让学生在语言学习的过程中，体会中国文化的博大精深，感受优秀的中国精神品质。在润物细无声之中，提高学生的品德修养。本案例教学主要分为两部分目标。一是让学生掌握本课需要掌握的生字词、语法，理解课文内容与所涉及的文化内容，并能对所学内容灵活运用。二是让学生在学习理解生词和课文的过程中，明白松、竹四季常青、坚韧不拔的精神；梅花傲雪凌霜的品格。同时，感受到中国人对"岁寒三友"这种精神的肯定与向往。使学生在潜移默化中，受到中国精神的熏染。课程的知识和育人两个目标融为一体，相辅相成。课程设计在兼顾基础知识目标的前提下，结合教学实际与学生具体情况，对所教内容进行了延伸，既彰显了中华文化的博大精深，又对学生进行了品德方面的塑造。

色味俱全　满口清香

——以《西红柿炒鸡蛋》的教学设计为例

骆银秋

一、案例简介

(一) 课程和案例的基本情况介绍

1. 课程介绍

对外汉语课程包括综合课、听说课、读写课等。综合课作为其主干课程，内容包罗万象，涉及各个方面，不仅包含了汉语语音、词汇、汉字、语法的学习，同时还嵌入了丰富的文化知识。本课程针对汉语水平在HSK三级左右，150个学时左右的多国别学生，以语音、语法、词语、汉字等语言要素为教学基础，通过课堂讲练，逐步提高学生听说读写的语言技能，培养他们用汉语进行社会交际的能力，同时了解相关的中国文化知识，了解中国，为"讲好中国故事"培养高素质的人才。

2. 案例介绍

本课程教学对象为HSK 3级水平的综合国籍班预科生。本课内容包含词汇、语法、课文、文化教学及相应的练习。教学安排为90分钟。教学准备为词卡、图片、课件。本课除了讲解家常菜西红柿炒鸡蛋的做法以外，大量地使用了"把"字句这一让国际学生觉得难，进而回避使用的句型结构，本案例通过精讲多练，不断地复现这一语言点，让学生在掌握其用法的同时，对中国的饮食文化有一个了解。在教学生词与课文的过程中，通过例句以及各地域特色菜的形成背景对学生进行文化的输出与德育的熏陶。

（二）设计意义

习近平总书记在多次重要讲话中强调教育的重要性，教育要教的不只是知识，更是做人做事的基本要求。本案例欲通过家常菜的做法讲解，串联起中国的饮食文化，以及饮食文化里所体现出的中国人的一些品格，以期从文化里找到认同感。

二、思路与目标

（一）设计思路

对于有一定的汉语基础，并对中国以及汉语还处于"蜜月期"的留学生来说，他们对了解中国、中国文化还抱有极大的热情。"民以食为天"，上海又是一个极具开放性和包容性的城市，所以在上海能找到全国各地的美食。每天都能接触到不一样的美食，如果能自己动手做一道地道的家常菜，比如西红柿炒鸡蛋，不仅是对学生动手能力的挑战，而且可以培养学生相关的语言表达能力。如果学生能把这道菜带回到自己的国家，与亲朋好友分享，并讲述中国的饮食习俗，让他们的亲朋好友能通过舌尖上的美食来了解中国，对讲好中国故事也是一个不错的助力。

另外，还可以通过家常菜的"家"字向学生传达中国人的家庭观，展示中国人爱国爱家的思想。

（二）设计目标

1. 知识目标

（1）掌握本课的生词，会认读并会正确书写，且在会书写认读的基础上正确使用。

（2）掌握本课的重点语法："把"字句后面的动词带结果补语、介词宾语、趋向补语的用法。

（3）能够熟练、准确朗读课文，理解课文意思，灵活运用课文内容。

（4）了解中国的八大菜系以及各菜系的代表菜和口味。

2. 交际目标

（1）让学生在日常生活中正确使用"把"字句进行交际。

（2）让学生能就饮食这一话题在日常生活中跟中国人进行交流。

（3）让学生能就"家"这一概念分享自己国家的看法及表现形式。

3. 育人目标

深入挖掘并展示中国饮食文化——家庭观、文化习俗等，让留学生在汉语交际中深切学习体验、感知中华文明的真善美；培养学生了解中国、爱中国的情愫。

4. 能力目标

学会做家常菜——西红柿炒鸡蛋。

三、具体实施

采用直接教学法，让学生直观感知中国饮食文化。具体为：第一，将生活中真实的菜肴图片呈现给学生；第二，提问学生吃到过的菜肴，让学生来描述所吃到的菜肴的色香味等并对这些菜做一个总结；第三，通过动作手势、提问等方式，让学生自己寻求答案；第四，讲练结合。

（一）组织教学

1. 简单问候，活跃课堂气氛，让学生的注意力回转到课堂上，做好课前准备。

2. 复习旧知，对上一课的内容进行简单的回顾，查漏补缺。

（二）开展新课

1. 导入

展示学校食堂里拍的西红柿炒鸡蛋的照片，提问学生是否见过、吃过这道菜，并让学生从色香味等方面说一下他们觉得这道菜怎么样。提问没吃过这道菜的学生听了别的同学的介绍后是否愿意尝试等。针对学生的回答做一个反馈总结，调动学生的积极性。告诉学生，这道菜是中国的一道家常菜,因为其原材料易得,做法简单,又色香味俱佳等特点而受到中国人的喜欢。最后引入本课的话题,告诉学生我们今天的课文就是围绕着怎么做这道菜来进行的。

2. 生词学习

教师先领读—学生齐读—个别点读三个环节解决学生对本课生词的读音问题。

对课文生词按照词性以及结合程度进行重新排序,结合图片展示、动作等方法进行讲解。同时用以前学过的词来进行句子操练,让学生熟悉这些词在日常生活中可以如何去运用。

3. 课文学习

(1) 给学生五分钟时间自己轻声读课文,读的过程中如有不记得或者不认识的字词可以自行查找。待大部分学生都读完一遍以后,通过让学生齐声复述课文的方式检查学生对课文的理解。复述的过程中教师检查学生复述语言的准确性,并及时纠正、练习。对于学生复述过程中不太准确或者不全面的部分,让学生一起进行齐读,读完以后再给学生一次机会对刚才的复述进行补充说明,同时纠正学生齐读过程中的读音问题,并练习。

(2) 分角色朗读课文。教师注意听辨学生的发音,发现问题记下来,待学生读完以后进行集中纠正、练习。

(3) 讲解归纳本课语法点。让学生把本课带有"把"的句子都找出来,再进行分类。

(主语+)把	+	宾语	+	V	+	到/在	+	地方
张虹	把	鸡蛋		打		到		这个碗里。
张虹	把	锅		放		在		火上。
(主语+)把	+	宾语	+	V	+	成	+	结果
张虹	把	西红柿		切		成		块
(主语+)把	+	宾语	+	V	+	趋向补语		
张虹	把	西红柿		放		进锅里。		

(4）带领学生集体操练。如教师展示钱币兑换的图片，引导学生说出"我把美元换成人民币"的句子；教师做"把杯子放在桌子上"的动作，让学生根据老师的动作说出句子等。通过大量的图片展示以及动作引导学生用"把"字句进行操练，让课堂学习动起来，让学生在动中加强对这一语法点的掌握和运用。

(三）文化导入

由家常菜的"家常"二字，带入中国"家"文化的概念，"民以食为天"的由来，同时通过图片向学生展示中国的八大菜系鲁菜、川菜、粤菜、江苏菜、闽菜、浙江菜、湘菜、徽菜，并告诉学生这些菜系是由于气候、地形、仪式、物产及饮食风俗的不同，经过漫长历史演变而形成的一整套自成体系的烹饪技艺和风味，同时展示各菜系的典型菜肴如一品豆腐、辣子鸡、烤乳猪、清炖狮子头、佛跳墙、东坡肉、剁椒鱼头、红烧臭鳜鱼等，提问学生是否吃过，并请学生说一下这些菜的口感甜、咸、油多等，并引导学生思考这些口感上的不同可能是上面提到的气候、地形等哪方面的原因造成的。对于没有吃过的，简单描述这些菜的色香味等，让学生说自己会不会喜欢，引导学生多开口。然后引导学生分享，在他们国家各地比较有特色的饮食，并简单地分享他们爱吃的菜/食物。

然后通过一首古诗《悯农》（"锄禾日当午，汗滴禾下土。谁知盘中餐，粒粒皆辛苦。"）的讲解与食堂和中国饭店里随处可见的"光盘行动"等标示来展示中国人深感粮食来之不易，同时珍惜粮食、拒绝浪费的感情。引导学生思考，在珍惜粮食这一个点上，学生各自的国家是怎么看、怎么做的。

(四）布置作业

1. 用自己的话复述"西红柿炒鸡蛋"的流程，并写下来。

2. 用"把"字句描述布置自己房间的过程，下次课跟同学一起分享，看谁写得又多又好。

四、创新之处

对教材的生词部分进行重构,把词语进行分类,便于留学生通过直观的形式更好地掌握生词。同时在课文及生词的讲解中融入中华饮食文化的习俗,让留学生对中国饮食文化以及产生这种文化习俗的背景做一个了解,并能通过其了解中国人性格里的一些坚韧品格。

教学方法多样,讲练结合,通过提问的方式,让留学生自己寻求答案,互动性强,课堂气氛相对活跃。

五、教学反思

本案例将语言学习与文化传播融为一体,并通过对饮食文化的讲解向学生阐述中国人的家庭观、爱家爱国的理念以及饮食文化里所透露出来的中国人的坚韧品格,对留学生进行德育教育。

然而,文化本多样,要想通过一堂课就让留学生对中国文化产生认同是不够的;同时本案例主要是语言学习与交际,文化渗透相对不足。

寓教于情　内化于心
——以《我想起来了》的教学设计为例

汤兆轶

一、案例简介

(一) 课程和案例的基本情况介绍

1. 课程介绍

本课程名为初级汉语,是面向我校非学历留学生所开设的初级阶段汉语综合课。综合课是我校留学生学习汉语的主干课程,包括语言教学、文化教学、汉语言语技能训练等,具有高度的综合性。本课程旨在培养系统掌握汉语言知识、具备初步汉语言交际能力、能够全面、客观理解中国及中国文化并具有良好跨文化能力的来华留学生。

2. 案例介绍

本案例以杨继洲先生主编的《汉语教程第二册(第三版)》中的第二十二课《我想起来了》为例,探讨德育教育与初级阶段汉语综合课相融合的具体路径。该课文分为《我想起来了》和《我们还想学下去》两个部分,均以对话体形式呈现。第一篇主要讲述了王老师三年前的学生海伦来北京工作,打电话邀请老师到家里做客。第二篇则展现了王老师在海伦家做客并谈论汉语学习的场景。课文内容贴近生活实际,将词汇、语法、文化融于日常情景之中进行编写,着眼于对学生的言语技能和言语交际技能的培养。

(二) 设计意义

自"一带一路"倡议提出以来,中国与沿线各国的经贸合作不断深化,与世界经济的融合程度不断提升。一直到新冠疫情之前,来华留学生数量持续增长,随之而来的是对来华留学生教育的思考。习近平总书记曾明确指出,人才培养一定是育人和育才相统一的过程,而育人是本。因此,实现对外汉语教学的育人价值不仅是经济全球化背景下我国发展战略之需,也是落实"立德树人"根本任务的基本要求。

初级汉语综合课是各学历背景来华留学生的必修课程,是来华留学生认识中国、了解中国的第一个窗口,因而也是开展德育教育的前沿阵地。汉语课应不仅传授汉语语言知识和技能,还应融合思想教育、道德教育,传递积极正面的人生态度以及健康向上的价值观念。本文正是基于汉语综合课的重要育人功能,探讨德育教育在初阶汉语综合课的渗透策略,使学生在学习汉语知识的过程中,受到中华优秀文化、思想品质、道德观念的熏陶,成为知华、友华、爱华的国际人才。

二、思路与目标

(一) 设计思路

首先,在综合汉语课中融入德育教育应考虑到两个维度:第一,横向渗透于各语言要素的教学之中,特别是词汇教学和语法教学。第二,纵向融于课堂教学的各个环节,如课前导入、知识点讲解、课文讲解、课后练习等。纵横相互交织,构建汉语课堂上德育教育的立体网。

其次,教师要以教材语篇为依托,以中华优秀文化为切入点,寻找德育教育和教学内容的结合点。优秀的文化具有跨越国界的普世价值,是全人类共同的财富,而中华优秀传统文化内蕴丰富的德育资源,应成为开展德育教育的切入点。语言是文化的载体,文化是德育的源泉,语言教学、文化教学和德育教育应彼此相融,互相促进,从而达到综合汉语课教学立德树人的根本目标。

第三,德育教育应在情境中展开。情境认知与学习理论认为,认知活动具有情境性,教师应提供丰富的、有意义的情境,使个体在情境中联结知识和经验,在情境中理解和感悟词汇、语篇等承载的精神内涵,并在情境中获得积极的情感体验,形成正确的态度和价值观取向。若没有情境支撑,德育教育便如同说教,味同嚼蜡,难以动之以情、打动人心。

第四,汉语综合课不仅要实施德育教育,还要帮助学生内化德育。由于知识是在活动中动态建构的,学生必须在活动和探究中将德育自主内化为品格。因此,德育教育视域下对外汉语课堂的德育教育并不是教师的单向输出,而是要设计出符合学生认知水平、驱动德育生成内化的课堂活动和课外实践活动,让学生在活动中通过表征问题、解决问题对教学内容进行深度加工,从而实现德育的转化。

(二)设计目标

1. 知识目标

(1)词汇

掌握"突然,邀请,交流,开展,继续,一定"等重点词汇的意义和用法。

掌握"签合同""中外合资公司""业务"等商贸类词汇的意义和用法。

(2)语法

掌握复合趋向补语"起来、出来、下去、下来"的引申意义与用法,并能在具体情境中正确使用。

掌握条件复句"只有……才"的意义和用法。

(3)语篇

能够正确理解课文内容并进行演绎和复述。

2. 交际目标

(1)能够提出、表达或拒绝邀请。

(2)能够使用正确的礼貌用语招待客人。

3. 育人目标

按照三全育人的指导思想结合授课课程特点,深入梳理教学内容,挖掘课程思政育人元素,有机融入课程教学,达到润物无声的育人效果。具体目标如下:

通过语言要素的学习,认识当代中国的发展现状,了解中国在经济、文化、社会发展等方面取得的成就,提高留学生对中国社会文化的理解和认同。

以课文内容为依托,引导学生确立学好汉语、成为中外文化及商贸交流人才的理想目标,树立勤奋好学、认真刻苦、坚持不懈的价值观念。

深入课文情境,感悟并理解中华民族"尊师重道"的优良传统以及"感怀师恩"的思想观念,并将其内化于心,外化于行。

三、案例设计与实施

(一)结合德育要素构建语境

构建语境不仅是为了引入新知,还要内嵌德育要素,通过图片、视频、音频等,让学生获得积极正面的引导,在潜移默化中受到熏陶,树立正确的人生观、价值观,形成良好的道德品质和思想观念,从而达到德育教育的目标。

例如在本课中,王老师以前的学生保罗在北京一家中外合资的文化交流公司工作,因为工作的原因需要继续学习汉语。教师可以借助这个课文情境构建语境,导入"合资""签""合同"三个新词。

【教学片段】

教师:同学们,你们为什么学习汉语?

学生:我想来中国工作。

教师:嗯,中国有很多**中外合资公司**需要外国人才。你们看,这是什么公司?(教师呈现一汽大众公司标志)

学生:Volkswagen,德国大众。

教师:这不是德国大众,这是一汽—大众汽车公司,是中国和德国合开的。中国和外国合开的公司就是**中外合资公司**。

【PPT 呈现】

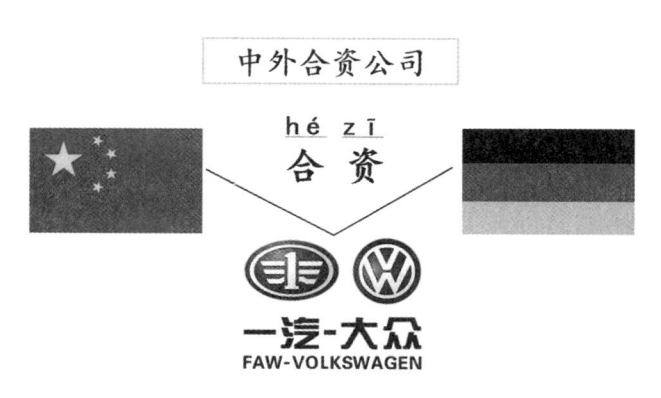

寓教于情　内化于心　367

教师:我们有同学是汽车专业的吗?

学生:我,老师!

教师:嗯,很好。大卫学习汽车专业,汉语也学得很好,被一汽大众公司录取了。他会收到这份文件。

(教师呈现一张劳动合同以及签合同的场景)

教师:这是**合同**。大卫,你要先**签合同**,再去工作。

【PPT呈现】

教师:一汽大众是世界500强企业。中国有许多世界500强企业需要外语人才。你们要好好学习汉语,一定能找到理想的工作。

【设计意图】

语境的构建将课文情境与现实情境相联结,为学生学习课文做好了铺垫。与此同时融入了德育教育,既展现了当代中国优秀企业的风采和中国市场良好的就业前景,又引导学生认识到学好汉语的重要性,帮助其树立学好汉语、实现职业理想的目标。

又如,在讲解"动词+下去"时,可利用图片构建语境,帮助学生理解"下去"表示"正在进行的动作继续进行"的引申义。

【教学片段】

教师:同学们看,他们在做什么?

学生:他们在跑步。

教师:没错,他们在跑马拉松。这是上海国际马拉松比赛,今年将在

11月28日举办。有同学想参加吗?
　　学生:我,老师!
　　教师:跑马拉松很辛苦,你一定要坚持下去!
【PPT 呈现】

你一定要坚持下去!(V+下去)

【设计意图】
　　通过展示上海国际马拉松赛中来自世界各地的马拉松爱好者共同出发的壮观场景,令学生直观认识上海这个朝气蓬勃、充满活力的国际化大都市,感受其兼容并包、海纳百川的城市精神。通过构建"参加马拉松比赛一定要坚持下去"的语境,帮助学生理解"动词+下去"的意义和用法,引导学生去认识和体会"坚持不懈、永不言弃"的马拉松精神。

　　(二) 融合人文元素呈现例句
　　例句是教师在初级汉语综合课教学中讲解词汇和语法的重要手段,是影响学生理解和掌握语言知识的重要因素。传统的例句设计通常会考虑到例句的典型性、趣味性、交际性和实用性。而以育人为目标的汉语综合课教学在例句选取上更应兼顾时代性和人文性,融合中国灿烂文化、符合学生审美情趣,让学生从多方位感受当代中国之魅力,从而培养学生的道德意识和人文精神。
　　例如,在讲解本课中四个复合趋向补语的引申义时,教师可借助图片、视频等,对例句作如下设计:
　　1."下来":表示动作使事物固定或动作(状态)从过去继续到现在。
　　A:冬天的故宫真美,我要把它拍下来。

寓教于情　内化于心　369

B:这儿真美,我要把它拍下来。
【PPT呈现】

冬天的故宫真美,我要把它拍下来。(V+下来)

【设计意图】
通过比较例句A和例句B,我们会发现,例句A更具有人文性,雪中故宫蔚为壮观的图片能够给学生带来积极的审美体验,学生也就自然能够理解"下来"在这个情境下表示"把美丽的东西固定在照片上"的意义。故宫是中国五千年文明的璀璨结晶,也是世界建筑史上的文化瑰宝,让学生领略雪后故宫之美,既能加深其对中国文化的了解,也能陶冶学生的人文情操。

2. 出来:表示动作使事物从无到有。
【PPT呈现】

熊猫妈妈把小熊猫生出来了。真可爱呀!(V+出来)

【设计意图】

通过展示熊猫妈妈生出熊猫宝宝的瞬间,令学生直观感受"动词+出来"表示事物从无到有的引申义,同时渗透了生命教育,让学生感受到生命的神奇和母亲的伟大。此外,大熊猫是我国国宝,具有特殊的文化意义,其憨厚可爱的形象传递着中国人谦逊友善、以和为贵的处事之道和性格特点。

3. 起来:表示动作开始并继续。

教师:大家认识这个小朋友吗?他叫哪吒,是中国神话里的人物。请注意看:他的表情是不是变了?一开始他没有笑,后来他笑起来了。

【PPT 呈现】

他笑起来了。(V+起来)

教师:那现在呢?他怎么了?一开始他没有哭,后来他哭起来了。

他哭起来了。(V+起来)

教师：这位是哪吒的朋友，叫敖丙。两个人第一次见面的时候，因为一个误会，打起来了。

【PPT呈现】

他们打起来了。（V＋起来）

【设计意图】

例句的设计虽然简单，但是借助中国优秀动画电影《哪吒之魔童降世》中主人公可爱、俏皮、年少勇敢的形象，催生了学生心中对美好纯真的向往，在传授语言知识的同时帮助学生了解中国古代神话故事，增加其对中华优秀文化的亲近感和认同感。

（三）寓身情境之中内化德育

在内化德育的过程中，个体的认知和思维活动起主体作用。因此，教师在设计课堂教学活动时，要以语言点为核心，创设尽可能接近真实的情境，让学生寓身于情境之中，通过语言实践活动，获得积极的情感体验，主动生成自己的体会和感悟。

例如，本课的德育目标之一是使学生通过学习课文，感悟并理解中华民族"尊师重道"的优良传统。课文展现了中国老师与外国学生的深厚情谊，传达了积极正面的师生关系。在讲解完课文后，教师可选取课文中的几个片段，运用角色扮演法开展情景表演。

1. 完全控制式角色扮演

完全控制式角色扮演是指教师事先设计好扮演的情景内容和角色语言，由学生进行表演。例如在本案例中，教师可在讲解完课文后，选取几个不同的课文片段,给学生分配角色卡片作为提示,并要求学生在表演时将自己置于角色之中,设想所处情境,通过面部表情、肢体动作等表达人物情感。其他同学则根据教师设计的评价量表从语音语调、流利程度、肢体动作及感情、默契程度等对每一组的表现作出评价。

【活动设计】

场景一:王老师突然接到一个电话,听出来是三年前的学生海伦,又惊讶又高兴。(角色卡如下图所示)

角色1:王老师	角色2:海伦
海伦: 王老师:是。你是…… 海伦: 王老师:你是……对不起,声音有点熟,但一下子想不起来是谁了。 海伦: 王老师:啊,我想起来了,海伦!你现在在哪儿?	海伦:喂,是王老师吗? 王老师: 海伦:老师,您听得出来我是谁吗? 王老师: 海伦:我是您三年前的学生,您还参加过我的婚礼呢。 王老师: 海伦:我就在北京。

场景二:海伦邀请王老师来家里做客,并提出由保罗开车去接。

场景三:王老师来到海伦家里,与海伦和保罗聊起近况。

场景四:海伦与保罗向王老师请教学习汉语的方法,王老师不吝赐教。

【设计思路】

完全控制式角色扮演适用于教师讲解完新课之后帮助学生熟悉课文、巩固对词汇和语言点的掌握和运用。将一篇幅较长的课文划分成四个场景并提供角色语言卡片,能够降低汉语语言活动的难度,并且使学生对自己的角色和语言点有更加清晰的认识,在操练语言点的同时感悟课文之中所体现的中国老师与外国留学生的浓浓师生情。

2. 半自由式角色扮演

半自由式角色扮演是指教师给定情境和任务,要求学生在角色扮演中使用规定的语言知识进行角色扮演,但并不提供详细的角色语言与提示。这种类型的角色表演给了学生较大的语言表达自由度,但是又将对话的内容控制在一定的范围内,在刺激学生语言表达能力的同时,引导其说出教师所期望操练的语言要点。例如,本课需要操练的语言点是复合趋向补语"起来、出来、下去、下来"的引申义以及条件复句"只有……才",要求掌握的词汇为"应……之邀""签合同""合资"等,教师可创设一个现实生活中的情境,由学生互相协作,完成表演。

【活动设计】

设想你从同济大学毕业多年之后来到上海工作,为了生活和工作你需要继续学习汉语。于是你想起了你的大学汉语老师,并打电话向他请教。请与你的同桌分别扮演这两个角色,运用下列词汇和句型设计对话:

| A. 想(不)起来 | B. 想(不)出来 | C. 学下去 |
| D. 中外合资公司 | E. 签合同 | F. 坚持下去 |

【设计思路】

半自由式角色扮演适用于课后拓展。在该活动中,教师创设了尽可能接近真实的情境,容易引起在中国学习的外国留学生的共鸣;情境具有一定的开放性,有利于学生充分发挥运用语言进行交际的主动性和积极性;给出了需要运用的词汇,引导学生在一定情境下,运用目标知识点开展话语活动。学生寓身情境之中,通过角色扮演获得具身体验,理解中华民族学生"尊师重道"、教师"关爱学生"的优良传统,知情意行相协调,让德育内化于心,外化于行。

四、案例特色与创新

本案例着眼于初级阶段的汉语课堂教学,探讨了教师在汉语综合课中融入德育教育的途径和策略。本案例的特色与创新之处主要包括以下几点:

1. 本案例从情境认知与学习理论的视角,将德育教育的过程分为"德育渗透"和"德育内化"两个阶段。论述了汉语教学在学生汉语水平有限的情况下,教师在语境构建、例句设计、情境创设中融入德育教育的策略。

2. 本案例将"德育内化"作为德育教育的最终目标,强调了学生在内化德育中的主体作用。并运用角色扮演理论对初级阶段汉语课上最常见的语言实践活动——情景表演作了详细的论述,对于课堂教学具有实践意义。

五、案例反思与分析

初级阶段汉语课往往教学内容简单,课堂教学语言的使用又存在很大的局限性。本案例从情境认知与学习理论的视角探讨了实现初级阶段汉语综合课教学育人价值的具体路径,对于对外汉语课堂教学实现外国留学生育人和育才相统一的目标有一定的借鉴意义。在初级阶段的汉语教学中,教师应当以语言知识的传授为中心,以教材内容为依托,充分挖掘课堂内外的德育教育资源,将中华优秀传统文化、思想教育、道德教育、品格教育、人文教育、审美教育巧妙融合于汉语课教学的各个环节,将德育要素切入汉语要素的教学之中,引导留学生树立良好的思想道德品质、积极向上的人生观和价值观,正确认识和理解中国,学会鉴赏他国文化,实现汉语综合课的育人功能和学科价值。

知交难觅　以诚相待

——以《真正的朋友》的教学设计为例

叶子艳

一、案例简介

（一）课程和案例基本概况

1. 课程介绍

该课程是面向 HSK 4 级的外国留学生开设的，目的是通过本课程的学习，学生可以轻松掌握 600 个 HSK（四级）词语和 100 个语言点，并掌握 20 个易混淆语言点的异同，为提高汉语能力、通过 HSK（四级）考试打下坚实的基础。教材中文化部分内容可以帮助留学生了解并熟悉相关中国文化，以图文并茂的形式，介绍与每章节主题相关的文化。整个课程的学习，旨在让学生们熟练掌握语言点，掌握理解新词、构成新词的技能，在具体语境中能综合运用所学知识完成交际活动，最终做到将语言知识内化为交际能力，认识中国文化，学习其中优秀内涵，引导学生树立正确的价值观。

2. 案例介绍

案例选取课程第二章"真正的朋友"（所用教材为《HSK 标准教程 4 上》，姜丽萍，北京语言大学出版社），教材内容分为热身、课文（含生词）、学一学（含"比一比"及"根据课文内容回答问题"）、练习、扩展、运用、文化七个模块，可以归纳为三大部分：

（1）生字词、课文的学习，让留学生们掌握"交流""理解""友谊""联系""陪"等等生字词的意义和用法。

（2）练习巩固，聊一聊自己和朋友是怎么认识的，并运用所学知识组织语言进行长句表达,在分享中让留学生们逐步意识到朋友的重要性。

(3) 每个人都需要朋友,怎样才能交到更多朋友？什么是真正的朋友？引导留学生们思考如何与朋友相处,帮助他们在实际生活中去结交更多朋友,树立正确的友谊观,更好融入在中国的生活。

(二) 设计意义

语言是文化信息的载体,是人认识世界的工具,是人类交际和交流思想的重要手段。与朋友的相处实质就是人际交往的一种,正确合理使用词汇构成语句表达想法,是人际交往过程的一项重要技能。同一个词在不同场合或不同声调可能具有不同意义,学习生词,了解词义和用法,在人际表达中可以形成让双方都感到舒适的交际场域。

从孔子"与朋友交而不信乎？",到"有福同享,有难同当""在家靠父母,出门靠朋友",再到党的十八大,以习近平总书记为核心的党中央提出的社会主义核心价值观24字中的"诚信友善",无不体现着中国人对友情的重视。通过本章的学习,使学生明白真正的朋友和珍贵友情的重要性,了解中国人的友谊观,进而帮助学生在日常生活中与朋友友好相处,实现精神上的满足。

二、思路与目标

(一) 设计思路

(1) 语言中的词汇教学要使学生掌握每一个词语的意义和用法,与句子的教学相结合,在课文教学中学习生字词。通过发音练习、词义讲解、跟读和带读,让学生掌握生词,帮助理解课文内容,对重难点词汇进行重点解析,利用句子帮助理解和记忆。

(2) 通过练习进行词汇的重现和复习,加深理解减少遗忘。当学生所学的知识有限且不充分,就容易产生目的语偏误,在课堂上将学生易混淆的近义词进行比较分析,从语义和语用角度帮助理解,借助练习进行巩固,减少学生偏误。打好章节知识基础,进一步加深对课文的认知,能够理解并复述课文。

（3）汉语中有很多形容友谊的词语，如"患难之交""八拜之交""肝胆相照"等等，这些词语背后都蕴含着一个至真至诚的友情小故事。人类对于友情的重视，古今中外皆如是，正如英国诗人约翰·多恩的书名《没有人是一座孤岛》所示，人的一生可以什么都没有，但不能没有朋友，什么是真正的朋友？每个人都有自己的理解。通过让学生们举例、发表自己的观点，让大家在这个过程中形成自己的友谊观，引导树立正确的价值观。

（二）设计目标

1. 知识目标

（1）正确掌握课本生字词的发音和意义；
（2）用所学词语进行造句；
（3）熟练朗读课文，理解课文内容；
（4）掌握生字词的书写和笔画顺序，能够书写语义完整的整段文字。

2. 交际目标

（1）能够与朋友进行长对话，讲述自己的日常；
（2）区分意义相近词语，在日常使用中避开偏误；
（3）能阐述中国古代关于深厚友情的典故；
（4）能讲述什么是真正的朋友，掌握与朋友的相处之道。

3. 育人目标

（1）外国留学生在非本民族文化环境中生活和学习，由于文化的冲突和不适应，容易产生迷失、疑惑、排斥甚至恐惧的感觉，也就是"文化休克"。其中，因生活方式与习惯引起的不适，可以通过结识朋友，寻找心灵上的陪伴来缓解，本节课程的学习，会涉及很多日常交流用语，朋友相处之道和一些中国文化中的交友注意事项，帮助留学生在中国结识更多朋友。习总书记强调："人无德不立，育人的根本在于立德。"老师作为与留学生接触较多的人，既要立德也要树人，要以亲切感染力让学生喜欢课堂，用自身去感染留学生，减少距离感，让留学生更好地"入乡随俗"。

（2）在中国的古代文化中，从孔子"与朋友交而不信乎？""有朋自远方来,不亦乐乎?",到党的十八大,以习近平总书记为核心的党中央提出的社会主义核心价值观24字的"诚信友善",无不体现着中国人对友情的重视。在任何文化中,友谊与人的交流关系密切,友好的交流会促进友谊,友谊会促进信息的交流。世界各民族都有自己的友谊观,不同民族因不同文化而存在差异,留学生要更好融入在中国的生活,需要对中国文化里的友谊观有一定的认识,避免在人际交往中引起不适。课程的学习便是让留学生规避交际误区,结交真正的朋友,树立正确的交友观、友谊观。

（3）辉煌灿烂的中华文化、历久弥新的中华文明,是中华民族自立自强的精神力量,是中国人民奋发有为的精神家园,重视友情是中华文化中的优秀文化,也是建设和谐社会的应有之义。这需要汉语国际教师践行"立德树人"这一基本要义,向外国留学生教授文化知识的过程,也是将中华优秀文化进行传播的过程,是师与生之间的双向反哺。

三、具体实施

（一）新知讲授

1. 词汇教学

语言中的词汇教学要使学生掌握每一个词语的意义和用法,要与句子的教学相结合,在课文教学中学习生字词,同时强化汉语学习环境,自觉学习与自然习得相结合;强化语言文字应用,提高学生的语言感悟、运用能力,在听说读写的扎实训练中更好掌握新知识。

例如,从日常生活里的情境导入更能与学生互动,引导学生加入讨论,进入课程的学习。"你来中国多久了？你适应这里的生活吗?"问题的设置更符合留学生生活现状,"适应"即"to get used to",在这里可以理解为"习惯、融入",学生的回答有适应也有不适应,针对不适应,可以为他们提供解决办法,由此引出"朋友"这个概念,也就是本节课程的主题,层层递进,加强对生词的认知。

再如,"星期天同学聚会,班里同学能来多少人?""差不多一半儿吧"。在这里要重点注意的是"差不多"这个词,它表示相近,差别不大,而同样的,在汉语中"几乎"也表示类似的意义,两者都表示接近、相近,在这里就需要通过具体的例句来帮助学生进行区分。

例句1:他汉语说得很好,差不多跟中国人一样
　　→"差不多"可以换成"几乎"

例句2:他们俩差不多高/他们俩几乎一样高
　　→"差不多"不可以直接换成"几乎"

例句3:姐妹俩性格差不多
　　→"差不多"不可以换成"几乎"

通过分析可以知道,例句1中,差不多做副词,表示两者都非常接近,做状语,"几乎"也可以做状语,表示非常接近,所以可以替换;

例句2中,同样是表示非常接近,"差不多"可以直接用在单音节形容词前,而"几乎"后面的形容词之前要加别的词语,才能表达出完整的意思;

例句3中,"差不多"做形容词,做谓语,表示相差不远,很接近,而"几乎"没有这个用法,所以无法替换。

2. 课文教学

对外汉语教学要以句子和话语为重点,听说读写全面要求,理解并复述课文内容是对课文掌握情况很好的考查方式,在词汇学习后,要求学生进一步掌握课文主旨和中心思想,并能够用凝练的语言复述。

例如,课文5从朋友对于每个人的重要性引出"什么是真正的朋友?"这一主题,并给出作者自己对真正朋友的理解。每个人对这个问题都会有自己的见解,在这里引导学生说出对他们而言,真正的朋友应该是什么样子,分享自己与朋友相处过程中印象深刻的一件事,并谈一谈深刻的原因,循序渐进深化本次课程主题,加深对课文理解的同时引起学生的思考。

(二) 知识重现

对外汉语教学要精讲多练,在语言知识指导下,以言语和言语交际技能的训练为中心,通过知识重现进行复习巩固,帮助理解透彻。

例如,词汇部分的练习,以填空形式展开,检测学生对该环节内容的掌握程度。"这件事我们班_____人人都知道","这次考试他们俩的成绩_____"。

除了课本提供的练习,还增加了多样化练习形式,如用"差不多"和"几乎"分别造句,"这两个电子词典看上去差不多"和"这件事我几乎忘了告诉你了","她们俩的爱好差不多"和"她们俩的爱好几乎一样",让学生在造句过程中区分词义,并将能够转化地进行改写,以练习方式进行巩固。

再如,课文部分的练习,就课文内容设置问题,利用问答形式抓住学生注意力,同时对课文内容进行全面掌握。"课文5中提到,在人的一生中,什么很重要?朋友很重要","当你遇到困难的时候,真正的朋友会怎样?会站出来及时给予帮助"等等。将课文内容细化分解,有助于学生更好理解,减轻学习难度。

(三)文化聚焦

语言是文化重要的组成部分,是文化的主要载体,对外汉语教学中的文化教学要为语言教学服务,要把文化知识转化为交际能力。

本节课程的文化教学主旨是帮助留学生结交朋友,认识真正的朋友。中国有句俗话叫"在家靠父母,出门靠朋友",自古以来,中国人对于友情就非常重视,《论语》中,"有朋自远方来,不亦乐乎?"表达了对于远道而来的朋友的欢迎,"与朋友交而不信乎?"更是强调了在与朋友的相处过程中要讲诚信,以诚待人,这是与友相处要遵循的一条重要原则。

在后世的故事中,最典型的讲述朋友之间密切关系的就是"八拜之交",也就是管鲍之交、知音之交、刎颈之交、舍命之交、鸡黍之交、忘年之交和生死之交。

其中,知音之交讲述了俞伯牙和钟子期之间的深厚情谊,俞伯牙在弹琴时被钟子期听到,钟子期沉浸于琴音中无法自拔,并且能够听懂俞伯牙琴音背后的心意,这在过去是没有过的情况,两人一见如故,相谈甚欢,并约定第二年同一时刻同一地点再次相约,以琴会友,然而第二年,俞伯牙再去赴约,等了好久都没能等来钟子期,一打听才知道钟子期已经病故,临终前还将坟墓修在两人见面的江边,以盼两人相会时能再次听到俞伯牙的琴声。俞伯牙得知此事,悲痛万分,在钟子期坟前,凄楚地弹起了古曲《高山》,弹完便挑断琴弦,悲伤地说道:"我唯一的知音已不在人世了,这琴还弹给谁听呢?"

伯牙子期的故事千古流传,高山流水的乐曲至今为人们敬重,通过典型故事的叙述,和《高山流水》乐曲的播放,带领学生们更加直观地感受这份高雅的情谊,目的是让留学生们认识到,真正的朋友可能一见如故,可能相互理解,也可能久处不厌,而在与朋友的相处过程中,更要秉持真诚态度,正确的友谊观是交友与交际中必须掌握的要义。

今天,24字社会主义核心价值观中更是强调"友善",即对人亲近和睦,与人为善,团结友爱,和谐相处。这不仅是每个人应尽的责任和履行的义务,更是我们日常生活中必备的优良品格。

四、创新之处

1. 重视基础知识的把握,通过词汇与课文的学习、新知的重现与练习巩固所学内容,强化汉语学习环境,强调语言文字的应用,借助目标的细化分解帮助学生理解课程内容,系统掌握知识点。

2. 重视文化内容的学习,引经据典,借助现代教学手段(播放音乐),营造浓厚的文化学习环境,使整个章节的学习内容得以升华,在这个过程中学生能够更加清晰深刻地了解文化知识,树立正确的友谊观,结识新朋友,避免"文化休克"现象的出现,更好融入留学生活。在这一环节,坚定文化自信,宣扬中华优秀传统文化,重视学生素质的培养和品德的锤炼,践行达到文化育人的根本任务。

五、教学反思

本案例从基础知识和文化升华两个方面展开教学,层层递进深化课程主题，以提升留学生交际能力为主要原则，帮助留学生融入留学生活为基本遵循，引导留学生树立正确的友谊观、锤炼个人品格为最终目标。

课程内容循序渐进，逐步深化，便于学生理解，教学环节环环相扣，重视与学生的互动，吸引学生注意力。教学的知识、技能和育人三个目标三位一体，相辅相成，课程设计在兼顾基础知识的前提下，结合留学生实际情况，对课本内容进行升华，强调了"树人"理念，教师端正态度，重视自身质素提升与"师德"建立，努力践行习总书记所强调的"立德树人"根本任务。

千里之行 始于足下
——以"复合趋向补语——出来"的教学设计为例

张姣悦

一、案例简介

(一) 课程和案例的基本情况介绍

1. 课程介绍

该课程是面向预科留学生开设的,属于必修课程,主要目的是通过本课程的学习,使国际学生通过 HSK 3 级考试,以进行专业学习,同时能够通过趋向补语的学习,掌握汉语词汇基本义和引申义的关系,进一步了解词汇在发展变化过程中呈现出的意义虚化特点,以更好地理解其引申义,培养其学习汉语的全局思维,最终达到在日常交际中熟练掌握、灵活运用趋向补语的目的。

2. 案例介绍

案例选取《HSK 标准教程 3》中第 19 课《你没看出来吗?》,本案例以"出来"的基本义为切入点,学习其三个引申义用法:(1)"V+出来"表示"从无到有"的引申义及其用法;(2)"V+出来"表示"从隐蔽到显露"的引申义及其用法;(3)"V+出来"表示"识别、辨认"的引申义及其用法。

(二) 设计意义

对外汉语教学中补语教学十分重要,现代汉语八类补语中,趋向补语的使用所占比例最高,又由于复合趋向补语在现代汉语语法中数目较多,其引申用法也很抽象,因此成为留学生学习的难点和对外汉语教学的重点。研究表明:留学生在学习复合趋向补语的过程中并非所有的复合趋向补语都对其造成同等的困难,其中"出来"就是难点之一,而这一难点除了其引申义给留学生带来的学习困难之外,还有误代和错序偏误。

国际中文教育不仅是语言的教育,也是学生了解中国的途径,教育不仅是教书,也包括育人,国际学生也是我们教书育人的一部分,因此在学习语言知识的同时,也潜移默化地熏陶了我们的文化知识,党的十八大报告首次提出"把立德树人作为教育的根本任务",因此对于国际学生的教育我们也要贯彻这一理念。复合趋向补语一直是学生学习的难点,本设计基于学习难点,贯彻"立德树人"教学原则,使学生在情境中学习复合趋向补语的内涵,并配以练习帮助学生理解,使学生学得知识的同时,达到交际的目的。

二、思路与目标

---

13. 我是走回来的

小丽:我今天看见你和一个女的从咖啡店走出来了。她是谁呀?

小刚:她是我今天在路上遇到的一个老同学。

小丽:你们就一起去喝咖啡了?

小刚:是啊,一边喝咖啡一边说了些过去的事。

小丽:你回来得这么晚,是说了很多过去的事吗?

小刚:不是。没有公共汽车了,我是走回来的。

(一)设计思路

国家语言虽各不相同,但是人们对客观世界的认知是相通的,而词汇的基本义一般都是具体可感的,因此本课以生动形象的动画导入,复习"出来"表示"一个运动对象从空间内到空间外,从而靠近说话人。"这一基本义,同时模拟留学生误代和错序的偏误,强化其对正确说法的理解和运用,由"空间内"这一看不到的切身体会的基本义,联系到"无""隐蔽""不能识别,辨认"的引申义到"空间外"我们可以看得到,引申出"有""显露""识别出,辨别出"这些义项,使其了解词的基本义和引申义的引申过程,以点带面,建立留学生学习汉语的全局思维。

在具体的教学中,运用现代多媒体技术,教师表演展示等多种方法,出示大量典型例句帮助学生理解掌握,并通过大量练习检验学生的学习情况,并做好课后反思,以备后续课程的改进。

(二) 设计目标

具体案例选自《HSK 标准教程 3》第 19 课《你没看出来吗?》,以下具体介绍本课程的设计目标。

1. 知识目标

(1) 理解并掌握"V+出来"的基本义及其用法;

(2) 理解并掌握"V+出来"表示"从无到有"的引申义及其用法;

(3) 理解并掌握"V+出来"表示"从隐蔽到显露"的引申义及其用法;

(4) 理解并掌握"V+出来"表示"识别、辨认"的引申义及其用法。

2. 交际目标

学生能够在具体的交际情境中正确熟练地使用复合趋向补语。

3. 育人目标

语言是最重要的交际工具。学习一门语言最基本的目的是用来交际,同时语言又是思维的工具和文化的载体,因此在交际过程中可以习得目的语国家的文化和思维方式,体验目的语国家的价值观,感受人类文化的多样性和差异性,从而促进其全面发展。

本案例从"出来"的基本义入手,层层深入学习其引申义,并模拟学生的偏误,进行精讲多练,循序渐进;并以学生为中心,贯彻"立德树人"的教学理念;遵循结构—功能—文化相结合的教学原则;充分利用现代化教学手段,强化其对知识点的理解,以达到灵活交际的目的。

三、具体实施

本案例通过复习所学内容,温故知新组织教学,通过呈现图片、动画以及教师表演等方式,引导学生学习新知,并在学习完一个新知识点后配有对应的练习,帮助学生巩固新知,并通过对比易混淆词,帮助学生区分词义。

在设计时,根据"立德树人"的教学原则,选取相应情境,使学生在学习知识的同时,培养学生高尚的道德情操,使学生在学习中感受社会责任和生活的美好,把学生培养为既有知识体系,又有道德情怀的新时代人才。

(一)组织教学

1. 点名,简单问候,活跃课堂气氛,这样可以集中学生注意力,做好上课准备。

2. 温故知新,通过引导学生回忆所学的"想起来""想出来"的区别以及初级阶段"V+出来"的基本义,引出本课学习内容,帮助学生从心理上做好学习的准备。

(二)开展新课

1. 导入

(1)教师展示"下课了,学生们从教室走出来"的动画,让学生们说出句子,帮助学生回顾"V+出来"的基本义,即"表示运动对象从空间内到空间外,从而靠近说话人。"并强调"运动主体+V+出+空间+来"这一结构。

(2)通过动画,构建典型语境,引出"施事者+从+空间+V+出来+移动主体""施事者+从+空间+V+出+移动主体+来""施事者+把+移动主体+从+空间+V+出来"三个常用结构。

在学习新课前,通过复习"V+出来"的基本义以及学生的易错点,帮助学生重新巩固旧知识,梳理知识框架,为学习新知识奠定基础。

2. 语法讲练

(1)讲练"V+出来"表示"从无到有"的引申义

教师展示虎鲸产子的视频动画,引导学生理解"V+出来"可以表示"从无到有"的意义;展示蘑菇破土的视频动画,帮助学生巩固对"V+出来"表示"从无到有"引申义的理解。这两个情境的创设也让学生看到自然与生命的伟大。

教师帮助学生复习"想起来"和"想出来"的不同,从中引出"V＋出来"表示"从无到有"的引申义。并在PPT中呈现:"想起来":脑海里(有)——恢复记忆,"想出来":脑海里(无)——从无到有。

(2) 讲练"V＋出来"表示"从隐蔽到显露"的引申义。

教师利用道具,通过表演,配合提问,呈现"V＋出来"所表示的"新信息从隐蔽到显露"义。并在PPT中呈现:"V＋出来"新的引申义,通过动作得到未知的信息,新的信息从隐蔽到显露。

(3) 讲练"V＋出来"表示"识别、辨认"的引申义。

教师通过展示闻白酒的图片并配合动作引导学生理解"V＋出来"表示"识别、辨认"的引申义。

教师通过展示改革开放后,上海发生巨大变化这一典型示例更容易引起学生的共鸣理解"V＋出来"表示"识别、辨认"的引申义。

教师利用学生对老师生活感兴趣的话题,引起学生的好奇心,帮助学生更深刻地理解"V＋出来"表示"识别、辨认"的引申义。

通过这三个情境也让学生留心观察生活,热爱生活。

3. 课堂练习

通过综合练习,让学生及时巩固本节课所学内容,加深印象,同时检查其对本节课内容掌握的情况。

教师展示图片,引导学生根据提示用刚学过的"V＋出来"的引申义填空。

【PPT呈现】:我_____(看)这个男孩喜欢这个女孩。

这里的"出来"表示的是信息的隐蔽到显露。

【PPT呈现】:

他从柜子里把快递_____(拿)了。

这里的"出来"是从空间的内部到外部。

青蛙从水里_____(跳),跳到荷叶上。

这里的"出来"表示从水里到水面。

用了那种洗发水以后,我的头发＿＿＿＿＿＿＿(长)了。

这里的"出来"表示从无到有。

我们的新公司叫什么名字好呢?我实在＿＿＿＿＿＿＿(想)。

这里的"出来"也表示从无到有。

4. 知识点总结

总结本课所学"V＋出来"的基本义和三个引申义。

【PPT 呈现】:

V＋出来

里→外,靠近说话人

学生们走出教室来了。

无→有

虎鲸妈妈把小虎鲸生出来了。

隐蔽→显露

我看出来这是新华字典了。

识别、辨认

我闻出来这杯是酒了。

5. 布置作业

请同学们根据这四幅图片说出句子。

四、创新之处

本案例以复习作为导入方法,帮助学生重新巩固旧知识,梳理知识框架,为学习新知识奠定基础,通过一系列与现实生活密切相关的典型示例,引导学生关注社会,关注人与自然,树立正确的价值观。

五、教学反思

本案例将复合趋向补语"出来"的基本义和引申义放在一起学习,帮助学生建立完整的知识体系,有利于学生深入理解把握词汇的发展脉络,更深刻地理解其引申义。

本案例共分为四个模块：

（1）"V＋出来"的基本义及其用法，通过动画唤起学生的记忆，并通过模拟学生的偏误，帮助学生理解趋向补语正确用法；

（2）通过复习旧知并建立旧知与新知的联系，帮助学生理解"V＋出来"表示"从无到有"的引申义及其用法；

（3）通过教师的表演展示，引出"V＋出来"表示"从隐蔽到显露"的引申义及其用法；

（4）通过学生日常生活中常见，容易引起学生共鸣的典型示例引出"V＋出来"表示"识别、辨认"的引申义及其用法。

上述四个模块在安排上循序渐进，层层深入，将知识、交际和育人目标紧密结合，使学生在学习知识的同时，熟练掌握技能，并灵活运用于日常交际中，同时在学习语言的过程中，融入了相通的文化因素，注入了汉语学习的思维，升华了学生关注社会、热爱大自然、热爱生活的价值观。

药食同源　中和为美
——以《中国的食疗太有意思了》的教学设计为例

赵茹雪

一、案例简介

（一）课程和案例的基本情况介绍

1. 课程介绍

本课程采用的教材为汉语短期强化综合教材《大家的汉语》（南京大学出版社），教学对象为在华工作的日籍商务人士，他们已经学习了一年到一年半的汉语。该课程以语音、语法、词语、汉字等语言要素为教学基础，通过课堂讲练，逐步提高学生听说读写的语言技能，培养他们用汉语进行社会交际的能力。同时在讲解和练习中加入中国文化内容，让学生能够了解相关中国文化知识，理解中国人民，更好地适应中国的工作和生活。

2. 案例介绍

作为世界文明古国，中国的饮食文化源远流长。有人说：中国人靠饮食征服世界。也有人说：要进入一种文化，首先要进入它的肠胃。饮食文化是了解一个民族、一个国家和一种文明的入口。

本节以《大家的汉语》初级下（2）第十课的课文——《中国的食疗太有意思了》为例，展示如何通过汉语语言教学实现中国文化的输出，让学生更加认识中国，了解中国文化。

（二）设计意义

中国是世界上农业起源最早的地区之一，中华民族在长期的农耕活动中创造了丰富多样的物质财富，为中华饮食文化的发展奠定了充足的物质基础。在长期的农耕活动中,中华民族形成了崇尚中庸之道、调和之美的哲学思想。这种思想对中国饮食文化也产生了重要的影响。中国饮食文化中也体现着独特的调和之美,如食料的平衡搭配、五味调和养五脏、荤素搭配均营养等。

所谓饮食文化,就是指附着在饮食上并在饮食过程中所体现出来的文化意义。饮食文化是以饮食为物质基础,体现出来的精神文明。在人类的生活中,饮食居于极其重要的地位,这也就决定了饮食文化在人类文化生活中的重要地位。中国很早就把"阴阳五行"的哲学思想运用到饮食文化中,阴阳五行的哲学思想是古代哲学家用来解释自然界中两种对立和互相消长的物质势力的学说,认为万物都有阴阳两个对立面,以阴阳来解释自然界的各种现象,所以饮食必然也要遵循"阴阳五行"的哲学思想。许多食品都被归为阴阳两类,赋予功能的定位。"阴"的症状如"贫血",需要阳的食物。这样的食物有:肝、鸡蛋、红糖、大枣等,主要有祛寒、补虚等功效。"阳"的症状如高血压、炎症等,应用"阴"的食物来败火,如:冬瓜、绿豆、莲子、黄瓜等认为这些食物有解毒、清热降火的功效。各种食物原料按对身体"阴阳五行"的调和功能被分为"热、温、凉、平、寒",许多中草药同时也作为食物原料归于其中,也就有了"医食同源""药食同源"的食疗养生观念,把吃药与吃饭巧妙地结合起来。

本课通过对商务人士的中国饮食文化教学,丰富教学内容,既能提高学生的学习兴趣,又能实现文化输出,帮助他们更好地了解中国文化,了解中国人的饮食习惯。对推进中外交流、传播中国文化具有积极意义。

二、思路与目标

中国的食疗太有意思了

晓岚:依文,你怎么脸色看上去不太好?

依文:哎,别提了,最近工作出了点儿问题,忙得不得了,有时连吃饭的时间都没有。而且我咳嗽一直没好,晚上咳得特别厉害,所以睡得也不太好。

晓岚：去看医生了吗？
依文：嗯，看过了，医生说没什么大问题，不过完全康复还需要点儿时间。
晓岚：的确，咳嗽是挺难好的，你有空的话，自己煮点儿梨水，对止咳挺有帮助的。
美雪：真的吗？我不知道原来梨还有这样的作用。
晓岚：嗯。对中国人来说，食物是可以帮助我们调理身体的，这叫食疗。
美雪：食疗？听上去真有意思。你能给我多说一点儿吗？
晓岚：比如说，如果着凉了，中国人常常会煮姜茶喝，姜是热性的，可以让身体变得暖和一点儿。再比如说，冬天大家经常吃羊肉火锅，而夏天习惯喝绿豆汤，这是因为羊肉是热性的，绿豆是寒性的……
美雪：等一下，你刚才说的热性、寒性是什么意思？是表示热的或者冷的吗？
依文：不是哦！在中医里，我们会把食物分成寒性和热性，这和温度没有关系，是食物本来的性质。比如说大闸蟹是寒性的，而姜是热性的……
美雪：我明白了，难怪我们吃大闸蟹的时候，醋里常常会放一些姜。
晓岚：没错，其实我们的身体也一样。有的人常常感到手脚很冷，这可能说明他们需要吃一些热性的东西。
美雪：中国的食疗太有意思了，我要多学习一点儿，这样以后我就变成半个医生了。
晓岚：哈哈，想做医生可没这么容易。因为每个人的情况不一样，所以要是真的不舒服，还是最好去医院看看。

（一）教学思路

本文的教学对象是在华工作的日籍商务人士，年龄从 20 岁到 60 岁不等，饮食是生活中必不可少的存在，并且他们日常工作中不可避免会遇到商业应酬、公司聚餐等场景,因此本文选取《中国的食疗太有意思了》为教学设计课程,使学生在学习汉语的同时,能够了解到中国饮食文化中的食疗文化。本文从阴阳五行的哲学思想引出食物的阴阳之分,帮助学生理解"中和为美"的哲学思想。

同时设置情境,通过对中国饮食文化中食疗文化的介绍和讨论,使学生掌握词汇和语法结构格式及语义功能,做到讲练结合,精讲精练。

(二) 设计目标

1. 知识目标

(1) 通过词汇的学习,能够精准掌握本课生词的音、形、义、用,并与已学单词形成有效关联。

(2) 通过语法的学习,能够感知、认知、理解并掌握"……得不得了""连……都……""……,而……"的语义特征、句法特征和准确用法,并且完成语法练习。

(3) 通过课文的学习,能够理解并用本课所学单词和语法点完整复述课文内容。

2. 交际目标

(1) 通过本课的学习,在日常交流中能够正确使用"……得不得了""连……都……""……,而……"句式。

(2) 了解中国饮食文化中的食疗文化和中国饮食文化中独特的调和之美。

3. 育人目标

在汉语教学中深入挖掘并展示中国饮食文化中的食疗文化,让学生在汉语交际中理解中国哲学思想"和",接受并理解中国文化。

三、具体实施

(一) 组织教学

1. 师生问好,向学生传达上课讯号,并营造轻松的课堂气氛,做好上课准备。

2. 温故知新,复习上节课所学内容。

(二) 开展新课

1. 导入

通过PPT展示大闸蟹及其蘸料、大闸蟹礼盒(含姜汁红糖茶包)。教师首先介绍图片内容,然后让学生思考,为什么大闸蟹的蘸料里放姜?为什么大闸蟹礼盒里有姜汁红糖?通过提问提高学生的注意力,同时激发其学习兴趣。暂时不揭晓答案,让学生带着问题进入新课的学习。

2. 学习生词

教师领读,学生整体认读,教师纠正发音后让个别学生认读词卡。

生词讲解。通过PPT展示图片,通过例句、问答等方法理解生词,并且创造交际情景,让学生快速掌握生词用法。

> 不得了、连、咳、医生、康复、煮、梨水、止咳、作用、食物、调理、食疗、着凉、姜茶、姜、热性、羊肉、火锅、而、绿豆汤、寒性、中医、温度、本来、性质、手脚、说明、容易

3. 学习语法点

(1)"形容词/动词+得不得了"

通过PPT展示图片,引导学生一步步发现该句式的使用规则。并且通过人物操练,以练代讲,让学生在自然交际中掌握用法,并完成语法练习。

(2)"连……都……"

结合前一句式"形容词/动词+得不得了"的例句和图片,创造情景,讲解"连……都……"的用法。通过问答方式操练句式。

(3)"……,而……"

通过PPT展示图片和例句,启发学生发现"……,而……"的用法,同时结合前两个句式,组合操练,为后续课堂活动做准备。

4. 学习课文

(1)教师领读课文一遍后,学生分角色朗读。教师纠正发音。

(2) 通过提问检查学生对课文的理解：
◆ 依文为什么脸色看上去不太好？
◆ 医生说依文的咳嗽严重吗？
◆ 中国人着凉的时候为什么常常喝姜茶？
◆ 热性和寒性是表示温度的高低吗？
(3) 带领学生复述课文。PPT 图片展示部分提示词。

(三) 文化导入

再次提问刚上课时提的两个问题：为什么大闸蟹的蘸料里放姜？为什么大闸蟹礼盒里有姜汁红糖？然后播放一段关于食疗文化的视频引入食疗文化的讲解。

中国古人认为万物都有阴阳，因此食品也被归为阴阳两类。在中国传统的饮食文化中，阴阳五行是天地万物的根本，人如果阴阳五行不调就会生病。人体内如果阳气偏旺那阴气就必然受损；相反阴气为主，阳气则受抑制。阳气旺盛会产生热证，阴气至极会产生寒证。寒到极点会生内热，热到极点也会生内寒。阴阳并非总是对立的，也互相依赖而生。因此阴阳协调则身体健康，阴阳失调则百病丛生。中医理论认为辛味具有宣散润燥、行气血的作用，可以用来治疗感冒、筋骨寒痛、肾燥等；甜味有补益、缓急的作用，可改善心情，蜂蜜、红枣还是身体虚弱病人的营养品；酸味有涩肠止泄、生津止渴的作用，熏醋预防感冒、醋煮鸡蛋治疗咳嗽等民间秘方，已被现代医学证明效果不错；苦味，可清热、明目、解毒……中国饮食之所以有其独特的魅力，关键就在于它的味，这也是中国饮食最重视的方面。而美味的产生，离不开调和，要使食物的原味，加热以后的味道，加上配料和辅料的味以及调料的调和之味，交织融合协调在一起，使之互助渗透，互相补充，水乳交融，你中有我，我中有你，从而形成了中国饮食独特的调和之美。

讲解的过程中拓展一些相关词汇，并准备食物卡片，带领学生给食物分成阴阳两类。提高课堂乐趣，也有助于学生进一步理解和体会中国饮食文化中的食疗文化。

(四) 布置作业

1. 调查自己国家有食疗吗？日常生活中有哪些"民间秘方"？和阴阳五行有关联吗？下节课上课和大家分享。

2. 用今天学习的三个语法点写一件最难忘的事情。

四、创新之处

综合课是汉语作为第二语言教学的主干课程，既要有语言要素教学，也要有语言技能和言语交际技能教学。本课让学生在学习汉语的同时，了解到一定的中国食疗文化，内容贴近学生生活，能够激发学生的学习兴趣，创造各种交际情况，让学生可以将所学知识运用到实际交际中。在课堂中师生互动、生生互动较多，营造良好课堂气氛，让学生在汉语交际中认识中国文化，加深对中国文化的认知和理解，深切学习体验、感知中华文明与真善美。

五、教学反思

对外汉语教学中要注意文化与语言知识的比重，结合学生学习兴趣和需求，潜移默化地讲述中国故事，合理安排学习顺序，让学生更容易理解和学习。同时，该教材的教学对象为在华日籍商务人士，并且年龄跨度大，因此在课堂活动设计中要充分考虑到这点，这样有利于不同年龄阶段的学生都能快速接受和理解教学内容。

黄河文化　博大精深
——以《我听过钢琴协奏曲〈黄河〉》的教学设计为例

崔文杰

一、案例简介

（一）课程和案例的基本情况介绍

1. 课程介绍

国际中文教育设置的综合课是留学生学习中文的一门主干课程。它的综合性主要体现在：一、教学内容上包括语音、词汇、语法、汉字、篇章等汉语言知识教学和相关的文化知识教学；二、教学任务上培养学生的听、说、读、写等言语技能和运用汉语进行交际的能力。本课程的教学对象为已经学习了半年到一年汉语的来华预科留学生。通过该课程的学习，学生能够正确运用"V+过"的句型描述在中国的所见所闻；通过《保卫黄河》和钢琴协奏曲《黄河》的引入，使学生感知抗日战争时期中华民族那种不屈不挠、团结一心的抗争精神；通过黄河文化的介绍，使学生理解黄河造就了中华民族伟大的根魂，培育了中华民族伟大的民族智慧，赋予了中华民族伟大的民族精神[①]。

2. 案例介绍

从"立德树人，弘扬中华优秀传统文化"的同济文化出发，选取以"黄河"为题材创作的文艺作品，更容易与留学生产生共鸣，更能真挚地传达出每位中国人那份无法割舍的"黄河情、中国心"。《保卫黄河》和钢琴协奏曲《黄河》本身思政元素丰富，文化内涵深刻：该作品虽是特定历史时期

---

① 侯耀忠:《黄河·黄河文化·黄河精神》《黄河黄土黄种人·水与中国》2020年第12期。参考网 https://www.fx361.com/page/2020/1228/7392909.shtml。

的产物,但它具有鲜明的民族性,有一种震撼人心的"民族魂"在里面①。它改编自抗战时期冼星海先生创作的《黄河大合唱》,那是一首中华儿女自强不息、气壮山河的精神赞歌。

通过《保卫黄河》的欣赏,留学生可以感知当时处于水深火热中的中国人民,对抵抗日寇的万众一心和保家卫国的坚强决心;可以从史诗般磅礴雄伟的气势中感受到为什么说"没有共产党,就没有新中国";可以从斗志昂扬的进行曲中体会到中华民族前赴后继英勇不屈的斗争精神。更为重要的是,通过《保卫黄河》的欣赏,必将振奋留学生的精神,给他们以鼓舞,激励他们在中国留学期间不断克服各种困难挑战,勇毅前行、奋发有为,为中国文化的传播和世界的和谐发展做出贡献。

(二)设计意义

2022年10月17日习近平总书记在二十大上提出前进路上必须牢牢坚持的"五个重大原则",其中提到必须坚持发扬斗争精神。在国际局势纷繁复杂的今天,如何向留学生讲解中国人心目中的斗争精神,避免他们与"霸权主义""强权政治""零和博弈"和"侵略进攻"混淆起来,如何改变外国人意识形态里的"中国威胁论"和对中国的种种误解,这是个比较难的课题,不过我们向来不怕困难,我们会迎难而上。本课将通过《保卫黄河》和钢琴协奏曲《黄河》为切入点,通过铿锵有力、气势磅礴的旋律冲破意识形态的藩篱,直抵学生内心,使学生深刻感受到:在黄河哺育和滋养下成长起来的中华儿女身上那种不屈不挠的抗争精神,坚韧不拔的奋斗精神,从善如流的包容精神,勇立潮头的担当精神和勇往直前的开拓精神②。

2019年9月18日习近平总书记在黄河流域生态保护和高质量发展座谈会上提到:黄河文化是中华文明的重要组成部分,是中华民族的根和魂。要推进黄河文化遗产的系统保护,守好老祖宗留给我们的宝贵遗产。要深入挖掘黄河文化蕴含的时代价值,讲好"黄河故事",延续历史文脉,坚定文化自信,为实现中华民族伟大复兴的中国梦凝聚精神力量。这节

---

①② 侯耀忠:《黄河·黄河文化·黄河精神》《黄河黄土黄种人·水与中国》2020年第12期。参考网 https://www.fx361.com/page/2020/1228/7392909.shtml。

课希望通过引入黄河,启发学生他们熟悉的中华文化元素有许多都来自黄河流域。比如,孔孟代表的儒家文化、四书五经、甲骨文为代表的古文字、四大发明、陶瓷丝绸、农耕文明、女娲造人、大禹治水、河图洛书、齐河剪纸、安塞腰鼓、大唐盛世、八朝古都、清明上河图、秦腔豫剧、秦兵马俑、蹴鞠风筝、少林武术、龙门石窟、文房四宝、秦砖汉瓦、泥人面塑等都是黄河流域孕育的文化标识。引导学生从文化的角度理解黄河是我们的母亲河,是中华文明的发源地,黄河文化蕴含着中华民族优秀传统文化的核心内涵。

2017年,中共中央办公厅、国务院办公厅印发的《关于实施中华优秀传统文化传承发展工程的意见》明确指出:"传承发展中华民族优秀传统文化,就要大力弘扬讲仁爱、重民本、守诚信、崇正义、尚和合、求大同等核心思想理念。"这些思想观念和黄河文化是契合的、一致的,对今天的社会发展、国家治理、文化建构、民族团结以及践行社会主义核心价值观,都具有极大的启迪与滋养[①]。

传承黄河文化,延续历史文脉,增强中华文明传播力影响力,是历史和时代赋予我们的使命。我们将不负时代,不负人民,坚定文化自信,努力推动中华文化更好地走向世界,与世界各国文化互融互鉴和谐共生,共同谱写人类命运共同体的辉煌乐章。

二、思路与目标

(课文)	**我听过钢琴协奏曲《黄河》**

田芳:爱德华,你说你是个音乐迷,你听过中国音乐吗?
爱德华:当然听过!
田芳:听过什么?
爱德华:在加拿大时,我亲耳听过一位中国钢琴家演奏的《黄河》。
田芳:你觉得怎么样?
爱德华:好极了,真想再听一遍。

---

① 侯耀忠:《黄河·黄河文化·黄河精神》《黄河黄土黄种人·水与中国》2020年第12期。参考网 https://www.fx361.com/page/2020/1228/7392909.shtml。

(一) 设计思路

总体思路"主题式教学",以"黄河文化"为主题,在生词和语言点讲练中尽可能融入"黄河文化",在运用所学语言互动交流中,使学生理解黄河文化的博大,中华文化的源远流长。

导入:通过展示九曲黄河的图片,和学生展开互动,通过运用"V+过"的句型让学生感知其功能是询问经历。通过"女娲造人"的故事激发学生对中国文明起源的兴趣;通过展示"黄土泥塑"介绍看似普通的黄土塑造出的非遗文化,进一步增进学生对黄河的赞叹;通过带歌词的《保卫黄河》给学生以心灵的震撼,在恢宏磅礴的旋律中感受中华儿女澎湃激昂的心声。对课前预习过的钢琴协奏曲《黄河》有进一步感情的升华。语言点归纳:板书前面提到的"V+过"的句型,通过归纳法总结表经历语法点:Sub+V+过+O,并练习疑问句、肯定句和否定句的变化。根据"精讲多练"和交际原则,运用语言点询问学生熟悉的黄河文化元素。充分练习之后,引出新词的讲解,新词讲解根据"适度拓展、词不离句"的原则,力求结合本课主题"黄河文化"和语言点练透练熟。

(二) 设计目标

1. 知识目标

(1) 学生掌握生词:亲耳、钢琴、家、演奏、极了,会认读发音正确,能准确书写,能正确运用。

(2) 学生掌握重点语法 Sub+V+过+O:表经历,去过/听过/看过/学习过/参观过……等。

(3) 学生理解课文第一部分的意思,能熟练朗读课文,语调自然流利。

2. 交际目标

(1) 学生能正确运用表经历的句型描述在中国的所见所闻。

(2) 学生能运用所学语法恰当询问他人的经历,进行交流和表达。

(3) 了解《保卫黄河》和钢琴协奏曲《黄河》所蕴含的爱国精神;通过生词和语法的讲练,适时融入黄河文化元素,使学生了解他们熟知的中国文化元素有许多可以追溯到黄河流域,意识到黄河是中华民族的根脉,中国历史的文脉。

3. 育人目标

(1) 感知《保卫黄河》饱含的团结一心、坚强斗争、保家卫国的爱国精神,理解中国人不屈不挠的奋斗史,理解中国人民诸多美好品格和坚强意志。

(2) 了解黄河作为中华民族的母亲河,孕育了灿烂的中华文化。用黄河贯穿起学生们熟知的中华元素,使学生对黄河文化、对中华文化有更加系统、全面的了解,有助于培养"知华友华爱华"的中华友好使者。

(3)《保卫黄河》传递的艰苦奋斗、顽强拼搏、团结爱国的斗争精神能激励留学生不畏困难和挑战,努力学习,学业有成,将来为中外文化交流和人类和平事业做贡献。

三、具体实施

(一) 组织教学

师生问候,交流互动,为上课预热。

(二) 开展新课

师:同学们,这是哪条河流?(图片,对黄河跨越九省奔流到海的形状有直观的了解。)

师:你们去过黄河吗?(引出要讲练的语言点 V+过,同时引入黄河。)

师:你们知道为什么中国人是黄皮肤吗?给你们讲个神话故事:(通过讲故事,引起学生的兴趣,引发对黄河的思考和关注。)

"从前,女娲在黄河边用黄河里的泥土造了我们祖先,他们喝着黄河水长大,所以皮肤是黄的。这是一个传说,不过确实是黄河养育了中华儿女。"

师:你们见过黄土泥塑吗?(图片,介绍黄土泥塑 2006 年被列为第一批国家非物质文化遗产,增加学生对黄河黄土非遗文化的了解,引起学生对黄河文化的重视。)

师:你们听过《黄河大合唱》吗?(继续运用V+过的语言点,播放《保卫黄河》视频,通过气势磅礴的音乐和歌词,使学生了解当时中国处于抗日战争时期"风在吼,马在叫,黄河在咆哮,黄河在咆哮。河西山冈万丈高,河东河北高粱熟了。万山丛中,抗日英雄真不少……)

师:你们什么感受?(引导学生讨论,加深对《保卫黄河》的理解。)

师:(补充)有一种急迫感,黄河被外敌践踏侵略,中华儿女想要保卫黄河保卫国家的迫切心情。它让人精神振奋,充满力量和信心,号召中华儿女团结起来奋勇抗战。

(适当使用英语辅助学生理解:There is a sense of urgency. Facing the trampled motherland, descendants of Chinese nation couldn't wait to defend the motherland. This song cheered up Chinese people and inspired our confidence to unite and fight bravely.)

师:钢琴协奏曲《黄河》改编(be adapted from)自《黄河大合唱》。(钢琴协奏曲《黄河》共四个乐章,课前预习已发给学生听了,相关历史背景的英文介绍也发给学生学习了,所以可以稍微一提,过渡到语言结构的总结上。)

师:钢琴协奏曲《黄河》你们听过吗?
生:(点头)

师:(板书)

你们<u>去过</u>黄河吗?
你们<u>见过</u>黄土泥塑吗?
你们<u>听过</u>《黄河大合唱》吗?

(引导学生归纳出**表经历**的疑问句句型)Sub+V+过+O+吗?

(肯定句)我们听过《黄河大合唱》。
Sub+V+过+O

(否定句)我们没去过黄河。
Sub+没+V+过+O

交际练习:

1. 马克,你听说过孔子吗?你看过《论语》吗?(告诉学生影响中国乃至世界的孔孟思想发源于黄河流域。)

2. 玛丽,你听过现代诗《黄河颂》吗?(学生们没有听过,课上给学生朗读一段,让学生进一步感受中华儿女对黄河的赞美。选取一段附上。)

啊!黄河!
你是中华民族的摇篮!
五千年的古国文化,
从你这儿发源;
多少英雄的故事,
在你的身边扮演!
啊!黄河!你伟大坚强,
像一个巨人出现在亚洲平原之上,
用你那英雄的体魄,
筑成我们民族的屏障。

3. 安娜,你去过陕西吗?你见过秦始皇陵兵马俑吗?(展示图片,秦兵马俑在黄河以西。)

4. 同学们,你们听说过"四大发明"吗?它们都是什么?(展示图片,有三大发明指南针、造纸术、火药发源于黄河流域。)

5. 山本,你学过太极拳吗?听说过少林武术吗?(展示图片,介绍2020年太极拳成功入选人类非遗名录,河洛之滨是太极拳的发源地。)

6. 大卫,你亲眼见过甲骨文吗?我国最古老的文字(展示图片,告诉学生甲骨文发源于黄河流域。增加新词"亲眼",引出课本"亲耳"的讲解。)

生词讲练:

亲眼:亲自看见	我亲眼见过安娜剪的福字。她的剪纸非常棒。
亲耳:亲自听见	我亲耳听过陕北民歌《山丹丹花开红艳艳》。
钢琴:弹钢琴	安娜,你弹过钢琴吗?(将新词用于学过的语言点中进行巩固。)

> 玛丽,你喜欢钢琴协奏曲《黄河》吗?
>
> 马克,你听说过贾湖骨笛吗?中国最早的乐器(展示图片,告诉学生它出土于河南省属于黄河流域。)
>
> (其他词组也适当进行扩展,用学过的语法引导学生说句子,同时融入黄河文化。)

课文学习:

> 教师领读—学生跟读—师生齐读—分角色朗读—课文改编
>
> 老师:大卫,你说你是个足球迷,你踢过蹴鞠吗?
>
> 大卫:我没踢过蹴鞠。
>
> 老师:你见过吗?
>
> 大卫:我在电影《蹴鞠》上见过。
>
> 老师:你觉得怎么样?
>
> 大卫:棒极了,真想和朋友们踢一场蹴鞠。

(三)布置任务

1. 录一个音频,运用V+过的句型询问同桌对黄河文化的了解,比如:你听说过黄河发源地青藏高原吗?你听说过宁夏"塞上江南"吗?你去过陕西壶口瀑布吗?你学过《登鹳雀楼》吗?你见过黄河入海口"蓝黄"两种颜色的大海吗?

2. 将学生按照黄河流经省区划分为"青海""四川""甘肃""宁夏""内蒙古""陕西""山西""河南""山东"九组,每组做PPT,介绍所在省区富含的黄河文化元素,加深对中国历史地理人文的了解。

四、创新之处

想到黄河,我们会想到"君不见,黄河之水天上来,奔流到海不复回";想到"白日依山尽,黄河入海流";想到"黄河西来决昆仑,咆哮万里触龙门。"如何向留学生讲述这条横贯南北、孕育了五千年中华文明,承载着中华民族伟大精神伟大气魄的黄河,是我一直想突破的话题。

《汉语教程》第二册第 10 课的课文给了我启发。通过本课的教案设计,我做出了如下创新:

1. 通过设计"主题式"教学,时刻围绕黄河文化和黄河故事设计语言点导入、归纳、讲练和生词练习,使学生在语言沉浸式学习中习得对黄河文化的理解。

2. 坚持"一手抓语言教学,一手抓文化教学"。通过精心设计语言点讲练所需的句子,有机融合黄河文化,充分发挥语言是文化的载体作用,使学生既能学会语言结构,又能收获文化知识。

3. 为了让学生深刻了解《黄河》创作的时代背景,提前给学生准备了英文的辅助学习资料,使学生在课前就对黄河精神有系统的了解,可以避免课堂上过多的背景介绍和拓展,更好集中在语言结构的学习上,避免将综合课上成文化课。

4. 通过黄河图片展示、"女娲造人"、"黄土泥塑"的导入,让学生在听故事中轻松愉悦地理解黄河是中华文明的起源,将一个抽象的远古的宏大的事情变成一种可听、可视、可感、可理解的具体的实在的东西。

5. 通过《保卫黄河》的欣赏,学生可以看到字幕和画面,弥补了钢琴曲无词无画面的不足,实现了课堂教学对教材提供话题内容的有效补充。

6. 音乐无国界。泰戈尔曾经说过:"不要试图填满生命的空白,因为音乐就在那空白的深处。"学生对黄河文化的空白,通过音乐感知不正是最好的开启模式吗?

五、教学反思

美国心理学家波斯纳提出了教师专业化成长公式:成长＝经验＋反思。只有不断反思教学,才能成长为一名专业化教师。通过本课的教学,我的反思有:

古人云:"凡事预则立,不预则废。"有必要提前了解学生课前学习资料的预习情况,因为预习得好,课上对《保卫黄河》中蕴含的爱国精神会理解得更好。

汪曾祺先生《徒》中提到的教育理念:"教书育人,要了解学生,知己知彼。"课前可以安排一个互动环节,掌握学生对黄河和黄河文化的了解程度,便于课上调整课程难易程度和黄河文化融入的深浅,同时根据克拉申"i+1"理论为学生提供有效、可理解的输入。

"纸上得来终觉浅,绝知此事要躬行。"如果能够给学生安排一次实践活动,比如参观黄河或参观黄河博物馆,"百闻不如一见",相信效果会更好。

探究不止　学习不境

——以《我的家》主题式案例教学设计为例

袁静文

一、案例简介

（一）课程和案例的基本情况介绍

1. 课程介绍

《轻松学汉语》(Easy Step to Chinese)采用的是一种全新的对外汉语教学的方法。本课程适用于参加 GCSE/IGCSE/as(英国)、SAT2/AP(美国)、IB Chinese Language B Standard Level 等汉语考试的中小学生，也适用于开始自学汉语的学生。本课程通过以任务为基础的主题式内容直观、形象、有趣地解释了语音、词汇、汉字以及语法的用法。其编写具有以下三大特点：(1)以任务为基础的主题式教学：设置的文本符合学生的认知水平且教学内容层层递进，做到定期整合。(2)每一单元都有大量的实践和操练以便提高学生正确得体运用汉语的能力。(3)主题式的教学内容具有时代性。

2. 案例背景介绍

《我的家》是《轻松学汉语》第三册第一课的内容（包括补充文本），一共分八课时完成，每一课时都采用引导式的探究模式鼓励学生对课文中所涉及的字、词句以及所蕴含的文化部分进行探究和交流。

第一课时—第二课时—进入探究：以头脑风暴的方式，教师用思维导图来呈现学生对家庭成员亲属的表达的掌握情况并引导学生探索本节课所要学的字的结构、偏旁和书写规则，此外在教师的指导下掌握本节课文的句型表达。

第三课时—探究发现：用问卷调查的方法引导学生用所学句型"你叫什么名字？""你是哪国人？""你家有几口人？他们是谁？""他们住在哪里？""他们和你住在一起吗？"随机采访学校的同学、老师（中方教师/外方教师）。采访之后，教师引导学生思考、讨论并作出总结。以我看到……/我想到……/我的问题是……作为探究问题引发学生对所做问卷的结果提出问题。

第四课时—第五课时—梳理探究：利用引导式探究模式，教师将学生的问题作为探究线索引导学生找到答案并作出解释（可以运用大量的真实语料帮助学生寻找到答案，其语料库的选用需要符合学生该年龄段的认知水平和听力水平最重要的是需要符合当代的国情和国外的国情）。

第五课时—深入探究：鼓励学生作出深层次的思考，从探究中进行中外家庭文化模式的对比从而理解中国家庭中的亲子关系。在此基础上进行文本学习。

第六课时—第七课时—建构理解、知行合一：学生可以根据所给出的语言结构作出知识反馈。完成自己选定的任务。

第八课时—学生展示学习成果教师评估反馈。

(二) 设计意义

传授知识时，较为事半功倍的手段就是从学生的自身经验出发，从而引进一个新的概念、知识，最后进行跨文化、跨语言的比较。这一单元中的"家庭"这一主题是学生最熟悉的话题之一，其设计的内容充分符合其认知水平。在教学的过程中，学生充分显示了他们的"好奇心"，对"你那么大了为什么你的妈妈要和你一起住？""他为什么只有圣诞节才去见奶奶呢？""你的外婆为什么和你住在一起呢？"这样的问题很感兴趣，在此基础上，教师没有在课堂上作出正面回应，而是以一种探究式的教学模式引导启发学生自己找到答案并作出解释，学生应从此处发现文化差异，并能思考其中的原因，从中理解中国家庭中的亲子关系。

二、思路与目标

（一）设计思路

国际小学生存在汉语基础较弱、水平参差不齐，特别是对中国文化知识浅薄等不足，那教学的时候如何才能通俗易懂、寓教于乐，刺激学生的兴趣呢？我的教学理念和思路如下：

1. 采用建构主义教学理念：建构主义学习过程主张实践活动，教与学是由认知过程、讨论过程与内省过程所构成的实践活动，教师注重学生在知识内化的过程中自主发挥作用，从而提高学生的参与度，提升教学的效果。

2. 教学思路以探究式教学法为主导。挑选了学生感兴趣且符合学生认知水平的文本通过一系列的探究循环，突破传统灌输式的教学模式，在知识传授、能力培养中润物细无声地将学生培养成终身学习者。

（二）设计目标

本次教学通过字、词、句和文化探究，以丰富教学课堂活动、提升学生跨文化交际为己任，教学的目标力求达到知识、能力、人格三标合一。

目标	目标指标	具体表现
知识目标	提高正确、得体运用汉语的能力。	"四会"学习字、词：妈妈、爸爸、美国、美国人、中国、中国人、外婆、奶奶、爷爷、住、上海、圣诞节、家熟练准确使用句型表达：A+跟/和B住在一起。A+跟/和B一起（动词）。
人格目标	培养中华文化素养	深入探究和展示，发现在家庭中文化差异，并思考其中的原因，从中理解中国家庭中的亲子关系。
能力目标	1. 培养学生汉语跨文化交际能力	通过问题导向、合作教学引发学生积极探究文化异同，培养学生的跨文化交流意识，掌握跨文化交际技能。
	2. 培养学生语言与文化的探究能力	以"进入探究—探究发现—梳理建构—深入探究—建构理解—知行合一"的主题探究教学模式，培养学生的思考技能、研究技能、沟通交流技能以及社交技能最终润物细无声地将学生培养成终身学习者。

三、具体实施

（一）教学法联动，培养学生的思考能力

1. 采用直接教学法，寓教于乐让学生对中国汉字和中国家庭文化产生兴趣

直接教学法具体实施：第一、将象形文字图片（视频）与汉字教学相结合，比如在介绍家庭成员中的成员时，教师可以出示词汇：妈妈、奶奶、外婆，引导学生发现这些字中的相同之处（女），根据象形文字的图片或视频的使用使学生对女字旁有一个初步了解并且结合自身的认知进行词汇扩充：姑、姨、好（女＋子）。提供的图片要做到指向明确、形象鲜明。第二、真实语料的呈现，教师提供的真实语料有助于学生探究发现，真实语料的选取要遵循实效性、真实性、实用性等原则，可以包括音像资料、图片材料、声音材料和适合学生的文本材料。运用直接教学法直观形象，易懂易通，可以充分调动学生视觉、听觉来体验、思维、判断从而了解了中国汉字文化特征、比较中外家庭文化的差异。

2. 问题导向与学生讨论相结合，引导学生发现问题、解决问题的能力

体验真实情境，提高言语交际能力。在掌握本课基本词汇和句型以后教师引导学生用所学句型"你叫什么名字？""你是哪国人？""你家有几口人？他们住在哪里？他们跟你住在一起吗？"引导学生随机采访学校的同学、老师（中方教师/外方教师）。教师引导学生思考、讨论并作出总结。汉语教学的最终目的就是培养学习者运用汉语进行交际的能力。要达到这一目的，就需要在课堂和课外有足够多的输出和输入，教师就需要在有限的课堂中借助真实语言情景来激发学生的已有的知识储备从而进行真实的言语活动。

3. 探究式教学法，学生在探究式教学中了解了中国家庭文化，提升了跨文化能力

在问卷调查以后，教师以"我看到……/我想到……/我的问题是……

作为探究问题引发学生的思考。"通过调查我们可以看到一些存在于中外家庭文化中的差异:大多同学(中国/外国)和父母一起住;一些同学(中国)和外公、外婆一起住;所有的外国教师都是一个人住或者和朋友一起住;一些中文老师和父母一起住;调查过后,学生对"老师你那么大了为什么还要和爸爸妈妈一起住?""他的外婆为什么和他住在一起呢?"这样的问题很感兴趣,可以看出学生对中外家庭文化的不同产生了浓厚的兴趣。借助于这个兴趣点,教师引导学生运用真实语料库的材料帮助学生寻找到答案,理解中华文化中的"三代同堂"的概念。最后学生学习了课文,理解了课文外的文化含义。

(二)课后评估　检验学生的学习成果

评估一般可分为形成教师评估、同伴评估和学生自我评估。教师评估又可分为形成性评估和总结性评估。在学生的课堂讨论中,教师始终扮演的是一个观察者和引导者的角色,适时根据不同学生的学况和产生的语言障碍进行指导和反馈。学生的学习成果展示后,教师需要对学生的字词句的掌握以及探究结果的成果有一个衡量标准,其做法有助于学生今后的探究。此外除了教师评估外,我们也要注重同伴和学生的自我评估。在探究式课堂中,我们始终与"一言堂"的教学模式不同,我们要将教与学的主导权适当放手给学生,和学生一起共建评估标准并注重学生之间和自我评估的效果。

四、创新之处

汉语教学的目的是培养学生的言语技能和言语交际技能,是从汉语语音、词汇、语法、汉字、文化等语言要素入手,对听说读写等言语技能进行综合训练。这就决定了汉语课堂应该是实践性很强的课堂,是以学生为中心,注重调动学生兴趣的"活"的课堂。但是我国的传统教学模式往往较为保守,教师采用生词讲解、句型练习、语法操练等传统方式。而对于外国小学生尤其是中级水平的语言学习者,由于汉语自身特点和学生的认知水平,他们并不喜欢"满堂灌"的教学方式,相反,更需要一种开放实用的教学方式。探究式课堂活动灵活使用可以极大地提高学生的主动性和积极性,从学生的兴趣出发,结合学生的自身认知水平才能使教学课堂"活"起来,才能增强学生学好汉语的积极性。良好的学习氛围能够帮助学生更加积极主动地练习所学的知识点,潜移默化增强学生的言语技能。通过主题探究教学模式,培养学生的思考技能、研究技能、沟通交流技能以及社交技能最终润物细无声地将学生培养成终身学习者。

五、教学反思

1. 在教学之前,教师需要先对学生的家庭背景做一定了解,包括其族裔背景、家庭成员、住宿安排等。最重要的是当教师要利用学生的生活经历或背景作引申时,需要顾及学生的感受、尊重学生的隐私,或是引起学生的共鸣。

2. 在学生探究过程中,教师需要做好引导,鼓励学生用中文的思维方式进行交流并尊重理解各国的家庭文化。

3. 教学之后需要加强学生对文化的体验和中外家庭文化融合活动。比如在中国春节到来之际,在国际社区中邀请各国的学生和本土家庭成员一起度佳节。从这些活动中使外国的学生更好地理解中国家庭文化。

后　记

"才者,德之资也;德者,才之帅也。"一个国家要培养人才,既要育智,更要育人,而育人的根本在于立德。立德树人是中华民族的优秀文化传统。习近平总书记反复强调要坚持把立德树人作为教育的根本任务,坚持教育为社会主义现代化建设服务、为人民服务。

同济大学在建设世界一流大学的进程中,不断从纵深推进全国首批"三全育人"综合改革试点工作,全面落实立德树人根本任务。在这一时代背景下,国际文化交流学院于2021年11月举办了第二届"同济杯"国际中文教育"立德树人"教学案例大赛。近百位专家、学者、研究生齐聚一堂、深入交流,旨在共同为国际中文教育事业的发展出谋划策,切实推动中文与中华文化国际传播和国际中文教育事业蓬勃发展。

这次大赛共收到来自海内外30多所院校的一百多份案例,经过筛选,最终有18位教师和17位学生进入决赛展示环节。经过一年的沉淀与反思,我们将本次大赛中的优秀作品结集成册,联手三联出版社共同推出这本《国际学生课堂教学案例集》。这本书荟萃了默默耕耘在国际中文教育一线的教师在日常教学实践中积累的宝贵经验,探索出的"立德树人"的丰富内涵。这本书的付梓旨在与国际中文教育的同行分享教学心得与体会,助力国际中文教育事业不断进步。

本书的编写、结集离不开国际文化交流学院院长孙宜学教授的关心与指导,也离不开参与案例大赛、为本书供稿的各位教师、汉硕生的大力支持,正是你们的积极参与,促使国际中文教育不断蓬勃发展。

书中难免有挂一漏万之处,欢迎海内知己批评斧正。

凌璧君

2022年12月9日

图书在版编目(CIP)数据

国际学生课堂教学案例集/梁毅军,凌璧君主编
.—上海:上海三联书店,2023.11
ISBN 978-7-5426-8170-6

Ⅰ.①国… Ⅱ.①梁… ②凌… Ⅲ.①留学生教育-课堂教学-教案(教育)-汇编-中国 Ⅳ.①G648.9

中国国家版本馆CIP数据核字(2023)第133837号

国际学生课堂教学案例集

主　　编 / 梁毅军　凌璧君

责任编辑 / 殷亚平
装帧设计 / 徐　徐
监　　制 / 姚　军
责任校对 / 王凌霄

出版发行 / 上海三联书店
　　　　　 (200030)中国上海市漕溪北路331号A座6楼
邮　　箱 / sdxsanlian@sina.com
邮购电话 / 021-22895540
印　　刷 / 上海惠敦印务科技有限公司

版　　次 / 2023年11月第1版
印　　次 / 2023年11月第1次印刷
开　　本 / 640 mm×960 mm　1/16
字　　数 / 390千字
印　　张 / 27.25
书　　号 / ISBN 978-7-5426-8170-6/G·1684
定　　价 / 98.00元

敬启读者,如发现本书有印装质量问题,请与印刷厂联系 021-63779028